Enlarging Powers to Develop Towns and Innovation of Power Regulations
——Taking Shaoxing Municipal as an Example

扩权强镇与权力规制
创新研究

——以绍兴市为例

◎ 胡税根 余潇枫 许法根 等著

SHAOXING

ZHEJIANG UNIVERSITY PRESS
浙江大学出版社

序

　　建设服务型政府是政府改革的目标选择，这既是经济体制改革的需要，也是社会转型的需要，同时也是政府创新和发展的需要。乡镇政府处于中国政府体系的最末梢，它与广大农村和农民联系最为密切，担负着农村绝大多数公共事务，在维护政治管理、提供公共服务、加强社会管理、组织经济建设等方面具有特殊的作用。因此，如何在政府体系的末梢建立起具有服务导向的职能结构、科学构建服务型的乡镇政府，就极具重要的现实意义。但与乡镇政府的职能定位相矛盾的是，现实的乡镇政府在职能发挥和权力运行方面存在着许多问题，突出表现为"职能缺失"和"权小责大"。对于如何解决当前乡镇政府所面临的各种治理矛盾，很多学者从乡镇管理体制变革和创新的角度提出了不同的建议，有人主张撤销，有人主张撤并，有人主张乡镇自治，等等。上述主张的核心是削减、压缩乡镇政府的职能。而在实践中，撤销或撤并乡镇成为不少地方尤其是中西部地区改革乡镇管理体制的重要举措。

　　在这样一种背景和趋势之下，绍兴市开展的扩权强镇改革和权力规制创新尤显特立独行。扩权强镇旨在解决乡镇"责权倒挂"问题，尝试委托执法方式，赋予乡镇部分县级经济社会管理权限，从而增强乡镇政府的公共服务和社会管理能力；而权力规制创新解决的是乡镇政府权力扩大后的用权规范问题，其实质是保证乡镇公共权力的合法、合理、正当的运行。应该说，绍兴市的这二项改革都是非常有意义的。一方面，放权是一种世界性潮流，也是中国行政管理体制改革的趋势之一；另一方面，权力如果不规制就可能成为危害社会公共利益的力量，规制权力对于规范权力运行、防止权力乱用、铲除腐败现象都能起到积极的的作用。从更大的范围来看，绍兴市的扩权强镇工作不仅走在浙江省的全列，而且也走在全国的前列；对扩权后乡镇公共权力运行规范化模式的探索，更是绍兴市的首创。绍兴市通过对中心镇厘清权力清单、界定用权流程、完善监督机制、构建评估体系，着重对风险点的排查和监管，从而在乡镇（尤其是中心镇）层面构建起了一个"确权—用权—督权—评权"的制度体系,实现了权力规制的制度创新。2010 年 4 月,中央编办等六部门下文,决定在全国 13 个省 25 个镇试点"扩权强镇"。扩权强镇及乡镇公共权力运行规范化问题必将成为接下来乡镇行政管理体制改革的焦点所在,绍兴市在这方面的实践和探索具有重要示范价值。

绍兴市扩权强镇改革和权力规制创新得以顺利推进并取得显著成效,究其原因,是多方面的,可以说是多种因素合力作用的结果,如地方政治精英的积极倡导、相关职能部门的直接推动、基层社会民众的强烈诉求、知识精英的深度介入,等等。其中特别值得一提的是,绍兴市在推进改革创新的过程中特别强调理论对实践的指导,强调借助于"外脑"。例如,绍兴市纪委以及钱清镇政府通过与浙江大学公共管理学院、浙江大学非传统安全与和平发展研究中心、浙江大学公共管理学院政府绩效评估研究中心深度合作,经过二年多的课题研究和实验,总结、提炼并创设了对中心镇权力规制创新具有标杆意义的"钱清规则"。又如,绍兴市发改委托浙江大学课题组开展"绍兴市扩权强镇与权力规制创新绩效评估"的课题研究,通过绩效评估总结经验,发现问题,从而进一步推动创新实践。通过这种课题合作的方式,以浙江大学胡税根教授、余潇枫教授为首的研究团队深度介入到绍兴市扩权强镇改革和权力规制创新的实践中,以理论指导和完善实践,在实践中验证和提升理论。《扩权强镇与权力规制创新研究——以绍兴市为例》一书正是这种理论与实践相互结合、相互提升的成果和结晶。

《扩权强镇与权力规制创新研究——以绍兴市为例》是一篇研究政府创新的宏论,也是一本案例分析的力作。该著作从"扩权强镇"发展路径的视角探讨"扩权强镇"改革对中心镇的影响,深入分析"扩权强镇"改革的动因、制度创新的过程及其实际的绩效。通过对"扩权强镇"的研究,奠定中心镇权力规制创新的基础,进而重点研究中心镇权力规制创新的环境与动因,并通过其制度研究和绩效评估的分析研究中心镇权力规制创新的有效性和持续性,分析其存在的困境和提出一定的对策建议。在研究方法上,该书强调采用实证分析的方法,以绍兴市为个案,通过问卷调查、座谈会、文献调查等方法搜集一手数据,并运用 SPSS 等统计软件对数据进行加工分析,从而准确把握了当前中心镇权力运行现状及民众对中心镇权力运行的期望,了解了省内外在政府权力规范化运行方面较成功地区的相关经验,并展开了较为充分的实证调研,通过翔实的调查数据分析当前"扩权强镇"改革和中心镇权力规制创新的绩效,剖析改革面临的困境,发现进一步深化的空间,并提出可行的对策建议。

　　浙江省在政府管理和公共服务领域已率先进行了一系列创新,在扩权强镇和中心镇权力规制创新方面绍兴市走在了全国的前列,可以说对全国范围内扩权强镇和权力规制改革起到了很好的示范和推动作用。我也很希望这本著作的出版,在建构扩权强镇和权力规制创新理论的同时,能对绍兴市相关创新实践经验的总结、提升和推广发挥应有的作用。

　　是为序。

谢庆奎于北京大学燕北园

2011 年 10 月

目　录

上篇：扩权强镇的路径思考

绪　　论

政府职能转变与行政体制改革一直是学术界关注的焦点,也是行政管理实践的核心内容。但是,与之密切相关的政府创新问题则是在近几年才逐渐引起学界和政府部门的关注和重视。20 世纪 90 年代中后期,随着我国经济的快速增长,人口、资源、环境、效率与公平等方面的问题也逐渐凸显,地区间、城乡间的经济社会发展差距逐渐拉大,加快政府体制改革,转变政府职能,构建公共服务型政府,满足社会公众的公共服务需求,提高公众满意度,提升政府形象的政府创新实践在我国各地迅速铺开。同时,在西方各国新公共管理的改革实践和理论的影响下,政府创新尤其是地方政府创新的问题开始进入政府改革和学界研究的视野。

改革开放 30 多年来,中国治理变革的重点内容逐渐转向生态平衡、社会公正、公共服务、社会和谐、官员廉洁、政府创新、党内民主和基层民主等领域[①]。中国改革开放的成就与政府管理体制改革密不可分,政府管理体制改革不仅是一场"治理变革",也是不断创新公共服务体制和创新政府管理体制的过程。政府创新与政府制度变迁方式有着千丝万缕的联系,也为我国深化行政管理体制改革提供了新思路[②]。

一、研究问题的提出

20 世纪 80 年代以来,随着英美等发达国家新公共管理运动和"政府再造"运动的蓬勃兴起,延续近百年的传统行政模式面临着极大的挑战,政府组织创新成为西方各国行政改革的主要目标。从撒切尔夫人开始的英国行政改革到美国

[①]　俞可平:《中国治理变迁 30 年(1978—2008)》,《吉林大学社会科学学报》,2008 年第 5 期。
[②]　吴江:《政府创新:深化行政管理体制改革的新思路》,《人民论坛》,2003 年第 4 期。

"创造一个少花钱多办事的政府"的行政改革,再到新西兰的行政改革和澳大利亚"竞争、绩效、透明"的行政改革,这场涉及西方大多数主要发达国家的行政改革无一例外地都引入了市场竞争机制、强调顾客导向以及提倡服务质量的提高。这些国家的行政改革不仅包括政府公共政策的变化,而且包括政府本身治理结构的变革;不仅有管理技术的微调,也有制度领域的深层变革;不仅包括政治与行政关系的调整,还包括政府与市场、政府与社会关系的重新定位;不仅包括政府权力与公民权利的调适,也包括政府权力的内部转移。从根本上来说,各国行政改革和"政府再造"运动都是政府部门为了更有效地应对环境变化而进行的组织创新。政府组织创新,就是政府机关为了提高行政效率和增进公共利益而进行的创造性改革,即探索政府行政的新方法、政府组织的新模式。政府组织创新除具有创造性、学习性、自觉性、系统性、风险性等组织创新的一般特征外,还具有自身的特征:一是公共性。政府组织创新的主体是公共部门,特别是公共权力部门;政府组织创新的最终目的也是为了改善公共服务,增进公共利益。二是政治性。由于政府掌握着社会的行政权力,政府组织创新是政治体制改革的重要内容,所以它直接涉及权力关系和利益关系,其敏感性、风险性也比其他创新行为更大。

我国的改革开放过程,不仅是社会经济文化的进步过程,也是一个政治变革和政治进步过程。随着政治文明的发展和政治环境的改变,近些年来,我国政府特别是地方基层政府出现了一种制度创新的强大动力,在许多地方党政机关中,创新成为一种自觉的行为。我国政府组织创新实践主要有以下几个方面:第一,提高政府组织透明度的改革和创新。这方面的主要举措有信息公开、决策公开、警务公开、司法公开、检务公开、任前公示等。例如,湖南省长沙市从 1996 年开始在全市范围内推行政务公开工作,不仅实现了市、县、乡、村政务公开的四级联动,而且因地制宜创造了"政务公开大厅"等十余种政务公开形式,政务公开的内容也比较规范,实现了办事人员、办事职责、办事依据、办事程序、办事标准、办事时限、办事纪律、办事结果等八个方面向社会公开,接受群众的监督。这些措施在缓解干群矛盾、规范政府行为、提高办事效率等方面均收到了较好的效果。第二,增强政府组织管理民主性的改革和创新。主要举措有立法听证和政策听证、干部公开选拔和竞争上岗、乡镇或机关党政领导实行直接选举或公推公选以及村委会"海选"和"两票制"等。民主的创新大大改善了基层的政治生活环境,由"少数人在少数人中选人"逐步转变为"由多数人在多数人中选人",力求从根本上防止用人腐败。湖北襄樊市在全国率先推行的"公推公选局长"改革,从公选入手,紧紧抓住行政"一把手",并实施"高薪聘用,严格考核,有效监督"等一系列新机制,一扫官场陈腐之气,取得了明显的成效。第三,提升政府公共服务水平和质量的改革和创新。这方面主要举措有改进社会福利体制、扶贫济弱、治安联防、全民教育等。在行政管理和效能建设方面,主要举措有简化行政审批、实行各种形式的承诺制度和问责制度、建立应急管理机制、推进公共财政制度改革及公用事业制度改革等。如成都市政府为了优化投资环境,提升城市竞争力,共取消或调整行政审批事项 658 项,其中完全取消的就有 513 项,清理出关系到生产、经营和服务方面的各种证照 363 个。第四,加强对政府组织监督的改革和创新。在权力监督和廉政建设方面,主要举措有行政诉讼、离任审计、舆论监督、政府采购和工程招标等。如杭州市于 2005 年在全国率先建立公共资源交易中心,由该市政府采购中心、市产权交易中心、市土地交易登记发证中心、市建设工程招标投标管理办公室、市建设工程交易中心等五大部门构建,进一步发挥了市场对公共资源配置的基础性作用。① 还有如浙江省绍兴市 2008 年开始的"中心镇权力规制"的创新。第五,加强对政府组织层级结构的改革和创新。如浙江省推行的"省管县"改革、浙江省富阳市的"专委会"制度改革等。第六,加强基层政府管理和服务能力的改革和创新。如浙江省绍兴市"中心镇扩权强镇"改革和创新。

我国目前正处于计划经济体制向市场经济体制转轨的深化时期,从整体上看,政府管理体制与社会主义市场经济的要求还有一定的差距,政府对经济的过度干预很难在短期内消失,各种经济失控现象大量存在。具体来说,我国政府组织创新面临的问题主要有以下几个方面:一是政府与市场的界限问题。政府和市场是人类社会两种最基本的组织形式,也是推动、控制和影响社会发展的两股强大力量。实践已经证明,充分发挥市场机制在配置资源中的基础性作用,实行公开、公平、公正竞争,经济活动才能富有活力和提高效率,才能创造更多的社会财富和提高综合国力。同时,也要看到实行市场经济体制,并不意味着减少政府的责任和作用。"任何国家,即使是堪称最民主的国家也需政府行使公共管理职能"②。我国是发展中国家,又处于经济体制转轨、经济结构战略性调整和经济快速发展的时期,尤其需要政府担当起应有的责任,把职能真正转变到经济调节、市场监督、社会管理、公共服务上来,为经济活动创造良好的宏观环境。但正是因为我国市场经济体制发展还不够成熟,所以导致政府与市场的关系不够明晰,政府干预市场过多的情况还一定程度地存在,如政府管制太多、第三部门发展空间狭窄、企业自主权较小等等。另外,地方保护主义、寻租行为等现象也还存在着,从而导致市场秩序的混乱,也严重妨碍了政府管理体制改革的顺利进

---

① 胡税根、郦仲华:《我国政府组织创新:意义、目标与路径选择》,《学习与探索》,2006 年第 5 期。

② [美]迈克尔·罗斯金:《政治科学》,华夏出版社 2002 年版,第 76 页。

行。二是公平与效率的统一问题。我国是发展中国家,经济、文化和社会发展水平还比较低,必须通过市场经济来大力发展社会生产力。改革开放以来,源于市场经济体制中的利益驱动和激励,我国经济得到了较快的发展。社会主义市场经济体制自身发展的价值取向应该是实现效率与公平的统一。在市场经济条件下,为了实现社会公平,需要通过立法,对市场主体的活动规范、行为准则等做出明确规定,使其将追求自我利益最大化同增加社会效益结合起来,这是市场经济稳定发展的基本要求。而对于政府部门来说,要兼顾公平和效率则是相当困难的。因为公平和效率具有替代性,在公共部门具体实践中也会因人为或非人为的原因产生矛盾,这个矛盾对政府改革也会产生不容忽视的影响。三是管理与服务的矛盾问题。政府除了政治统治的职能以外,还有社会管理、社会服务和社会平衡职能,即要服务于整个社会或人民大众,包括信息服务、市场服务、慈善服务、卫生服务等等。在社会主义市场经济条件下,政府转变职能,就要充分利用契约在整合社会关系中的重要作用,改变那种重审批轻监督、重管理轻服务、重制裁轻保护、重行政命令轻契约整合的现象。但就我国现实情况看,政府与市场关系界定不明确,而且政府本身无法克服传统体制之下的弊病,如官僚主义、形式主义、办事拖拉等。在传统体制还未完全解体、新的行政管理模式尚未建立之前,必然会引起公共行政人员对自我角色定位的混乱,从而引发管理与服务的矛盾。正是由于上述问题没有得到很好的解决,我国政府机构设置不合理、职能交叉较多的现象仍然存在,甚至有的地区陷入政府机构改革越改越多的怪圈。政府管理方式和手段落后,重审批轻监管倾向严重,行政管理成本偏高,一些地方官员热衷于搞政绩工程、形象工程。这些都是与现代政府组织的发展方向背道而驰的。

在我国现行的政府管理体制架构中,乡镇政府作为"五级政府"管理层级的末端,直接承担着最基层行政管理和公共服务的职能。根据《中华人民共和国地方各级人民代表大会和地方各级人民政府组织法》规定,我国乡镇政府的基本职能是执行本行政区域内的经济和社会发展计划、预算,管理本行政区域内的经济、教育、科学、文化、卫生、体育事业和财政、民政、公安、司法行政、计划生育等行政工作。从法律角度看,作为基层的乡镇政府承担着本行政区域经济社会发展的全部工作,不仅担当着行政管理的角色,也是社会公众所需要各项公共服务的直接提供者。与此同时,中国作为一个农业大国,近60%的人口集聚在农村,乡镇政府职能的发挥与城乡统筹发展和社会和谐稳定更是密不可分。随着市场经济的发展,乡镇政府的职能定位也发生了重要转变,一是乡镇政府的重要性被提上日程。2006年"中央一号"文件、"两会"和党的十六届六中全会都提出了建设社会主义新农村的重大任务,如何发挥乡镇政府在建设社会主义新农村过程中的作用,使其成为统筹城乡发展和维护社会稳定的重要环节,成为推动乡镇政府职能转变的主要推力;二是乡镇政府管理模式的转变成为必要选择。我国现阶段已明确提出建设服务型政府的要求,按照服务行政和高效行政的要求,基层乡镇政府同样面临着向以服务为中心的管理模式转变的挑战,并突出体现乡镇政府"经济调节、社会管理、公共服务"方面的功能。因此,在现有法律制度框架和政治制度改革背景下,如何使乡镇政府当好市场经济条件下科学政策的制定者、经济发展的调节者、市场秩序的监管者和公共服务的提供者,不仅是乡镇政府功能发挥的体现,也是基层经济社会发展的需求。

但与乡镇政府的职能定位相矛盾的是,现实的乡镇政府在职能发挥和权力运行方面存在很多问题。

第一,传统乡镇政府职能的问题突出表现为"职能缺失"和"权小责大"。乡镇政府作为我国基层政府,是政府与民众接触的最前沿,其表现的好坏直接代表着政府的形象。乡镇政府既要负责执行上级政府的各项政策与命令,最终是中央及各级地方政府为人民服务精神的体现;同时,乡镇政府也承担着直接为社会公众提供公共产品和公共服务的职责,是政府职能的重要环节。但在行政管理实践中,乡镇政府的职能表现出一种双重矛盾:一是"乡镇政府职能缺失"的问题。我国的行政执法权以县一级作为主体,乡镇层面几乎是空白。根据现行法律法规的规定,一般没有政策制定权和行政审批权,其权力运行的主要表现形式是"上传下达",即向上申报各类审批(许可)事项,向下传达落实各项政策规定。随着农村改革的实施,乡镇这个权限职能全国整齐划一的基层政府建制发展方向逐渐成为人们热议的话题。在少数中西部省份,面对乡镇财政收入和政府职能两方面的空壳化,将其权能收缩回县一级、推动其演变成基层自治实体已成为一个重要的改革方向。二是"权小责大"的问题。随着经济社会的发展,人们对公共服务的需求日益提升。乡镇政府作为最基层的政府组织需要承担起更多的公共服务职责,但其"职能缺失"和"管理权限过小"的问题不仅影响到乡镇经济社会的全面发展,也关系到基层政府责任、政府信任和公众满意度等问题。

第二,"扩权强镇"改革带来乡镇权力规范运行的新挑战。在省管县改革和积累经验的基础上,浙江省于2005年决定在"强县扩权"的基础上再推"强镇扩权"试点,把中心镇培育建设成为产业的集聚区、体制机制的创新区、社会主义新农村建设的示范区。从2007年年初开始,浙江省绍兴市在全国率先实行"扩权强镇"试点,将投资项目的核准、备案,建筑工程许可证核发等相应的职权下放到下辖的钱清镇等5个乡镇,赋予这些乡镇部分县级经济社会管理权限与相对独立的财权,区域范围内的土地出让净收益全部返还给这些乡镇。绍兴"扩权强镇"试点改革既是适应经济发展和社会管理的需要,也是浙江省经济结构特性所决定的。实行权力下放、扩权强镇,探索以城带乡、统筹城乡发展的改革新尝试,对于解决当前乡镇政府权责不对等这一普遍性难题,提高服务经济社会发展的效率,积极转变乡镇政府职能,实现城乡统筹协调发展具有重要的意义。"扩权强镇"的试点,外部给予的权力下放和内部面临的新一轮重大建设,对规范中心镇权力的运行提出了新要求和新挑战:即如何强化权力的"为民服务"功能、如何厘清新扩的权力边界、如果建构权力运行机制、如何保障权力运行的规范和效率等。"扩权强镇"改革转变了传统乡镇政府职能定位,乡镇权力也开始经历"从无到有"、"从小到大"的巨大转折。在这乡镇政府职能重新定位的过程中,规范权力运行避免中心镇扩权带来的"隐性违规",加强监管促进中心镇权力运行既规范又有效率,既保障发展又保护干部,已成为确保乡镇政府职能有效实现的重要问题,也是增强基层政府社会管理和公共服务能力的重要保障。

第三,地方政府创新激发与之相关的政府管理体制改革,对乡镇权力规范运行创新实践提出了新要求。政府创新一直被认为是政府管理体制改革的应有之义。中国的改革开放过程,是一个包含政治、经济和文化等内容的整体性社会变迁进程。从这个意义上讲,政府创新既促进了政府管理体制改革的前进,也激发了政治、经济和文化等深层次领域改革的推进。谢庆奎、俞可平、吴江、张永会、李照作等学者认为政府的改革和发展首推职能转变与政府创新[①],政府创新是一个持续不断地对政府公共部门进行改革和完善的过程。这个过程实质上就是探索政府行政的新方法、新模式,以适应新环境的变化和新现实的挑战。浙江省绍兴市探索中心镇权力规制创新既是在乡镇政府职能转变的背景下开展的创新实践,也推动了绍兴地方政府创新的发展。浙江省作为地方政府创新最为活跃的区域,这与其经济社会发展因素、区域创新能力及政府管理体制改革推动都有直接的关系。绍兴市中心镇权力规制创新有其特殊的社会环境条件和产生背景,既是"扩权强镇"改革的结果,也有地方政府职能转变和探索创新的深层次原因。可以说,活跃的地方政府创新及较强的区域性地方政府创新能力都为绍兴市探索中心镇权力规制创新创造了良好的条件,也成就了其政府创新的基础。

二、研究目的和意义

随着经济社会进一步发展,我国政府组织按照精简、统一、效能相结合和决

---

①　谢庆奎:《职能转变与政府创新》,《新视野》,2003 年第 2 期。

策、执行、监督相协调的原则,正经历着新的蜕变。具体说来,主要追求以下目标:一是民主参与型政府组织。政府是在公民本位、社会本位的理念指导下,在整个社会民主秩序的框架下,通过法定程序,按照公民意志组建起来的以为公民服务为宗旨并承担着服务责任的政府①。实践证明,政府公职人员失去人民的有效监督,就可能独断专行,甚至腐化堕落。因此,建立结构合理、配置科学、程序严密、制约有效的政府绩效评估机制,加强对政府权力的监督,保证把人民赋予的权力真正用来为人民谋利益,是社会主义政治的基本要求。美、英等国兴起的顾客导向和公民宪章运动,充分显示了政府绩效评估不同于私营部门的公共性质,不是以投入产出的分析法为其一般标准,而是以满足公众(顾客)需要的质量指标作为衡量公共部门绩效的重要手段。公民参与的意义还在于,可提供创新所需要的智慧、知识以及信息。公民参与可以集中民众智慧,吸收不同领域知识,并为政府管理者提供及时有效的信息,从而提升政府管理创新能力。二是高度责任感政府组织。在公共行政与公共管理领域,对于什么是责任(accountability)始终存在着争论②。但不可否认,责任在公共领域占据着十分重要的地位。责任政府既是现代民主政治的基本理念,又是一种对政府公共管理进行民主控制的制度安排。作为民主政治时代的一种基本价值理念,责任政府理念要求政府必须回应社会和民众的要求并加以满足,必须积极地履行其社会义务和职责。作为一种制度安排,责任政府意味着保证政府责任实现的责任控制机制,意味着强化对行政权力的监督和制约,如立法监督、司法监督和绩效评估监督,等等。强化政府责任的关键不在于建立各种各样的监督制度,而在于通过提高制度的有效性来推动政府部门及其官员树立自觉的责任意识,以公共精神来完成公共事务③。责任制的改善是可能的④。政府的一切权力都是人民赋予的,必须对人民负责,接受人民监督。各级政府及其官员不仅要在公民对其提出正当要求时做出及时的回应,更要积极主动地、创造性地履行其法定职责,牢固树立责任感,自觉承担起自己的责任。有职须有权、有权必有责、用权受监督、违法受追究、侵权要赔偿是建设责任政府的基本要求。建设责任政府要求建立权责统一、科学合理的行政问责体制,既要落实行政首长负责制,明确其领导责任,又要各司其职、各有其权、各负其责。三是高绩效政府组织。高绩效的政府,是一国经济和社会可持续发展的基础。效率是判断一个公共管理体系是否优良的基本标准,同时也是判断政府是否有能力承担公共服务职能的主要标准。市场经济

① 刘熙瑞:《服务型政府——经济全球化背景下中国政府改革的目标选择》,《中国行政管理》,2002 年第 7 期。
② 张成福,党秀云:《公共管理学》,中国人民大学出版社 2001 年版,第 324 页。
③ 俞可平等:《政府创新的理论和实践》,浙江人民出版社 2005 年版,第 115 页。
④ [美]凯瑟琳·纽科默等:《迎接业绩导向型政府的挑战》,中山大学出版社 2003 年版,第 31 页。

条件下,政府作为一种资源配置机制,应该通过提供公共物品、管理公共事务,消除或减少市场失灵,解决外部效应,提高资源配置效率,促进社会公平和经济的可持续发展。在英国行政改革过程中,撒切尔夫人提出了"经济行政"的指导思想和"成本效益"的指导原则,认为"行政管理应该从经济的角度规定目标值,努力实现完成值,并客观根据完成值与目标值之比算出达成值"。政府能否有效发挥社会管理作用取决于政府运行效率的高低。在国际竞争日益激烈的形势下,只有高效率的政府组织才能提供完善的法律体系、科学的决策、优质的服务、到位的管理、发达的教育,以促进企业发展和经济增长。政府效率与企业效率、民族振兴休戚相关,政府组织效率是国家竞争力的重要因素。四是专业化政府组织。优质高效的政府必定是专业政府。专业政府意味着政府管理是一个日益专业化的行业,有着自身的内在规律,需要专门的知识和技能,因此从事政府管理的人员必须具备相应的专业素质。应该培育政府组织领导人的企业家精神,激发其成就需求,发挥其政治远见和管理经验优势,从而推动政府管理创新实践。管理创新是一种前人所未经历的开创性事业。政府组织管理者、尤其是政府领导人,既要紧密结合管理工作中的各项事务,又要着眼现实、未来和世界的发展潮流,积极开展战略研究,方能在实际的管理与领导活动中提高自己战略思维的素质与创新能力。建设专业政府还要求完善政府工作人员的录用、考核和培训制度,建设一支相对稳定的、训练有素的公务员队伍,并聘任相关的专业人士承担特殊的政府管理职责。五是服务型政府组织。政府组织作为国家的伴生物,长期以来被看成是一种凌驾于人民大众和社会之上的力量。由此形成的政府公共行政理念是,政府是直接维护政治统治的工具,"行政管理"主体与被管理对象(社会公众)之间的关系是不对等的关系。这就忽视了社会需求对政府行政行为的导向性作用。改善政府服务,首先要求各级政府和官员克服"官本位",树立"民本位"、"社会本位"和"权利本位"的理念。改善政府服务,落实"以为民本",就必须在公共服务的整个过程中坚持顾客导向,树立顾客至上的观念。政府既然不应该是凌驾于社会之上的封闭官僚机构,而是负有责任的服务提供者,那么,政府就应以公共服务消费者——顾客的需求为导向,在公共服务的各个环节坚持顾客至上,以顾客高兴不高兴、顾客答应不答应、顾客满意不满意作为政府行政的价值追求。政府的能力和资源始终是有限的。因此,还要树立"有限政府"的理念,有所为而有所不为,将自己的职能严格限定在解决市场失灵的领域,只提供市场、企业、个人无法提供的公共产品和公共服务,不干涉私人物品和私人服务的运作。

我国自改革开放以来,市场经济和社会发展迅速,政府公共服务的效率和质量方面的改革也进入了新一轮发展时期。一方面市场经济的深入发展对政府提供公共服务的效率和质量提出了更高要求,另一方面政府职能的转变需要在法制的框架内加强对权力运行的监督和制约,以更好地满足经济社会全面发展和构建和谐社会的需要。

浙江省政府在 2007 年《关于加快推进中心镇培育工程的若干意见》指出,全省将有重点地选择 200 个左右中心镇,分期分批地进行培育,在全省形成一批特色明显、经济发达、辐射能力强的小城市。其中列入"十一五"中心镇培育工程的省级中心镇共 141 个。对于这些中心镇,浙江省决定扩大其经济社会管理权限。按照"依法下放、能放就放"的原则,赋予中心镇部分县级经济社会管理权限,强化中心镇政府科技、信息、就业和社会保障、义务教育、公共医疗卫生等十大公共服务职能。2008 年 6 月,浙江省决定进一步开展"扩权强镇",使中心镇真正成为转移农民、致富农民、统筹城乡发展的战略节点。

"扩权强镇"的背后,是经济发达省份的强镇破除体制限制的诉求。按照我国现行的法律法规,行政执法权都在县市一级,小城镇缺少有效的审批、执法与行政管理手段和权力。而现实中一些乡镇已经具备了较强的经济实力,其经济总量甚至超过了不少其他的县市相应的财权、公共服务能力、管理机构等已不再匹配,"小马拉大车"的问题日益尖锐。扩权强镇改革,通过授权、委托和交办等方式,赋予中心镇相应的经济社会管理和公共服务权限,仅能 改变"车大马小"制约经济强镇进一步发展的现状,而且可以创新管理体制、扩大管理权限,对当地的经济社会发展有着极大的促进作用,也加快了城镇化的步伐。

"一个制度的好坏不可能仅靠抽象的理论来衡量。它是否在实践中产生了良好结果这一点必须成为我们据以判断的重要依据。"[①]背景和动因分析解决了扩权强镇改革的动力问题,这是扩权强镇能够产生绩效的基本前提;制度供给和制度形态分析解决了扩权强镇如何成为发达地区乡镇管理体制改革的路径选择以及如何使扩权强镇作为一项系统工程得以有序推进,这是扩权强镇能够产生绩效的重要保障。但是,具备了特定的动因和适宜的制度形态,并不必然等于高绩效的政府创新实践。这是因为,对政府创新绩效的评价在很大程度上是看其运转的实际效果,而改革动因和制度形态本身不能直接决定政府创新的实际效果。要把改革动因和制度形态转化为有绩效的创新实践,在很大程度上还取决于政府创新的运行逻辑、实现方式和操作技术。当然,从更宏观的视野来看,还取决于政府创新赖以存续的整个社会生态的状况。因此,才有了一些政府创新得以成功并得以持续,而另一些政府创新却归于失败或被迫中断的问题。帕特

① ［美］克里斯托弗·沃尔夫:《司法能动主义——自由的保障还是安全的威胁?》,黄金荣译,中国政法大学出版社 2004 年版,第 123 页。

南在《使民主运转起来》一书开篇中也提出了类似的问题:为什么有些民主政府获得了成功而有些却失败了?[①]帕特南通过研究发现,导致这一问题的最直接原因是制度的绩效问题,即那些能创造高绩效的民主制度往往就能获得成功,而那些无法创造高绩效的民主制度最终必将归于失败。

因此,对"扩权强镇"的历史演变过程和中心镇权力规制创新进行综合研究,其意义主要在于以下几点。

第一,进一步研究"扩权强镇"制度创新的发展过程,综合评估"扩权强镇"的绩效。作为中心镇权力规制创新的基础,"扩权强镇"改革既从制度上突破了传统市县乡镇关系,又从职能上赋予中心镇经济社会发展更多的权力,是对构建服务型政府新路径的探索。本研究着重从"扩权强镇"的历史演变过程探索其制度创新的历程,并从扩权强镇工作实施情况评估、优化政府公共治理的绩效评估和推动区域经济社会发展的绩效评估等三个维度对"扩权强镇"的绩效进行综合评估,以论证"扩权强镇"改革的效果,并进一步提出中心镇权力规制创新的命题。

第二,进一步研究中心镇权力规范运行的意义,探索中心镇规范权力运行的机制。党的十七大指出,要完善制约和监督机制,建立健全决策权、执行权、监督权既相互制约又相互协调的权力结构和运行机制。乡镇政权作为党的基层政权,是党的执政基础,"乡镇治,则市县治"。特别是在当前经济社会转轨的重要时期,各类矛盾突出,乡镇则是各类矛盾的集中聚积处。因此,如何在新形势下充分发挥乡镇党委的领导核心作用,提高乡镇政府的施政能力,切实把握好规范与发展、制约与保护、权力与风险的平衡关系,促进乡镇权力运行的规范和透明,将深刻影响农村基层党风廉政建设和社会主义新农村建设的进一步深入和发展。中心镇地位突出,加强对中心镇权力规范运行的研究,有助于探索在"扩权强镇"背景下权力规范运行的机制建设,也有助于提高干部执政能力和乡镇治理能力。

第三,深入分析中心镇权力规制创新的动因与效果,研究中心镇权力规制创新的有效性与持续性。中心镇权力规制创新有其特殊的经济社会发展条件,本研究立足于对中心镇权力规制创新动因的研究,并从中心镇权力规制创新实践与制度研究的角度及中心镇权力规制创新效果评价的角度对中心镇权力规制创新有效性和持续性等问题进行实证研究,并积极探索保障中心镇权力规制创新的机制建设,有助于推动中心镇权力规制创新的持续性。

第四,深入研究中心镇权力规制创新不仅是完善社会管理的要求,也是提升乡镇公共服务的重要途径。乡镇权力规范运行从放权到位和用权规范的角度为

---

① [美]帕特南:《使民主运转起来》,王列、赖海榕译,江西人民出版社 2001 年版,第 1 页。

完善社会管理奠定了重要基础。一是强化政府社会管理的职能,以程序规范和服务高效为目标促进政府服务社会职能的履行。二是加强社会政策制定与履行,以权力规范运行为途径制定合理的社会管理政策,促进社会的持续健康发展。三是促进权力阳光运行,使基层政府在权责统一的前提下提高政府工作透明度,完善社会管理。四是构建社会安全管理体系,防止权力运行的不到位引发的各种行政违法和社会安全事件,体现社会安全管理的基本原则。同时,乡镇权力规范运行也有助于提高基层政府的工作效率,是提升公共服务能力的重要途径。基层政府在规范的用权过程中直接为社会公众提供公共服务,有助于提高公共服务质量和效率,进一步提升公共服务品质。权力的阳光运行和服务经济社会发展为社会监督建立渠道,公共服务效率和质量的提高也增强了公民满意度,有助于地方的和谐发展。

三、研究现状综述与解析

　　"扩权强镇"改革和"中心镇权力规制创新"的内容都导向乡镇政府职能及其转变,国内学术界对乡镇职能的研究也取得了不少成果,有些是基于税费改革后的财政视角,有些是基于城镇化的视角,更多的是基于新农村建设的视角,还有些是基于治理理论、新公共服务理论等的新视角。其主要的研究集中于以下几方面:

　　1. 关于乡镇政府职能的研究

　　要充分发挥乡镇政府的作用,必须对其职能有明确的界定。国内很多学者在这一方面进行了论述,认为乡镇政府的职能主要包括经济发展职能、社会管理职能、农村公共服务职能等。苏柏佳将地方政府的角色定位于:一是以中央政策为指导,明确城乡统筹,突出乡镇政府的规划功能;二是以加快农村经济发展为重点,突出乡镇政府的制度供给功能;三是以加快城乡体制改革为途径,突出乡镇政府的服务保障功能;四是以完善政策,强化服务为抓手,突出乡镇政府的组织建设功能。① 刘红云、张晓亮认为应在服务型政府、有限型政府、调控型政府和法治型政府的原则要求下,将乡镇政府的角色定位于公共产品和服务的提供者、公共事务的组织者和领导者、利益冲突的协调者、农业产业化的组织者以及

---

　　① 苏柏佳:《乡镇政府在新农村建设中的角色定位》,《法制与社会》,2007 年第 7 期。

农民素质提高的培训者。① 阮兴文认为中国乡镇体制始终处于恶性膨胀与债务递增的循环怪圈,有效提供公共服务的职能几乎丧失。乡镇行政机关的性质定位,经济建设中心论的职能定位和不适应新农村建设实际需要等是导致问题的体制根源。社会公益性咨询服务应成为中国乡镇职能的新定位。② 王艳成从城镇化的角度出发,将乡镇政府职能定位于:一是引导促进乡镇经济的发展;二是推进农村基层民主建设和文化建设;三是维护城乡社会稳定和社会公平。③ 陈建东指出乡镇政府应该立足于农村经济、政治、文化、社会建设,围绕农村经济社会发展这一主题,把职能结构的重心定位到社会管理职能、公共服务职能、发展经济职能、基层建设职能上来。④ 周平提出:"乡镇政府职能的主要内容是为居民基本生活提供必要的服务,维护本地域的社会秩序和安全,促进当地社会经济与其他方面的发展。作为基层地方政府,乡镇政府的职能从内容上看,大都同当地居民日常生活密切相关;从性质上看,较多地呈现出社会管理的特性。"⑤章韬、陈诗超指出,在推动新农村建设的过程中,合理定位乡镇政府职能应做如下思考:(1)转变思想观念,更新乡镇政府治理理念;(2)突出乡镇政府的规划职能,明确城乡统筹发展;(3)突出乡镇政府的服务保障职能,建立统一的城乡公共服务体制;(4)积极培育和发展农村社会组织,尤其是农民专业经济合作组织;(5)进一步完善和推进基层民主发展,实现村民自治。⑥

2.关于乡镇政府职能转变研究

关于乡镇政府职能转变的影响因素的分析,吴理财认为当前我国乡镇职能转变之所以迟缓而且缺乏实效,既有诸如乡镇财力不足等现实性原因,也有现有体制安排导致的内在激励不足,尤其是形式化的权力制衡机制和压力型体制的逆向激励,内在地限制了乡镇职能的转变。⑦ 王高峰、邢妍、严红指出了新时期乡镇政府职能转变面临的主要问题:一是"压力型"行政体制的束缚;二是乡镇财政能力的制约;三是乡镇机构改革不彻底;四是党政关系不够协调。⑧

关于乡镇政府职能转变的目标取向及相关策略的分析,唐鸣指出乡镇政府职能转变应从以下几个主要方面努力:一是从微观控制向宏观管理转变,二是从单纯管理向全面服务转变,三是从单一方法向多种手段转变,四是从领导指挥向

① 刘红云、张晓亮:《新农村建设中乡镇政府的角色定位》,《农村经济与科技》,2007 年第 7 期。
② 阮兴文:《新农村建设视野下的乡镇职能新定位》,《经济研究导刊》,2009 年第 10 期。
③ 王艳成:《城镇化进程中的乡镇政府职能研究》,华东师范大学博士学位论文,2009 年。
④ 陈建东:《新农村建设中乡镇政府的职能定位》,《安徽农学通报(上半月刊)》,2009 年第 21 期。
⑤ 周平:《当代中国地方政府》,高等教育出版社 2010 年版。
⑥ 章韬、陈诗超:《论新农村建设中乡镇政府职能的合理定位》,《经济研究导刊》,2011 年第 12 期。
⑦ 吴理财:《论乡镇职能转变的内力及其限制》,《甘肃行政学院学报》,2010 年第 1 期。
⑧ 王高峰、邢妍、严红:《我国乡镇政府职能转变问题探讨》,《中共山西省机关党校学报》,2010 年第 3 期。

指导帮助转变,五是从随意行政向依法行政转变。[①] 张全在、贺晨认为,镇政府的职能,与其他社会公共权力一样,就是创造和维持辖区内的社会生活在一个有秩序的范围内有效进行。所谓政府职能转变,就是要使政府职能归位,管理应该管理好的,不该管理的归还社会。对于目前的镇政府职能状况而言,镇政府应该将大量微观职能还给社会,镇政府集中精力对社会实行宏观的规划和调控,办理那些对社会来说是非常重要的,而一般社会组织和个人没有能力办的事情,使镇政府成为引导、协调和监督辖区内社会生活正常运行的中枢。[②] 金太军等指出:我国市场化取向的经济体制改革尽管发轫于乡村并运行达二十余年,乡镇一级政府却仍在很大程度上保持着传统计划经济下政府无所不管的全能体制,不仅严重阻碍了农村市场体系的发育和市场经济的发展,也与市场化引发的政府治理变革的潮流和乡村民主化进程格格不入,因此必须转变乡镇政府职能,并以此作为乡镇机构改革的重点,从而实现乡镇政府的'内涵式'改革。与中央及其他各级政府有所区别的是,乡镇政府职能转变的突破口应在于决策体制的创新,而非政企分开。乡镇政府职能转变的具体要求则是,划清政府与市场的界限,实现政社分开、政事分开和政企分开。与市场化进程和政府治理变革进程相适应,转变后的政府职能应主要局限在依法行政、规范市场、推进农业产业化、扶持中介组织和自治组织的发展等方面。[③] 刘小春、吴平、周波、蔡军伙指出:首先,乡镇政府应该在以生产发展、生活宽裕为目标的新农村物质文明建设中起引导、示范及服务作用。其次,在以乡风文明为目标的新农村精神文明建设中起组织、教导、参与作用。再次,在以村容整洁为目标的新农村生态文明建设中起宣传、协调、策划作用。最后,在以管理民主为目标的新农村政治文明建设中起指导、支持、帮助作用。乡镇政府与村民委员会之间并不是行政上的隶属和领导与被领导的关系。[④] 张江海指出乡镇政府应该从传指令、收税费、包村组的汲取型政府向服务型政府转变。首先,树立以民为本的服务理念;其次,明确政府职能,划分政府与市场的边界;再次,厘清乡镇政府与上级政府财事权分配;最后,培育和发展民间自治组织,实现乡村的多元治理。[⑤] 陆道平指出:"随着苏南乡镇企业在20世纪80年代末面临着普遍的困境,地方政府兴起了一股乡企业改革的浪潮。同时,由于市场经济的不断发展,新的问题和矛盾开始出现,乡镇政府与企业、社

①　唐鸣:《论乡镇政府的职能转变与规范管理》,《社会科学研究》,1997年第2期。

②　张全在、贺晨:《镇政府管理:建昌镇调查》,中国广播电视出版社,1998年版。

③　金太军:《乡镇机构改革挑战与对策》,广东人民出版社2005年版。

④　刘小春、吴平、周波、蔡军伙:《乡镇政府的"撤"与"改"——兼论社会主义新农村建设中乡镇政府职能的重新定位》,《江西农业大学学报(社会科学版)》,2006年第1期。

⑤　张红海:《从汲取到服务——乡镇政府职能转变的新趋势》,《福建行政学院福建经济管理干部学院学报》,2007年第4期。

会之间呈现出一种新的互动关系,治理主体开始向多元化的方面发展,政府的职责更多地向服务的方向转变,注重更好地提供地方公共物品,乡镇政府的行为模式也由简单的自上而下向更多的水平网络化方向转变。"① 王卓华、柴生秦主张利用多元公共行政观,从管理、政治、法律的视角重塑我国乡镇政府职能。管理的视角要求行政管理的科学化;政治的视角要求以人为本,重视公共服务;法律的视角要求严格依法行政。② 王高峰、邢妍、严红针对新时期乡镇政府职能转变面临的主要问题,提出了乡镇政府职能转变的对策与建议:一是深化乡镇政府机构改革;二是加强乡镇政府社会管理和公共服务职能;三是理顺党委和政府的关系;四是积极推进村民自治。③ 此外,胡静采用 SWOT 分析法,分析了新农村建设中乡镇政府职能变革的优势、劣势、机会和威胁。并初步提出了以下对策:一是多管齐下,拓宽人员分流途径;二是切实推进税费改革;三是加强村民自治和基层监督。④

　　3. 关于扩权强镇的研究

　　从浙江、广东等地的扩权强镇实践中,一些学者总结了扩权强镇过程中暴露出的一些问题,这些问题的研究对于扩权强镇的继续推行起着很大的作用。马晓以浙江台州市为例,指出中心镇建设中存在部分中心镇规模偏小、难以发挥辐射和集聚效应,规划缺乏稳定性和连续性,城镇建设投入不足导致基础设施薄弱和配套设施不全,人员及编制不足导致执法工作难以开展,政策支持不够导致中心镇"底气"不足等六个方面问题。⑤ 马斌认为扩权强镇改革是一个政府间关系的重新调整过程,涉及重大利益的分配和制度的重构,其深入推进面临着诸多体制性难题:一是法律上的障碍,从目前的实践来看,各地普遍存在着权力的下放合法性不足的问题;二是制度上的障碍,扩权强镇需要打破县对乡的各项管理制度,重新建构上下级政府间的制度关系;三是利益上的障碍,作为改革的受损方的县政府会不可避免地利用其行政层级上的优势反对或阻碍改革的推进;四是观念上的障碍,当下推进扩权强镇改革并非是一项取得各方共识的改革。⑥ 徐剑锋则对"扩权强镇"提出不同意见,他认为现阶段浙江更应该实行"弱镇放权"而不是"扩权强镇"。其理由有四:一是扩权强镇会打破县(市)和强镇利益的调整平衡,扩权后的乡镇享有独立财权,税收留成,尤其是区域范围内的土地出让

---

　　① 陆道平:《苏南乡镇治理研究——以昆山市淀山湖镇为例》,苏州大学博士学位论文,2007 年。
　　② 王卓华、柴生秦:《后税费时代我国乡镇政府的职能研究——基于多元公共行政观的视角》,《陕西行政学院学报》,2009 年第 1 期。
　　③ 王高峰、邢妍、严红:《我国乡镇政府职能转变问题探讨》,《中共山西省直机关党校学报》,2010 年第 3 期。
　　④ 胡静:《新农村建设中乡镇政府职能变革分析》,武汉科技大学硕士学位论文,2010 年。
　　⑤ 马骁:《中心镇建设存在的主要问题及对策——以浙江省台州市为例》,《小城镇建设》,2008 年第 1 期。
　　⑥ 马斌:《"强镇扩权"的诸多难题》,《浙江人大》,2010 年第 5 期。

净收益全部返还镇并由其支配,县级财政的收入将大为减少,大县小镇可能成为大镇小县,会出现强镇割据;二是乡镇毕竟是人员编制不可能多的小政府,如果强镇享有独立财权,区域范围内的土地出让净收益全部返还镇并由其支配,可能更容易出现乡镇政府违规违法侵占 变卖或出让耕地中饱地方私囊,乡镇有了环境支配权可能会更重视产值与税收,成为污染企业的庇护所;三是"扩权强镇"很有可能导致乡镇行政编制的无序扩张,引发公务员队伍扩编以及官员级别的提升;四是随着城镇化的推进,作为平均人口不到百万,面积仅几百平方公里的浙江县域,更需要有统一的城市规划与公共管理服务,"扩权强镇"会增加镇与县城的对抗力。相反,放权给弱镇,会给正在发展中的较弱的乡镇以动力和刺激,同时对县、市、省的利益影响小,反而极具长远利益。[①] 陈剩勇、张丙宣则主要从政府持续创新发展方面,提出要增强小城镇政府管理体制适应性、建立各级政府与部门协同机制,促进小城镇政府由"管理型"向"公共服务型"转变,赋予小城镇政府独立的财权,健全小城镇政府和官员的政绩考核制度和规划建设用地制度等。[②]

4. 关于扩权后乡镇权力规范问题的研究

扩权强镇打破了现有的政府间权力分配体系,使得乡镇获得了远大于以往的权力,这就带来了权力规范的问题。如果不予规范,膨胀的乡镇政府权力可能被用来谋取不正当的利益,这就违背了改革的初衷。学术界对此也多有关注。尹卫国也认为扩权强镇须警惕和有效防范权力膨胀滋生腐败,扩权很可能促使乡镇政府违规违法侵占、变卖或出让耕地中饱私囊,同时还有可能导致行政编制的无序扩张,公务员队伍扩编以及官员级别的提高,而这与国家正在实施的精简乡镇机构、裁减政府冗员、减轻财政负担的政策背道而驰。尹卫国认为最佳做法是上级政府精减管理层次和流程,增强服务意识,提高工作效益,减少行政审批,同时下放部分管理权限,让基层拥有更多的自主权。[③] 汪江连从"扩权强镇"合法性的角度指出必须在法律上明确五个问题:行政授权问题、行政委托问题、"强权扩镇"与税法、"强权扩镇"与土地法、"强权扩镇"与户籍法。[④] 钱子健总结了钱清镇就中心镇权力规范运行所进行的积极探索,即坚持权为民所用,用道德规范权力;坚持权限法定,依法律规范权力;坚持用权公开,靠监督规范权力;坚持行权规范,按程序规范权力;坚持权力制约,用责任规范权力。并提出了以乡镇

① 徐剑锋:《浙江需要"强镇扩权"还是"弱镇放权"?》,《观察与思考》,2007 年第 12 期。
② 陈剩勇、张丙宣:《强镇扩权:浙江省近年来小城镇政府管理体制改革的实践》,《浙江学刊》,2007 年第 6 期。
③ 尹卫国:《"强镇扩权"须警惕权力膨胀》,《中国改革》,2007 年第 7 期。
④ 汪江连:《"强镇扩权"需明确的五个问题》,《浙江人大》,2010 年第 5 期。

规范用权推进中心镇各项建设的观点。[①] 黄佳豪指出在扩权的过程中应时刻警惕权力的无序膨胀,限制强势政府的权力就必须要有相匹配的强势的民众监督。在扩大镇级官员权力的同时,要"扩权强民",使得民众的主人公地位得到更好的体现,激发他们的参与意识和监督意识。[②] 王新林、李洁也分析了在权力下放过程中的困境,如权力下放如何与法律法规相适应,乡镇执法人员整体素质如何与下放的权力相适应,乡镇执法人员掌握的权力如何与执法公平相适应等。他们认为加强立法、提高执法人员素质并对其加以监督是解决问题的有效对策。[③]

5.关于乡镇治理模式的研究

沈延生主张强化乡镇政权体制,认为强化乡镇体制,将社会体制的下线延伸至村,实行"乡治村政",亦即主张将村级组织的行政功能扩大并制度化,建立村级行政化体制。[④] 徐勇主张弱化乡镇政权体制,认为现行"乡政村治"的治理结构随着市场化、现代化和民主化的发展,不适应性愈加明显,其主张实行"县政、乡派、村治"。[⑤]后来,徐勇指出,下一步乡镇体制改革应该按照工农分业和乡镇分治的原则,精乡扩镇,将现有的乡镇政权改为县派出的基层行政组织;同时,扩展镇的自主权,将镇政权改为基层地方自治组织,实行乡派镇治,建立纵向集权、横向分权的现代乡镇治理体制。以赵树凯为代表的学者则主张在乡镇撤并基础上进一步精简机构。[⑥] 于建嵘、郑法、李昌平、纂彦臣等主张撤销乡镇政府,实行乡镇自治。他们认为应当撤销乡镇政府,建立自治组织;健全和强化县级职能部门的派出机构;充实和加强村级自治组织;大力发展农村经济组织;开放农会等农民利益代表组织,赋予农民平等的公民权利,给民间组织平等的法人权利;以民为本,打破乡镇官本位体制,实现乡镇治理的平稳过渡,乡镇结束一切党政机关,最终实行乡镇自治。温铁军也提出三点主张:一是乡政府改为县财政直接开支的乡公所,二是村一级实行自治,三是镇改建为自治政府,只管镇建成区,不得管辖有自治权的村。此外,还有的学者主张基于乡镇差异性实行分散化治理。这些研究或从政府财政角度,或从国家层面,或从民主政治方面对农村建设和乡镇治理问题进行了讨论,逐步走上了公共行政学与政治学、经济学、社会学、人类学等多学科综合研究的学术道路,并且取得了越来越丰富的成果。

近些年西方学者也十分关注政府治理和乡村建设研究,其中影响较大的经

---

① 钱子健:《"强镇扩权"背景下乡镇权力运行规范化——以绍兴钱清镇的实践为例》,《中共宁波市委党校学报》,2010年第6期。

② 黄佳豪:《"扩权强镇"应与"扩权强民"并举》,《成都行政学院学报》,2010年第2期。

③ 王新林、李洁:《安徽省扩权强镇的背景、困境及对策》,《安徽理工大学学报(社会科学版)》,2011年第1期。

④ 沈延生:《村政的兴衰与重建》,《战略与管理》,1998年第6期。

⑤ 徐勇:《县政、乡派、村治:乡村治理的结构性转换》,《江苏社会科学》,2002年第2期。

⑥ 徐勇:《精乡扩镇、乡派镇治:乡级治理体制的结构性改革》,《江西社会科学》,2004年第1期。

典著作有奥斯特罗姆等著的《美国地方政府》。作者用独特的眼光来观察美国地方政府，分析美国地方政府的结构、职能、问题和对策。而美国人类学家詹姆斯.C.斯科特的著作《国家的视角——那些试图改善人类状况的项目是如何失败的》在乡村政府建设研究中具有代表性，他认为中央管理的社会规划必须要了解地方习惯和实践知识。这些研究成果对政府治理和乡村建设有一定的借鉴作用，但多停留在宏观层面上。乡镇职能的转变沿革丰富了乡村治理理论的内涵，它不仅是一种规划，更是一种科学理论；它不是政府单方面所能成就的，而需要各方面的通力合作；它不仅需要在实践中探索，更需要科学理论的支撑。此外，西方一些专家学者对于 20 世纪七八十年代以来西方行政改革的许多研究成果，对我们进行我国乡镇政府职能变革也有很大的启发性。另外，戴维·奥斯本和特德·盖布勒在他们的著作《改革政府》中，对于"企业化政府"这个定义进行了系统的论述，这些观点对于我国各级政府改革及至乡镇政府的职能变革都有很大的参考价值。

6. 关于政府与权力规制的研究

规制是由英文 Regulation 一词翻译而来，意为政府运用法律、规章、制度等手段对经济和社会加以控制和限制。Regulation 在日文中也被译作"规制"，但在中国，也有许多文章和书籍采用"管制"的译法。我们认为"管制"一词较为生硬，在中文中使人容易联想为政府用行政手段和命令直接对微观经济主体进行强制性的管理。从这种角度来看，它是与战时共产主义和计划经济相对应的范畴；而"规制"词意较为中性和温和，它强调了政府以经济手段和法律手段为主、以行政手段为辅，并通过法律和规章制度来约束和规范经济主体的行为，它是与市场经济相对应的范畴，故将 Regulation 译作"规制"更为妥帖。

从国内目前的文献资料看，关于"权力规制"的研究开展较少，但近年来也有一些学者从法治的角度和制度制约的角度研究对权力进行规制的重要性及如何规制等问题。对于"权力规制"问题的研究首先需要追溯到"政府"这一特殊的角色和"政府规制"的问题。西方国家从 19 世纪末即开展了对政府规制问题的研究，并从经济学、法学、政治学、公共管理学等多个领域对政府规制的行为进行多角度的研究。

国内外学者从不同的角度对规制这一概念进行了研究和探讨，规制在经济学、法学和政治学领域中受到了广泛的重视，每一个领域都剖析了这一复杂课题的许多重要方面。但目前对政府规制尚无统一的认识，对政府规制的定义也有着各种各样的表达。这些定义大致可以分为以下几类：

首先，认为规制是政府矫正市场失灵的努力和对公共利益的追求。规制经济学的创始人之一卡恩在研究对公用事业的规制时，认为规制是"对该种产业的结构及其经济绩效的主要方面的直接的政府规定……如进入控制、价格决定、服务条件及质量的规定以及在合理条件下服务所有客户时应尽义务的规定……"。① 密特尼克定义："规制是针对私人行为的公共行政政策，它是从公共利益出发而制定的规则。"②斯蒂芬则解释："规制，指的是政府为控制企业的价格、销售和生产决策而采取的各种行动，政府公开宣布这些行动是要努力制止不充分重视'社会利益'的私人决策。"③其次，认为规制是政府的一种控制行为。谢泼德和威尔科克斯指出"规制只是规制者们的所作所为"。④ 梅尔将规制定义为"政府控制市民、公司或准政府组织行为的任何企图"，并认为"是政治家寻求政治目的有关的政治过程"。⑤ 还有，日本学者植草益解释政府规制是政府机构依照一定的规则对企业的活动进行限制的行为。⑥ 中国学者张帆则认为"政府规制是指政府利用法规对市场进行的制约"，⑦樊纲提出政府规制"特指的是政府对私人经济部门进行的某种限制或规定，如价格限制、数量限制或经营许可等等"。⑧ 胡税根认为，政府规制是政府机关依法对微观经济活动主体进行直接规范和约束的行为，在这种规制活动中，政府集执行权、自由裁量权、准立法权和准司法权等于一身。因而伴随着规制过程可能出现大量的寻租行为，规制者也往往成为受规制者的俘虏，使政府规制偏离社会福利目标。因此，要防止规制失灵，必须确立和强化对规制者的规制，实行行政程序法典化。⑨ 再次，认为规制是厂商利用政府权力谋取自身利益的一种努力。规制理论的泰斗斯蒂格勒提出的影响广泛的规制定义是："作为一种法规，管制是产生所需并主要为其利益所设计和操作的。"⑩这种解释也被称为"俘获"理论，即规制主要不是政府对公共利益的追求，而是行业中的某些厂商通过采取各种手段利用国家强制权力满足自己利益和需要的一种努力，其最终目的就是增加自己的获利能力。虽然国内外学术界对政府规制的定义众说纷纭，其理解也各不相同，但归纳起来，可以得出政府规制的基本特征有：第一，政府规制的主体是政府行政机构；第二，政府规制的对象是微观主体；第三，政府规制的手段是国家法律和法规；第四，政府规制

---

① Kahn. A. E. , The Economics of Regulation ; Primiples and Institutions , 2 Volume , New York ; New York Wliey Press , 1970.

② Mitinick, E. M. , The Political Economic of Regulation , New York ; Columbia University Press , 1980

③ [英]约翰·伊特维尔等：《新帕尔格雷夫经济学辞典》，中译本，经济科学出版社 1992 年版，第 137 页。

④ Shephers. W. G, and Wilcox, C. , Public roward Business , Hornewood II , Irwin, 1979.

⑤ [美]丹尼尔·F. 史普博：《管制与市场》，中译本，上海三联书店、上海人民出版社 1999 年版，第 38 页。

⑥ [日]植草益：《微观规制经济学》，中译本，中国发展出版社 1992 年版，第 18 页。

⑦ 张帆："规制理论与实践"，转引自《经济学与中国经济改革》，上海人民出版社 1995 年版，第 154 页。

⑧ 樊纲：《市场机制与经济效率》，三联出店 1995 年版，第 173 页。

⑨ 胡税根：《论新时期我国政府规制的改革》，《政治学研究》，2001 年第 4 期。

⑩ Stigler , G. J. , The Theory of Economic Regulation , Bell Journal of Economics , 1971 , 2 , Spring

的目标是直接控制各类微观主体的活动;第五,政府规制是规制者和规制对象的一种互动活动。因此,政府规制是政府部门依据有关法规直接对微观主体及其活动进行规范、约束和限制的行为。胡税根、黄天柱认为,政府规制是现代政府有效的治理工具之一,但政府规制并不是万能的①。由于过度的行政垄断,政府规制可能产生寻租行为,导致社会福利损失,将造成巨大的反腐败成本,也可能带来道德风险和规制机构的低效率等问题。这样,"对政府规制进行再规制"或者说"对规制者的规制"就成为合法界定政府规制边界,从制度上约束政府规制行为的重要路径选择。对政府规制的规制,本质上就是对公权力的规制,即对公权力如何行使行政管理与公共服务职能过程的规制。

近年来,随着依法行政理念的深入发展,国内开始出现了对"权力规制"问题的研究,但其研究视角基本上以法学视角为主。刘权提出采用法治来规制权力的合理性及相对的局限性,重点从构建法治社会的角度提出尽可能用法治来规制权力的理念②。朱茜、允春喜也从如何遏制权力腐败,加强社会主义政治建设的角度提出用制度的力量来规制权力的行为③。但从总体看,相较于西方学术界,国内对"权力规制"的问题研究仍不够深入:一是研究视角的单一性,缺乏从政治学、经济学、管理学、公共管理学等多个视角的综合研究;二是研究切入点的选择,对公权力的规制不仅仅是权力制约的问题,还需要深层次考虑政府规制的绩效,从如何通过权力规制实现政府规制效果的角度综合研究权力规制问题;三是研究方法的问题,国内对权力规制问题的研究方法上缺乏定量定性相结合的方法,对个案的集中研究和对比研究也比较缺乏;四是关于乡镇权力规制的问题研究在国内几乎是空白,而对乡镇政府权力规制的研究不仅是乡镇职能定位与发挥的重要问题,在中国特定的国情下,同时具有统筹城乡发展、维护社会稳定和构建和谐社会的重要意义。

从目前关于乡镇职能及其转变的研究现状看,尤其是国内学术界分别从财政视角、城镇化视角、新公共服务理论等多重视角对乡镇政府职能转变进行了较为综合的研究。但国内的研究大部分仍主要局限于政治学研究范畴,重点从政府管理体制改革的角度探讨该问题,且在研究方法上以经验研究为主,缺乏从实证研究的角度对乡镇政府职能如何转变、转变的效果及公众满意度等现实问题的研究。中心镇权力规制是权利主体依照法律和法规对中心镇的权力在分权、确权、运权、督权和评权等环节进行的制度规范与监督制约活动。本研究将"扩权强镇"作为中心镇权力规制创新的基础,将"扩权强镇"和权力规制创新纳入统

---

① 胡税根、黄天柱:《政府规制失灵与对策研究》,《政治学研究》,2004 年第 2 期。
② 刘权:《法治视野下的权力规制》,《知识经济》,2009 第 2 期。
③ 朱茜、允春喜:《权力规制:和谐社会的重要保障》,《前沿》,2010 年第 21 期。

一的分析范围,并利用大量的实证调研分析数据研究中心镇权力规制创新的有效性和持续性等问题,为国内关于乡镇政府职能定位与职能转变问题的研究提供了非常翔实的资料。

四、研究思路与方法

本研究以绍兴市为例,对"扩权强镇"及扩权后中心镇权力的规范化运行问题进行了整体性研究。从"扩权强镇"发展路径的视角探讨"扩权强镇"改革对中心镇的影响,深入分析"扩权强镇"改革的动因、制度创新的过程及其实际的绩效。通过对"扩权强镇"的研究,奠定中心镇权力规制创新的基础,进而重点研究中心镇权力规制创新的环境与动因,并通过其制度研究和绩效评估的分析研究中心镇权力规制创新的有效性和持续性,分析其存在的困境,并提出有针对性的对策建议。本研究的基本研究框架如图 0-1。

在研究方法上,本研究坚持理论与实践相结合,以绍兴市为个案,采用调查法(问卷调查、座谈会等)、观察法、文献研究法、实证研究法、定量分析与定性分析相结合法、交叉研究(各学科知识点的交叉分析)、比较研究法(省内外,典型乡镇之间的比较分析)、功能分析法、头脑风暴法等研究方法,力求充分了解当前中心镇权力运行现状与期望,了解省内外在政府权力运行方面较成功的地区相关经验,并展开了较为充分的实证调研,通过翔实的调查数据分析当前"扩权强镇"改革和中心镇权力规制创新的效果,有助于为推动中心镇权力规制创新持续发展和乡镇政府职能积极转变提供有力的对策建议。

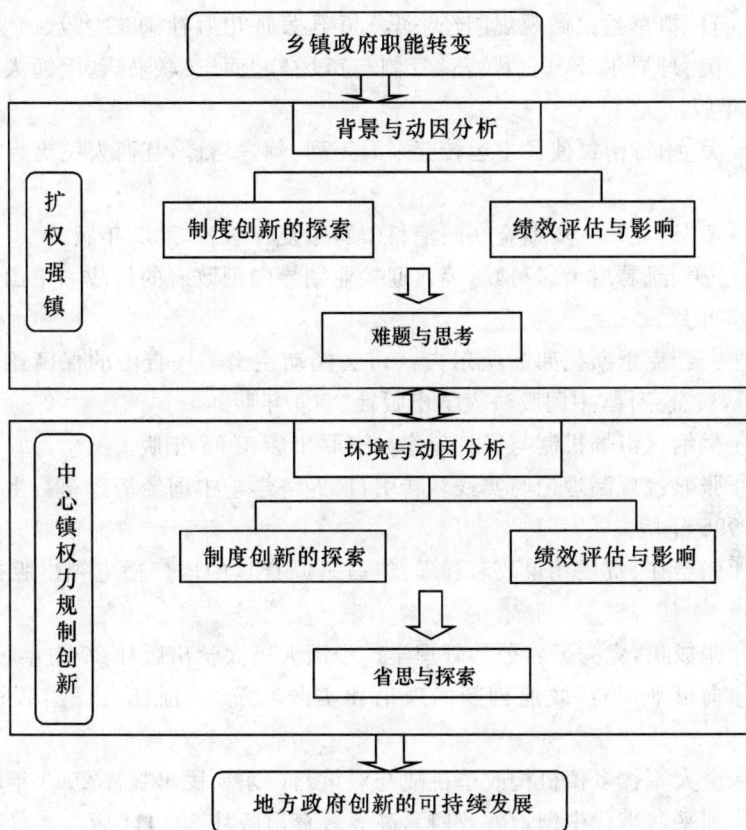

图 0-1　本研究的基本框架

参考文献

［1］Kahn．A. E. ，The Economics of Regulation ：Primiples and Institutions ，2 Volume ，New York ：New York Wliey Press ，1970.

［2］Stigler ，G. J ．，The Theory of Economic Regulation ，Bell Journal of Economics，2，Spring，1971.

［3］Shephers. W. G，and Wilcox，C. ，Public roward Business ，Hornewood II ，Irwin ，1979.

［4］Mitinick，E. M. ，The Political Economic of Regulation ，New York ：Columbia University Press ，1980

［5］［英］约翰·伊特维尔等：《新帕尔格雷夫经济学辞典》，经济科学出版社1992 年版。

[6] [日]植草益:《微观规制经济学》,中国发展出版社 1992 年版。

[7] [美]丹尼尔.F·史普博:《管制与市场》,上海三联书店、上海人民出版社 1999 年版。

[8] [美]帕特南:《使民主运转起来》,王列、赖海榕译,江西人民出版社 2001 年版。

[9] [美]迈克尔·罗斯金:《政治科学》,华夏出版社 2002 年版。

[10] [美]凯瑟琳·纽科默,等:《迎接业绩导向型政府的挑战》,中山大学出版社 2003 年版。

[11] [美]克里斯托弗·沃尔夫:《司法能动主义——自由的保障还是安全的威胁?》,黄金荣译,中国政法大学出版社 2004 年版。

[12] 樊纲:《市场机制与经济效率》,三联出店 1995 年版。

[13] 张帆:《规制理论与实践》,转引自《经济学与中国经济改革》,上海人民出版社 1995 年版。

[14] 张全在、贺晨:《镇政府管理:建昌镇调查》,中国广播电视出版社 1998 年版。

[15] 张成福,党秀云:《公共管理学》,中国人民大学出版社 2001 年版。

[16] 俞可平,等:《政府创新的理论和实践》,杭州:浙江人民出版社 2005 年版。

[17] 金太军:《乡镇机构改革挑战与对策》,广东人民出版社 2005 年版。

[18] 周平:《当代中国地方政府》,高等教育出版社 2010 年版。

[19] 唐鸣:《论乡镇政府的职能转变与规范管理》,《社会科学研究》,1997 年第 2 期。

[20] 沈延生:《村政的兴衰与重建》,《战略与管理》,1998 年第 6 期。

[21] 胡税根:《论新时期我国政府规制的改革》,《政治学研究》,2001 年第 4 期。

[22] 季丽新、张育才:《我国乡镇权力运作现状初探》,《哈尔滨市委党校学报》,2001 年第 1 期。

[23] 徐勇:《县政、乡派、村治:乡村治理的结构性转换》,《江苏社会科学》,2002 年第 2 期。

[24] 刘熙瑞:《服务型政府——经济全球化背景下中国政府改革的目标选择》,中国行政管理,2002 年第 7 期。

[25] 谢庆奎:《职能转变与政府创新》,《新视野》,2003 年第 2 期。

[26] 吴江:《政府创新:深化行政管理体制改革的新思路》,《人民论坛》,2003 年第 4 期。

[27] 徐勇：《精乡扩镇、乡派镇治：乡级治理体制的结构性改革》，《江西社会科学》，2004 年第 1 期。

[28] 胡税根、黄天柱：《政府规制失灵与对策研究》，《政治学研究》，2004 年第 2 期。

[29] 刘小春、吴平、周波、蔡军伙：《乡镇政府的"撤"与"改"——兼论社会主义新农村建设中乡镇政府职能的重新定位》，《江西农业大学学报（社会科学版）》，2006 年第 1 期。

[30] 胡税根，郦仲华：《我国政府组织创新：意义、目标与路径选择》，《学习与探索》，2006 年第 5 期。

[31] 张红海：《从汲取到服务——乡镇政府职能转变的新趋势》，《福建行政学院福建经济管理干部学院学报》，2007 年第 4 期。

[32] 陈剩勇、张丙宣：《强镇扩权：浙江省近年来小城镇政府管理体制改革的实践》，《浙江学刊》，2007 年第 06 期。

[33] 苏柏佳：《乡镇政府在新农村建设中的角色定位》，《法制与社会》，2007 年第 7 期。

[34] 刘红云、张晓亮：《新农村建设中乡镇政府的角色定位》，《农村经济与科技》，2007 年第 7 期。

[35] 尹卫国：《"强镇扩权"须警惕权力膨胀》，《中国改革》，2007 年第 7 期。

[36] 徐剑锋：《浙江需要"强镇扩权"还是"弱镇放权"?》，《观察与思考》，2007 年 12 期 。

[37] 马骁：《中心镇建设存在的主要问题及对策——以浙江省台州市为例》，《小城镇建设》，2008 年第 1 期。

[38] 俞可平：《中国治理变迁 30 年（1978—2008）》，《吉林大学社会科学学报》，2008 年第 5 期。

[39] 王卓华、柴生秦：《后税费时代我国乡镇政府的职能研究——基于多元公共行政观的视角》，《陕西行政学院学报》，2009 年第 1 期。

[40] 刘权：《法治视野下的权力规制》，《知识经济》，2009 第 2 期。

[41] 阮兴文：《新农村建设视野下的乡镇职能新定位》，《经济研究导刊》，2009 年第 10 期。

[42] 陈建东：《新农村建设中乡镇政府的职能定位》，《安徽农学通报（上半月刊）》，2009 年第 21 期。

[43] 吴理财：《论乡镇职能转变的内力及其限制》，《甘肃行政学院学报》，2010 年第 1 期。

[44] 黄佳豪：《"扩权强镇"应与"扩权强民"并举》，《成都行政学院学报》，

2010 年第 2 期。

　　［45］王高峰、邢妍、严红：《我国乡镇政府职能转变问题探讨》，《中共山西省直机关党校学报》，2010 年第 3 期。

　　［46］王高峰、邢妍、严红：《我国乡镇政府职能转变问题探讨》，《中共山西省机关党校学报》，2010 年第 3 期。

　　［47］马斌：《"强镇扩权"的诸多难题》，《浙江人大》，2010 年第 5 期。

　　［48］汪江连：《"强镇扩权"需明确的五个问题》，《浙江人大》，2010 年第 5 期。

　　［49］钱子健：《"强镇扩权"背景下乡镇权力运行规范化——以绍兴钱清镇的实践为例》，《中共宁波市委党校学报》，2010 年第 6 期。

　　［50］朱茜、允春喜："权力规制：和谐社会的重要保障"，《前沿》，2010 年第 21 期。

　　［51］王新林、李洁：《安徽省扩权强镇的背景、困境及对策》，《安徽理工大学学报（社会科学版）》，2011 年第 1 期。

　　［52］章韬、陈诗超：《论新农村建设中乡镇政府职能的合理定位》，《经济研究导刊》，2011 年第 12 期。

　　［53］陆道平：《苏南乡镇治理研究——以昆山市淀山湖镇为例》，苏州大学博士学位论文，2007 年。

　　［54］王艳成：《城镇化进程中的乡镇政府职能研究》，华东师范大学博士学位论文，2009 年。

　　［55］胡静：《新农村建设中乡镇政府职能变革分析》，武汉科技大学硕士学位论文，2010 年。

第一章　从强镇扩权到扩权强镇

众所周知的是,税费改革的完成使乡镇基层政权的"汲取"功能不断丧失,而随着政治民主化进程的加速和公民权利意识的觉醒,其管制功能亦受到了日益严峻的挑战。在分税制背景下,乡镇财政困难、负债累累逐渐成为一种普遍现象。一方面,"财权中央化,事权地方化"使得乡镇财政困难,基本公共服务和公共产品供给投入不足,城乡差距不断拉大。同时公共服务的供给需求却不断增长,乡镇政府在满足人民群众日益增长的物质文化需求方面面临着越来越大的压力。另一方面,在城乡二元体制和贫富分化、两极分化的大格局下,转型期各种社会矛盾纠纷不断凸显,乡镇政府作为各项具体工作的第一线,维稳压力空前膨胀。而且,乡镇政府本身也存在治理不规范问题,如有限的公共财政支出存在滥用现象:一是公共资金的管理不公开、不透明,暗箱操作严重;二是公共资金使用缺乏科学性和科学的预决算制度;三是财务制度比较混乱。[1] 因此,乡镇基层政权面临着诸多现实问题的困扰,治理变革已经成为其必然选择。

对于如何解决当前乡镇政权所面临的各种治理矛盾,很多学者从乡镇管理体制变革和创新的角度提出了不同的建议。其中典型的观点认为,再造的核心在于达到让乡镇政府"只有最基本的社会事务管理功能"的目标,[2]也即乡镇政府的职能必须削减、压缩,一定意义上即是再造"最小意义上的乡镇政府"。而吴理财则认为乡镇改革的根本目的在于通过相关的制度或机制创新,实现乡镇政府职能从"管治"到服务的根本性转变。[3]

与之相应的是,在实践中各地对乡镇政府改革的具体措施也明显不同。如重庆等地开始试点撤销乡镇政府,这是"重庆建设统筹城乡综合改革试验区的战略构想"中的重要内容之一。然而,就基层治理现状而言,简单的撤销乡镇显然

---

① 谢芳:《我国农村公共产品供给机制研究》,湖南大学硕士学位论文,2006 年,第 21 页。
② 赵树凯:《乡村治理:组织与冲突》,《战略与管理》,2003 年第 6 期。
③ 吴理财:《从"管治"到"服务"——乡镇政府职能转变研究》,中国社会科学出版社 2009 年版,第 5 页。

不具有普适性,在很多地区缺乏现实条件。特别是作为一级政府,乡镇仍然承担着大量公共管理和服务功能,承担着社会稳定和秩序协调职能,在县级政府和农村社区自治组织、农民之间起着重要的缓和作用。因此,与重庆等地"试点撤乡镇政府"做法不同的是,浙江在实施"省管县"体制改革推进强县扩权的同时,于2005年初在全国率先实行"强镇扩权"试点工作,提出了强镇扩权、建设镇级市的战略构想,从另一个角度对乡镇政府改革和解决乡镇经济社会发展面临的突出问题作了积极有益的探索。

值得我们深思的是,为何"彼处撤销,此处强权"? 其中的动因何在? 这显然与当时当地的客观历史背景和宏观政治生态环境有着密切的关联。换言之,浙江强镇扩权的原因自然也是多方面,而强镇扩权说到底还是宏观生态环境各个要素彼此相互影响、相互作用的结果。本章将着重分析浙江强镇扩权战略实施的历史背景和具体动因及其内在的逻辑结构,理清强镇扩权的外在驱力与内在动力,为强镇扩权及其发展提供一定的理论支撑和理性思考。

第一节　强镇扩权的背景

乡镇政府管理体制变革的动因必须放到具体的历史背景中考察,浙江在强县扩权和扩权强县的基础上推出强镇扩权改革,归根到底乃是浙江的经济社会背景使然。历史上,浙江是个资源小省,人均耕地不足半亩、人均资源综合指数居全国倒数第三。然而30多年来,浙江已经发展成为市场大省、经济强省,经济社会发展成效显著,"浙江现象"、"浙江经验"、"浙江模式"引人注目。根据多数专家学者的观点,民营经济的先发优势,无疑是浙江经验的核心。然而,梳理浙江经验,仅仅关注民营经济的先发优势显然是不够的,浙江既有先发的经济模式,也有先发的扩展演进的政府治理创新。在经济发展取得先发优势的同时,地方政府在历史关键时刻顺势而为,着力推进政府管理体制改革,积极促进地方政府治理创新,在经济与政治的动态平衡中实现经济社会的协调均衡发展,这才是浙江模式取得骄人成绩的关键。而乡镇政府管理体制变革说到底也是这种经济、政治、社会背景综合作用的结果。

一、经济背景

1949年,浙江全省生产总值仅为15亿元,人均GDP只有可怜的72元。1978年,经济总量为124亿元,人均GDP为331元,只相当于当时全国人均

GDP 的 87%。增速亦落后于全国,1953—1978 年 GDP 年均增长率(5.7%)比全国平均水平(6.1%)低 0.4 个百分点。[①] 而且从经济结构看,1978 年浙江三产比例分别为 38.1:43.3:18.7,农业比重比全国高出不少,但二、三产业比重却不同程度地低于全国平均水平。从国际比较看,浙江农业增加值比重和劳动力比重与当时的印度等低收入国家水平不相上下(详见表 1-1)。人杰地灵的浙江,当时的发展绩效与全国比较相形见绌,这是比较尴尬的事实。

表 1-1　1978 年浙江经济结构的国内外比较(%)[②]

	浙江		中国		印度		低收入国家		中等收入国家	
	GDP	就业	GDP	就业	GDP	就业	GDP	就业	GDP	就业
农业	38.1	74.8	27.9	70.5	38	74	38	72	15	45
第二产业	43.3	17.1	47.9	17.4	27	11	24	11	38	23
服务业	18.7	8.1	24.2	12.1	35	15	38	17	48	32

改革开放 30 多年来,凭借先发一步的民营经济,浙江经济持续快速增长,无论是人均还是总量皆跃居全国前列。1979—2008 年 GDP 年均增长 13.1%,比同期全国年均增长率高出 3.3 个百分点,仅次于广东年均 13.7%的增长速度,居全国第 2 位。2005 年人均 GDP 达 3382 美元,跃居全国各省区首位,成为全国各省区中首个人均 GDP 超 3000 美元的省份。改革开放以来的 30 年年均增长 12%,比广东年均增长率的 11.3%还要高出 0.7 个百分点。2010 年的全省生产总值为 27227 亿元,人均 GDP 为 50024 元,分别是 1978 年的 219.6 和 151 倍,三产比重则由 1978 年的 38.1:43.3:18.7 调整为 5.0:51.9:43.1,经济结构不断得到优化。

与此同时,人民群众生活水平极大提高,物质生活不断丰富。2010 年全省城镇居民人均可支配收入、农村居民人均纯收入分别达到 27359 元和 11303 元,分别是 1978 年的 82.4 倍和 68.5 倍。城镇居民人均可支配收入连续 10 年居全国第 3 位、农村居民人均纯收入连续 26 年列各省区第 1 位。"强镇扩权"率先试点的绍兴县 2006 年的人均 GDP 达到 63887 元,按当时平均汇率计算约为 8047 美元;2010 年则达到 107807 元,约折合为 15925 美元。尤其值得关注的是,浙江省的城乡统筹与区域协调发展也走在全国前列。浙江省 2009 年城乡统筹发

---

① 浙江省统计局:《科学发展铸辉煌 和谐建设奔小康》,浙江统计局网站,详见:http://www.zj.stats.gov.cn/art/20099/27/art_281_37276.html,2009-09-27.

② 浙江省统计局:《浙江改革开放 30 年的历程、成就和经验》,浙江统计局网站,详见:http://www.zj.stats.gov.cn/art/2008/12/18/art_281_34014.html,2008-12-18.

展水平综合评价报告显示,5 年来全省城乡统筹发展水平明显提升,从基本统筹阶段全面进入了整体协调阶段,而宁波则已接近全面融合阶段。[①] 2010 年,全省城乡居民收入比为 2.42:1,远低于全国平均的 3.23:1。近些年,随着生态浙江建设的有序推进,生态环境优美、富饶美丽、和谐宜居的美好浙江正逐渐成为现实。

　　浙江经济建设的巨大成就很大程度上得归功于民营经济的发展,一种最有活力、最具增长潜力的经济形态。截止 2008 年,浙江民营经济已占全省 GDP 的70%、税收的 60%、外贸出口的 45%、就业人口的 90% 以上。个私经济总产值、销售总额、社会消费品零售总额和出口创汇额等 4 项最能反映民营经济实力的指标,已连续 9 年居全国第一。[②] 正是民营中小企业或乡镇企业的迅速崛起促进了小城镇的快速发展,其集聚所形成的块状经济成就了浙江经济建设的发展奇迹,"一镇一品"、"一镇一业"是浙江经济的一种典型现象,大批经济强镇实力甚至可与县级市相匹敌,形成诸如"第一农民城"龙港、灯具之乡梁弄、国际袜都大唐、家电之都周巷等闻名中外的特色产业集群和经济强镇,并成为浙江城镇化发展的重要推动力。相关统计数据显示浙江经济中一半以上的工业产值来自于块状经济,而乡镇则是民营经济或块状经济集聚的所在地。在高度集权和压力型体制下,各级政府在经济社会发展过程中扮演着关键角色,因而基层乡镇政府的职能与功能定位无疑是乡镇经济社会发展的中心环节,而浙江民营经济集聚的块状特点更加凸显了基层乡镇政府管理和服务功能的重要作用。

　　统计数据显示,星罗棋布的中心镇已经成为浙江各县域经济的重要支撑点,其中建成区人口超 5 万人、财政总收入逾 5 亿元的"小城市"已达 51 个。在全省735 个建制镇中,首批选定的 141 个省级中心镇,2009 年年底的总人口、建成区人口、农村经济总收入、财政总收入分别占全省建制镇总量的 35.2%、47.4%、39.0% 和 39.6%。[③] 其中又有一批特别突出的强镇,已具备城市的基本特征、功能和规模,对周边经济社会发展具有强劲的辐射和带动能力,成为名副其实的"小城市"。如作为绍兴首批"强镇扩权"试点镇之一的杨汛桥镇,2006 年境内外上市企业 4 家,规模以上企业 64 家,个私企业 806 家,人均 GDP 超过 1.6 万美元,实现财政总收入 4.84 亿元,是远近闻名的"科技之乡"、"建筑之乡"、"经编之乡"、"沙发布之乡"。再如钱清镇,也是绍兴首批"强镇扩权"的试点镇之一,镇内建有全国最大的轻纺原料集散中心——钱清·中国轻纺原料城,年交易额已经

　　① 浙江省发改委:《浙江省 2009 年城乡统筹发展水平综合评价报告》,2010 年 1012 号文件。
　　② 吴红霞:《创业创新 提升浙江民营经济》,《今日浙江》,2008 年第 1 期。
　　③ 谢云挺:《浙江省推进中心镇建设》,新华网浙江频道,详见:http://www.zj.xinhuanet.com/website/2010-09/09/content_20853087.htm,2010 年 9 月 9 日。

超过 200 亿元,且拥有外商投资园区、纺织服装产业集聚区两个工业集聚区,2008 年人均国内生产总值超 1.7 万美元,全镇实现生产总值 72.78 亿元,财政收入 7.09 亿元,农民人均收入 14788 元。

与之形成鲜明对比的是,传统的乡镇管理体制与民营经济集聚、块状经济迅速崛起和快速城镇化不相适应的矛盾日益凸显,特别是在经济快速发展之时,很多中心镇已具城市规模甚至地区生产总值和财政总收入实际上已超过很多县(市),但其经济社会管理仍停留在农村小集镇层面,基础设施建设、基本公共产品和公共服务供给严重滞后于人民群众日益增长的物质文化需求,日益扩大的经济总量和市场化程度与经济性公共服务供给不足的矛盾以及不断增加的外来人口、社会矛盾与社会性公共服务供给不足的矛盾日益凸显。而实际上乡镇所承担的管理职能远远大于其所拥有的权限,因而"身大衣小"现象在各发达强镇身上并不鲜见,职、责、权、利不相称现象比较突出,已难以适应民营经济、块状经济和快速城镇化的需要,如乡镇在集镇规划、社会保障、审批处罚等与经济发展密切关联的各方面无法统筹解决。而且,在分税制背景下,"财权上移,事权下沉",乡镇"公共财政能力偏弱是一个明显的事实",[1]但乡镇本身却承担着大量纷繁复杂的公共管理和服务职能,因而乡镇公共财政经费紧缺既限制了乡镇基本公共服务均等化的实现,也制约了工业化、城镇化进程。因此,"量体裁衣",一切从实际出发,建立权责一致的乡镇政府管理体制是经济社会发展的必然要求,而浙江的特色块状经济和快速城镇化过程也对强镇的政府管理职能与权限调整提出了必然要求。

此外,在快速城市化的过程中,大中城市在城镇化进程中的主体地位虽然有所加强,具有基础设施配套齐备、人口集聚度高、经济规模效益好、生活方便等诸多优势,但也暴露出了诸如交通堵塞日趋严重、房价高涨、生活成本不断上升和竞争压力大等缺点随着城市化进程的加速,人们越来越清醒地意识到中心镇的独特地位和作用。以中心镇为纽带,创新"小城镇发展模式",将成为城市化可持续发展的必然战略选择,而且也是基本公共服务均等化、统筹城乡发展的必然要求。

二、社会背景

民营经济与块状经济的自生自发及其扩展演变,不仅推动了浙江经济建设和城镇化的快速发展,而且也促使社会结构的迅速变迁、公民社会的迅速成长。

---

① 姚莉:《论乡镇政府的社会治理能力:现状、改革及启示——以浙江"强镇扩权"为例》,《经济与社会发展》,2008 年第 10 期。

尽管 2010 年浙江城乡居民收入比为 2.42∶1,远远低于全国的 3.23∶1,但是改革开放的 30 多年来,浙江的社会分化、利益分化也非常明显,其突出表现主要有如下几点:

1. 社会分化全方位展开

经济成分、经济关系和分配方式日益多元化,而新的利益群体和社会阶层则较全国更早一步形成。与之相应的则是多种利益群体的社会影响和作用由小变大,也即意味着多元利益主体逐渐形成——一种基于自己的理性观念和价值判断,认识到自己和其他社会成员在某些问题上有共同利益,从而产生群体归属感的个体联合体。① 相对而言,浙江新兴社会阶层的权利意识、参政意识率先苏醒,其政治参与欲望和实践相对来说也率先一步走上现实政治舞台,浙江各地的先富群体或企业家参政曾经是一个受到广泛关注的政治现象。新兴阶层在拥有经济地位、社会地位之后,积极地追求政治地位,其出发点绝非仅仅是为了企业或自身的发展,还包含了试图影响政府公共政策以获得政治保护的因素。因而新兴社会阶层对政府公共管理率先形成压力,并对积极有效的政府管理和权益保护提出了更高的要求。

2. 社会结构变迁和转型特征非常明显

首先,经济发展导致社会结构要素(如社会地位、群体、阶层、组织)的类别迅速增多,彼此之间迅速分化。根据陆学艺等学者的观点,中国现在已大致有了10 个不同阶层,阶层类别较之改革开放之前有了很大的变化。换言之,即便是社会结构,中国也已经从曾经同质化程度很高的社会迅速演变成为一个异质化程度很高的社会,社会日渐多元。

其次,社会不平等程度变化很大,即结构要素之间的差距迅速拉大。当前我国城乡失衡、区域失衡、行业失衡、群体失衡发展现象明显,基尼系数从 2004 年起就达到了 0.47,超过国际公认的黄色警戒线。浙江作为经济先发省份,在经济社会发展过程中,率先遭遇社会结构变迁和差距迅速拉大问题。不容忽视的是,浙江内部的分化也比较明显,区域差距、群体差距问题一直存在。从区域差距看,浙东南沿海、浙北平原地区与浙西南等山区差距进一步拉大,2009 年,浙江 25 个山区县(市)的县域经济规模小,GDP 和财政收入分别占到全省的9.54% 和 6.45%,与其人口 22.27% 和土地面积 43.08% 的地位明显不能相称;② 从群体收入差异看,2007 年浙江城镇居民人均可支配收入达 20574 元,为1997 年的 1.8 倍,但高低收入差距进一步扩大,低收入家庭收入增长相对缓慢,

---

① 马建斌:《当代中国利益分化的政治影响》,《前沿》,2007 年第 11 期。
② 数据来源:浙江省统计局《2010 年浙江省统计年鉴》,中国统计出版社 2010 年版。

其中 20％高低收入户收入分别为 41540 元、7924 元,收入差距从 1997 年的 2.99 倍扩大到 2007 年的 5.24 倍,2008 年上半年又进一步扩大到 6.28 倍。[①] 此外,浙江城镇居民绝对贫困与相对贫困人数仍然占据了一定的比例。如根据浙江城镇住户调查资料,2006 年浙江城镇居民收入低于绝对贫困线的人口为 22.4 万人,贫困发生率为 1.83％;低于相对贫困线的人口为 103.42 万人,贫困发生率为 8.4％。[②] 可见,区域失衡、群体失衡、社会结构失衡、群体之间的不平等仍然是浙江经济社会发展过程中面临的一个突出社会问题,其解决仍然任重而道远。

3. 社会组织结构和意识结构由一元向多元发展

大量民间社会组织的兴起使原有的社会组织化结构和社会管理体系发生了根本性变革。近几年来,浙江民间组织快速成长,2000 年之后其数量都在以每年 15％的速度增长,目前,经全省各级民政部门核准登记的社会组织总数已达 2.9 万余个,其中社会团体 1.5 万余个、民办非企业单位 1.4 万余个、各类基金会 181 个。全省社会组织总数居全国第四位。[③] 民间组织与公民社会的迅速成长在浙江的经济社会发展中发挥着重要作用,如大量的行业协会可提供行业规范管理、维护会员合法权益、调节业内纠纷、支持社会公益事业、协助政府招商引资,并有助于实现本土化与国际化接轨等等。

但利益团体由于本身的社会特征,其利益诉求必然存在很大的差异性,多元化的社会阶层必然意味着多元化的利益诉求和表达。因此,在两极分化、贫富分化的背景下,如何协调不同利益群体的利益诉求,实现有效的整合,以一种公开协商、对话的方式达成各方都能普遍接受、信服的具有集体约束力的公共政策,协调、整合不同社会阶层、群体的利益诉求,实现社会的和谐稳定与协调均衡发展,无疑对当前我国社会管理的机制体制变革与创新提出了新的挑战。乡镇作为基层工作的第一线,显然社会分化、社会协同、矛盾纠纷化解都对其管理与服务工作提出了更高的要求。因而,如何创新乡镇管理体制,让乡镇拥有更多的社会管理权限,妥善协调各方利益、处置各种矛盾纠纷、维护社会稳定,已然乡镇社会管理创新工作的重中之重。

4. 人口结构发生重大改变,流动人口的社会融合成为突出的社会问题

浙江作为东南沿海发达省份,一直是流动人口集聚地,改革开放 30 多年来,

---

① 柳萍、陈旭芳:《关于完善我省低收入群体价格补贴机制的研究》,浙价网,http://www.zjpi.gov.cn/Resource/ContentShow/ItemHtml/2011－02/1399011269/2109580441.html,2011 年 2 月 25 日。

② 佚名:《2006 年浙江城镇低收入群体生活状况研究》,萧山统计信息网,http://www.tj.xs.zj.cnxstjF/_6hsprwhjkfh.htm,2006 年 11 月 28 日。

③ 汪成明、高志涛、闫拥洲:《浙江省社会组织达 2.9 万个民间力量促社会和谐》,浙江日报,2011 年 2 月 13 日。

流动人口为流入地的经济社会发展作出了巨大的贡献。但是,大量流动人口的流入和日益增长的公共服务需求对流入地的公共服务、社会稳定和社会管理提出了诸多挑战。值得注意的是随着城镇化的快速推进,中心镇经济外来务工人员不断增加,许多经济强镇的外来人口规模甚至已经远远超过了本地人口。以绍兴市为例,2003年,该市登记在册的暂住人口(暂住1个月以上)为55.47万人,到2010年,则迅速增加到137.68万(详见图1-1)。而绍兴本地有些经济强镇,外地人口已经超过了本地户籍人口,如袜业重镇大唐,本地户籍人口仅约2.8万人,但外来人口就达到了7万,本地人口仅相当于外来人口的1/2不到,规模如此庞大的外地人口和流动人口给当地的社会管理带来了巨大的挑战。

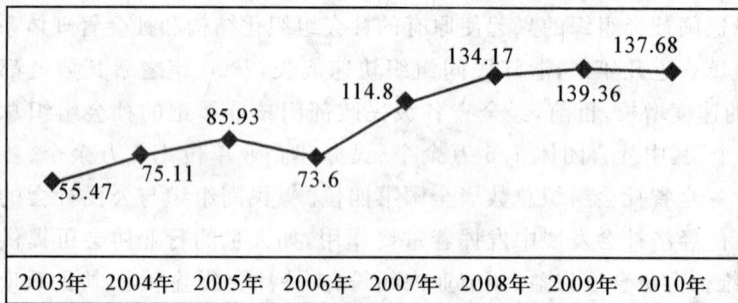

图1-1　绍兴市外来人口变化趋势图(万人)

　　外来人口是流入地经济社会发展的重要动力,但客观上必然不断增加经济强镇的社会管理事务和维稳压力。近些年来,外来人口对流入地的社会稳定、治安形势形成的压力越来越大,劳动纠纷、群体性事件发生量大幅增加,各种矛盾冲突不断增多并日趋复杂,社会治安形势总体上比较严峻。其中特别值得关注的一点是,外来人员违法犯罪现象日益突出。以宁波市为例,2008年,在已经破获的杀人、抢劫、抢夺、绑架案件中,外来人口作案分别占80.9%、88.1%、93.4%、86.7%。特别值得重视的是,以外来人口为主体结合本地人员的有组织犯罪、职业犯罪也趋突出。①

　　可见,社会性公共服务供给不足,本地人与外来人口之间的矛盾激化已成为当前经济强镇社会管理的重要内容,在传统乡镇管理体制下,乡镇的社会管理权限已表现出明显的不相适应,乡镇政府履行社会管理面临着越来越繁重的任务和巨大的压力,按现有乡镇机构的编制人数已经无法适应经济强镇日益繁重的公共服务和社会管理需要。社会管理权限和职能已成为强镇进一步发展的瓶

① 中共宁波市委政法委员会课题组:《基于保障和改善民生的社会管理研究——以宁波市社会管理为例》,《公安学刊》,2010年第3期。

颈,这无形中就对经济强镇的社会管理权限、职能和体制变革提出了必然要求,也对基层政府管理体制变革提出了新的要求。

三、政治背景

浙江民营经济的发展与计划经济背景下体制内公共产品供给严重不足密切关联,在民营经济发展初期,政府主要本着一种默认、不干预的"理性无为"和政治实用主义的原则放松管制,采取"允许试、允许看、允许改","看不准的事,不表态"等等实方针,以开明的姿态、探索的精神实现了经济社会的迅速发展。随着社会阶层分化,新兴社会阶层通过各种方式参与公共产品的供给与分配、参与政治并对政府职能转变形成了现实压力。地方党委政府与民营企业、民营企业家之间逐渐形成了良性的沟通与持续互动,并"在制度创新中与民营企业达成了一种现实的利益共享和制度共识"。[1] 这就使得地方政府在双重作用的驱动之下,与民营经济彼此交叉、相互促进,形成了一个有效的利益共同体,并在双方各自利益最大化和现实价值观的妥协中达成了相互认可和支持的制度创新。而伴随着民营经济的迅速发展,浙江的地方政府相应的也形成了一种治理创新渐次扩展,政治体制改革与民主政治建设同步推进的良性发展趋势。

1. 政府治理创新渐次扩展,形成了与经济发展相适应的政治改革传统

首先,改革开放以来,浙江涌现了大量的政府治理创新案例,渐成星火燎原之势。这些创新实践,在地方政府的推动下,逐渐制度化、规范化,如各地出台了大量的创新规范、地方性法规,逐步建立健全了各项民主政治制度,实现了公民政治参与的有序化。其次,政治民主形式不断丰富,逐步形成了民主选举、民主决策、民主管理、民主监督一整套行之有效的民主实现方式。再次,地方政府勇于探索,践行各种形式的民主协商方式,借助网络信息技术,不断拓展民主参与和政务公开的渠道,在服务型政府、透明政府、效能政府建设等方面成效都非常显著。而且浙江的很多创新实践在全国都产生了重大影响,第三、第四、第五届地方政府治理创新奖,浙江都有 4 项入围,至今已获奖 15 项,远远超过第二名广东的 10 项。[2] 简而言之,浙江地方政府管理体制改革与治理创新已形成了创新实践普遍性、创新主体多元性、创新经验原创性和创新影响广泛性等鲜明特征,[3]在地方政府有意识的推动下,政治体制改革与民主政治建设成效显著,而

---

[1] 陈国权、麻晓莉:《地方政府制度创新与民营经济发展——温州制度变迁的轨迹与分析》,《中国行政管理》,2004年第 6 期。

[2] 何增科:《中国政府创新的趋势分析——基于五届"中国地方政府创新奖"获奖项目的量化研究》,《北京行政学院学报》,2011 年第 1 期。

[3] 何显明:《顺势而为:浙江地方政府创新实践的演进逻辑》,浙江大学出版社 2008 年版,第 8—9 页。

且渐成政治惯例,形成一种你追我赶创先争优的良好氛围。

2.强县扩权绩效显现,乡镇管理体制改革提上议程

20世纪80年代中期以来,全国各地普遍推行"市管县"体制,但浙江坚持从自身实际出发,除了在宁波市推广"市管县"体制以外,在其他地市都没有严格推行这一体制。而且,浙江省从80年代开始就一直坚持推行行政性分权,给市、县以较大的财政自主权,财政体制结算由省直管县,而市一级不与所辖县发生直接结算关系。因此,严格意义上,浙江的"市管县"体制在历史演变过程中并未真正成型、固化,而"省管县"的财政体制和人事体制却一直得到较好的保留。

90年代中期以来,为了适应经济社会发展和做大经济强县的需要,浙江更是先后进行了四轮强县扩权改革。早在1992年,浙江省政府就下发了浙政发[1992]169号文件,扩大萧山、余杭、鄞县、慈溪等13个经济发展较快县(市)的权限和职能,重点扩大它们在外商投资项目、基本建设和技术改造等方面的行政审批权,简化相应的审批手续,以降低经济发展成本、增强经济发展吸引力。2006年的第四轮强县扩权改革,浙江将义乌作为唯一试点县(市),在不改变由金华市领导的管理体制的前提下,进一步扩大其经济社会管理权限。按照"依法规范、能放则放"的原则,以社会管理权限为重点,赋予义乌市与设区市同等的经济社会管理权限。在四轮"强县扩权"改革过程中,"省管县"体制发挥出了其特有的优势:2001年,浙江全省国内生产总值超100亿元或人均国内生产总值超过1.5万元的县(市)有27个,占县市总数的40%以上。2002年浙江省24个县(市)进入全国百强县,总数位列全国第一,2004年起,更是一直保持在30个,在全国各省市区中处于遥遥领先的地位。2002年浙江省财政总收入为1166.58亿元,比1992年增长了近10倍;地方财政收入566.5亿元,比1994年增长5.99倍。[①] 无疑,经过"强县扩权"体制改革之后,浙江省各级地方政府中,县级政府的经济建设和社会发展自主性是最强的,在省级政府财政放权与县域经济推动全省经济发展之间形成了一种良性互动,也极大地激发并挖掘了县域经济发展的潜力,效果极其明显。根据何显明教授的主张,强县扩权的绩效主要表现在五个方面:一是进一步调动了县域经济发展的自主权,加快了区域经济的发展步伐,扩大财政收入的积极性和主动性;二是扩大了县(市)城乡统筹发展能力;三是进一步增强了省级政府的宏观调控能力,促进了浙江地区间的均衡发展;四是为浙江扩大政府支出,增强政府的公共服务功能奠定了坚实的基础;五是同样有效地调动了地级市的积极性,并建立起了一种鼓励地级市挖掘自身财政潜力、发

---

① 何显明:《省管县改革:绩效预期与路径选择——基于浙江的个案研究》,学林出版社2009年版,第128—130页。

展经济、培植财源的积极性,而不是助长"市刮县"现象的激励机制。[①]

可见,"强县扩权"体制改革之后,在保持一定层级管理原则性的同时,由于极大地增强了县域经济的灵活性、自主性,不仅有效调动了县市经济建设和发展的积极性,而且也保证了地级市挖掘自身财政潜力和发展的积极性,而省级财政则受益匪浅,从而形成了省市县三级政府"责任共担,收益分享"的层级管理体制和合作体系,各司其职、各履其责、各尽其能、各得其所。实践证明,分权式的改革,对省市县权限和职能的合理配置,是充分调动各方积极性,挖掘各自潜能的关键。然而,"强县扩权"制度改革遗留下来的问题是:县域经济虽然得到了快速发展,但是在民营中小企业和块状经济、"一镇一业"、"一乡一品"特色经济迅速发展的情况下,县级政府与乡镇政府特别是县与经济强镇之间的权力配置关系却没有理顺。在"财权上移,事权下沉"的大背景下,传统乡镇管理体制和县镇之间的权力配置关系阻碍了经济强镇的活力、潜力和能力的提升,经济强镇缺乏与经济社会发展相适应的自主性,不利于构建良好的区域发展的制度环境。而土地、电力等对区域经济发展有重要影响的要素指标由于实行自上而下的等级化配置,其实际配置往往都向中心城市或县城倾斜,使得强镇的要素配置远远无法满足其发展所需。要化解这些制约因素和破解要素配置的矛盾,改革势在必行。关键是选择哪种路径,而强县扩权改革的成功无疑为强镇扩权改革积累了非常好的经验,奠定了良好的经济社会基础,也是一种诱致性的制度变迁之路,使强镇扩权基本上已到"万事俱备,只欠东风"的境地,所欠缺的只是临门一脚。

四、文化背景

浙江是吴越文化的发源地,历史文化源远流长;也是"浙东文化"的重要聚居地,人杰地灵的浙江曾经孕育了大量的历史文化名人,有些至今仍有着巨大的影响力。改革开放 30 多年来,浙江承继了丰富的历史文化遗产,而且与经济、政治、社会发展协同推进的是,文化大省建设成效显著,浙江省人民群众的精神文化生活日益丰富。

一是文化大省建设有序推进,成效明显。2000 年 12 月 21 日,中共浙江省委常委会就讨论通过了《浙江省建设文化大省纲要(2001—2020 年)》,文化大省建设进入省委决策视野,并制定了相应的政策,自此文化大省进入实质性推进阶段。2008 年 7 月 3 日,中共浙江省委、浙江省人民政府共同制定了《浙江省推动文化大发展大繁荣纲要(2008—2012)》,对文化大省建设作了战略部署与远程规

[①]　何显明:《省管县改革:绩效预期与路径选择——基于浙江的个案研究》,学林出版社 2009 年版,第 132—136 页。

划,文化大省建设的战略地位得到进一步的提升。

二是基本公共文化设施建设大力推进。2010 年年末共有艺术表演团体 72 个,群艺(文化)馆、文化站 1611 个,公共图书馆 97 个,博物馆 90 个。省市级广播电台、电视台各 12 座,县级广播电视台 66 家。广播、电视综合覆盖率分别达到 99.17％和 99.35％。全省所有乡镇和 99.3％以上的行政村实现了有线电视联网,农村有线电视入户数 810 万余户。[①]

三是从文化教育成效看,截止 2010 年,全省拥有普通高校 80 所(含筹建 1 所);全年研究生招生 16575 人,在学研究生 47991 人,毕业生 11156 人;普通本专科招生 26.01 万人,在校生 88.49 万人,毕业生 23.37 万人;普通高考录取率 83.8％,高等教育毛入学率为 45％。纵向比较看,文化教育成果非常显著。横向比较看,普通高考录取率、高等教育毛入学率和基础教育服务均等化都居全国前列,与浙江的经济社会发展保持着高度的一致。

随着文化大省建设系列战略部署的推进,文化大省建设成效显著,基础教育、高等教育、公共文化基础设施都有显著提升,文化大省建设形成了系列成果,浙江的文化软实力在经济社会发展中的作用也日益凸显,特别是关于浙江现象、浙江经验、浙江精神的系列著作的出版,引起了全国的广泛关注。在 2000 年,浙江就提炼出了 16 个字的浙江精神:"自强不息、坚韧不拔、勇于创新、讲求实效",作为富含地域文化个性和特色的价值模式,16 字的浙江精神是浙江发展模式和浙江经验的高度概括和提炼,也是浙江发展经久不衰的动力,更是一种文化软实力和约定成俗的行为模式。而且对浙江现象、浙江经验的总结、提炼,也为指导浙江实践、浙江改革的继续深化提供了智力支持和持久的动力,强镇扩权的乡镇政府管理体制改革,说到底也是"勇于创新、讲求实效"的文化软实力持续作用下的结果,文化背景对强镇扩权改革也有着重要的影响。

第二节　扩权强镇的动因

行政变革是一个持续的过程,从历史上看,变革从来都不是一帆风顺的事情,必然会遭遇各种阻力。因而,有效的政治体制改变,应是各种有利因素渐次推进,各种互补性的制度安排之间形成动力机制,从而形成所谓的"诱致性制度

---

① 浙江省统计局:《2010 年浙江省国民经济与社会发展统计公报》,详见浙江省统计局网站:http://www. zj. stats. gov. cn/art/2011/2/10/art_164_181. html,2011 年 2 月 10 日。

变迁",提升制度的整体功能。根据金祥荣教授的观点,作为"浙江模式"的制度创新本身即是一种在地方政府默许保护下,同中央政府不断地进行制度博弈中形成的一种需求诱致性制度创新。① 依此类推,作为基层乡镇政府管理体制和县镇权力配置关系改革的强镇扩权,虽然是地方政府在对各种经济社会影响因素和动力机制积极回应的基础上所作出的强制性制度推进,但它实际上也是一种诱致性的制度变革创新,或者说是实现了强制性制度变迁和诱致性制度变迁的结合,从而避免了改革过程中所可能遇到的各种阻力,实现了良性互动,提升了制度的整体功能。本节接下来将从行政生态学的视角着重分析经济、政治、社会和文化生态要素对强镇扩权制度变革的促进作用,并分析这些要素时间彼此影响、互补从而促进制度演变的现实路径,也为进一步完善强镇扩权制度提供一定的理论支撑。

一、经济生态要素:经济变迁对强镇扩权的根本驱动

行政生态学的核心观点是宏观政治生态环境与公共行政之间相互依赖、相互影响,其创立者美国的里格斯教授从横向维度进行分析时指出,影响一个国家行政的生态要素是多种多样的,其中最主要的生态要素有五种,即:经济要素、社会要素、沟通网络、符号系统以及政治构架。② 而社会经济机制和生产力发展水平是影响公共行政最主要的生态因素,一个国家的公共行政模式基本上是由该国的经济结构所决定、所塑造的……经济要素是影响一个国家公共行政的第一要素。③ 浙江强镇扩权的乡镇政府管理体制的变革本质上是浙江分散化的民营经济推动的结果,也是经济发展与政治变革良性互动的结果,经济要素、政治架构、社会要素的相互影响、相互促进是强镇扩权制度推进的关键动因,其中经济要素无疑是强镇扩权的根本动力,主要体现在:

1. 从动力因素看,经济市场化是强镇扩权改革的原动力

当代中国的改革始于经济的市场化,正是市场经济建设的不断推进,使经济社会发生了天翻地覆的变化,实现了经济繁荣,推动了经济、社会转型。作为民营经济的先发省份,浙江经济的发展与腾飞,主要经济指标在全国保持领先地位,并成为全国经济增长速度最快和最具活力的省份之一,市场经济的兴起与发展是浙江取得巨大成就的根本所在。在政府正统制度供给不足和计划经济政府公共产品供给严重不足的背景下,市场经济的先发优势让浙江各级地方政府深

---

① 金祥荣:《准需求诱致性的制度变迁方式》,《浙江社会科学》,1999 年第 3 期。
② 丁煌:《西方行政学说史》,武汉大学出版社 1999 年版,第 320 页。
③ 丁煌:《西方行政学说史》,武汉大学出版社 1999 年版,第 320 页。

刻体会到经济发展所带来的好处。因此,民营经济发展所导致的经济社会转型,亦使得当时浙江的基本政治制度呈现出一定的功利化、市场化、商品化特点,地方政府的政治活动受到了市场化、商品化的深刻影响,并产生了回应、完善市场经济发展的需要,市场经济成为政府管理变革的原动力。改革开放以来,浙江各地持续兴起的政府治理创新实践无疑正是政府渐进变革以适应经济要素变迁的结果。

而强镇扩权改革在绍兴率先试点,说到底也是市场经济驱动的结果。从相关数据来看,近年来绍兴乡镇经济得到了快速发展,绍兴县 19 个镇(街道),有企业 1 万多家,其中 10 个镇财政收入过亿。[①] 杨汛桥、钱清等镇人均 GDP 甚至已超过了 1.7 万美元,而且每年仍以相当快的速度增长。其中相当一批经济强镇在综合经济实力、基础设施、城镇功能、镇容镇貌、公共服务等方面都有了很大飞跃,已俨然是小城市的样子。如此显著的经济社会发展成就让地方政府尝到了甜头,也成为驱使地方政府改变现有各种不适应状况,推动经济强镇发展和做大做强县域经济的根本性动力。由此可见,强镇扩权改革在浙江率先启动,归根结底还是浙江经济的特色以及地方经济与政治生态环境互动、互补的结果。特别是民营经济发展的推动作用,促使了政府职能的渐进转变,实现了制度的需求诱致性变迁,最终实现了各个社会子系统之间的紧密良性互动与制度整体功能的优化、提升。

而集权化的政府管理体制显然不可能适应民营经济小而散、分而活的特点,无法与民营经济发展现状相适应。因而,浙江的政府管理体制一直都具有分权式改革的特征,归根到底,这乃是由民营经济与区域经济发展特征决定的,也印证了里格斯教授"经济要素是影响一个国家公共行政的第一要素"的论断,更从另一个侧面说明浙江推行强镇扩权改革的合理性与科学性。在浙江,作为一级政府,乡镇显然不可能像重庆等地简单一撤了之,唯有适时变革,以适应民营经济、块状经济发展的需要,这才是最重要的。

2. 从变迁方式看,强镇扩权是政府管理积极主动创新,回应市场化纵深发展的必然结果

在市场化改革初始阶段,各级地方政府由于制度缺陷和供给能力不足而无法有效解决民众的就业、贫困和基本生存生活问题,因此不得不被动地默许民营经济发展。但对于当时经济社会发展中出现的新现象、新情况、新问题,地方政府采取的基本策略就是政治实用主义的"无为而治",务实求真,一切让经济社会发展效果说话。然而,地方政府管理并非一成不变,墨守陈规的,在发展过程中,

---

① 傅白水:《绍兴试点强镇扩权》,《决策》,2007 年第 6 期。

各级政府积极回应经济社会发展的新变化,转变政府职能和创新逐渐形成了一种惯例,政府职能逐渐从一种消极的、政治实用主义的"无为而治",逐渐向积极创新、主动引导和服务转变。[1]

关键原因就在于:一是市场经济作为推动我国公民政治参与发展的原动力,[2]促使社会结构分化和新兴阶层的出现,很多民营企业家作为新兴的社会阶层,通过各种方式参与公共事务治理并对政府职能转变形成了现实压力,而政府由于各方面的原因不得不对此作出积极的反应;二是政府由于在经济发展过程中分享了民营经济发展的好处,而且在制度创新中与市场经济发展达成了一种现实的利益共享和制度共识,其自身也有积极变革创新,对市场经济的发展作出积极回应的需要;三是"市场缺陷"以及"市场失灵"对政府职能转变提出了直接的要求,特别是市场经济纵深化发展后,经济要素对政府优化创业环境、降低创业成本、构建配套服务体系、推动组织创新等职能转变提出了更高的要求。[3] 这就使得地方政府在内外经济作用的双重驱动之下,与民营经济彼此交叉、相互影响、相互促进,形成了一个有效的利益共同体,并在双方各自利益最大化和现实价值观的妥协中达成了相互认可和支持的制度创新。

而随着市场经济建设的纵深化发展,如上文所述,当经济强镇的权限、职能以及县镇之间的权力配置束缚了块状经济、民营经济和乡镇自身发展之际,经济要素和新兴社会阶层会对地方政府管理形成压力,而地方政府自身也会有追求政绩和发展的冲动,从而会主动创新,积极主动转变政府职能,消除各种阻碍经济社会发展的机制体制因素,促进块状经济和县域经济的转型升级、优化基层政府权力和资源配置,为企业和公众提供更加优质高效的公共产品以及公共服务奠定基础。在这过程中,市场经济对乡镇政府管理体制变革的推动作用是根本性的,而政府对经济生态环境变化的积极回应则是需求诱致性变迁的结果,而强镇扩权改革战略的实施则是强制性制度变迁的主要表现,从而在经济与政治的互动中,实现强制性制度变迁和诱致性制度变迁的有效统一,既降低了改革所可能遇到的各种阻力,也切实有效地提升制度的整体功能。经济变迁使得浙江地方政府政府职能转变逐渐从被动的"无为而治"逐渐向积极的自主创新转变,成为强镇扩权制度改革和扩展演进的根本动力。

①　顾金喜:《服务型政府建设的动因及其发展路径——基于行政生态学的分析》,《安徽行政学院学报》,2010 年第 4 期。

②　孙晓莉:《政治参与的主体及市场经济对中国政治参与的推动》。《社会科学研究》,2001 年第 3 期。

③　顾金喜:《服务型政府建设的动因及其发展路径——基于行政生态学的分析》,《安徽行政学院学报》,2010 年第 4 期。

二、政府治理创新:强镇扩权的主导力量和内在驱动

作为一个单一制国家,高度集权的政治体制与强政府、弱社会的格局决定了经济社会发展中政府的主导性作用,地方政府在经济社会管理中扮演着关键角色,乡镇政府管理体制或县级政府与乡镇政府之间权力配置的变革说到底也是由地方政府主导的。但是,与传统压力型体制不同的是,现代化对传统社会的解构非常明显,其中就包括了传统的政治体制。特别是改革开放以来,我国也拉开了政治现代化的大幕,政治制度日趋规范化、民主化、科学化。尽管根据有些学者的观点,我国的政治体制改革滞后于经济体制改革。但也有些学者指出,缺乏政治体制改革的回应和配合,经济体制改革缺乏有效的保障,经济建设也不可能取得那么大的成就。不容否认的是,随着改革开放的纵深化发展,社会更加日益多元、开放,政治系统也日益开放,对社会系统的整合与回应较之前有了很大的提升。强镇扩权本质上是地方政府主导的乡镇管理体制变革,是政府在经济社会发展的关键时刻主动作出的公共政策的权威性输出,政府自身的变革创新是其内在驱动。

1.强镇扩权是地方政府顺应政治发展与政治民主化历史趋势而主动创新的结果

"政治发展是与民族国家的社会现代化过程相适应的政治现代化过程,具体地说就是政治生活的民主化、制度化和科学化过程"。[①] 作为世界性的进步潮流,政治发展和民主化是一种不以人的意志为转移的客观进程,是人类社会发展规律的一种必然。它应包括四个方面的主要内容:一是价值理念变迁,自由、平等、民主、法治的理念不断深入人心,公民的民主素养、公共精神和公共责任显著提升,以此为核心,形成一种稳定的文化行为模式;二是公民民主权利和政治有序参与在深度和广度上不断拓展,社会更趋平等,民主化程度不断加深;三是社会各阶层或群体通过公共平台的公开协商、辩论,形成有效的利益诉求、表达和有效整合机制,而且公民在涉及基本权益的公共政策出台或权益遭受侵害之际,能以民主、和平的方式维护自身权益,从而保证发展成果的"人人受益,普遍共享",实现整个社会协调均衡发展与和谐有序;四是政治结构优化,政治系统社会协调、控制和稳定能力不断增强,政治活动制度化、科学化、民主化程度不断增强。

在世界民主化浪潮中,浙江各地的民主创新实践如火如荼,政治民主化和政治发展与经济社会发展基本相适应,在动态的变迁过程中,形成了良性的互动。

---

① 俞可平:《增量民主与善治》,社会科学文献出版社 2003 年版,第 118 页。

各级地方政府尊重人民群众的首创精神,在各地出现民主治理创新迹象之时,给予积极的支持、总结、提升和推广,如温岭的民主恳谈,其起源可能仅是一次缺乏明显目的性的"农业农村现代化建设论坛",但其发展与制度化、规范化说到底都是地方政府积极主动变革、创新和主导的结果。

从演进规律分析,浙江各地方政府在政治发展和民主化过程中既坚持了渐进性、有序性原则,但又不拘泥于陈规陋俗,适时地推进各项制度变革,从点到面,从单一到多元,逐渐实现了政治体制改革与民主政治建设理性化、制度化的扩展演变,既实现了治理创新范围、内容的创新,也实现了治理程序、方式的创新,提升了政治体系系统整合的能力,实效了政治的有效发展。这是一种"地方政府主导下的诱致性制度变迁",以地方政府为主导,当地民众为主体,双方相互结合形成一种全新的博弈关系,共同组成制度变迁的行动团体。① 地方政府在积极响应社会变革呼声,与社会、公民良性互动的基础上顺势而为,针对每一时期浙江经济社会发展面临的各种问题,渐次推进各项变革和制度创新,全力打造有效政府,是浙江地方政府在政治民主化和政治体制改革过程中表现出来的一个重要特征。这种政府主导下的诱致性制度变迁,顺应了社会历史发展的必然趋势,具有鲜明的时代感、使命感,成为地方政府治理创新的内在驱动力。而绍兴强镇扩权,尽管有绍兴独特的经济社会背景,但无疑也符合这一基本理论逻辑,归根结底,强镇扩权制度的推行也是政府主导下的诱致性制度变迁,是地方党委政府顺应政治民主化的历史发展潮流,针对新时期、新现象和新情况而主导的乡镇政府管理体制改革。

2.乡镇面临的管理和发展困境是地方政府积极主动变革创新的重要驱动力量

诚如前文指出的,我国目前乡镇管理体制面临诸多困境,而经济强镇则面临着"身大衣小"等各种社会管理和发展的制约因素。根据有些学者的观点,乡镇政府管理体制与小城镇发展的困境乃是强镇扩权的动因,这种困境主要体现在:②(1)僵硬性:小城镇政府的职能定位不明确,即小城镇政府管理职能界定上的空白和制度惯性,使小城镇政府体制呈现出僵硬性特征。(2)离散性:机构设置不合理,协作程度低。但笔者认为关键一点还是县级政府与乡镇政府之间权力配置的不合理,乡镇承担太多的社会管理责任,但财权与人员编制却远远不足于支撑日益膨胀的管理责任。(3)弱能性:小城镇政府权能弱化,一方面上级政府凭借优势权力对资源的优先配置,架空了乡镇基本资源的配置能力,弱化了乡

---

① 董雪兵、史晋川:《制度、博弈与权力重构——温岭市"民众恳谈"案例研究》,载慕毅飞、陈奕敏主编:《民主恳谈——温岭人的创造》,中央编译出版社 2005 年版,第 109 页。

② 陈剩勇、张丙宣:《强镇扩权:浙江省近年来小城镇政府管理体制改革的实践》,《浙江学刊》,2007 年第 6 期。

镇政府经济社会发展能力;另一方面,社会管理事务的增加,导致管理的职、责、权、利缺乏有效的互动,从而成为制约经济社会发展和良性社会管理的重要因素。(4)责任缺失:小城镇规划的随意性和无序性,导致小城镇发展的随意性、无序性和资源浪费。

而从经济强镇的社会发展现状来看,关键是当时的乡镇管理体制无法满足人民群众日益增长的物质文化需求,已与经济社会发展现状不相适应,突出表现为公共产品、公共服务供给能力不足,也无法进一步满足民营经济、块状经济发展的需求。而且,随着贫富分化、两极分化的加剧,外来人口大量涌入,社会矛盾激化与滞后的社会建设、社会管理也与经济社会管理体制之间的矛盾日益突出。总之,从现实背景看,我国包括浙江当时的小城镇管理体制的僵硬性、组织结构的离散性、组织的弱能性、权责失衡性以及政治经济要素不相适应性等特征,严重制约并束缚了经济强镇和县域经济的发展,成为城镇化发展和农村城市化进程的瓶颈。而且,乡镇政府既要直面公众、社会的不满情绪、社会矛盾,也要直接承受压力型体制下上级政府的维稳压力。此外,乡镇管理体制的瓶颈效应也制约了具有政绩冲动的政府官员的个人发展空间,再加上民营经济、块状经济等地方经济发展要素的外在驱动,因而就驱使他们求新求变,积极谋划乡镇管理体制变革,最终促成了强镇扩权制度的试点和推进。因此,乡镇政府管理体制面临的内外困境与基层政府官员务实求真、不甘落后的政绩冲动是强镇扩权动力机制的构成因素,共同促成了乡镇管理体制的当代变革。

3. 强县扩权制度的有效推行是强镇扩权的基础和重要动力

浙江四轮强县扩权改革取得了举国瞩目的成效,无疑为强镇扩权制度改革的推进积累了非常好的经验。在强镇扩权的过程中,分权化改革渐成浙江地方政府管理体制变革的传统。最关键的是,面对经济强镇所面临的各种发展困境,强县扩权为县域经济发展和经济强镇改革提供了很好的启示,也在一定程度上刺激着基层政府官员的创新冲动。而且,浙江省的小城镇改革已经历了一定的试点,1994 年 11 月,浙江省就提出推进小城镇综合改革试点,建设 100 个现代化的小城镇,带动农村经济社会发展的要求;至 1998 年,全省确定了 112 个综合改革试点镇,其中全国试点镇 28 个;2000 年,浙江在实施城市化战略中确定了择优发展小城镇的原则,省政府公布了 136 个省级中心镇。[①] 这些综合改革试点本身即丰富了地方政府管理体制改革的探索,为乡镇管理体制改革积累了很多经验,而择优发展小城镇的原则契合了浙江民营经济、块状经济发展的特色,无疑更具战略的合理性和可操作性。因此,2005 年,浙江省统一谋划,决定在绍

---

① 陈剩勇、张丙宣:《强镇扩权:浙江省近年来小城镇政府管理体制改革的实践》,《浙江学刊》,2007 年第 6 期。

兴县的杨汛桥、钱清、福全、兰亭、平水等 5 个乡镇率先开展中心镇培育工程试点,即强镇扩权改革试点,赋予中心镇部分县级经济社会管理权限,将投资项目的核准、备案以及建筑工程许可证颁发等相应职权下放到这些镇,而且 5 个镇还享受相对独立的财权,并赋予中心镇部分县级经济社会管理权限,强化中心镇政府农村科技、信息、就业和社会保障、义务教育、公共医疗等服务职能。

在总结试点经验的基础上,2007 年 8 月,浙江省人民政府出台了《关于加快推进中心镇培育工程的若干意见》(浙政发[2007]13 号),全面启动了中心镇培育工程,在全省 141 个中心镇大规模的推行强镇扩权。2010 年 10 月,浙江省又出台了《关于进一步加快中心镇发展和改革的若干意见》(浙委办[2010]115号),2010 年年底,又出台了《浙江省强镇扩权改革指导意见》(浙发改城体[2010]1178 号)、《浙江省人民政府办公厅关于开展小城市培育试点的通知》(浙政办发[2010]62 号)等有关文件。从而在政府的主导下,形成了一系列地方性法规和政府指导性文件,标志着强镇扩权改革走上了制度化、规范化发展之路。纵观其试点、产生和发展过程,我们可以清晰地看到地方政府主导制度变迁的影子,强县扩权制度改革的成功无疑是这种强制性制度变迁的前提和基础,也是强镇扩权改革的重要驱动力量。

三、社会生态要素:基本依据与外在驱动

行政生态学所指的社会生态要素是指各种社会组织,主要包括两个部分:一是以血缘关系为纽带的家庭、家族等自然团体,二是以利益关系为纽带的社团、中介组织等人为团体。乡镇管理体制改革作为行政管理体制改革的一部分,社会生态要素与公共行政系统之间相互影响、相互作用是其基本依据和外在驱动力量。尽管我国非政府组织包括社会团体、中介组织发育先天不足,但在民营经济与块状经济的发展过程中,地方政府与新兴社会阶层、市场经济共享经济社会发展带来的好处,从而逐渐达成了利益共享和各方都能接受的制度创新,并逐渐成为政府治理创新的演进轨迹。与此同时,市场化改革也使社会利益团体、公众对政府行为的影响越来越明显,社会团体及公众的支持和驱动,无疑构成了政府管理的社会基础,也对乡镇管理体制改革形成了明显的促进作用,主要体现在:

1.新社会团体的形成与公民社会的发展对政府职能转变和行政管理体制改革有明显的促进作用

查尔斯·泰勒认为"公民社会"包含三个不同层次的内容:(1)最基本意义的公民社会:即存在不受国家力量支配的民间团体;(2)较严格意义的公民社会——当不受国家支配的公民团体、社会完全可以自我建设及自我协调,这就是公民社会;(3)作为对第二重意义的补充,当这些民间团体能够有效地影响国家

政策的方向时,这就是公民社会。① 市场经济作为推动我国政治发展的原动力和根本动力,促进了社会利益和阶层的分化,促使了公民社会的生长与发育,也促使了公民主体意识的觉醒,为公民政治参与和政治民主化奠定社会基础,并促使公民政治参与不断纵深化发展。诚如王彩波教授所指出的,"利益分化为以民主为长期目标的政治发展创造了社会基础;塑造了有主体意识、参与能力的社会主体,从不同的层面为政治发展提供了巨大动力"。② 恰如前文所指出的,作为民营经济的先发省份,浙江的新兴社会阶层、民间组织在经济社会和政治活动中发挥着越来越重要的作用。特别是自治性社会组织对地方政府决策的积极参与,在政府决策中扮演着重要的角色,如浙江省民间组织管理局的抽样调查显示,有 1/6 的行业协会曾经成功地促使地方政府修改或停止某项政策。

毋庸置疑的是,浙江大量社会组织的成立与功能的发挥已经成为我国公民社会发展的重要标志,大量的社会组织已不仅仅局限于自身建设和自我协调,而是主动介入地方政府的公共政策制定与社会事务的管理过程中,对政府政策与社会事务管理施加的影响也日益增强。当各类非政府组织成为社会公共事务治理的权威并实现积极的社会功能,甚至能够通过组织化的利益代表机制直接影响政府公共政策的出台和执行,这必然会使得政府与各类非政府组织之间逐渐形成一种互助互益与动态协调的关系。而地方政府在与公民社会或社会组织的利益共享过程中,不得不倾听它们组织化的利益表达诉求,并适时作出回应。在乡镇政府管理层面,各种社会组织、公众对乡镇管理的不满情绪以及各种利益诉求,最终也会迫使地方政府不得不积极主动地变革创新,强镇扩权改革既是地方政府积极主动创新的结果,无疑也是回应公民社会诉求和压力的需要。因此,公民社会的成长与培育,其政治参与和日益增长的政治影响力是政府制度创新的基本依据和重要驱动力量。

2. 阶层分化与社会矛盾纠纷的增加也是乡镇管理体制改革的重要外部驱动力量

改革开放以来,我国的社会阶层分化、利益分化与经济社会发展同步进行,社会结构要素(社会地位、群体、阶层、组织等)的类别增多,要素之间迅速分化。而且社会结构要素之间的差距迅速拉大,不同阶层之间的距离迅速扩大,不平等程度显著增加,不同的利益团体亦应运而生。根据西方政治参与理论,政治参与主要受个体公民的社会经济地位(social economic status,即 SES)的影响,"社会

---

① 转引自张静:《法团主义》,中国社会科学出版社 2005 年版,第 10 页。
② 王彩波:《利益分化:中国渐进性政治发展》,《江苏社会科学》,2004 年第 4 期。

特征决定政治偏好",[①]也直接决定具有不同社会背景和特征的公民或利益团体的表达诉求。

对以代表全国最广大人民群众根本利益为己任的执政党来说,如何在阶层分化、利益分化的大背景下,充分吸纳、整合和代表不同社会利益群体的诉求,形成完善的利益代表机制,是新形势下的一个巨大挑战。特别是由于贫富分化与两极分化,近些年来我国不同群体之间的矛盾冲突隐隐有激化的趋势,仇富仇腐仇"三公"的社会情绪不断蔓延,典型的贫富矛盾、官民矛盾、知识精英与平民之间的矛盾都逐渐显性化。而且,由于地方政府与民争利,暴力拆迁、违法征地,再加上诸如权力寻租、行政腐败、司法不公等,导致上访、越级上访和长期的缠访、闹访事件频发。而地方政府为了追求所谓的社会稳定,采取各种手段维稳,或与黑色势力勾结,强力摆平,如近两年连续为媒体披露的北京保安公司兴办的"黑监狱",采取暴力手段对付上访者;或直接侵害公民合法权利,关进精神病院,"被精神病"现象此起彼伏;或举办所谓的"法制培训班",采取各种手段折磨老上访户,要求"息访罢诉",陕西城固"法制培训中心"甚至因此直接饿死人。[②]

尽管浙江作为经济先发地区,类似极端事件相对少见,但无疑阶层分化与社会分化所导致的利益诉求多元化,不同利益诉求之间的表达与整合仍对各级地方政府提出了诸多挑战。而作为压力型体制下的权力末梢,乡镇直接面对各种社会纠纷和冲突,近些年来维稳压力激增,但由于管理权限过小,乡镇应付各种社会矛盾纠纷和维稳压力倍感吃力。因此,转型期如何针对利益分化、社会分化以及个体公民的社会特征及其在社会结构中所处的位置形成完善的利益代表机制,充分整合不同社会阶层的利益表达诉求,形成各方都能够普遍理性接受的公共政策,对各级政府都形成了一种外在的驱动。而乡镇则在矛盾化解、维稳压力面前,对这种管理权限的调整感受更加迫切。

3. 大量外来人口的流入诱使乡镇社会管理职能变革

珍妮特·登哈特等指出,"成熟公民社会的公民应具备对公共事务的兴趣和对公共事业的奉献精神,也具备内嵌于横向互惠关系中的公民权利与义务的素质;而且乐于助人,互相尊重以及互相信任。"[③]而随着公民权利意识的觉醒,公民对社区、公共事务以及公共利益的使命感和责任感也会随之增长,"公民看起来会超越自身利益去关注更大的公共利益,进而会采用一种更加广阔且更具长

[①]　Gerhart H. Saenger, "Social Status and Political Behavior", *American Journal of Sociology*, Volume 51, Issue 2, 1945, pp. 103－113.

[②]　《法制培训班饿死上访人》,东方今报,详见:http://www. jinbw. com. cn/jinbwxwzxzgxw/201107163084. htm, 2011 年 7 月 16 日。

[③]　Janet Denhardt, Larry Terry, Edgar Ramirez Delacruz and Ljubinka Andonoska, "Barriers to Citizen Engagement in Developing Countries", *International Journal of Public Administration*, 32, 2009, p. 1274.

期性的视野,了解公共事务、有归属感、关心整体并且与命运危若累卵的社区达成一种道德契约"。① 换言之,成熟的公民社会之公民应具备良好的公民素养,遵循互惠、互相尊重和信任的信念,而且乐于助人,会超越个体一己之私而关注公共利益,弘扬公共精神和公共责任。

但在我国现有宏观政治生态背景下,公民社会本身先天发育不全,缺乏公共域的有效锤炼,公共精神、公共责任匮乏,公民素养仍亟需提升。特别是当大量外来人口涌入的时候,本地居民往往具有一种排斥、歧视及恐惧心理,外来人口与本地人口之间缺乏基本的相互尊重、信任和共享。而且,大量外来人口的涌入也确实给流入地的基础设施建设和基本公共服务供应能力带来了很大的压力,对流入地的社会管理形成了诸多挑战,社会管理事务不断增加,但管理权限和人员编制却没有相应增加,特别是乡镇政府社会管理压力空前。如流动人口缺乏有效的利益表达渠道,因而各种潜在矛盾容易积聚并爆发,形成讨薪、维权的突发群体性事件,而乡镇政府往往得冲在维稳第一线。而且,如前文所述,总体上看流动人口的犯罪活动日趋增多,且在当地刑事发案率中所占比例呈上升趋势,成为流入地社会治安、社会管理的重中之重,也直接导致本地人口的反感、厌恶和歧视,更不利于本地人口与外来人口之间的和谐共处、共享。

因此,从加强和创新社会管理的视角看,大量涌入的外来人口对经济强镇的社会管理构成了多种挑战,变革和创新是一种必然选择,即必须着重解决乡镇政府社会管理事务过多过重,但管理权限、管理人员过小过少的矛盾,合理配置县级政府与乡镇政府社会管理的权限,赋予乡镇政府更大的权限。唯有如此,才能切实把基层社会矛盾冲突解决在萌芽状态。而这,无疑也成为经济强镇扩权和社会管理体制变革的重要驱动因素。

四、文化因素:历史传承与文化驱动

诚如鲁思·本尼迪克特在《文化模式》一书中所指出:"一种文化就如一个人,是一种或多或少一贯的思想和行动的模式。"文化模式是人们普遍认同的,由内在的价值取向、习俗、伦理规范等构成的相对稳定的行为方式,它以内在的、潜移默化的方式制约和规范着每一个个体的行为。这种影响力持久而稳定,往往能跨越时代,跨越政治经济体制而左右人的行为,是人的生存的深层维度甚至是存在方式。② 可见,文化作为人类社会精神文明发展的成果,尽管不一定发生直

---

① 〔美〕珍妮特·V.登哈特、罗伯特·B.登哈特著:《新公共服务——服务,而不是掌舵》,中国人民大学出版社2004年版,第27页。

② 陈越:《越文化模式与鲁迅的精神结构》,《西南民族大学学报》(人文社科版),2006年第7期。

接强制作用,但对人与社会发展的影响却是潜移默化的,而且经久不衰,表现出巨大的生命力。

改革开放 30 多年来,我国经济社会迅速转型,也促使文化领域产生了诸多变化,"出现了主流文化、精英文化和大众文化的分野,人们的文化意识、文化观念、文化认同趋于多元化,社会成员的价值判断、价值选择和价值追求趋于多样化,社会意识、社会心理、社会思潮趋于多变化"。① 特别是随着利益、阶层的进一步分化和不同利益联合体的出现,文化和道德多元主义成为我国社会一个显著特征,不同阶层、群体之间缺乏基本的价值共识和归属感。当前我国围绕着改革延续的各种争议,无疑是文化多元主义最好的注解。

然而,与这种争议不同的是,绍兴的"强镇扩权"改革却具有较好的文化认同基础,主要表现在:

1. 绍兴作为越文化繁衍、继承、延续的主要地方,越文化是重要的认同和动员基础

一方水土养一方人文,溯(长)江、环(太)湖、濒海的"山水形胜",造就了吴越独特的文化习性与人文精神。也正是这种秀外慧中的文化秉性与刚柔并济的人文血液的渗透,以及"水文化"特有的因时而变、随物赋形的特点,培育了吴越人一种不断探索、一往无前、求新求变、变革创新的文化意识与创造精神。② 作为吴越文化的重要构成,绍兴自越国以降就素有敢为人先、敢于斗争、敢于超越自我和变革创新的文化传统和创造精神,"宁为鸡头,不为豹尾"是越文化中的突出典型传统。一脉相承则使得勇于创新、善于创造、争做时代排头兵成为越文化在改革开放新时期的突出特点,也是这一区域文化和区域经济社会发展充满生机活力的内在驱动力。而且,在市场经济的大潮中,绍兴的经济社会发展也确实证明了创新的重要意义,绍兴人也尝到了创新的甜头,像纺织产业和轻纺城的繁荣昌盛,关键还是越文化这种敢为天下先的创新、创造精神发挥了重要的激励、认同和动员作用。

正是鉴于这种素有骨肉相连的文化归属感、认同感,绍兴人对改革创新具有较高的认同度,而且易于动员,改革的阻力自然就少很多。而且,这种精神日渐成为新时期绍兴与浙江各地的精神支柱和文化传统,无疑也是绍兴率先在全省、全国开展"强镇扩权"改革试点重要的文化背景,成为重要的文化支柱和驱动力量。

　① 杜红旗:《和谐社会视野下的社会整合》,《社会科学战线》,2008 年第 2 期。
　② 肖向东、孙周年:《论吴越文化性征及其文化生成因素——兼论"泰伯奔吴"与古梅里文化之形成》,《江南大学学报》(人文社会科学版),2010 年第 5 期。

2.浙东文化"经世致用"的思想精髓也是绍兴率先开展"强镇扩权"的文化驱动因素之一

浙东文化素有"经世致用"、"知行合一"、"工商皆本"的文化理念,具有"农商并举、义利并重"的功利实用的文化传统,这样的文化理念及传统形成了地方政府、社会、公民互动与达成共识的良好的文化基础,也即文化的"同化"。"同化"主要指政府与社会团体、公众和地方政府享有共同的精神符号系统以及此符号系统引领下所形成的共同的行为模式,是区域共同体生存的深层维度甚至是存在方式。根据里格斯教授的观点,符号系统指包括政治神话、政治准则、政治法典在内的一整套政治符号系统,[①]但从文化动员的视角看,它更主要的还是指为某一文化共同体所共享的行为准则、社会基本价值规范及这些准则和价值规范规导下的行为模式。通常,对作为精神内涵的社会基本价值规范与发展目标的认同感越强,社会动员、社会变革或政治体制变革也必然更加容易,公共政策包括政治体制变革的制度安排所欲达到的目标也必然更容易。

而且,绍兴商品经济起步较早,经世致用、务实求真也是包括绍兴在内的浙东地区的一贯文化传统和行为模式。不拘泥于条条框框的实用主义精神、务实个性等,都使浙江包括绍兴敢于突破陈规,引领时代变革创新的潮流。这既是浙江地方经济保持先发优势,不断迈上新台阶的文化模式,也是浙江各地政府变革创新的内在动力,更是强镇扩权制度变革的文化驱动力。

总之,强镇扩权制度在浙江的率先推出,有其深刻的历史文化背景,先发一步的民营经济、块状经济和快速市场化、工业化、城镇化是乡镇管理体制改革的原动力,也是根本动力,在推进现代化的过程中瓦解着传统的社会结构、政治架构和陈规陋俗,促使新兴社会阶层和公民社会的成长,持续推动着浙江经济社会的发展。由于民营经济小而散、分而活的特点,决定了浙江的地方政府管理体制变革也只能是分权式、共享式的变迁,从而形成了与其他地方截然不同的乡镇管理体制改革路径,这是由浙江独具特色的经济发展过程和经济特色决定的。

其次,地方政府在民营经济的发展过程中,本身即共享了民营经济、块状经济发展所带来的诸多好处,政府行政人员本身即具有理性自利的人性特点,在功利化、商品化的市场经济改革中感受到了经济发展带来的好处之后,逐渐的从一种被动的、无为而治的政治实用主义向积极主动的政府治理创新转变。而且,相应的地方政府的治理创新也渐次扩展,从民主选举、民主决策、民主管理、民主监督、民主参与各个环节全面展开,并且成为一种积极创新的行政管理模式,推动着乡镇政府管理体制的变革。

---

① 丁煌:《西方行政学说史》,武汉大学出版社 1999 年版,第 327 页。

再次,市场经济直接导致社会结构、社会阶层的变迁,新兴社会阶层大量出现,在经济发展中拥有举足轻重的影响力和话语权之后,逐渐兴起政治参与的热潮。公民社会和民众对政府的认同直接构成了政府治理的合法性基础,因此,地方政府对公民政治参与有一种积极回应和争取认同的需要,特别是在利益共享的制度创新过程中,他们之间的关系更多的是一种合作共享、共荣的关系,因此沟通、互动和回应就成为一种经常性的政治活动。也正是因为如此,新兴社会阶层和公民社会从行业自我协调、自我管理开始影响政府公共政策,利益团体的组织化表达对地方政府体制变革构成了新的压力和动力。

而浙江素有"经世致用"、务实求真的浙东文化以及敢为天下先、求新求变、变革创新的文化意识与创造精神,历史的传承和改革开放新时期的实践,已使经世致用、务实求真、变革创新成为人们一种生活和生存模式,为变革创新提供着可贵的文化认同、动员,激励着浙江变革创新的持续推进,也成为浙江强镇扩权制度推进的重要文化驱动。因而,浙东文化、越文化、新时期的浙江精神与民营经济、公民社会发展、政治发展共同构成乡镇政府改革的动力机制,成为一种明显的诱致性需求。而地方政府对经济市场化、政治民主化、利益表达组织化的积极回应,最终促使了强镇扩权改革制度的出台。尽快制度的推出是一种强制性制度变迁,但无疑最终实现了需求性制度变迁和强制性制度变迁的统一,有效地提升了制度的整体功能。

从强镇扩权制度变革的演进逻辑看,制度变革不是一蹴而就的或者能够随意强制性推进的,它必须具备特定的经济、政治、社会和文化基础,必须有各种主客观需求的推动,累积渐进改革所必须的动力。在此基础上,政府积极回应、主动创新,有效整合各方利益诉求、形成各方都能普遍接受的政策方案,改革才可能是积极有效的,也才可能是真正的变革创新。这是政治改革的基本规律,也是强镇扩权制度变革创新纵深发展的基本逻辑。

本章参考文献

[1] Gerhart H. Saenger,"Social Status and Political Behavior",American Journal of Sociology,Volume 51,Issue 2,1945.

[2] Janet Denhardt,Larry Terry,Edgar Ramirez Delacruz and Ljubinka Andonoska,"Barriers to Citizen Engagement in Developing Countries",International Journal of Public Administration,32,2009.

[4] 丁煌:《西方行政学说史》,武汉大学出版社 1999 年版。

[5] 金祥荣:《准需求诱致性的制度变迁方式》,《浙江社会科学》,1999 年第 3 期。

[6] 孙晓莉:《政治参与的主体及市场经济对中国政治参与的推动》,社会科学研究,2001 年第 3 期。

[7] 赵树凯:《乡村治理:组织和冲突》,《战略与管理》,2003 年第 6 期。

[8] 俞可平:《增量民主与善治》,社会科学文献出版社,2003 年版,第118 页。

[9] [美]珍妮特·V. 登哈特、罗伯特·B. 登哈特著:《新公共服务——服务,而不是掌舵》,中国人民大学出版社 2004 年版。

[10] 王彩波:《利益分化:中国渐进性政治发展》,《江苏社会科学》,2004 年第 4 期。

[11] 陈国权、麻晓莉:《地方政府制度创新与民营经济发展——温州制度变迁的轨迹与分析》,《中国行政管理》,2004 年第 6 期。

[12] 张静:《法团主义》,中国社会科学出版社 2005 年版。

[13] 慕毅飞、陈奕敏主编:《民主恳谈——温岭人的创造》,中央编译出版社 2005 年版。

[14] 谢芳:《我国农村公共产品供给机制研究》,湖南大学硕士学位论文,2006 年。

[15] 陈越:《越文化模式与鲁迅的精神结构》,《西南民族大学学报(人文社科版)》,2006 年第 7 期。

[16] 马建斌:《当代中国利益分化的政治影响》,《前沿》,2007 年第 11 期。

[17] 傅白水:《绍兴试点强镇扩权》,《决策》,2007 年第 6 期。

[18] 陈剩勇、张丙宣:《强镇扩权:浙江省近年来小城镇政府管理体制改革的实践》,《浙江学刊》,2007 年第 6 期。

[19] 吴红霞:《创业创新 提升浙江民营经济》,《今日浙江》,2008 年第 1 期。

[20] 姚莉:《论乡镇政府的社会治理能力:现状、改革及启示——以浙江"强镇扩权"为例》,《经济与社会发展》,2008 年第 10 期。

[21] 何显明:《顺势而为:浙江地方政府创新实践的演进逻辑》,浙江大学出版社 2008 年版。

[22] 吴理财:《从"管治"到"服务"——乡镇政府职能转变研究》,中国社会科学出版社 2009 年版。

[23] 何显明:《省管县改革:绩效预期与路径选择——基于浙江的个案研究》,学林出版社 2009 年版。

[24] 中共宁波市委政法委员会课题组:《基于保障和改善民生的社会管理研究——以宁波市社会管理为例》,《公安学刊》,2010 年第 3 期。

[25] 浙江省统计局:《2010 年浙江统计年鉴》,中国统计出版社,2010 年版。

[26] 浙江省发改委:《浙江省 2009 年城乡统筹发展水平综合评价报告》,2010 年 1012 号文件。

[27] 顾金喜:《服务型政府建设的动因及其发展路径——基于行政生态学的分析》,《安徽行政学院学报》,2010 年第 4 期。

[28] 肖向东、孙周年:《论吴越文化性征及其文化生成因素——兼论"泰伯奔吴"与古梅里文化之形成》,《江南大学学报》(人文社会科学版),2010 年第 5 期。

[29] 汪成明、高志涛、闫拥洲:《浙江省社会组织达 2.9 万个民间力量促社会和谐》,浙江日报,2011 年 2 月 13 日。

[30] 何增科:《中国政府创新的趋势分析——基于五届"中国地方政府创新奖"获奖项目的量化研究》,《北京行政学院学报》,2011 年第 1 期。

[31] 佚名:《2006 年浙江城镇低收入群体生活状况研究》,萧山统计信息网,http://www.tj.xs.zj.cnxstjF/_6hsprwhjkfh.htm,2006 年 11 月 28 日。

[32] 浙江省统计局:《浙江改革开放 30 年的历程、成就和经验》,浙江统计局网站,详见:http://www.zj.stats.gov.cn/art/2008/12/18/art_281_34014.html,2008 年 12 月 18 日。

[33] 浙江省统计局:《科学发展铸辉煌　和谐建设奔小康》,浙江统计局网站,详见:http://www.zj.stats.gov.cn/art/2009/9/27/art_281_37276.html,2009 年 9 月 27 日。

[34] 谢云挺:《浙江省推进中心镇建设》,新华网浙江频道,详见:http://www.zj.xinhuanet.com/website/2010−09/09/content_20853087.htm,2010 年 9 月 9 日。

[35] 浙江省统计局:《2010 年浙江省国民经济与社会发展统计公报》,详见浙江省统计局网站:http://www.zj.stats.gov.cn/art/2011/2/10/art_164_181.html,2011 年 2 月 10 日。

[36] 柳萍、陈旭芳:《关于完善我省低收入群体价格补贴机制的研究》,浙价网,http://www.zjpi.gov.cn/Resource/ContentShow/ItemHtml/2011-02/1399011269/2109580441.html,2011 年 2 月 25 日。

第二章　扩权强镇的制度创新

从"强镇扩权"到"扩权强镇",形成了绍兴市乡镇政府改革的鲜明特色。扩权强镇是对传统行政模式的突破,制度创新的需求来自于它自身的行政生态要素变更。从制度创新本身的价值看,"扩权强镇"是对构建服务型政府新路径的探索。制度的变迁结果,是政府层级之间权力博弈的均衡解。基于制度变迁的惯性,面向"十二五"时期,绍兴市的扩权强镇被赋予了新的战略定位。而这几年的扩权试验已经获得了明显的绩效,有效地促进了绍兴市农村城镇化发展。回顾整个创新历程,扩权强镇给我们深远的启示。

第一节　扩权强镇与制度需求

制度变迁源于制度均衡的被打破。所谓制度均衡是指人们对既定制度安排和结构的满意状态。但这种满意是动态的。"生产方式和交换方式的变更"①会成为制度变迁的客观动力。高斯认为一个国家的行政系统运行离不开其所处的特定的社会环境,因此对一个国家的公共行政的研究,也不能仅仅限于行政系统本身,应该跳出来研究行政系统之外的社会环境②。里格斯认为行政生态学是"自然以及人类文化环境与公共政策运行之间的相互影响情形"的科学③。他认为研究一个国家的行政,不仅仅要从行政自身的观点去研究行政,更应该研究行政与其它因素的系统关系,包括与其相关的政治制度、意识形态、价值观念、社会背景和经济结构等方面。可以说,马克思主义政治发展观为观察绍兴的这场扩权强镇改革,提供了一个合理的视角。

---

① 马克思认为,"一切社会变迁和政治变革的终极原因,……而应当在生产方式和交换方式的变更中去寻找"。《马克思恩格斯全集》(第19卷),人民出版社1995年版,第201页。

② [美]约翰·M.高斯:《公共行政学的思考》,阿拉巴马大学出版社1958年版,第9页。

③ 引自彭文贤:《行政生态学》,三民书局1988年版,第19页。

一、经济发展是扩权强镇改革的内生动力

一个国家的行政模式基本上是由该国的经济结构所决定、所塑造的。里格斯认为,这种中间社会的"棱柱型"[①]行政一般特征为:社会的经济结构是"集市—有限市场"型。在这种社会里,虽然已有了市场化的"集市",有了以货币为媒介的交换行为,但社会经济并未完全商品化,政治的、社会的、宗教的以及个人地位等因素仍然强烈地影响着经济行为,也就是说过渡社会的经济是一种有限的市场经济[②]。在我国从计划到市场转轨的现实中,固有的行政模式对经济发展存在掣肘。

1. 镇域经济快速发展是绍兴经济的特色

随着市场经济的逐步确立,绍兴经济发展取得了辉煌成就。至 2005 年,绍兴市下属五个县(市)全部入围全国经济竞争力百强县。县域经济的发展离不了镇乡经济的发展。2005 年全国千强镇评选中,绍兴有 32 个建制镇入选,其中,进入全国"百强镇"的有 6 个。可以说,镇域经济的快速发展是绍兴经济的鲜明特色。以 2009 年后来是绍兴 28 个省市中心镇的关键经济发展数据为例在此做一比较分析。

(1)省市级中心镇经济总量增长速度快

根据绍兴市各个中心镇的统计资料汇总,2006 年 28 个中心镇的国内生产总值、财政收入、工业总产值之和分别为 520.49 亿元、43.47 亿元、2121.89 亿元。到 2009 年,以上三项指标的和分别为 738.18 亿元、67.82 亿元、3269.61 亿元。与 2006 年相比,增幅分别为 41.82％、56％、54.09％[③]。

(2)省市级中心镇工业总产值占全市的比重不断攀升

从 2006 年到 2009 年,中心镇经济总量大幅提升的同时,其增速也快于全市平均水平。中心镇工业总产值占全市工业总产值的比重在不断攀升,其经济对全市经济发展的影响也日益突出。与 2006 年相比,2007 年 28 个中心镇工业总产值之和增幅达到 28.95％,高于同期全市工业总产值 25.86％增速的 3 个百分点。2008 年与 2009 年,受到全球经济危机的影响,28 个中心镇工业总产值之和的环比增幅为 12.08％和 6.61％,但同期全市工业总产值的增幅只有 7.11％和

---

① 里格斯借用物理学上的自然光折射现象来描述他的模型理论。在一束光通过棱镜折射的过程中,起点被称为融合的,光线在棱镜内部的振动过程被称为棱柱的,透过棱镜折射后被称之为衍射的。由此,他将人类社会的发展划分为三种基本形态:传统农业社会、现代工业社会和介于这二者之间的过渡社会,并通过比较研究提出了三种相对应的行政模式:与传统农业社会相适应的融合型行政模式、与工业社会相适应的衍射型行政模式和与过渡社会相适应的棱柱型行政模式。

② 丁煌:《西方行政理论概要》,中国人民大学出版社 2005 年版,第 205 页。

③ 绍兴市中心镇相关经济发展数据来自于绍兴市发改委工作总结,下同。

4.72%,中心镇的工业总产值增速仍然高于全市3至4个百分点。与之相应,中心镇工业总产值在全市工业总产值中的比重也在不断攀升。据2007年绍兴市统计年鉴显示,2006年绍兴市工业总产值为5118.99亿元,其中28个中心镇工业总产值之和为2121.89亿元,所占比重为41.45%。截止2009年年底,全市工业总产值为5460.58亿元,其中28个中心镇工业总产值为3269.61亿元,比重达到了59.88%,3年内上升了近20个百分点。中心镇工业总产值的快速提升不仅强化了自身的经济实力,同时为全市经济快速而稳定发展做出了巨大贡献。

(3)省市级中心镇集群化发展特征明显

从2006年到2009年,绍兴市中心镇产业集聚度得到了显著提升,排名前两位的产业产值占中心镇工业总产值的比重由2006年的66.54%提高至2009年的70.71%,店口、杨汛桥、长乐、道墟、大市聚等部分中心镇,排名前两位的产业产值占镇工业总产值的比重更是高达90%以上。可见绍兴市中心镇集群化发展特征日益明显,中心镇产业的竞争力也在不断加强。

从时间跨度上看,2006年到2009年,绍兴已经开始了强镇扩权的先行探索。在此看数据,强镇扩权促进县域经济发展并非颠倒因果,镇域经济发展是有其历史积淀的。强镇扩权后中心镇发展的绩效也是对扩权强镇合理性的一个验证。

2.镇域经济发展对行政管理体制改革提出了内在要求

在经济快速发展的同时,乡镇政府的管理权限与乡镇经济发展已经越来越不相适应,乡镇治理结构与区域发展的矛盾日益突出。

(1)乡镇经济市场化程度提升及经济总量扩张与经济性公共服务供给相协调的需求

随着乡镇经济总量的持续扩大和市场化、国际化程度的不断提升,一批中心镇,如店口、大唐、杨汛桥等在建设规模、基础设施、城镇功能、镇容镇貌、综合经济实力、社会事业等方面有了很大飞跃,初具小城市规模,由此而来,这些乡镇对市场监管、金融、涉外服务等公共需求也不断增长。但是,现实中乡镇一级的工商、税务、环保、质量技术监督、食品药品监督管理等市场监管机构往往因管理权限和编制限制,无法有效地履行市场监管职能。

(2)日益强烈的制度创新需求与制度性公共服务供给相一致的需求

受制于行政层级和权力配置限制,乡镇政府缺乏与经济社会发展相适应的自主性,不利于构建良好的区域发展制度环境。在这样的体制下,土地、电力等对区域经济发展有重要影响的要素指标都实行自上而下的等级化配置,高层级政府凭借行政层级的优势,往往在要素的配置上向中心城市或县城倾斜,使得乡镇的要素配置远远无法满足发展所需。特别是在财政资源配置上,随着财政体制不断调整,财政收入的划分越来越有利于上一级政府,而各种事权却不断下放到基层,导致乡镇政府财政压力日益加大,乡镇政府负债不断加重,直接影响到农村公共服务的供给。

二、社会建设对乡镇功能发展提出了现实需求

社会要素与经济要素、沟通网络、符号系统以及政治架构一起,是影响一国公共行政生态环境要素中的主要要素[1]。里格斯认为,社会要素主要指各类社会组织,包括自然团体和社团两大类。在棱柱型社会中,社团组织逐渐发展壮大。以其视角观察社会发展实际,公共行政必须重视各类社会利益群体的利益表达、实现和维护问题。在行政实践中通常表现为公众公共物品的提供问题,或者说一般表述为社会建设问题。

1. 科学发展观下的乡镇功能重构

深入贯彻落实科学发展观,必须实现经济与社会的协调发展。随着经济的进一步发展,政府必须承担起与之相适应的社会功能。因此,这也构成了扩权强镇的一种现实性。

(1)后农业税时代乡镇治理模式改革的几种取向

后农业税时代,就乡镇政府体制采取何种治理模式,是强化还是弱化,大体存在三种主张。第一种是虚化乡镇政权体制。认为现行"乡政村治"的治理结构随着市场化、现代化和民主化的发展,不适应性愈加明显,主张实行"县政、乡派、村治"[2]。或者乡镇实行分而治之的改革策略,在乡实行乡派,在镇实行自治[3]。第二种是官民合作的"乡政自治"。试图建立国家与社会、官与民之间合作的乡村组织。主要思路是及时开放乡镇党政机关职位的社会性竞争选举,重新配置乡镇权力,拓宽公民参政渠道,使国家和乡村民间社会在乡镇治理中积极有效合作[4]。第三种是撤销乡镇政权。认为乡镇政府应当被撤销,建立村级自治组织。健全和强化县级职能部门的派出机构,建立村级自治组织,给民间组织平等的法人权利等,最终实行乡镇自治。

(2)乡镇功能重构是乡镇治理模式的选择依据

上述对于乡镇治理模式选择的观点,偏于对传统乡镇功能的静态批判。时代在发展,乡镇功能也在发生动态变化。乡镇承担怎样的经济社会功能是乡镇

---

① 丁煌:《西方行政学理论概要》,中国人民大学出版社 2005 年版,第 203 页。
② 徐勇:《县政、乡派、村治:乡村治理的结构性转化》,《江苏社会科学》,2002 年第 2 期。
③ 徐勇:《强村、精乡、简县:乡村治理结构改革的走向》,《战略与管理》,2003 年第 4 期。
④ 吴理财:《政府间的分权与治理》,《马克思主义与现实》,2003 年第 3 期。

地位和改革取向选择的依据。后农业税时代,乡镇作为国家政权对乡村资源的集中功能已经弱化,但是在科学发展观和建设和谐社会的要求下,依然有着自己重要的功能。这些功能集中体现在以下几个方面。一是促进经济发展。社会主义市场经济的发展,要发挥市场对资源的基础性配置作用。但是市场本身亦有其缺陷。对这些缺陷的克服,需要政府发挥作用。经济发展之初,市场的自发秩序是原生的动力,但是在经济发展到一定阶段,市场本身存在的不合理因素以及对社会协调发展造成的影响,都需要政府和市场乃至社会三方面的密切配合,才能实现经济社会的协调发展。二是加强社会管理。市场经济的发展对社会的利益分配、价值重构产生了巨大的冲击。利益多元化、社会冲突显性化等社会矛盾突显,这些问题靠市场本身是不能解决的。因此,后农业税时代的乡镇依然具备与时代共进的独特功能。加强乡镇建设,在管理体制上进行深度改革,是时代的需求。三是完善城乡一体化的关键节点。农村和城市相比,在发展机会和公共服务上存在差距,而大规模的人口流动全部进入大中城市,在资源上受到极大束缚,这也是众多城市病的本质根源。城乡一体化不是城乡一样化,那么必须在结构上有新的改善。乡镇发展能改变城乡二元背离结构,在城乡间找到一个链接,呈现逐次推进的协调发展局面。择优发展中心镇,培育乡村发展,改善乡村基本公共服务,是新时期乡镇功能发展的重点。

2. 强镇在社会建设中的关键地位

绍兴市的扩权强镇工作是在中心镇建设的基础上开展的。到目前为止,就绍兴实际看,扩权强镇也主要体现在这些中心镇之列。从整个浙江省的中心镇建设来看,中心镇在社会建设中处于关键的位置。

(1)中心镇对于城乡统筹发展的特殊地位

中心镇在村镇体系中处于中心地位,比一般建制镇和乡集镇的聚集功能相对较强,辐射范围相对较广,其组成包括县城镇和部分发展程度较高的建制镇[①]。统筹城乡发展,中心镇建设处于关键地位。总体而言,中心镇功能主要是集聚功能、集散功能、接纳功能、辐射功能和吸引功能[②]。加快中心镇建设是实施城乡统筹的有效路径。首先,中心镇建设能有效地克服农民收入徘徊和停滞的局面,拉动农村居民的消费需求和投资需求,成为启动中国农村市场乃至整个国内市场、解决需求严重不足问题的“切入点”。其次,中心镇建设为农村剩余劳动力转移提供了广阔的空间,缓解了农村人口压力与土地承载力之间的矛盾,成为吸纳农村剩余劳动力的“蓄水池”。再次,中心镇建设推动着乡村工业的集聚

---

① 张之峰、张永良、杨宏祥:《论中心镇的功能与发展》,《安徽农业科技》,2005年第8期。
② 张之峰、张永良、杨宏祥:《论中心镇的功能与发展》,《安徽农业科技》,2005年第8期。

发展和结构升级,成为转变农村经济增长方式、推动乡镇企业向集约化发展的"突破口"。最后,农村城镇化拓展了农业产前产后发展的空间,为孕育和培植大批龙头企业和农副产品交易市场创造了条件,成为农业产业化向深层次发展的载体。

(2)中心镇在公共服务提供中的关键地位

中心镇建设将极大地改善乡镇基本公共服务的提供。中心镇建设有四项主要任务,其中两项直接指向基本公共服务。一是加快社会事业发展。加快社会事业发展是"推进中心镇培育工程"的重点内容。建设和完善"一校(高标准的普通高中或职业高中)、二院(中心卫生院、综合性敬老院)、三中心(文化中心、科普中心、体育中心)"等设施,有效解决农村社会事业资源短缺等问题。二是加快基础设施建设。加快基础设施建设是推进"中心镇培育工程"的基本保障。建设与中心镇经济社会发展相适应的基础设施,建设和完善"一路(高标准的进镇道路)、二厂(自来水厂和污水处理厂)、三网(自来水供水网、垃圾收集与处理转运网、通村公交网)"等设施,加快基础设施向农村延伸。中心镇在公共服务提供上的另外一个重要体现的是,满足了外来人口的涌入与社会性公共服务供给相匹配的需求。随着乡镇经济的快速发展,外来务工人员的不断增加,许多经济强镇的外来人口规模已经远远超过了本地人口,使得经济强镇的社会管理事务大幅增加,各种社会矛盾不断增多并日趋复杂。由于乡镇机构编制基本上是按常住人口规模标准配置,与其实际人口和社会事务管理规模明显不相适应,导致乡镇政府履行社会管理职能面临越来越繁重的任务和巨大的压力。可以说,按旧有乡镇规模配备的编制数已经无法适应经济强镇日益繁重的公共服务和社会管理需要。许多部门特别是司法、公安、民政、劳动保障等社会管理部门人手不足的矛盾十分突出。这些问题的改善,既是绍兴扩权强镇的希望,也是扩权强镇的现实需求。

三、强县扩权为扩权强镇提供了制度创新示范

里格斯认为融合型行政模式是一个大杂烩,行政效率极端低下,而衍射型行政模式下,行政职能专门化,行政机构分工细化,追求行政的效率与科学性。而棱柱型行政模式则兼具二者特点。在棱柱型行政模式下行政行为从其他社会行为中分化出来而不彻底,设立了专业行政机构而功能有限,行政效率低下[1]。比照这三种划分方式,中国当前公共行政应该属于棱柱型。

---

[1]　李金:《里格斯行政生态学与当代中国行政管理分析》,《台声(新视角)》,2005 年第 10 期。

　　1. 浙江省四轮"强县扩权"简析

　　棱柱型公共行政模式下,受到各种传统因素影响,行政行为分化而不彻底,专业行政机构功能有限,体现在(地)市与县之间的公共行政关系上存在诸多矛盾,或正体现出一种中国行政管理的重叠性[①]。为此,从1992年开始,浙江先后四次实施了经济强县扩权改革。

　　(1)四轮"强县扩权"概况

　　第一轮是1992年,扩大13个县(市)部分经济管理权限。浙江省政府出台《关于扩大13个县市部分经济管理权限的通知》(浙政发[1992]169号),对萧山、余杭、鄞县等13个县(市)扩大基本建设和技术改造、外商投资等项目审批权。第二轮是1997年,试行萧山、余杭两市享受地级市部分经济管理权限。浙江省政府批复萧山、余杭两市试行享受地级市部分经济管理权限(浙政发[1997]53号),扩大了项目审批、计划和土地管理等11方面的权限。同年又以浙政办发[1997]179号形式,扩大了两市因公出国(境)任务审批管理权限。第三轮是2002年,扩大17+3个经济强县(市、区)管理权限。浙江省委、省政府出台了《关于扩大部分县(市)经济管理权限的通知》(浙委办[2002]40号),对绍兴、温岭、慈溪等17个县(市)和萧山、余杭、鄞州3个区扩大了12个方面313项经济社会管理权限。第四轮是2006年,在义乌市开展减少层级的扁平化行政管理体制改革试点。浙江省委、省政府出台了《关于开展扩大义乌市经济社会管理权限改革试点工作的若干意见》(浙委办[2006]114号),原则上将除规划管理、重要资源配置、重大社会事务管理等事项外,赋予义乌市与设区市同等的经济社会管理权限。在全国率先开展减少层级、探索扁平化行政管理体制的改革试点,共扩大了603项经济社会管理权限。

　　(2)"强县扩权"的改革指向

　　改革源于固有行政模式的效率低下。首先是管理层级过多的效率损耗。从1982年推行市管县体制以后,我国政府层级已经达到五级。政府层级过多,导致审批环节多,造成效率损耗的"过程成本"高,譬如信息传递的"中转"、计划指标分配环节增多、检查考核重复等。其次是县级管理权限与经济社会发展不相适应。譬如外向型经济快速发展的现实、社会建设不断发展的需求与县级相关许可和建设权限的缺位矛盾等,又譬如因为缺少相关权限县级政府不能为人民群众提供方便高效的服务等。再次是条块之间的矛盾。主要体现在垂直管理部门的权限上收,垂直工作部门与地方党委政府之间难以协调的矛盾。

---

　　① 李金:《里格斯行政生态学与当代中国行政管理分析》,《台声(新视角)》,2005年第10期。

2. 强县扩权为扩权强镇提供了示范效应

随着强县扩权的推进,在全国百强县中,浙江省十有其三。强县在扩权以后的又好又快发展很好地诠释了强县扩权政策的合理性,也为绍兴推行扩权强镇提供了示范效应。而这种制度示范能否借鉴,必须回答它的可能性和必要性。

(1)系统衍生特征决定了可能性

系统论认为,大系统包含众多的子系统。大系统的某些特质在子系统中有着相同质的体现或反映。这是系统的衍生性特征。从这个角度看,在相同的行政环境背景和行政架构下,(地)市与县之间在公共行政关系上的矛盾,在县(市)与乡镇之间会有相同或相似的存在。环顾乡镇发展实际,其所有的权限与经济社会发展需求存在更为深刻的矛盾,突出表现在财权与事权的不均衡和条块之间的矛盾。乡镇是一级政权,但没有一级财政,和县(市)之间的财政管理体制实行包干体制。在包干体制下,乡镇财政收入范围有限。而在传统压力体制下,乡镇各项政策配套资金开支也大。这就是财权与事权不均衡在乡镇体现的一般性特征。在这种情况下,镇乡发展和提供公共物品的能力较差,甚至出现债务[①]。条块之间的矛盾主要体现在县(市)级部门在乡镇的派出机构同乡镇党委政府之间的关系协调上。在部门立法的范式下,部门政策有部门本位倾向。乡镇对区域范围内经济社会发展全权负责,但实际上不具备综合协调之权力,在实践中容易出现有利相争、无利推诿的现象。同时,就构建服务型政府来看,乡镇同样存在着对高效便民的行政价值追求。而乡镇在相关权限上的缺位必然导致服务人民群众成本的提高和效率损失。

(2)行政效能价值决定了必要性

棱柱型行政模式效率低下,而行政效能是公共行政的首要追求。实施强县扩权,是大胆探索行政管理体制改革的积极实践。强县扩权是为了实现政府职能向创造良好发展环境、提供优质服务的根本转变,实现行政运行机制向规范有序、公开透明、便民高效的根本转变,以有利于政府层级之间关系的理顺和协调,有利于行政组织结构向扁平化方向发展,有利于促进服务型政府构建。而这些对行政效能的价值追求,在乡镇层面上则有完全相同的要求。因此,扩权强镇借鉴强县扩权的经验成为必要。换句话说,强县扩权为扩权强镇提供了示范效应,更提供了一种制度基础。

正是基于这些需求,绍兴市委、市政府在深入研究的基础上,为化解乡镇经济社会发展瓶颈,促进乡镇乃至绍兴市经济社会的进一步发展,决定积极采取措

---

① 据学者研究,本世纪初,我国乡村两级债务规模已达到3259亿元。参看焦国华:《分税制:问题与对策》,《经济体制改革》,2003年第6期。

施推进扩权强镇变革。

第二节　制度供给与创新实质

康芒斯把制度解释为"集体行动控制个体行动"①。而新制度经济学的代表人物诺斯给出的定义是:"制度提供框架,人类得以在里面相互影响……制度是一整套规则、应遵循的要求和合乎伦理道德的行为规范,用以约束个人的行为"②。诺斯认为,制度是社会的"游戏规则",是决定人们的相互关系而人为设定的一些制约,它构成了人们在政治、社会或经济方面发生交换的激励结构,通过向人们提供日常生活的结构来减少不确定性。在《西方世界的兴起》一书中,诺斯指出,"有效率的组织需要在制度上作出安排和确立所有权以便造成一种刺激,将个人的经济努力变成私人收益率接近社会收益率的活动。"③制度提供了一种集体行动的规则。而有效的制度安排对经济社会发展是必不可少的。制度的功能体现为约束机制、信息机制和激励机制④。扩权强镇为县(市)与镇公共行政关系的协调提供了一种新的制度安排。

一、制度供给:政府间博弈的均衡解

新制度经济学家承认,制度创新的终极动力来自于追求个人利益最大化,即一项制度安排的预期净收益超过预期成本时就会被创新。制度经济学理论认为,政府也是"经济人",也在追求自身利益最大化,从而在不同层级和不同政府部门之间充满了利益博弈。最终制度的形成,必定是一种各方博弈的均衡解。

1. 从"强镇扩权"到"扩权强镇"

绍兴市的"扩权强镇"创新是建立在"强镇扩权"基础上的。从制度变迁的角度看,现存制度安排是制度创新的初始状态,或者说是一个前提条件。如果现存制度内在的发展方向与所要实现的制度创新方向是一致的,那么现存制度发展的惯性就会进一步地推动和促进制度供给和制度创新。反之,就会阻碍和延缓新制度的供给。从"强镇扩权"到"扩权强镇"正反映了制度变迁的这一特点。

---

① [美]康芒斯著,于树生译:《制度经济学》(上册),商务印书馆1983年版,第87页。
② [美]道格拉斯·C.诺斯:《经济史中的结构与变迁》,上海三联书店、上海人民出版社1994中译本,第225—226页。
③ [美]道格拉斯·C.诺斯、罗伯斯·托马斯:《西方世界的兴起》,华夏出版社1999年版,第192页。
④ 鲁鹏:《制度与发展关系论纲》,《中国社会科学》,2002年第3期。

（1）绍兴市的"强镇扩权"

早在 2005 年 8 月，在全国各地对乡镇机构进行精简、压缩、撤并时期，绍兴县为解决乡镇经济发展中遇到的"责权不一"问题，本着"统一管理、乡镇运作、部门指导"的原则，开始进行县级政府向乡镇下放（委托）执法权试点。采用委托执法方式，把环保、安监、劳动和社会保障、林业等执法部门的检查、监督权及部分审批、处罚权委托给专门成立的镇综合执法所，其中涉及审批及处罚的事项，盖章权在县主管职能部门。经过一年的实践，绍兴县放权乡镇的做法取得了良好的成效。2007 年，浙江省政府为深入实施"中心镇培育工程"，加快推进社会主义新农村建设，出台了《关于加快推进中心镇培育工程的若干意见》（浙政发[2007]13 号）。同年，绍兴市委、市政府按照省委、省政府关于推进中心镇培育发展的重要战略部署，颁发了《关于积极培育中心镇的若干指导意见》，确定了12 个省级、16 个市级中心镇为重点培育乡镇。根据这一文件，各县（市、区）都出台了符合当地实际的中心镇扩权政策文件。经过近些年的酝酿、试点和分批推进，到 2008 年，绍兴市已经具备全面实施扩权强镇改革的现实条件，各中心镇也有能力承接下放的事权。

（2）绍兴市的"扩权强镇"

2008 年，绍兴市委、市政府在总结绍兴各地放权改革经验的基础上，明确了未来扩权强镇改革的总体要求，提出"减放并举、能放就放、权责一致、提高效能"的总体要求，强调扩权强镇工作应以扩大中心镇政府经济社会管理权限为核心，通过赋予中心镇在经济社会发展和城镇建设管理等方面的县级管理权限，进一步调整和规范县（市、区）、中心镇两级政府的事权关系，积极探索政府职能转变的有效途径，围绕创新管理方式，提升服务水平，着力提高中心镇政府对区域经济社会发展的统筹、自主决策和公共服务能力，为中心镇政府全面履行职能提供制度保障。与此同时，绍兴市委、市政府还明确了向一般乡镇扩权的原则，即按照"确需、合理、条件具备"的原则，尽可能将经济社会管理权限下放给一般乡镇。2009 年，绍兴市委颁发了《关于积极推进扩权强镇工作的若干指导意见》（绍委发[2009]56 号）（以下简称《指导意见》）。在该文件中，不仅强调了中心镇扩权工作的总体要求、进一步明确了中心镇的扩权事项，还就一般乡镇的扩权进行了部署。至此，绍兴市扩权强镇工作全面展开。

可以说，扩权强镇是对强镇扩权的超越。强镇扩权的动因是经济社会发展的实践对行政管理体制改革提出了现实的要求，而强镇扩权则寄希望于通过行政管理体制改革实现乡镇经济社会的更好更快发展。

2. 政府间博弈的均衡解

制度变迁的终极动力是个体追求自身利益最大化，它必将充满反复博弈。

而最终的制度创新,则是一种博弈的均衡解。

(1)扩权过程的"囚徒困境"

1950年,数学家塔克提出了一个博弈论的经典案例——"囚徒困境"。假设有两个小偷A和B联合犯事,私入民宅被警察抓住。警方将两人分别置于不同的两个房间内进行审讯,对每一个犯罪嫌疑人,警方给出的政策是:如果一个犯罪嫌疑人坦白了罪行,交出了赃物,于是证据确凿,两人都被判有罪。如果另一个犯罪嫌疑人也作了坦白,则两人各被判刑8年;如果另一个犯罪嫌疑人没有坦白而是抵赖,则以妨碍公务罪(因已有证据表明其有罪)再加刑2年,而坦白者有功被减刑8年,立即释放。如果两人都抵赖,则警方因证据不足不能判两人的偷窃罪,但可以私入民宅的罪名将两人各判入狱1年。图2-1给出了这个博弈的支付矩阵。基于"经济人"假设,二者的策略选择最后必将是双方都坦白,既不利己也不利他。而在乡镇扩权过程中,县(市)部门与乡镇在权力关系上同样存在类似博弈。见图2-2。

A ＼ B	坦白	抵赖
坦白	−8,−8	0,−10
抵赖	−10,0	−1,−1

图2-1

		县(市)部门	
		协同合作	权力竞争
乡镇	协同合作	100,100	−200,200
	权力竞争	200,−200	−100,−100

图2-2

(2)权力博弈的均衡解

如图所示,县(市)部门和乡镇之间的权力博弈在原有行政架构下单次博弈的结果必然是(−100,−100)策略。而反复博弈存在时空上的局限,所以要想获得正解,必须有外部因素注入。而在强镇扩权的实践中,这种博弈策略选择已经体现为部门"想(可)给的权力"和乡镇"想要的权力"不能很好对接。在这种情况下,为使扩权强镇在强镇扩权基础上有所突破,绍兴市委、市政府选择了上面定指导框架、下面定实施细则、权责统一等做法。上面定指导框架是指绍兴市委、市政府在总结兰亭、店口等镇试点经验、巩固试点成效的基础上,组织人员深入相关职能部门及乡镇积极开展调研与意见征求工作,按照"重心下移、能放则放"的思想,出台了《指导意见》,明确下放经济社会管理事项目录(共涉及15个方面、72项事项),借助召开专题会议、组织培训、督查考评等手段,指导各县(市、区)在遵循扩权强镇总体要求的前提下,结合当地实际,依照相关原则,制定实施细则。对于法律、法规、规章和国务院、省政府明确规定应由上级行政主管部门行使的行政管理事项,指导各县(市、区)政府积极探索"依法、高效"的体制,通过下设机构、下移事权的形式,推进扩权强镇,提高服务效能。下面定实施细则是指依据市委、市政府确立的扩权强镇总体要求,结合《指导意见》,各县(市、区)立足自身实际,制定扩权强镇实施细则。而权责统一则注重有权必有责、用权受监督、滥用要追究,同时处理好扩权与服务、扩权与指导、扩权与责任之间的关系。

二、创新实质:服务型政府构建的新路径

政府职能转变是现代化进程中的一个世界性的潮流。对于转型国家来说,是要实现从传统农业社会向现代工业社会的政府职能转变,对现代化程度高的国家来说,是要实现从现代社会向后现代社会的政府职能转变。而对于有的转型国家来说,其间还有一个复杂的态势,即兼容了传统到现代、现代向后现代的转变。但无论处在一个什么样的时期,政府职能的转变都面向一个从国家和社会、政府和公民的一元从属结构向国家和社会、政府和公民的二元分立结构的转变。在不断的探索和西方新的管理理论的影响下,我国把政府的职能定位为服务型政府下的"经济调节,市场监管,社会管理和公共服务"。而怎样实现这样一个转变,学者们的论述见仁见智,纷繁不一。

1. 服务型政府构建路径的分析视角

我国学界通常用"模式"一词来分类政府职能合理化的路径,期待通过对这些模式的比较,更好地开发我国政府职能转变的动力。现有的对服务型政府构建的路径研究大体呈现出以下三种模式。

(1)权力重组模式

首先是放权模式。放权模式走的是一条市场化路径。在凯恩斯主义影响下,政府干预经济活动加剧,乃至于"行政国家"(the Administrative State)[1]出现。以英国民营化为先导,西方世界开始了向市场放权的潮流。针对选民期盼更少的付出和更好的服务的要求,David Osborne 和 Ted Gaebler 在其著作中提出政府应该作为催化剂和杠杆催动私有部门去解决问题,政府应该掌舵而非划桨[2]。从国内来看,在一片对"三位"(越位、缺位、错位)现象的声讨中,要求政府投资退出竞争性经济领域。但迄今为止,仍然没有找到更好的国有企业改革之路。其次是还权模式。还权模式的要义在于国家和社会、政府和公民的良好合作,是国家权力向社会的回归,是一个还政于民的过程。在市场失灵和政府失灵的争论中,人们越来越注重另外一个领域——公民社会和第三部门。还权模式

　① Waldo, Dwight. *The Administrative State: A Study of the Political Theory of American Public Administration*. New York: The Ronald Press. 1948.

　② David Osborne and Ted Gaebler. *Reinventing Government: How the Entrepreneurial Spirit Is Transforming the Public Sector*, published by Addison Wesley Publishing Company in February. 1992.

认为"第三部门"存在的原因有:非营利组织使个人群体将他们的资源集中以解决他们共同需求的但又无法使大多数人都支持的公共物品,这样就弥补了政府在解决市场缺陷时的不足;同时,作为公共物品提供者的政府机制有内在局限性[①]。我国学者认为,公民社会组织广泛参与到发展项目之中,可以极大地弥补国家能力的不足,并促进以官民合作为特征的治理和善治[②]。再次是限权模式。限权模式是指通过政府内部横向上的制约,限制行政权力的无限扩张干预经济社会的趋势,规范政府行为的运作,推动政府职能转变的模式。这种模式关心的是政府"经济人"的角色。在布坎南看来,政府是对投票人——纳税人——受益人对它提出的要求的被动反应者,政客和政党在选民中竞争的宪法安排,不足以保证政府的利维坦嗜好总是受到约束。可以考虑对征税和开支的权力施以直接的宪法约束,比如可以把平衡预算视为对现代政府的财政权力进行更全面的宪法约束的第一步[③]。又次是分权模式。分权模式是指通过在政府垂直结构上的行政决策权力和责任的下移,充分发挥下级政府在经济和社会发展中的作用,达到减少行政层级,收缩政府规模,改善公共服务的交付,促进政府职能转变的模式。西方强调下级层次政府在提供公共服务中的优势的代表人物还有蒂博特(Tiebout)、奥兹(Oates)、特里希(Richard W. Tresch)、施蒂格勒(Stigler)。国内学界关于政府层级之间的关系论述较多,鉴于 1994 年分税制后出现的一些问题,以及 2002 年国际社会科学杂志译介了罗纳德·瓦茨等人的关于财政联邦主义的文献的推动,很多学者从财政关系上开始论述加强地方政府在治理中的作用。其中有代表性的有"一级政权,一级事权,一级财权,一级税基,一级预算,一级产权,一级举债权"[④]的观点,强调地方政府在经济和社会发展中的自主性。

(2)技术创新模式

所谓技术创新模式,是指为了改善政府公共服务的提供,结合当代新兴技术,在政府运行机制上所做的制度设计。目前,以技术创新来推动政府职能转变的模式主要体现在绩效评估体系建设和电子政务两个方面。公共部门绩效评估作为一种从技术层面改善公共行政、推动政府绩效的工具,具有重要的意义[⑤]。世界贸易组织对政府信息公开的要求,推动了中国电子政务的发展进程。对网络信息技术的运用,电子政务以及伴随的信息公开、政务公开,为政府提升公众服务能力提供了有力的手段,改变了政府和公众、企业的信息不对称状态,创设

---

① [美]莱斯特·赛拉蒙:《非营利领域及其存在的原因》,载李亚平、于海编:《第三领域的兴起》,复旦大学出版社 1998 年版。

② 何增科:《公民社会与第三部门研究引论》,《马克思主义研究》,2000 年第 1 期。

③ [澳]布伦南、[美]布坎南:《宪政经济学》,冯克利等译,中国社会科学出版社 2004 年版。

④ 贾康、白景明:《完善财政体制寻求基层财政解困治本之策》,《现代财经》,2002 年第 1 期。

⑤ 郭济:《绩效政府——理论与实践创新》,清华大学出版社 2005 年版,第Ⅺ~Ⅻ页。

了一个提供服务不受时间和空间限制的虚拟政府。同时,它为组织结构的改革也提供了动力。

(3)生态协同模式

所谓生态协同模式,是指把政府职能的转变放到中国行政管理体制改革这个大框架下,强调"结构—功能"的协同发展,以更好地推动政府职能的转变。如前文所述,中国的政府职能转变是以机构改革为依托提出的,并成为中国行政管理体制改革新的着力点。然而有许多学者也从行政体制改革的内外部结合来探讨结构和功能的合理化。在结构—功能的关系上,结构是基础,特定的结构必然具有特定的功能,而特定的功能也必然需要特定的结构。行政结构的合理化即政府机构改革的实质是行政权力主体的合理分化、增减和重组,主要是行政体制形式上的变革;行政功能的合理化即政府职能转变的实质是行政权力作用的空间、领域和形式的合理变化,是行政体制的内在变革。如果单纯在机构规模和责权的大小上做文章,而不去改变政府对于经济社会的功能范围;或者只单纯要求转变政府职能,但不对政府机构进行合理调整和精简,都是不可能取得长期效果的[①]。

2. 扩权强镇是去集权化的服务型政府构建的新路径

现有建构服务型政府的路径解释,无疑都指向了公权力的主体。而正是这种指向,为进一步审视发生在绍兴的"扩权强镇"提供了一种新的解释视角。

(1)权力的三要素与政府职能转变新路径启蒙

政府职能和政府的公权力是外在的形式和实质的关系,政府的一切公共管理的活动是以享有和行使的公共权力为基础的,要转变政府职能,就必须重新界定政府的公共权力。因此,选择政府所享有的公共权力作为分析的出发点是理所当然的。在既有模式的基础上去探索新的路径,需要对权力本身作再一次的解析。霍布斯认为权力是行动者与行动对象之间的因果关系[②],马克斯·韦伯认为权力是"在社会交往中的一个行为者把自己的意志强加在其他行为者之上的可能性"[③]。拉斯韦尔和卡普兰认为,"权力是施加影响的特例:这是借助制裁背离拟行政策的行为来影响他人决策的过程"[④]。从这些对权力的理解可以看出,无论怎样对权力定义,大体都会包含三个要素:权力主体、权力客体和作用方式。

公共管理是管理机关依法对社会公共事务进行管理,以保障和增进社会公

---

① 胡伟等:《论政治——中国发展的政治学思考》,江西人民出版社 1996 年版。
② 《布莱克维尔政治学百科全书》,中国政法大学出版社 1992 年版,第 595 页。
③ 《布莱克维尔政治学百科全书》,中国政法大学出版社 1992 年版,第 595 页。
④ [美]R. 达尔:《现代政治分析》,上海译文出版社 1987 年版。

共利益公平分配的职能活动。公共管理和公共行政的一个主要区别是在管理主体上的不同。公共行政的管理主体就是政府，而公共管理则强调发挥公民社会和第三部门的作用。公民社会和第三部门也可以成为管理的主体。管理的对象是公共的经济、社会和文化事务。而管理的方式，按照建设社会主义法治国家的要求，其主要精神在于依法治国。从现有的研究路径来看，既有涉及对管理主体的分析，也有对管理客体、管理方式的分析。如上文所述，市场化的放权模式、还权模式着重考虑管理客体在走向良好治理中的本身的固有力量；还权模式还认为，公民社会和第三部门也能成为管理的重要主体；而限权模式和技术创新模式，从其意义上说，是力图规范管理主体的运作方式。

从管理主体到权力主体。如果从政府职能的转变和政府所享有的公共权力关系这个角度出发，把管理的主体转换成权力主体，管理的客体转换成权力的客体，其外延和内涵就会发生变化。政府履行职能所掌握的公共权力，现阶段本质上是一种最广大人民所享有的权利，"公共性"是其最重要的特性，那么代表最广大人民享有这种权力的只能是政府。因此，权力的主体只能是政府。公民社会和第三部门可以成为管理的主体，却不能占有和分享权力。从权力的作用方向上看，市场、公民社会、第三部门都是权力的客体。反观现有的政府职能转变路径的研究，市场化的放权模式强调公民社会、第三部门的还权模式，技术创新的模式，生态协同的模式，是从权力客体本身对政府职能转换的力量、权力的运作方式上来进行探讨的。而限权模式和分权模式则集中于权力主体的研究。对于权力主体的研究主要体现在政府间关系的研究。限权模式和分权模式都是研究政府之间的关系，区别在于限权模式是对行政、立法、司法三者的划分作横向上的研究，分权是对政府结构作纵向上的分析。有学者认为："从广义上讲，国内政府间关系主要体现为：立法关系、行政关系和司法关系。……这里的'政府'是狭义的政府"①，并同时认为，纵向的国内政府间关系"是国内政府间关系的中轴"②。因此，构建服务型政府的新路径，遵循权力的内在逻辑，必然指向的是政府层级之间的关系再调整。而这正和绍兴的"扩权强镇"形成了一种耦合。

（2）去集权化：一个词的理解及"扩权强镇"的定位

对于"分权"这个概念，仅仅把它理解为"集权"的对称是不够的，而在其对于指导现在的权力主体在纵向上的关系，甚至是有误的。"分权"这个词在英文中和它相对的是"decentralization"。decentralization 这个词语③，把它翻译成"分散、分权"，但是《大不列颠百科全书》并没有收录"分权"这个词条。从构词法上

----

① 林尚立：《国内政府间关系》，浙江人民出版社 1998 年版，第 14 页。
② 林尚立：《国内政府间关系》，浙江人民出版社 1998 年版，第 3 页。
③ 《牛津现代高级英汉双解词典》，山西人民出版社 1989 年版，第 388 页。

看,decentralization 是由前缀"de"加词根"centraliaze"和后缀"ation"组成的。前缀"de"在英语中是"减少、排除、降低"的意思,因此对 decentralization 的翻译,不应该简单地翻译成为"分权"。

从西方学者的研究文献来看,decentralization 的中文意思也不应该是"分权"所能概括的。Prud'homme [1]力图给 decentralization 一个明确的操作意义上的理解,"decentralization 是一个含糊的概念,它的边界没有得到很好的界定;或许这种含糊性归结于 decentralization 这个词语概念上的诉求。"空间上的分权,大体被定义为在地理概念上分散城市人口以及行动的聚块;而市场的分权或者说经济的分权则被理解成,为产品和服务由市场机制提供而不是由政府决策创造条件的过程;行政的分权被定义为计划和管理责任的转移,倡导资源的配置由中央政府转移到次级单位或次级政府,半自治公共权威机构或非政府组织,或者志愿性组织等等。Rondinelli [2]认为分权甚至可以被理解为暗示着排除官僚制的概念,这意味着决策是由大量的特殊利益集团参加的政治过程,而不是排他地、先验地由既有法律、行政法规和制度来制定。Bennet [3]认为分权在市场和政府的术语中都表示是抓住在各个层面上改革的机会。20 世纪前期,强调公共部门在决策中的责任,尤其是前十年,在国家体系内扩大中央集权是一个总的趋势。但是在 50 年代后,主要是在和地方政府的关系处理上,联邦中央在政府总支出中的比例开始下降。然而,较高级层次的政府对较低级层次政府的保证(grants)和补助金架构又使得这一局势复杂化[4]。因此,decentralization 这个词语不等同于"分权"。它不仅仅是一个把决策、管理的责任由上级向下级政府转移的过程,还包括了向市场、社会转移的一个过程。decentralization 是一个宽泛的概念。decentralization 的目的是要通过各种更加有效的途径满足公众的需要。那么在用 decentralization 这个词语来描述建构服务型政府的过程中处理政府层级之间关系的一个理论指向的时候,也不能用简单的"分权"来概括,更贴切的应该是"去集权化"。"去集权化"和"分权"的区别在于,分权仅仅把"分权"理解为政府层级之间的关系,而"去集权化"则把"分权"理解为包含了政府层级、政府和市场、政府和社会之间的关系;在权力主体——政府意义上的分权意味着

---

[1]　Prud'homme, R. *"On the Dangers of Decentralization"*. Policy Research, Working Paper 1252, World Bank, Wash, DC,1994.

[2]　Rondinelli, D. A. , J. R. Nellis and G. S. Cheema. *"Decentralization in Developing Countries: A review of Recent Experience"*. World Bank Staff Working Papers No. 581, Management and Development Series No. 8, The World Bank, Wash. DC,1983.

[3]　Bennett, R. (ed.). *Local Government and Market Decentralization: Experiences in Industrialized , Developing , and Former Eastern Bloc Countries*. United Nations University Press. Tokyo,1994.

[4]　Olson, M. Jr. *"Strategic Theory and its Applications. The Principle of Fiscal Equivalence: The Division of Responsibilities among different levels of Government"*. American Economic Association 59 Supp May,1969.

减少上级政府的权力,扩大下级政府的权力,而"去集权化"则是改变传统的高度集权,各层级政府各自承担起自己的责任,规范相互的关系。

反观"扩权强镇"对政府层级之间权力关系的处理,一则指向的是行政管理体制的改革,要改变既有的传统行政模式,二则非常注重权责统一,强调有权必有责、用权受监督、滥用要追究,同时处理好扩权与服务、扩权与指导、扩权与责任之间的关系。扩权是手段,强镇是目标。而强镇是为了中心镇政府公共服务职能的更好实现。与之相对,为了更好地实现中心镇公共服务职能,绍兴市创造性地采取了"扩权"的路径,重新调理政府层级的权力关系。而在这个过程中要达到的是各自担责、规范行政。可以概括地说,"扩权强镇"是"去集权化"的改革,选择权力主体之间的协调,走出了服务型政府构建的新路径。

第三节　扩权强镇的方略选择

制度变迁有其自身的惯性。制度本身有其激励机制的功能,制度相关者会根据制度安排采取使自身利益最大化的行动。同时新制度带来的收益会给制度相关者以创新激励,推动制度的进一步创新,以期获得进一步的收益。"扩权强镇"的收益可以从已经扩权的强镇发展实践中得到绩效验证,这也激励着当政者对扩权强镇更高战略目标的渴求。面向"十二五"时期,绍兴市委、市政府做出了扩权强镇、加快培育中小城市、构建绍兴新型城市化发展道路的新的战略部署。

一、择优发展中小城市:绍兴市扩权强镇的战略定位

中央从十六大开始就提出"走中国特色的城镇化道路"。自此以后,对中国特色的城镇化道路实践探索,从意义到路径不断被丰富。而在十七大提出城乡一体化的新课题后,无论是理论还是实践,城镇化都突显出新的重要性。

1. 发展中小城镇是城乡一体化的路径选择

众所周知,城乡一体化是基于中国城乡二元结构发展的现实提出来的。城乡一体化的目标必然指向城乡经济、社会的融合,从农村的欠发展来说,最终要实现农村现代化。

（1）城镇是农村现代化的基地

早在 1979 年,十一届四中全会就提出了加强小城镇建设的问题。此后党和国家领导人指出要"使我国上万个小城镇……建设成为农村政治、经济、文化的

中心场所。"①我国著名学者费孝通也提出了:"如果我们国家只有大城市、中城市没有小城镇,农村里的政治中心、经济中心、文化中心就没有腿。"②可见,发展城镇的动因就是农村现代化。这里的城镇主要指县级城关所在地、建制镇和集镇等。这些城镇与农村有着天然的联系,它们比大中城市更能直接地辐射农村的经济发展与社会公共需求。它们的发展势必涉及农村经济、政治、文化等各个方面,是改变农村面貌的基地。

(2)城乡结构的改善是城乡一体化的内在要求

城乡一体化要实现城乡资源高效地综合利用、生产要素的自由流动、公共资源的均衡配置、城乡经济社会发展的融合③。从这四个方面的内容看,城乡一体化是有差异的一体化,追求的是城乡的均衡发展与融合,而不是同一化。城乡一体化,是在尊重发展差异的基础上,将城乡作为一个整体统筹规划、综合布局,促进城乡生产发展有机互补、生活水平大体相当、现代文明广泛扩展,使城乡居民共享现代文明生活方式,促进城乡经济社会共同发展的过程④。"一体化"的"体",核心是造就城乡要素自由流动、人口自由迁徙、劳动力自由择业的社会主义市场经济体制,城乡一体化不是城乡一样化⑤。经济的快速发展带来的经济结构的深刻变化,最终要体现在城乡结构和空间结构的变化上,并将促进经济活动和生产要素向城市和城镇化区域集中⑥。从城乡一体化的内在要求和经济发展的趋势看,城乡结构的转变是城乡一体化的必然要求。城乡结构的转变,是在城与乡之间找到一个链接,改变城乡二元对立的局面,实现均衡协调发展。这个链接必然指向的是城镇发展。

(3)人口转移的现实需要大力建设中小城镇

从经济发展与社会结构两个层面看,农村现代化包括农业现代化、农村工业化和农村城镇化等三个方面。农业现代化是传统农业向现代农业转化的过程,是走向科技、品牌、市场、产业的农业。与现代农业的发展相伴随的是大量农业就业人口的转移。受中国地区发展、城乡发展不平衡的现实影响,农业就业人口的转移形成超大规模的流动人口。据统计,这些人口的规模在 2008 年有 2.25 亿人,其中,本乡镇以外就业的外出农民工数量为 1.4 亿人,占 62.2%;本乡镇

① 《胡耀邦在省、市、自治区思想政治工作座谈会上的讲话》,《人民日报》,1980 年 11 月 23 日第 1 版。
② 费孝通:《小城镇 大问题》,《江海学刊》,1984 年第 1 期。
③ 赵祥毅:《城乡关系的战略转与新时期城乡一体化规划探讨》,《区域与城市经济》,2010 年第 4 期。
④ 吴晓林:《城乡一体化建设的两个误区及其政策建议》,《调研世界》,2009 年第 9 期。
⑤ 钱建新:《全面贯彻科学发展观 推动浙江城乡统筹发展——浙江省发改委"统筹城乡发展研讨会"综述》,《浙江经济》,2004 年第 16 期。
⑥ 王一鸣:《中国城镇化进程、挑战与转型》,《中国金融》,2010 年第 4 期。

以内的本地农民数量为 8500 万人,占 37.8%[1]。也就是说,在整个现代化过程中,从农业就业领域中转移的劳动人口在中小城镇就业人数占到整体的 1/3 强,这还不包括在外地中小城镇就业的流动人口。城市化是人的城市化,需要大量人口集聚。从上述的数据看,小城镇是农业领域就业转移人口的重要空间,也凸显了中小城镇建设在城乡一体化中的重要性。另外从中长期看,即使"十二五"时期末将我国的城市化率从目前的约 50% 提高到 60%,每年需要提高 2 个百分点,任务艰巨不说,届时仍有总人口的 40% 约 6 亿人在农村。到 2020 年,如果我国人口达到 15 亿,城市化率如果达到理想的 75%,则仍有 3.75 亿左右的人口在农村,农村城镇发展的地位不可替代。

(4)发展中心镇:在城乡之间找到一个链接

到目前为止,中国特色城镇化道路有五种建议。即从城镇或者城市的规模视角,分为多元道路论、充分发展小城镇论、重点发展大城市论、小城镇依托城市辐射论和择优发展中心城镇论[2]。其中小城镇依托城市辐射论与择优发展中心城镇论已成为当前城镇化道路的主流,并为政府部门所采纳[3]。这表明,城市与城镇的均衡发展,已经备受决策者的重视。同时也可以看出,城镇发展的地位日益彰显。城镇的发展,可以为城乡之间找到一个链接,改变城乡结构,促进了城乡经济社会的均衡和融合。

2.建设中小城市:扩权强镇的战略定位

2010 年,绍兴市颁发了《关于创新中心镇发展方式加快培育中小城市的指导意见》(绍委办[2010]15 号),指出了中心镇培育的目标是中小城市。从城乡结构的改善角度看,囿于发展的现实水平差异,整个城镇体系将呈现多层次、递推式的发展样式。而中小城市与中心镇的发展相比又有其本身的特色。

(1)基于产业集群的中小城市定位

我国有学者定量地分析了基于农村工业化的城镇化和基于产业集群的中小城市发展二者对经济社会发展影响的区别[4],并认为,基于农村工业化的城镇化必将向基于产业集群的中小城市发展。这种转换的根据是,在城市化进程中存在着两种聚集经济类型:地方化经济和城市化经济。在这个进程中,两种经济效应交互影响、相互促进。而城市化经济效应的显著存在可以降低区域内企业的生产成本和交易成本,从而吸引更多的生产要素聚集于城市。城市化经济的培育实质上是强调农村城镇的集约发展。2010 年,绍兴市敏锐地把握了中心镇的

---

① 孙国华:《十二五时期我国城镇化水平探讨》,《宏观经济管理》,2010 年第 5 期。
② 熊吉峰:《我国农村城镇化实现策略研究观点综述》,《经济纵横》,2007 年第 3 期。
③ 熊吉峰:《我国农村城镇化实现策略研究观点综述》,《经济纵横》,2007 年第 3 期。
④ 冯云廷:《从城镇化到城市化:农村城镇化模式的转换》,《中国农村经济》,2006 年第 4 期。

发展方向,确定了中小城市发展的目标。

(2)新型城镇框架体系的构建

2010 年绍兴市中心镇培育工作紧紧围绕"创业创新,走在前列"的总战略,在继续深化扩权强镇改革,推进"三年建设计划"的基础上,创新中心镇发展方式,启动中小城市培育工作,使中心镇发展又上了一个新台阶。按照该市推进新型城市化发展总体要求,绍兴市在 28 个省市级中心镇中,选择了人口数量多、产业基础好、发展潜力大、带动能力强的 17 个镇作为中小城市培育试点镇。其中,诸暨市店口镇和绍兴县钱清镇还被列入省级小城市培育试点,8 个中心镇新增补为第二批省级中心镇。目前,绍兴市已形成 2 个省级小城市、17 个市级中小城市培育试点体系;20 个省级、8 个市级中心镇培育体系,逐步形成了"中心城市—县域城市—中小城市—中心镇——般乡镇"五级城镇框架体系。至此,绍兴市的城乡结构发生了重大变革,城乡经济社会发展呈现节点鲜明、逐次推进的局面,促进了城乡协调发展。

二、农村城镇化:扩权强镇的实践绩效

包括中小城市发展定位的城镇在内,以中心镇为代表的绍兴市中小城镇发展,正成为绍兴城乡一体化发展的关键节点。城乡一体化要实现城乡经济社会结构的融合与协调,表现在经济协调发展、生产要素自由流动、公共资源均衡配置等方面。

1. 中心镇建设促进了城乡经济协调发展

在科学发展的主题下,城乡一体化首先要能实现城乡资源高效地综合利用,促进经济的协调发展。就近年来绍兴中心镇建设的情况看,牢牢把握了浙江省政府关于中心镇培育工程的精神实质,紧紧抓住规划龙头的引领作用,突出特色产业培育的经济核心,中心镇经济发展好中见快。

(1)规划引领促进城乡资源高效综合利用

规划编制和管理作为推进"中心镇培育工程"的首要抓手,对资源的综合利用起着引领的作用。从市级层面看,绍兴市五级城镇框架体系的架构,是对城镇发展的合理布局。就城镇自身发展看,2010 年根据绍兴市《关于推进规划强镇提升中心镇发展水平的实施意见》,28 个省市级中心镇按照建设小城市的理念,依据中心镇经济发展潜力、环境资源承载力、吸纳集聚人口能力,全部编制完成了城镇总体规划。同时各中心镇结合实际,进一步深化细化各项专项规划,进一步明确了功能定位、发展方向和城镇特色。

(2)特色产业培育促进经济协调发展

绍兴市按照"强工、兴商、优农"的总体思路和"优化产业布局、促进要素集

聚、合理错位发展"的原则,培育各具特色的产业重镇、商贸强镇、旅游名镇。中心镇集聚发展能力进一步增强。至目前,绍兴市 28 个中心镇基本形成了"一镇一品"、"一镇一业"特色鲜明的块状经济,经济总量稳步增长。与 2006 年相比,28 个中心镇的国内生产总值、财政收入、工业总产值之和 2009 年增幅分别为 41.82%、56%、54.09%。创新能力进一步增强,2006 年,中心镇的新增授权专利数(含受理)为 1845 件,市级以上驰名商标、知名品牌总数为 265 个。2009 年中心镇当年的新增专利数(含受理)为 3982 件,市级以上驰名商标、知名品牌总数达到 451 个,增幅分别达到 115.83% 和 70.19%。中心镇的经济发展结构得到不断的优化,第一、第二、第三产业占中心镇国内生产总值的比重由 2006 年的 10%、74%、16%,变为 2009 年的 8%、73%、19%。

2. 中心镇建设促进了生产要素自由流动

传统城乡二元发展结构对生产要素流动的制约主要是制度上的固化影响。在现有制度整体架构下,寻找中心镇作为改变城乡二元分离制度的突破口具备了现实性,提供了示范性。

(1)创新政策推动生产要素自由流动

充分发挥政策的导向作用,把出台市县两级政策、加大扶持力度,作为做大做强中心镇和小城市的重要推动力来抓。2007 年,绍兴市制定实施《关于加快推进中心镇培育工程的若干意见》,明确从集镇规划、产业培育、基础设施建设、体制改革等八方面入手,加大对中心镇的政策扶持。2010 年,进一步完善了人口集聚、专项扶持资金和年度考核机制,分别出台了《关于创新中心镇发展方式加快培育中小城市的若干指导意见》、《关于进一步加快中心镇人口集聚的意见》、《绍兴市中心镇培育专项资金实施细则》等三个政策,完善了《绍兴市 2010 年度中心镇经济社会发展动态综合评价办法》。此外,各县(市、区)也结合各自实际,纷纷出台相关政策,为中心镇量身定制了提高规费返还、财政分成比例、扩大管理权限、搭建融资平台、强化产业扶持和加大投入力度等含金量较高的政策。

(2)生产要素集聚初步彰显政策绩效

政策推动了生产要素向中心镇的集聚,在人、土地和资金等要素的流动上的政策绩效越来越明显。在人的集聚上,一方面表现在建成区人口集中度的提升,一方面也表现在外来就业人口的增多。2009 年全市 28 个中心镇镇域总人口为 163.2 万人,其中建成区人口为 70.4 万人,建成区居住人口约占镇域总人口的 43%,相较于 2006 年的 32.45% 有了明显提高。2009 年中心镇外来就业人口达到 40.5 万人,比 2006 年增加 32.83%。在土地指标的倾斜上,各县市都出台了专门的扶持政策。比如诸暨市对店口镇农保率的下调、保证每年新增建设用地指标不低于全诸暨市 10％等；又比如上虞市累计下达中心镇建设性用地指标 3000 多亩，经营性用地指标 820 亩等。在资金流上，各中心镇都相继成立了镇级城投公司，拓宽融资渠道，吸引各类资本以多种方式参与中心镇基础设施、社会事业和产业功能区建设。从市级层面上看，2009 年确定了"三年建设计划"，三年时间内，总投资 107.7188 亿元，分别投向全市 28 个省、市中心镇的基础设施、社会事业、工业领域的 258 个项目。

3. 中心镇建设促进了公共资源均衡配置

公共资源的均衡配置，是城乡一体化的重要内容，直接影响到城乡基本公共服务均等化的实现。

(1)注重投入促进功能提升

绍兴市充分发挥城镇功能的集聚作用，把提高中心镇对产业、人口的承载能力作为培育发展中心镇的有效载体来抓，借鉴城市建设理念，延伸城市功能。在财力扶持上，各县市都提高了对中心镇的规费返还、财政分成比例。在基础建设上，重视一路(高标准进镇公路)、二厂(自来水厂、污水处理厂)、三网(自来水供应网、垃圾收集运转处理网、通村公交网)为主的基础设施建设，一校(高标准的普遍高中)、二院(中心卫生院、综合性敬老院)、三中心(文化中心、科普中心、体育中心)为主的公共服务体系建设。2009 年出台了《关于加快推进中心镇基础设施和社会事业项目建设的意见》，启动中心镇"三年建设计划"，其中基础设施项目 181 只，总投资 63.3 亿元；社会事业项目 48 指，总投资 16.1 亿元。

(2)基本公共服务大力改善

不断加大的投入促进了中心镇基本公共服务的大力改善，主要表现在如下一些方面：①重大基础设施逐步到位。如绍兴县钱清镇"三桥四路"改造建设全面启动、平水镇路网改造工程全面推进；店口镇全省首个镇级日处理能力 300 吨的垃圾焚烧厂、全省首条镇级天然气管网相继完工和投入使用；大唐镇轻纺袜业市场改造提升工程全面实施；上虞市道墟镇投资 1800 万元完成杜浦小学易地新建；嵊州市完成污水处理厂一期、新客运站建设；新昌县大市聚镇新建自来水厂和污水处理站如期推进、儒岙镇 110kV 输变电工程已开工建设，等等。道路交通更加便捷。28 个中心镇村级公路通车总里程 2009 年达到 2901 公里，比 2006 年增长 23.0％。②新增就业岗位不断增加。2009 年中心镇新增岗位 4 万余个，比 2006 年增长 80％。③社会保障覆盖面不断扩大。中心镇参加社会及合作医疗保险人数占总人口的比重快速上升，社会保障覆盖面不断扩大。2008 年中心镇参加社会及合作医疗保险人数比重首次突破 90％。2009 年再次提高近两个百分点，达到 93.71％。④污水处理排放率显著提高。2006 年中心镇平均污水处理排放比率为 73.92％，2009 年为 83.97％。

三、对绍兴扩权强镇的后续断想

绍兴市在建设绍兴大城市的同时,扩权强镇,以中心镇为关键节点,积极建设中小城镇,发展中小城市,突破了城乡二元发展的格局。实践证明,农村城镇的发展在城乡一体化中有着重要地位,是城乡一体化的路径选择。在这个过程中的系列创新,又有更多的启发和借鉴。

1.改革要在发展的逻辑中寻求思路和突破

实践者的成功是实践出真知的真实写照,但同时为其找到理论上的注解,并在其中提炼出最本质的借鉴性,是研究者的使命。纵观绍兴中心镇的建设,肇始于强镇扩权的创新探索。强镇扩权何以能在城乡一体化的进程中绽放异彩?答案是发展的逻辑。首先,中国的发展是后发国家成功的样本。后发国家存在比较优势,在于对先发国家经验的借鉴与教训的规避,呈现一种发展的自觉。而这个自觉的推动者是政府。其次,城乡一体化的主要方面是农村发展。十六大以来,以科学发展观统领经济社会发展全局,中央更加重视农村的发展,更加注重对农村的政策倾斜。研究发现,"多予、少取、放活"的方针贯穿了全过程。再次,更加应该注重放活。与"多予、少取"相比,"放活"不会有"多予"的资源掣肘,也不像"少取"缺乏内生动力。最后,遵循发展的逻辑要放活基层政府。后发国家政府是自觉的推动者,而我国从传统体制走出来,就是要突破传统体制的束缚。传统体制的束缚有两个:一个是高度计划;一个是高度集中。前者的突破业已达成共识。遵循发展的逻辑,新的发展要找到新的突破,即要进一步改变高度集中的局面。绍兴的成功实践,在于放活了基层政府,充分注重基层政府在提供基层公共服务方面掌握对称信息相对灵活务实的特点。

2.必须重视农民的发展权

发展权是一项基本人权,不仅有深远的学理传统,也是全世界的共识。它的学理传统体现在《联合国宪章》、《世界人权宣言》、《公民权利和政治权利国际公约》、《经济、社会及文化权利国际公约》和联合国大会先后通过的多项决议之中。2000年,第55届联合国大会通过《联合国千年宣言》再次表达了"使每一个人实现发展权,并使全人类免于匮乏"的决心,或可以说是它成为全世界共识的标志。发展权作为一项基本人权,从地位上看,"发展权是其他人权形式得以生存与融合的场所,是人权大厦的基石,尤其是对公民权利和政治权利等人权形式具有奠基的价值"[1];从功能上看,"又是一项证实其他人权、调控其他人权并实现其他

---

[1]　曾业松:《新农论》,新华出版社2004年版,第106页。

人权、保证其获得最充分实现的人权"[①]。

农民发展权的实现和维护,在城乡二元发展结构下,有现实的困境。推进城乡一体化,农民从农业就业转移,必须为农民找到合适的发展空间。这种合适的空间,既要给予其发展机会,又要保证其生活样式的传承性。这是物质和精神两方面的基本逻辑。二者的结合,对于相当数量的就业转移农民来说,是在与自身人文背景相似的空间寻求更多的发展机会。这个空间比传统农村有更好的公共服务,具有"洗脚上岸"的基本保障。中小城镇的发展无疑是一个相对理想的空间。

从进一步发展来说,农民既要能充分利用自身的历史积累,更要有新的发展资源。绍兴的中心镇建设,必须要有大量人口的集聚。除了外来人口,更多需要本地就业转移的人群。"洗脚上岸"的农业人口进入中小城市发展,从绍兴的发展阶段看,就业不是难题,关键在于能不能利用自身的历史积累,找到新的发展资源,获得更好的发展。

本章参考文献

[1] Waldo, Dwight. *The Administrative State: A Study of the Political Theory of American Public Administration*. New York: The Ronald Press. 1948.

[2] Olson, M. Jr. "*Strategic Theory and its Applications. The Principle of Fiscal Equivalence: The Division of Responsibilities among different levels of Government*". American Economic Association 59 Supp May, 1969.

[3] Rondinelli, D. A., J. R. Nellis and G. S. Cheema. "*Decentralization in Developing Countries: A review of Recent Experience*". World Bank Staff Working Papers No. 581, Management and Development Series No. 8, The World Bank, Wash. DC, 1983.

[4] David Osborne and Ted Gaebler. *Reinventing Government: How the Entrepreneurial Spirit Is Transforming the Public Sector*, published by Addison Wesley Publishing Company in February. 1992.

[5] Prud'homme, R. "*On the Dangers of Decentralization*". Policy Research, Working Paper 1252, World Bank, Wash, DC, 1994.

[6] Bennett, R. (ed.). Local government and market decentralization: *Experiences in industrialized, developing, and former Eastern bloc countries.*

---

① 汪习根:《法治社会的基本人权——发展权法律制度研究》,中国人民公安大学出版社 2002 年版,第 127 页。

United Nations University Press. Tokyo,1994.

　　[7]〔美〕约翰·M.高斯：《公共行政学的思考》，阿拉巴马大学出版社 1958 年版。

　　[8]〔美〕康芒斯著，于树生译：《制度经济学》（上册），商务印书馆 1983 年版。

　　[9]〔美〕R.达尔：《现代政治分析》，上海译文出版社 1987 年版。

　　[10]《牛津现代高级英汉双解词典》，山西人民出版社 1989 年版。

　　[11]《布莱克维尔政治学百科全书》，中国政法大学出版社 1992 年版。

　　[12]〔美〕道格拉斯·C.诺斯：《经济史中的结构与变迁》，上海三联书店、上海人民出版社 1994 年版。

　　[13]〔美〕莱斯特·赛拉蒙：《非营利领域及其存在的原因》，载李亚平、于海编：《第三领域的兴起》，复旦大学出版社 1998 年版。

　　[14]〔美〕道格拉斯·C.诺斯，罗伯斯.托马斯：《西方世界的兴起》，华夏出版社 1999 年版。

　　[15]〔澳〕布伦南、〔美〕布坎南著，冯克利等译：《宪政经济学》，中国社会科学出版社 2004 年版。

　　[16] 彭文贤：《行政生态学》，三民书局 1988 年版。

　　[17] 胡伟等：《论政治——中国发展的政治学思考》，江西人民出版社 1996 年版。

　　[18] 林尚立：《国内政府间关系》，浙江人民出版社 1998 年版。

　　[19] 汪习根：《法治社会的基本人权——发展权法律制度研究》，中国人民公安大学出版社 2002 年版。

　　[20] 曾业松：《新农论》，新华出版社 2004 年版。

　　[21] 丁煌：《西方行政学理论概要》，中国人民大学出版社 2005 年版。

　　[22] 郭济：《绩效政府——理论与实践创新》，清华大学出版社 2005 年版。

　　[23] 费孝通：《小城镇 大问题》，《江海学刊》，1984 年第 1 期。

　　[24] 何增科：《公民社会与第三部门研究引论》，《马克思主义研究》，2000 年第 1 期。

　　[25] 鲁鹏：《制度与发展关系论纲》，《中国社会科学》，2002 年第 3 期。

　　[26] 贾康、白景明：《完善财政体制寻求基层财政解困治本之策》，《现代财经》，2002 年第 1 期。

　　[27] 徐勇：《县政、乡派、村治：乡村治理的结构性转化》，《江苏社会科学》，2002 年第 2 期。

　　[28] 徐勇：《强村、精乡、简县：乡村治理结构改革的走向》，《战略与管理》，

2003 年第 4 期。

[29] 吴理财：《政府间的分权与治理》，《马克思主义与现实（双月刊）》，2003 年第 3 期。

[30] 焦国华：《分税制：问题与对策》，《经济体制改革》，2003 年第 6 期。

[31] 钱建新：《全面贯彻科学发展观 推动浙江城乡统筹发展——浙江省发改委"统筹城乡发展研讨会"综述》，《浙江经济》，2004 年第 16 期。

[32] 李金：《里格斯行政生态学与当代中国行政管理分析》，《台声（新视角）》，2005 年第 10 期。

[33] 张之峰、张永良、杨宏祥：《论中心镇的功能与发展》，《安徽农业科技》，2005 年第 8 期。

[34] 何显明：《浙江现象：优化地方治理的探索》，中共中央党校出版社 2006 年版。

[35] 冯云廷：《从城镇化到城市化：农村城镇化模式的转换》，《中国农村经济》，2006 年第 4 期。

[36] 陈剩勇，张丙宣：《强镇扩权：浙江省近年来小城镇政府管理体制改革的实践》，《浙江学刊》，2007 年第 6 期。

[37] 熊吉峰：《我国农村城镇化实现策略研究观点综述》，《经济纵横》，2007 年第 3 期。

[38] 吴晓林：《城乡一体化建设的两个误区及其政策建议》，《调研世界》，2009 年第 9 期。

[39] 王一鸣：《中国城镇化进程、挑战与转型》，《中国金融》，2010 年第 4 期。

[40] 孙国华：《十二五时期我国城镇化水平探讨》，《宏观经济管理》，2010 年第 5 期。

[41] 赵样毅：《城乡关系的战略转与新时期城乡一体化规划探讨》，《区域与城市经济》，2010 年第 4 期。

[42] 《胡耀邦在省、市、自治区思想政治工作座谈会上的讲话》，《人民日报》，1980 年 11 月 23 日。

第三章　扩权强镇的绩效评估

概括来看,任何一项政府创新都包括了以下几类关键要素[①]:一是创新动因,即政府为什么创新,什么引发了政府创新。政府创新的动因常常表现为一系列的问题,它们存在于政府的内部和外部,政府内部的自觉创新诉求和政府外部的强加改革要求都在促使政府创新。二是创新主体。即谁在推动政府创新,有哪些主体参与到了创新活动中。政府组织是最为重要的主体,领导者是政府组织的核心,他们往往是创新的发起者和推动者。政府创新的主体受到时间、空间的限制,具有强烈的时空背景依赖性。三是创新内容,指政府创新的作用对象的具体内容。政府是在调整服务提供的方式还是增加了新的服务? 政府的哪些管理方式改变了? 等等。政府面临的问题是创新内容的根本来源,有什么样的问题,就会有什么样的创新内容回应和解决它们。四是创新方式,指政府通过何种途径、采用哪些手段实施创新。包括创新时机的选择、创新试点单位的选取、创新实施的途径、创新基金的筹措来源、创新的支持者的争取方式以及创新的推广形式等。五是创新绩效,即一项政府创新项目的绩效表现。政府创新必然会对各类主体带来影响,这些影响表现为政府创新绩效的各个维度。它是一轮政府创新的结束点,同时也是下一轮政府创新的起始点。政府创新的动因引发政府创新行为的实施,政府在创新的过程中需要确定创新的基本内容和所采用的创新方式,创新被采纳和具体推行带来了政府绩效的改变,并对创新动因做出回应,从而完成一项创新的完整过程。

政府绩效作为政府管理与服务的终极目标,有赖于政府创新的实施。因此,政府创新不仅需要新奇与突破,还需要奏效和发挥作用,创造公共价值并增进公共利益[②]。扩权强镇的创新实践究竟带来了什么样的影响,其对地方发展产生了怎样的效应? 这是我们研究绍兴市扩权强镇改革必须回答的问题。如果说本

[①] 参见吴建南等:《中国地方政府创新的动因、特征与绩效——基于"中国地方政府创新奖"的多案例文本分析》,《管理世界》,2007年第8期。

[②] [美]保罗·C.莱特:《持续创新:打造自发创新的政府和非营利组织》,张秀琴译,中国人民大学出版社2004年版。

书第一、二章分别回答了扩权强镇创新实践中的动因、主体、内容和方式问题,那么本章和第四章着力要回答的就是扩权强镇的绩效问题。当然,从侧重点上看,本章主要着眼于扩权强镇改革的积极效果和影响,第四章则主要是从困难和问题的角度分析扩权强镇改革的绩效,并提出相应的对策思考。

扩权强镇的绩效与影响如何评估与衡量? 笔者认为,扩权强镇作为一项地方政府创新活动,对其绩效和影响的评估与衡量总体上可以从三个层面切入:一是评估扩权强镇工作本身的实施情况,即扩权强镇工作在实施过程中多大程度上是按照扩权强镇改革本身的要求和制度进行的,其制度化程度如何,制度的执行情况又如何,等等。二是评估扩权强镇对政府公共治理的绩效与影响,如是否有利于优化政府间关系,是否有利于转变政府职能,是否有利于提高政府行政效率,是否有利于提升政府治理能力,等等。三是评估扩权强镇对区域经济社会发展的绩效与影响,如是否有利于推动经济增长,是否有利于促进社会公平,是否有利于增进人们的幸福感,是否有利于提升居民的政治文化素质,等等。从侧重点上看,第一个层面是效果导向,第二、三个层面是过程导向。从经验观察来看,这三个层面之间并非泾渭分明、互不关涉,恰恰相反,三者之间紧密关联、互相影响,它们共同构成了扩权强镇创新活动的评估指标体系。

第一节　扩权强镇绩效评估的实证依据

为了使对扩权强镇的绩效评估更精确化、更有公信力、更能反映各相关利益方的态度和认知,课题组在广泛采集反映绍兴市扩权强镇工作实施情况及扩权强镇对政府公共治理、区域经济社会发展产生影响的各类材料和数据的基础上,还在绍兴市范围内发放调查问卷,请调查对象对绍兴市扩权强镇改革的绩效和影响作出评价。

问卷调查工作于 2011 年 7 月 25 日至 2011 年 8 月 10 日进行,发放对象包括绍兴市越城区、绍兴县、诸暨市、上虞市、嵊州市和新昌县共 28 个中心镇的政府工作人员、城镇居民、农村村民以及企业人员等;共发放问卷 1600 份,回收 1503 份,回收率为 93.9%。

调查样本的区域分布:越城区 77 份,占 5%;绍兴县 321 份,占 22%;诸暨市 371 份,占 25%;上虞市 318 份,占 21%;嵊州市 260 份,占 17%;新昌县 151 份,占 10%。

调查样本的年龄结构:从回答该问题的 1489 人的情况来看,18～25 岁的有 79 人,占 5%;26～35 岁的有 436 人,占 29%;36～50 岁的有 666 人,占 45%;51

～60岁的有241人,占16％;61岁以上的有67人,占5％。

调查样本的性别结构:从回答该问题的1320人的情况来看,男性有839人,占63.6％;女性有481人,占36.4％。

调查样本的文化程度结构:从回答该问题的1457人的情况来看,初中及以下文化程度人员有198人,占13.6％;高中或中专文化程度人员有441人,占30.3％;大专文化程度人员有316人,占21.7％;本科文化程度人员有474人,占32.5％;硕士及以上文化程度人员有28人,占1.9％。

调查样本的户籍分布:从回答该问题的1435人的情况来看,本地居民户口人员有849人,占59.2％;本地农村户口人员有502人,占35.0％;外地居民户口人员有63人,占4.4％;外地农村户口人员有21人,占1.5％。

调查样本的职业分布:从回答该问题的1452人的情况来看,市级党政机关干部有38人,占2.6％;县(市、区)级党政机关干部有66人,占4.5％;镇级党政机关干部有397人,占27.3％;科教文卫事业单位人员有41人,占2.8％;社区工作人员有216人,占14.9％;企业负责人和管理人员有218人,占15.0％;企业一般职工有135人,占9.3％;农业生产人员有141人,占9.7％;离、退休人员有36人,占2.5％;学生有10人,占0.7％;自由职业者有106人,占7.3％;失业人员有30人,占2.1％;其他人员有18人,占1.2％。由数据可知,样本中各类群众(包括科教文卫事业单位人员、社区工作人员、企业一般职工、农业生产人员、离、退休人员、学生、自由职业者、失业人员、其他)共有733人,占48.8％,其中社区工作人员、农业生产人员、企业一般职工、自由职业者较多,分别占14.9％、9.7％、9.3％、7.3％;其次是党政机关干部(包括市级党政机关干部、县市区级党政机关干部、镇级党政机关干部)共有501人,占34.5％,其中镇级党政机关干部最多,占27.3％;最后是企业共有218家,占14.5％。应该说,这样的取样比较有代表性,能较准确反映出扩权强镇改革中存在的问题。

表 3-1　调查对象基本结构

变量	分类	样本数(人)	有效百分比(％)
区域	越城区	77	5
	绍兴县	321	22
	诸暨市	371	25
	上虞市	318	21
	嵊州市	260	17
	新昌县	151	10
性别	男	839	63.6
	女	481	36.4

续表

变量	分类	样本数(人)	有效百分比(%)
年龄	18～25 岁	79	5
	26～35 岁	436	29
	36～50 岁	666	45
	51～60 岁	241	16
	61 岁以上	67	5
学历	初中及以下	198	13.6
	高中或中专	441	30.3
	大专	316	21.7
	本科	474	32.5
	硕士及以上	28	1.9
户籍	本地居民户口	849	59.2
	本地农村户口	502	35.0
	外地居民户口	63	4.4
	外地农村户口	21	1.5
职业	市级党政机关干部	38	2.6
	县(市、区)级党政机关干部	66	4.5
	镇级党政机关干部	397	27.3
	科教文卫事业单位人员	41	2.8
	社区工作人员	216	14.9
	企业负责人和管理人员	218	15.0
	企业一般职工	135	9.3
	农业生产人员	141	9.7
	离、退休人员	36	2.5
	学生	10	0.7
	自由职业者	106	7.3
	失业人员	30	2.1
	其他人员	18	1.2

第二节　扩权强镇的实施评估

一、制度化程度评估

在新制度经济学中,制度被定义为约束个体行为、形成相互作用的正式和非正式规则;制度环境则随个人在社会中地位的变化而变化,制度变迁是一个制度不均衡时追求潜在获利机会的自发交替过程①。青木昌彦将制度概括为关于博弈重复进行的主要方式的共有信念的自我维系系统,制度作为共有信念的自我维系系统,其实质是对博弈均衡的概要表征(信息浓缩)。相应的,将均衡演化所产生的预期趋同过程称为制度化②。由于理论上的制度和制度化是非常抽象的概念,并且考虑到政府创新绩效评价中定性指标与定量指标相结合的要求,笔者将制度化程度在操作上定义为政府针对创新出台的文件、决定等规章制度的完善程度。

结合绍兴市扩权强镇的创新实践来看,绍兴市政府从一开始就高度重视通过制度建设以推进和保障扩权强镇工作。在绍兴县、诸暨市"强镇扩权"试点的基础上,2007 年,绍兴市委、市政府按照浙江省委、省政府关于推进中心镇培育发展的重要战略部署,颁发了《关于积极培育中心镇的若干指导意见》,确定了12 个省级、16 个市级中心镇为重点培育乡镇。根据这一文件,各县(市、区)都出台了符合当地实际的中心镇扩权政策文件,如绍兴县出台了《关于深化完善强镇扩权工作推进新型镇(街道)科学发展率先发展的意见》,上虞市出台了《关于实施中心镇扩权强镇工作的若干意见》,嵊州市出台了《关于明确扩大中心镇经济社会管理权限有关事项的通知》等。此外,绍兴县还在原有"强镇扩权"的基础上,在市级中心镇——兰亭镇进行扩权试点,实现中心镇培育与扩权强镇的有机结合;诸暨市创新"一镇一策"制,专门为该市的省级中心镇——店口镇制定适应扩权发展的具体政策,等等。绍兴市扩权强镇工作达到了市、县联动,实现了各县(市)全覆盖,是浙江省诸县(市)中唯一做到这一点的,经过几年的酝酿、试点和分批推进,到 2008 年,绍兴市已经具备全面实施扩权强镇改革的现实条件,各中心镇也有能力承接下放的事权。在这种前提下,绍兴市委、市政府围绕"保增

① [美]道格拉斯·C.诺思:《制度、制度变迁与经济绩效》,生活·读书·新知三联书店 1994 年版。
② [日]青木昌彦:《比较制度分析》,周黎安译,上海远东出版社 2001 年版,第 11、205 页。

长、抓转型、重民生、促稳定"的工作主线,按照"重心下移、能放则放"的思想,于2009年适时出台了《关于积极推进扩权强镇工作的若干指导意见》(以下简称《指导意见》),全面启动实施扩权强镇改革工作。与作为扩权强镇纲领性文件的《指导意见》相配合,绍兴市在全市层面还制定颁布了一系列相配套的制度文件,包括《绍兴市人民政府关于加快推进中心镇基础设施和社会事业项目建设的意见》(绍政发[2009]52号)、《绍兴市人民政府关于进一步加快中心镇人口集聚的意见》(绍政发[2010]38号)、《中共绍兴市委办公室 绍兴市人民政府办公室印发〈关于创新中心镇发展方式加快培育中小城市的指导意见〉的通知》(绍市委办[2010]15号)、《中共绍兴市委 绍兴市人民政府关于进一步推进简政放权的若干意见》(绍市委发[2011]12号)等。

通过上述纲领性文件及配套文件,绍兴市在推进和实施扩权强镇改革方面初步构建起了一个比较完善的制度体系[①]:

第一,加大资金扶持。全额返还镇征收的城市维护建设税,用于基础设施和公共服务设施建设;加大在技术改造和创新、结构调整、农业产业化、市场建设的项目安排和资金扶持等方面的力度。

第二,用地适当倾斜。在认真执行基本农田保护制度的前提下,通过改造旧城、开展拆村并点、土地整理、开发利用荒地和废弃地等挖潜方式,集中、集约利用土地;停止中心镇集镇规划区范围内私人建设单家独院式主宅;允许中心镇城镇用地增加与农村建设用地减少相挂钩试点。

第三,推进户籍制度改革。在中心镇逐步取消本镇农民进镇门槛,规定凡在中心镇建城区内拥有合法固定住所,有稳定职业或生活来源的本地农民和外来人员,及其共同居住生活的直系亲属,均可根据本人意愿办理城镇居民户口。

第四,拓宽资金渠道。加大中心镇建设投资主体多元化,采取BOT(建设、经营、转让)方式将市政公用设施的建设、经营和管理推向市场。

第五,理顺管理体制。健全中心镇财政管理体制,按照"一级政府、一级财政"的要求,建立职能健全的中心镇财政;具备条件的,按照有关法律的要求,经申请批准可设立镇级金库,具体办理镇财政收支业务;各职能部门适当下放审批权到中心镇,有条件的部门可在中心镇设立派出机构等。

当然,我们也必须看到,在制度建设不断加强和完善的同时,绍兴市扩权强镇过程中在制度层面也面临诸多的障碍和困难。长期以来,我国政府间关系的安排基本上是按照"中央—省—市—县—乡"五级行政体制、下管一级的原则建

① 参见《培育中心镇:"绍兴强镇扩权"入选2007年"十大地方公共决策试验"》,载刘孟达、杨宏翔主编:《科学发展观在绍兴的实践案例评析》,宁波出版社2009年版,第158—159页。

立相关制度的。由于长期以来的行政层级体制,市县对乡镇政府的管理在财政体制、干部人事、政绩考核、项目审批、资源分配、公共服务等方面已经全面制度化、程序化了,很多制度的运行已经较为成熟。扩权强镇深入实施之后,在不少领域县乡两级政府将成为相对独立的主体,这就涉及方方面面的制度变革,打破县对乡的各项管理制度,重新建构上下级政府间的制度关系和运行机制,其面临的障碍和难度可想而知①。

二、制度执行力评估

一个制度,不管它是正式的还是非正式的,在其形成之后都要面临实施的问题。制度安排的提供并不等于制度安排的执行。人们判断一个制度是否有效,除了看正式规则与非正式规则是否完善之外,更主要的是看制度的实施机制是否健全。离开了实施机制,任何制度尤其是正式制度就形同虚设。"有法不依"比"无法可依"更可怕。如果不执行,从现实的效果看等于没有制度。从制度功能实现的角度看,只有规则,没有执行机制,制度是不完整的;而对于同一制度安排,在不同的地方其运行效率也显然是不同的。因此,当地方政府创新的成果固化为具有一定刚性的制度后,并不意味着这些正式制度就会自动地执行与反馈,很可能会因为制度运行效率低下而导致制度执行失范,从而引发正式制度供给不足。因而,就有必要对制度的执行力度进行评估。制度的执行力度,体现的是正式制度实施的具体绩效,表现为是否存在制度执行失范的问题②。

从绍兴市扩权强镇的改革实践来看,《指导意见》明确下放了经济社会管理权限(共涉及 15 个方面、72 项事项),借助召开专题会议、组织培训、督查考评等手段,指导各县(市、区)在遵循扩权强镇总体要求的前提下,结合当地实际,依照相关原则,制定实施细则。对于法律、法规、规章和国务院、省政府明确规定应由上级行政主管部门行使的行政管理事项,则指导各县(市、区)政府积极探索"依法、高效"的体制,通过下设机构、下移事权的形式,实质性推进扩权强镇,提高服务效能。

依据绍兴市委、市政府确立的扩权强镇总体要求,结合《指导意见》,各县(市、区)立足自身实际,制定扩权强镇实施细则。绍兴县成立了政府有关部门和中心镇政府组成的扩权强镇工作领导小组,相继出台了《关于深化完善强镇扩权工作推进新型镇(街道)科学发展率先发展的意见》《关于印发兰亭镇深化扩权强镇试点工作方案的通知》等文件,在优化政策机制的基础上,确保扩权强镇改

① 马斌:《"强镇扩权"的诸多难题》,《浙江人大》,2010 年第 5 期。
② 参见王焕祥:《中国地方政府创新与竞争的行为、制度及其演化研究》,光明日报出版社 2009 年版,第 216 页。

革做到人责统一、权责统一、财责统一。诸暨市委、市政府出台了《关于加快培育枫桥等五个中心镇的若干意见》，按照统筹兼顾、点面结合、多措并举的工作思路，在具有先发优势的中心镇进行试点的基础上，坚持以点带面、梯度推进，做到镇村发展相统筹、强镇与富民相同步、工业化与城镇化相融合。上虞市出台了《关于实施中心镇扩权强镇工作的若干意见》、《关于印发〈上虞市扩权强镇工作实施办法〉的通知》、《关于进一步深化扩权强镇工作的若干意见》三个政策文件，把 9 个市直部门的 21 项工作职权授予 6 个中心镇行使。嵊州市起草了《关于扩大中心镇经济社会管理权限的实施意见》，参照 72 项扩权事项指导目录，结合本市实际，联合 11 个部门，把 51 项事权加以完善和落实。新昌县委、县政府多方征求意见和建议，制定印发《关于扩大中心镇经济社会管理权限的实施意见（试行）》，将发改、经贸、规划、建设、城管、国土、财政、公安、工商共 9 个部门 36 项经济社会管理事项下放到各中心镇。

根据课题组在绍兴市的调研和观察，绍兴市各级政府及部门在贯彻执行市委、市政府提出的扩权强镇的要求方面的总体态度是积极的，举措也是有力的，保证了扩权强镇在绍兴市的全面推开和深入推进。但另一方面，扩权强镇实质上是镇级利益和上级职能部门利益关系的调整，虽然此前市委、市政府就此项改革的重要性与必要性进行了广泛的宣传与鼓动，但是在全面推广实施的过程中，少数领域思想认识上的问题仍然存在，有些部门从自身利益考虑，采取"先放后收、明放暗不放、放小不放大、放虚不放实、放差不放好"等手段，敷衍行事，扩权在一定程度上存在"镇热、部门冷"的现象，导致在扩权强镇实施过程中，本应赋予镇级政府的权力没有真正到位，本应让镇级政府享受的政策没有完全落实，本应在镇级政府经济社会管理职能中体现的效率没有完全显现，对扩权强镇改革的成效造成了消极的影响。

三、参与程度评估

在参与程度方面，主要是创新相关者对创新的反映情况，既包括地方政治与行政层面对创新实践的认可与满意度，也包括当地公民对创新的支持和参与程度，是对创新热情程度的表现。这一指标，可以具体分解为"知晓度"和"满意度"两个具体指标，并采用问卷调查的方法予以考察和衡量。

1. 知晓度评估

为了解创新相关者对绍兴市扩权强镇改革的知晓度，在问卷中设计了"您了不了解绍兴市开展的扩权强镇工作"的问题。该问题为单项选择题，备选答案有五个："非常了解"、"比较了解"、"一般了解"、"不太了解"、"没听说过"。共有 1469 人作了回答，具体回答情况见图 3-1。

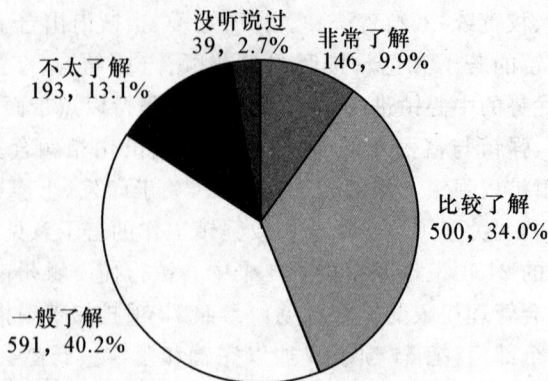

图 3-1　调查对象对绍兴市开展的"扩权强镇"工作的知晓度

其中:选择"非常了解"的有 146 人,占 9.9%;选择"比较了解"的有 500 人,占 34.0%;选择"一般了解"的有 591 人,占 40.2%;选择"不太了解"的有 193 人,占 13.1%;选择"没听说过"的有 39 人,占 2.7%。由图 3-1 可以直观看出,从总体样本的情况来看,有 84.1% 的调查对象了解绍兴市开展的"扩权强镇"工作(包括"非常了解"、"比较了解"和"一般了解"),总体上的知晓度还是比较高的。但另一方面,仍有 15.8% 的调查对象对"扩权强镇"工作"不太了解"和"没听说过",这说明需要进一步加强对"扩权强镇"工作的宣传以及吸纳更多的公众参与到"扩权强镇"工作中来。

(1)不同县(市、区)公众对"扩权强镇"工作的知晓度

为了解和比较绍兴市所属各个县(市、区)内的公众对"扩权强镇"工作的知晓度,我们用 SPSS 软件对"所属区域"和"知晓度"这两个变量进行交叉分析,分析结果如表 3-2 所示:

表 3-2　不同县(市、区)公众对"扩权强镇"工作的知晓度评估

		非常了解	比较了解	一般了解	不太了解	没听说过
越城区	频次(人)	7	36	25	7	1
	比例(%)	9.20	47.40	32.90	9.20	1.30
绍兴县	频次(人)	38	115	126	29	6
	比例(%)	12.1	36.6	40.1	9.2	1.9
诸暨市	频次(人)	38	129	127	58	11
	比例(%)	10.5	35.5	35.0	16.0	3.0

		非常了解	比较了解	一般了解	不太了解	没听说过
上虞市	频次(人)	29	111	120	42	12
	比例(%)	9.2	35.4	38.2	13.4	3.8
嵊州市	频次(人)	24	63	124	33	7
	比例(%)	9.6	25.1	49.4	13.1	2.8
新昌县	频次(人)	10	46	69	24	2
	比例(%)	6.6	30.5	45.7	15.9	1.3

接着对公众对"扩权强镇"工作的知晓度进行定义:

知晓度＝"非常了解"的百分比＋"比较了解"的百分比＋"一般了解"的百分比

根据上述定义,计算上表中各县(市、区)公众对"扩权强镇"工作的知晓度数值并按照从大到小的顺序进行排列,制作柱形图如下:

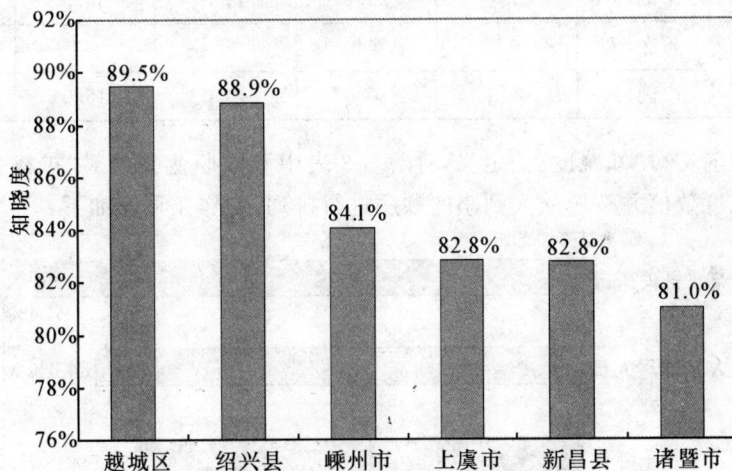

图 3-2　不同县(市、区)公众对"扩权强镇"工作的知晓度排序

通过图示和数据比对,可以直观看出,如果具体到各个县(市、区)来看,公众对"扩权强镇"工作的知晓度均保持在 80% 以上的水平,但不同县(市、区)之间还是呈现出一定的差异性,按照知晓度高低顺序排列依次是:越城区(89.5%)、绍兴县(88.9%)、嵊州市(84.1%)、上虞市(82.8%)、新昌县(82.8%)、诸暨市(81.0%)。由此看来,越城区和绍兴县这两个地区的公众与其他四个县(市)的公众相比,对于绍兴市开展的"扩权强镇"工作的知晓度处于相对较高的水平。

（2）不同职业公众对"扩权强镇"工作的知晓度

为了解和比较不同职业公众对"扩权强镇"工作的知晓度，我们首先对调查问卷中所列 13 种职业进行分类，共划分为群众、党政机关干部、企业负责人和管理人员三大类。其中群众包括了科教文卫事业单位人员、社区工作人员、企业一般职工、农业生产人员、离、退休人员、学生、自由职业者、失业人员、其他等职业；党政机关干部包括了市级党政机关干部、县市区级党政机关干部、镇级党政机关干部等职业。然后再用 SPSS 软件对"职业"和"知晓度"这两个变量进行交叉分析，分析结果如表 3-3 所示：

表 3-3　不同职业公众对"扩权强镇"工作的知晓度

		非常了解	比较了解	一般了解	不太了解	没听说过
党政机关干部	频次（人）	88	208	174	23	5
	比例（%）	17.7	41.8	34.9	4.6	1.0
群众	频次（人）	39	213	302	133	32
	比例（%）	5.4	29.6	42.0	18.5	4.5
企业负责人和管理人员	频次（人）	17	64	98	32	2
	比例（%）	8.0	30.0	46.0	15.0	0.9

根据前文对"知晓度"的定义，计算 3-3 表中不同职业公众对"扩权强镇"工作的知晓度数值并按照从大到小的顺序进行排列，制作条形图如下：

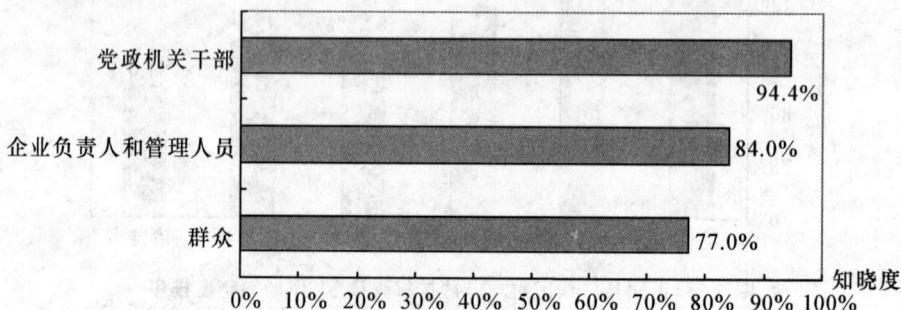

党政机关干部　94.4%
企业负责人和管理人员　84.0%
群众　77.0%
知晓度
0% 10% 20% 30% 40% 50% 60% 70% 80% 90% 100%

图 3-3　不同职业公众对"扩权强镇"工作的知晓度排序

通过图示和数据比对，可以直观看出，具体到不同职业群体来看，按照知晓度高低顺序排列依次是：党政机关干部（94.4%）、企业管理人员（84%）、群众（77.0%）。由此看来，三组不同群体对于绍兴市开展的"扩权强镇"工作的知晓度差距较大。逐个分析可以看出，党政机关干部和企业管理人员对于"扩权强镇"工作知晓度较高，而群众知晓度是最低的，仅有 77.0%，不了解程度达到

23％。群众知晓度偏低,一方面可能是因为随机抽样的群众的平均知识水平,较党政机关干部和企业管理人员来说相对较低,另一方面可能是因为绍兴市对"扩权强镇"工作的宣传覆盖面还有待向群众扩展,宣传力度还有待进一步加强。

2. 满意度评估

为了解公众对绍兴市开展的"扩权强镇"工作的满意度,我们在调查问卷中设计了"就总体而言,绍兴市开展的'扩权强镇'工作是否让您满意"的问题。该问题为单项选择题,备选答案有五项:"非常满意"、"比较满意"、"一般"、"比较不满意"、"非常不满意"。共有 1423 个调查对象作了回答,具体答题情况见图 3-4:

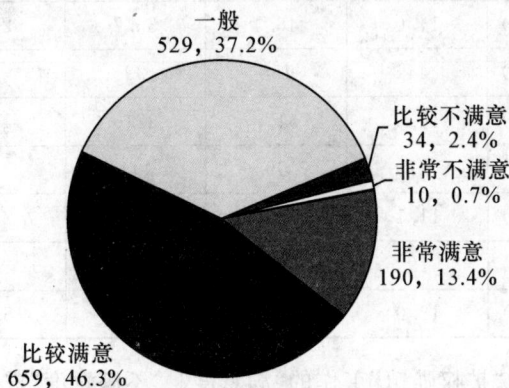

图 3-4　公众对"扩权强镇"工作的总体满意度

由上图可以了解调查对象总体对于绍兴市开展"扩权强镇"工作的满意度:认为"非常满意"的有 190 人,占 13.4％;认为"比较满意"的有 659 人,占 46.3％;认为"一般"的有 529 人,占 37.2％;认为"比较不满意"的有 34 人,占 2.4％;认为"非常不满意"的有 10 人,占 0.7％。由图示可以直观看出,从总体样本的情况来看,有 59.7％的调查对象对绍兴市开展的"扩权强镇"工作表示"非常满意"和"比较满意",其余 40.3％的调查对象则表示"一般"、"比较不满意"和"非常不满意"。这表明,公众对绍兴市开展的"扩权强镇"工作尽管总体上是持满意态度的,但满意度不是非常高,有 1/4 左右的公众对"扩权强镇"工作的开展情况持保留或不满态度,这给接下来进一步改进工作提出了迫切要求。

(1)不同县(市、区)公众对"扩权强镇"工作的满意度

为了解和比较绍兴市所属各个县(市、区)内的公众对"扩权强镇"工作的满意度,我们用 SPSS 软件对"所属区域"和"满意度"这两个变量进行交叉分析,分析结果如表 3-4 所示:

表3-4　不同县(市、区)公众对"扩权强镇"工作的满意度Ⅰ

		非常满意	比较满意	一般	比较不满意	非常不满意
越城区	频次(人)	12	37	25	0	0
	比例(%)	16.2	50.0	33.8	0.0	0.0
绍兴县	频次(人)	39	144	111	9	2
	比例(%)	12.8	47.2	36.4	3.0	0.7
诸暨市	频次(人)	49	162	128	8	2
	比例(%)	14.0	46.4	36.7	2.3	0.6
上虞市	频次(人)	44	155	99	4	2
	比例(%)	14.5	51.0	32.6	1.3	0.7
嵊州市	频次(人)	27	99	111	5	2
	比例(%)	11.1	40.6	45.5	2.0	0.8
新昌县	频次(人)	19	62	55	8	2
	比例(%)	13.0	42.5	37.7	5.5	1.4

接着对公众对"扩权强镇"工作的"满意度"、"不满意度"进行定义：

满意度＝"非常满意"的百分比＋"比较满意"的百分比

不满意度＝"比较不满意"的百分比＋"比较不满意"的百分比

根据上述定义对表3-4中的数据进行计算,得出表3-5：

表3-5　不同县(市、区)公众对"扩权强镇"工作的满意度Ⅱ

	满意度(%)	一般(%)	不满意度(%)
越城区	66.2	33.8	0.0
绍兴县	60.0	36.4	3.7
诸暨市	60.4	36.7	2.9
上虞市	65.5	32.6	2.0
嵊州市	51.7	45.5	2.8
新昌县	55.5	37.7	6.9

为了更直观起见,将上表中的数据根据满意度从高到低的顺序进行排列,得出图3-5：

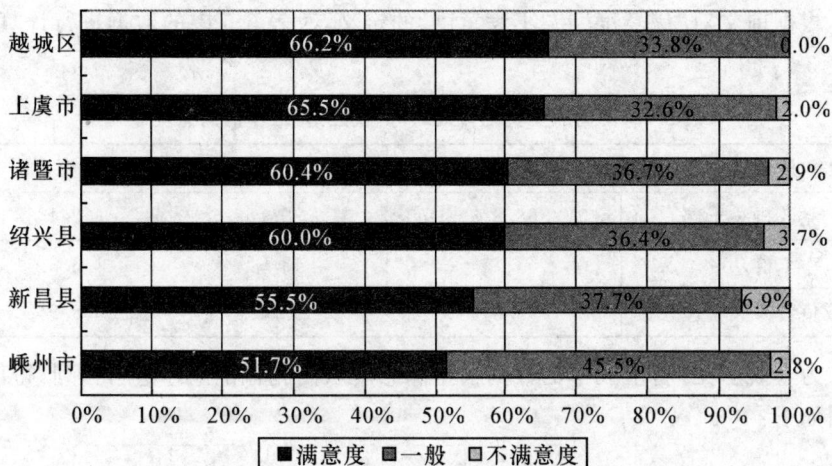

图 3-5 不同县(市、区)公众对"扩权强镇"工作的满意度排序

根据图 3-5 可以直观看出,如果具体到各个县(市、区)来看,公众对绍兴市开展"扩权强镇"工作的总体满意度自高到低排序依次是:越城区(66.2%)、上虞市(65.5%)、诸暨市(60.4%)、绍兴县(60.0%)、新昌县(55.5%)、嵊州市(51.7%)。根据图示,我们可以根据公众满意度将六个县(市、区)分为三组:第一组是比较满意组,包括越城区和上虞市,公众满意度在 65% 左右;第二组是一般满意组,包括诸暨市和绍兴县,公众满意度在 60% 左右;第三组是较低满意组,包括新昌县和嵊州市,公众满意度在 56% 以下。

(2)不同职业类别公众对"扩权强镇"工作的满意度评估

为了解不同职业类别公众对"扩权强镇"工作的满意度,我们用 SPSS 软件对"职业类别"和"满意度"这两个变量进行交叉分析,分析结果如表 3-6 所示:

表 3-6 不同职业公众对"扩权强镇"工作的满意度 I

职业类别		非常满意	比较满意	一般	比较不满意	非常不满意
党政机关干部	频次(人)	91	247	141	9	3
	比例(%)	18.5%	50.3%	28.7%	1.8%	0.6%
群众	频次(人)	64	301	298	17	5
	比例(%)	9.3%	43.9%	43.5%	2.5%	0.7%
企业负责人和管理人员	频次(人)	30	91	77	6	2
	比例(%)	14.6%	44.2%	37.4%	2.9%	1.0%

根据前文对"满意度"和"不满意度"的定义,对表 3-6 中的数据进行计算,得出表 3-7:

表 3-7　不同职业类别公众对"扩权强镇"工作的满意度 Ⅱ

职业类别	满意度(%)	一般(%)	不满意度(%)
党政机关干部	68.8%	28.7%	2.4%
群众	53.2%	43.5%	3.2%
企业负责人和管理人员	58.8%	37.4%	3.9%

为直观起见,将上表中的数据根据满意度从高到低的顺序进行排列,得出条形图如下:

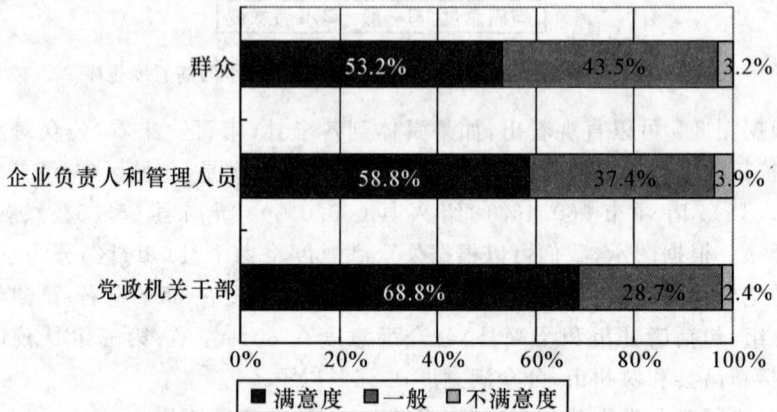

图 3-6　不同职业公众对"扩权强镇"工作的满意度排序

具体到各个职业类别来看,按照满意度高低顺序排列依次是:党政机关干部(68.8%)、企业负责人和管理人员(58.8%)、群众(53.2%)。可见,党政机关干部对扩权强镇工作的满意度要明显高于企业管理人员和群众;而在三个群体中,群众对绍兴市开展的"扩权强镇"工作的满意度是最低的。

(3)不同职业公众对"扩权强镇"工作的满意度

为更细致了解和比较不同职业公众对"扩权强镇"工作的满意度,我们对"职业"和"满意度"两个变量进行交叉分析,分析结果如表 3-8:

表 3-8　不同职业公众对"扩权强镇"工作的满意度 I

职业		非常满意	比较满意	一般	比较不满意	非常不满意
党政机关干部	频次（人）	10	23	5	0	0
	比例（%）	26.3	60.5	13.2	0.0	0.0
县（市、区）级党政机关干部	频次（人）	13	31	19	0	0
	比例（%）	20.6	49.2	30.2	0.0	0.0
镇级党政机关干部	频次（人）	68	193	117	9	3
	比例（%）	17.4	49.5	30.0	2.3	0.8
科教文卫事业单位人员	频次（人）	6	18	12	4	0
	比例（%）	15.0	45.0	30.0	10.0	0.0
社区工作人员	频次（人）	24	98	75	2	1
	比例（%）	12.0	49.0	37.5	1.0	0.5
企业负责人和管理人员	频次（人）	30	91	77	6	2
	比例（%）	14.6	44.2	37.4	2.9	1.0
企业一般职工	频次（人）	10	45	68	5	0
	比例（%）	7.8	35.2	53.1	3.9	0.0
农业生产人员	频次（人）	11	56	60	2	0
	比例（%）	8.5	43.1	46.2	1.5	0.0
离、退休人员	频次（人）	1	20	14	1	0
	比例（%）	2.8	55.6	38.9	2.8	0.0
学生	频次（人）	0	3	6	1	0
	比例（%）	0.0	30.0	60.0	10.0	0.0
自由职业者	频次（人）	8	43	44	1	2
	比例（%）	8.2	43.9	44.9	1.0	2.0
失业人员	频次（人）	0	12	14	1	1
	比例（%）	0.0	42.9	50.0	3.6	3.6
其他	频次（人）	4	6	5	0	1
	比例（%）	25.0	37.5	31.3	0.0	6.3

　　根据前文对"满意度"和"不满意度"的定义,对表 3-8 中的数据进行计算,得出表 3-9:

表 3-9　不同职业公众对"扩权强镇"工作的满意度 Ⅱ

职业	满意度(%)	一般(%)	不满意度(%)
市级党政机关干部	86.8	13.2	0.0
县(市、区)级党政机关干部	69.8	30.2	0.0
镇级党政机关干部	66.9	30.0	3.1
科教文卫事业单位人员	60.0	30.0	10.0
社区工作人员	61.0	37.5	1.5
企业负责人和管理人员	58.8	37.4	3.9
企业一般职工	43.0	53.1	3.9
农业生产人员	51.6	46.2	1.5
离、退休人员	58.4	38.9	2.8
学生	30.0	60.0	10.0
自由职业者	52.1	44.9	3.0
失业人员	42.9	50.0	7.2
其他	62.5	31.3	6.3

　　将上表中的数据根据满意度从高到低的顺序进行排列,得出条形图如下(图3-7):

　　具体到不同职业来看,按照公众满意度的高低排序依次是:市级党政机关干部(86.8%)、县级党政机关干部(69.8%)、镇级党政机关干部(66.9%)、其他(62.5%)、社区工作人员(61.0%)、科教文卫事业单位工作人员(60.0%)、企业负责人和管理人员(58.8%)、离退休人员(58.4%)、自由职业者(52.1%)、农业生产人员(51.6%)、企业一般职工(43.0%)、失业人员(42.9%)、学生(30.0%)。从图 3-7 中可以发现两个特点:一是尽管从总体上看,党政机关干部对"扩权强镇"工作的满意度要明显高于其他职业群体,但是不同层级党政机关的干部的满意度本身也是有明显差别的,其呈现出来的规律是从镇到县(市、区)到市,随着行政层级的上升,党政机关工作人员的满意度也逐步上升。具体来看,市级党政机关干部的满意度最高,县级党政机关干部的满意度次之,而镇级党政机关干部的满意度则最低。这可能是因为镇一级政府是"扩权强镇"工作的主力,下放的权力都需要镇级党政机关干部来运用,所以镇级党政机关干部的工作量较大,任务较重,运用下放的权力需要承担的风险较大,因而镇级党政机关干部的满意度较低。二是社会弱势群体(如农业生产人员、企业一般职工和失业人员等)对"扩权强镇"工作的满意度处于最低的水平,因而下一步"扩权强镇"工作的展开和推进应更多关注这些弱势群体的权益。

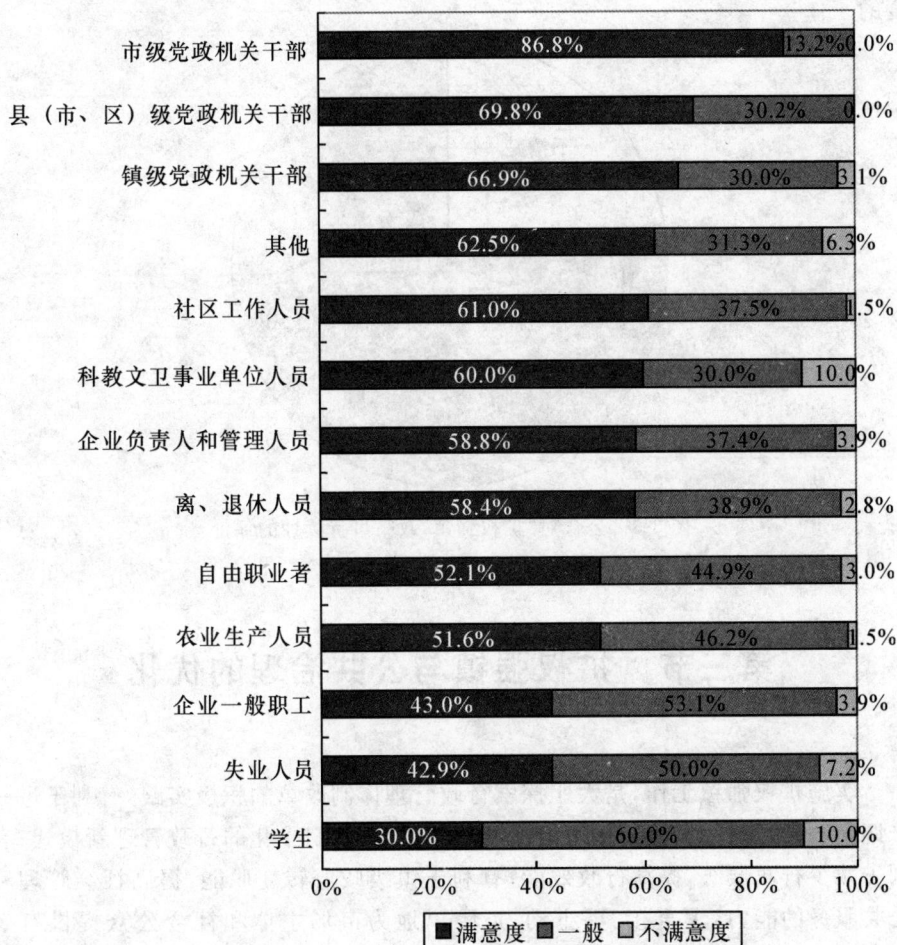

职业	满意度	一般	不满意度
市级党政机关干部	86.8%	13.2%	0.0%
县（市、区）级党政机关干部	69.8%	30.2%	0.0%
镇级党政机关干部	66.9%	30.0%	3.1%
其他	62.5%	31.3%	6.3%
社区工作人员	61.0%	37.5%	1.5%
科教文卫事业单位人员	60.0%	30.0%	10.0%
企业负责人和管理人员	58.8%	37.4%	3.9%
离、退休人员	58.4%	38.9%	2.8%
自由职业者	52.1%	44.9%	3.0%
农业生产人员	51.6%	46.2%	1.5%
企业一般职工	43.0%	53.1%	3.9%
失业人员	42.9%	50.0%	7.2%
学生	30.0%	60.0%	10.0%

■满意度 ■一般 □不满意度

图 3-7 不同职业公众对"扩权强镇"工作的满意度排序

四、可持续性评估

为了解公众对"扩权强镇"改革可持续性的评价,调查问卷中设计了"您认为'扩权强镇'政策是否具有持续性"的问题。该问题为单选题,备选答案有三项:"有"、"没有"、"不清楚"。共有 1452 人作了回答,回答的具体情况见图 3-8:

观察图 3-8 可知,就调查对象总体而言,有 68.5% 的调查对象认为"扩权强镇"政策具有持续性,9.0% 的调查对象则认为"扩权强镇"政策没有持续性,其余 22.5% 的人选择了"不清楚"。应当说,尽管有一部分人对"扩权强镇"的发展前景并不是非常看好,但总体上看,大多数公众对这一改革的前景是保持乐观态度的。

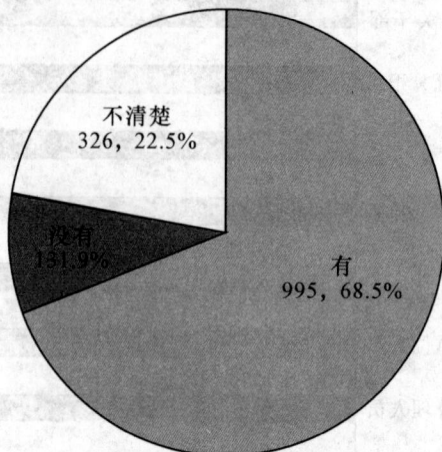

图 3-8   公众对"扩权强镇"政策可持续性的评价

第三节   扩权强镇与公共治理的优化

实施扩权强镇工作,是大胆探索行政管理体制改革的积极实践,有利于进一步调整和理顺市、县、镇三级政府的权责关系,探索扁平化的行政管理新模式;有利于减少行政层级,提高行政效能;有利于镇级政府转变职能,提高社会管理和公共服务的能力,更直接、更主动、近距离地为市场主体和社会公众提供有效服务。

一、理顺县镇关系,化解权责矛盾

实行"扩权强镇"有利于有效化解乡镇"权小责大、权责不一"的矛盾。乡镇是具有双重身份和地位的基层国家行政机关,既对本级人大负责,也对上一级政府(县或县级市)负责。其职权主要包括执行权、制令权、管理权和保护权 4 项。其机构设置既有本身的直属办公机构和企事业机构,又有双重领导的垂直机构。目前管理中的突出问题是:乡镇一直未能成为一级完备的政府,缺少决策权和独立的财政,因而也缺少相应的施政能力。"人长大了还穿小孩衣服"、"小马拉大车",这些词经常被用来形容小城镇成长的烦恼。权力小、责任大、能力弱是对目前乡镇管理的精练概括。权力小是指乡镇缺乏独立的决策和行政权力；责任大是指乡镇干部工作在基层第一线，直接面对农民，担负着发展建设乡镇的重任；能力弱是指乡镇可支配的资源少，可动用的手段少，尤其是财政、工商、税务、公安等部门的垂直管理，进一步缩小了乡镇的管理手段，而且造成了新的条块矛盾。乡镇政府改革的思路，一是强化乡镇政府的责权和民选机制，使其成为真正的基层实体政府；二是弱化乡镇政府，使其成为县的派出机构，专门完成县政府委托的任务和指导村的自治活动，从而精简机构。"扩权强镇"正是我国人口密度大、城镇化发展速度快、经济发展水平较高地区直面乡镇政府改革的理性选择。

从绍兴市的实践看，"扩权强镇"改革的实质，是对县（市）、镇两级政府权力关系进行调整，下放县级政府的部分经济社会管理权和行政执法权，以缓解中心镇财权、行政执法权同其承担的日益繁重的行政管理事务相背离的矛盾。这对于增强中心镇政府职能、权限对地方经济社会发展的适应性，提高基层政府的管理效能无疑能够起到一定的积极作用。通过扩大镇级行政事权，许多镇级职能都到位，开展工作容易了，上面部署工作也比较顺畅，原来镇一级"天大的责任，巴掌大的权力"的现象有了较明显改变。

一方面，"扩权强镇"改革下放了县级政府的经济社会管理权限，按照"依法下放、能放则放"的原则，赋予中心镇部分县级经济社会管理权限。按照创建服务型政府的要求，强化了中心镇政府农村科技、信息、就业和社会保障、规划建设、公共文化、义务教育、公共医疗卫生、计划生育和法律援助等公共服务职能。权力下放的主要方式是县向乡镇委托授权。例如，为了填补乡镇政府在环保监管上的职能缺位，首先进行改革的绍兴县就通过书面授权的形式，在 2006 年年底由县委县政府与钱清镇等 5 镇签订委托行使管理职能协议书，明确规定了乡镇执法员可"对辖区企事业单位违法排污行为开展调查取证并提出处罚建议"。也就是说获得授权的乡镇环保执法员只要拿出相关执法证就可对发现的偷排污水行为进行及时处理，而不用再向上级汇报，由县级政府相关部门人员处理[①]。通过委托授权，理顺了乡镇与上级政府的权责关系，解决了其"有权管不了，无权不能管"的问题，化解了乡镇政府权能不符的矛盾。

另一方面，相对理顺了财权与事权的关系。下放的经济社会管理权限须有相应的财权匹配才能发挥作用，因此，浙江省政府在支持中心镇发展的文件中明确规定将部分财政权力下移，如在中心镇范围内收取的规费和土地出让金，除上缴中央部分外，地方留成部分向中心镇倾斜。绍兴做出的规定是：从 2007 年起

---

　①　夏燕:《强镇扩权"浙江新命题"》,《观察与思考》,2007 年第 12 期。

除了上缴中央和省级财政的部分,增收部分不再由县镇两级共享,而是全部返还给乡镇。财权的扩大,能够促使乡镇政府将更多的支出应用到公共服务领域。"扩权强镇"赋予了乡镇政府一定财权,使之与公共事务管理权相匹配,为理顺财权事权关系奠定了基础。[①]

从问卷调查分析的结果来看,在对"扩权强镇"对理顺县镇关系、实现权责利统一的促进作用的评价上,在答题的1482名调查对象中,25.3%的人选择了"作用非常明显",41.0%的人选择了"作用比较明显",两项相加为66.3%;24.6%的人选择了"作用一般";选择"作用不太明显"和"没有作用"的人数比例分别为4.2%和0.9%,两项相加为5.1%;其余3.9%的人选择了"不清楚"。

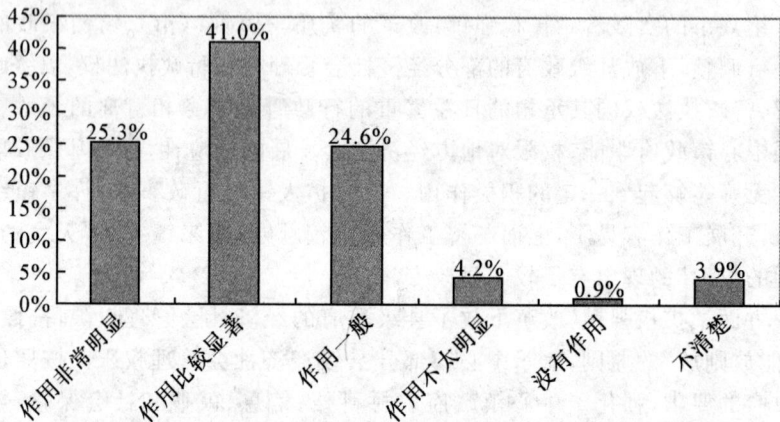

图 3-9　"扩权强镇"对理顺县镇关系、实现权责利统一的促进作用

二、提高行政效率,降低运行成本

推进政府管理创新既要着眼于提高行政效率,又要重视改善政府服务质量。提高行政效率,说到底是为了服务公众、增进公民权益,而不是为了政府机关及其工作人员自身的便利。行政效率高低是衡量政府服务质量好坏的一个重要标准,行政效率低下的政府部门,不可能提供真正高质量的公共服务。[②]

从绍兴市的实践来看,"扩权强镇"在提高行政效率,减少运行成本方面的作用非常显著。本来一项简单的行政许可事项既要在镇里办,又要在市县办,手续麻烦,时间浪费,精力浪费,资金浪费。扩权后,镇级政府事权扩大,许多事项可

[①]　姚莉:《财权与事权配置视角下的乡镇改革趋势——兼评"乡财县管"与"强镇扩权"》,《农村经济》,2009 年第 2 期。

[②]　俞可平等著:《政府创新的理论与实践》,浙江人民出版社 2005 年版,第 20 页。

在镇本级一次性办理,行政审批事项办理速度加快;涉及行政处罚的事项也能就地处理,按照法律法规,周期缩短,既好又快,群众满意,大大提高了行政效能,减少了运行成本。以兰亭镇为例,从该镇经济社会发展服务中心的办理统计情况看,自成立以来至 2009 年,累计办理劳动保障、发改审批等各类事项 196 件,绝大部分事项实现当日办结,按期办结率达 100%。其中建设项目选址审批由原来的 10 天缩短到现在的 7 天,建设项目规划方案审批,由原来的 7 天缩短到现在的 5~6 天,较好地提高了服务效率。2008 年下半年,面对严峻的经济发展形势,镇政府通过加快规划审批等环节,为 20 家企业办理了 22 万平方米的房产权证,为这批企业及时融资解决了"燃眉之急",有效化解了经营风险。"扩权强镇"真正体现了建设服务型政府的要求,为经济社会事业发展提供了良好的环境。

问卷调查结果显示,在对"扩权强镇"对推动中心镇行政工作效率的提升方面作用的评价上,在答题的 1478 名调查对象中,28.8% 的人选择了"作用非常明显",43.1% 的人选择了"作用比较明显",两项相加为 71.9%;20.0% 的人选择了"作用一般";选择"作用不太明显"和"没有作用"的人数比例分别为 4.1% 和 1.0%,两项相加为 5.1%;其余 3.0% 的人选择了"不清楚"。

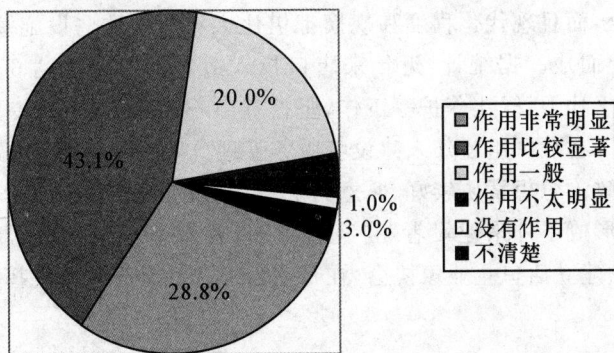

图 3-10 "扩权强镇"对提升中心镇行政工作效率的促进作用

三、转变政府职能,提升服务能力

绍兴市在实施扩权强镇的同时进行转变政府职能的改革,积极探索公共服务市场化和社会化运作的新形式,将众多公共服务交给非政府组织和市场主体。浙江省《关于加快推进中心镇培育工程的若干意见》确定了中心镇要加快社会事业发展和基础设施建设,建设和完善"一校(高标准的普通高中或职高中)、二院(中心卫生院、综合性敬老院)、三中心(文化中心、科普中心、体育中心)"等设施,以及"一路(高标准的进镇道路)、二厂(自来水厂和污水处理厂)、三网(自来水供水网、垃圾收集转运处理网、通村公交网)"等设施。当然,这些公共物品的大量投入仅仅靠乡镇一级政府是难以实现的。因此,改革过程中一些乡镇采取了市场运作的方式,通过走社会化、市场化、多元化道路,鼓励民间资本参与基础设施建设。

例如,店口镇探索一条"以政府为主导、以民资为主体"的建设之路。面对居民的公共产品诉求,缺钱办事的政府不要一味地把建设职能揽到自己身上,而应该灵活地把提供公共产品的部分经济事务让给市场。垃圾和污水处理就是一个成功的实践。垃圾和污水如何处理,在城市化过程中是一道无法绕过的坎,但如果由政府投资,不仅资金上难度很大,而且由谁运行、如何管理,都将带来一系列问题。店口的做法是市场化运作,由当地一家名叫"中伟"的企业,采取 BOT 的方式,兴建垃圾焚烧项目,经营权 25 年。该项目投资超过 1 亿元,技术先进,第一、二期工程日焚烧垃圾能力达到 300 吨。2009 年,作为市重点基础设施工程的店口污水处理项目也采用 BOT 方式开始兴建,总投资 1.3 亿元。利用民营资本,搞公用设施建设,解决了农村城市化过程中政府城市建设资金严重不足的难题。目前,这一做法已成为店口常规性的城建思路。店口将其概括为"政府主导,民资主体,市场运作,共建共享"。店口的学校、医院、公园、市场、道路等公用设施基本齐全,而且现代化程度和规模都堪比大城市。这些设施基本都是采用这种方式兴建而成。据统计,近年来店口投入造城的民资已达 30 多亿元。此外,店口镇对于环卫、绿化养护等工作,坚持养事不养人,外包给专业化公司;坚持"以外管外",在社区组建外来建设者服务管理分中心,从外来建设者中选拔组织能力较强、政治思想素质较好、愿意为老乡服务的同志担任分中心主任、妇女主任等职务,形成了外来建设者"自我管理、自我服务、自我教育"新格局;2009年 3 月又推动建立店口企业家协会,在行业自律和社会管理中发挥重要作用。

第四节　扩权强镇与区域经济社会的发展

"扩权强镇"的关键是强化乡镇政府的公共服务职能,而不是简单地把县级政府的经济社会管理权限下放到乡镇政府。推进"扩权强镇"改革,重要的是使有限的公共资源在县和乡镇政府之间实现优化配置,要通过扩大乡镇的自主权实现地方治理中权力的优化配置,从而更好地推进镇域和县域的经济社会全面发展。经过 4 年左右的"扩权强镇"改革实践,绍兴市各中心镇在经济发展、基础建设、社会民生、环境保护等方面均取得显著的成效。

一、促进经济发展

在现阶段,促进经济发展仍然是地方政府的一项主要职能,经济发展水平一定程度上体现了政府履行经济职能的状况。当然,我们现在所讲的发展不仅是实现经济增长的过程,同时也是社会结构变革的过程,即:发展＝经济增长＋社会变革。因此,对政府绩效的评价不仅要关注经济增长,还要注重社会各个方面的综合发展和协调进步。发展是付出代价并扬弃代价寻求再生之路的过程。因此,经济增长始终是发展的应有之意,也是绩效评价的一个重要方面,同样,地方政府创新的绩效与经济增长之间存在着相关关系,经济增长也应作为创新绩效的一个重要方面。

从绍兴市的实践来看,"扩权强镇"可带动镇级经济的发展。镇级经济在一个地方的发展中是十分重要的,它既包含了传统的第一产业,也包含了新兴的二、三产业;它关系到多余劳动力的就地转移和农民群众的增收,也关系到城市化进程的加速;从精神文明角度讲,它还关系到群众综合素质的提高,关系到法律法规的普及。镇级经济强大了,必然使县域经济实力增强,进而使全市经济实现新的跨越有了强大基础和动力。通过扩权强镇的实施,有效化解乡镇"权小责大、权责不一"的矛盾,提高乡镇的服务水平,将有助于激发发展的动力活力,充分发挥中心镇在产业集聚和人口集聚方面的巨大作用,大力推动镇级经济的发展。

1. 中心镇经济发展迅速

(1)经济实力明显提升

三年多来,在扩权强镇的推动下,尽管受到金融危机等影响,绍兴市中心镇的经济建设仍然取得了可喜成绩,各项经济总量指标综合值稳中有升。2010年,28 个省、市级中心镇完成规模以上工业产值 2975.0 亿元,占全市的 43.5%,同比增长 22.1%;实现财政总收入 83.7 亿元,占全市的 24.0%,同比增长 25.5%;实际利用外资 3.0 亿美元,占全市的 31.7%;自营出口总额 55.6 亿美元,占全市的 26.4%,同比增长 26.1%。经济实力更进一步壮大。2006 年 28 个中心镇的国内生产总值、财政收入、工业总产值之和分别为 520.49 亿元、43.47 亿元、2121.89 亿元。到 2009 年,以上三项指标分别为 738.18 亿元、67.82 亿元、3269.61 亿元。与 2006 年相比,增幅分别为 41.82%、56%、54.09%。① 集聚水平进一步提升。各中心镇积极发挥中心镇区位优势,鼓励引导民资、外资进入生产性服务业和消费性服务业,加快形成与之相适应的布局合

① 绍兴市发展和改革委员会:《绍兴市中心镇三年建设成效回顾》,2010 年。

理、行业齐全、业态先进的商贸服务体系。如绍兴县杨汛桥镇、钱清镇主动接受萧山和杭州市区的辐射,杨汛桥镇全面开工建设西小江商贸一条街;钱清镇投资28亿元推进"大钱门"中央商务区建设。创新能力进一步提升。坚持"创业创新、走在前列"战略指导思想,加大创新扶持力度,推进产业转型提升,中心镇创新能力显著提高。以专利与知名品牌数量为例,中心镇的专利申请受理和授权数量,知名品牌、商标的保有数量均有大幅度的上升。产业集聚度进一步增强。围绕产业强镇、加快转型升级,中心镇产业集聚度进一步增强,集群化发展特征日益明显,排名前两位的产业产值占中心镇工业总产值的比重由 2006 年的66.54%,提高至 2009 年的 70.71%,店口、杨汛桥、长乐、道墟、大市聚等部分中心镇,排名前两位的产业产值占镇工业总产值的比重更是高达 90%以上。

(2)产业结构特色日益鲜明

坚持把培育特色产业,作为夯实中心镇实力、加快转型升级的核心内容来抓。按照"优化产业布局、促进要素集聚、合理错位发展"的原则,培育各具特色的产业重镇、商贸强镇、旅游名镇,逐步形成了以第二产业为主、民营经济为主、轻纺产业为主的产业格局。第二产业增加值占全市经济总量的 58%以上,民营经济总量占经济总量的 95%以上。城镇化的加快,促进了二三产业快速发展和结构提升,绍兴三次产业比例由 2006 年的 5.8:60.7:33.5 调整为 2009 年的5.2:58.1:36.7。围绕做专做精特色产业,搭建产业共性技术平台,加快技术创新和品牌培育,企业的创新能力不断提升。2009 年中心镇新增专利数(含受理)3982 件,市级以上驰名商标、知名品牌总数达到 451 个,分别比 2006 年增长115.8%和 70.2%。[①]产业结构进一步优化,服务业的比重有了大幅度的提升,品牌建设成效进一步显现。全市中心镇结合产业发展现状和自身的区位优势,以市场为导向,以结构调整为主线,形成了绍兴县钱清镇的轻纺原料、杨汛桥镇的经编、平水镇的农副产品;诸暨市店口镇的五金水暖汽配、大唐镇的袜业;上虞市崧厦镇的伞业、丰惠镇的手套袜业;嵊州市甘霖镇的电声器材、长乐镇的电机;新昌县儒岙镇的胶丸;越城区皋埠镇的休闲观光农业等特色产业。

2.公众评价积极

为了解公众对"扩权强镇"在推动中心镇经济建设和发展方面成效的评价,调查问卷中专门设计了一张表格,请调查对象对中心镇经济建设各个方面的推动作用分别作出评价。要求评价的项目包括:"扩权强镇对推动中心镇成为产业集聚区方面的成效"、"扩权强镇对推动基础设施建设方面的成效"、"扩权强镇对改善镇政府服务,使企业办事更加方便方面的成效"、"扩权强镇对促进中心镇经

---

① 绍兴市发展和改革委员会:《绍兴市中心镇三年建设成效回顾》,2010 年。

济发展更快、更有活力方面的成效"、"扩权强镇对使中心镇积聚的资源更多,对当地和周边地区的带动力更强方面的成效"。备选答案有六项:"成效非常大"、"成效比较大"、"成效一般"、"成效比较小"、"成效非常小"、"说不清"。就整张表格的填写情况而言,共有 7390 人次作了回答,答题的具体情况如表 3-10:

表 3-10 扩权强镇在推动中心镇经济建设和发展方面的成效

		成效非常大	成效比较大	成效一般	成效比较小	成效非常小	不清楚	合计
扩权强镇对推动中心镇成为产业集聚区方面的成效	人次	404	725	261	17	10	28	1445
	比例(%)	28.0	50.2	18.1	1.2	0.7	1.9	100.0
扩权强镇对推动基础设施建设方面的成效	人次	441	716	273	28	5	23	1486
	比例(%)	29.7	48.2	18.4	1.9	0.3	1.5	100.0
扩权强镇对改善镇政府服务,使企业办事更加方便方面的成效	人次	413	694	305	23	16	34	1485
	比例(%)	27.8	46.7	20.5	1.5	1.1	2.3	100.0
扩权强镇对促进中心镇经济发展更快、更有活力方面的成效	人次	421	678	319	32	11	26	1487
	比例(%)	28.3	45.6	21.5	2.2	0.7	1.7	100.0
扩权强镇对使中心镇积聚的资源更多,对当地和周边地区的带动力更强方面的成效	人次	414	673	323	33	16	28	1487
	比例(%)	27.8	45.3	21.7	2.2	1.1	1.9	100.0
合计	人次	2093	3486	1481	133	58	139	7390
	比例(%)	28.3	47.2	20.0	1.8	0.8	1.9	100.0

根据统计数据显示,调查对象总体对于绍兴市开展"扩权强镇"工作在推动中心镇经济建设和发展方面成效的评价是:认为"成效非常大"的有 2093 人次,占 28.3%;认为"成效比较大"的有 3486 人次,占 47.2%;认为"成效一般"的有 1481 人次,占 20.0%;认为"成效比较小"的有 133 人次,占 1.8%;认为"成效非常小"的有 58 人次,占 0.8%;"不清楚"的有 139 人次,占 1.9%。由统计数据可知,从总体上来看,针对扩权强镇在推动中心镇经济建设和发展方面的成效,调研对象的评价较高,认为成效非常大的在 28% 至 30% 之间,成效比较大的在 45% 至 50% 之间,两者总和为显著成效,在 73% 至 80% 间;其次认为"成效一般"的占 20% 左右;认为"成效较小"以及"成效非常小"者均在 2.5% 以下;选择"不清楚"的人数比例在 2% 左右。

二、强化城镇功能

扩权强镇扩大了镇级政府财政投入和建设的力度,推动城镇中心的基础设施和公共服务设施建设,促进产业结构调整和升级发展,提高城镇中心的经济实力,优化城镇中心空间结构,建设良好的生态环境,打造城镇中心的综合服务中心,培育城镇中心的中心性职能,一方面将城镇中心作为推进城乡一体化发展的核心引擎,通过城镇中心带动城乡发展;另一方面引导乡村人口向城镇中心转移,扩大城镇规模和提升城镇职能,逐渐向中小城市方向发展。

绍兴市坚持发挥规划的先导作用,把合理布局、科学定位中心镇,作为培育发展中心镇的重要抓手。目前,基本形成了国家、省、市三级重点培育中心镇体系。同时,深化细化各项专项规划,编制了功能区分区、社会事业发展、基础设施建设和环境保护等各类专项规划,进一步明确了功能定位、发展方向和城镇特色。目前,全市共有 1 个大城市、5 个中等城市、3 个小城市(镇区人口 5 万以上)和 76 个小城镇,其中 4 个县(市)进入全国百强,16 个小城镇跨入浙江百强,杨汛桥镇、平水镇、店口镇被列为全国发展改革试点小城镇。从全省来看,绍兴县级城市和中心镇综合实力较强,大中小城市和小城镇发展较为协调,"一个中心(绍兴中心城市)、三条轴线(绍北、绍西、绍东城镇发展轴)、三大组群(绍虞、诸暨、嵊新城镇组群)",28 个中心镇(其中省级 12 个,市级 16 个),梯次分明、布局合理、功能完善、结构完善,大中小城市和小城镇协调发展的城镇体系布局基本形成。2006 年全市 28 个中心镇的建成区面积之和为 167.5 平方公里,2007、2008、2009 年则分别为 172.32 平方公里、195.74 平方公里、218.93 平方公里,三年来累计增加建成区面积达到 51.43 平方公里,增幅为 30.7%。积极推进"十大城乡统筹网"建设,以一路(高标准进镇公路)、二厂(自来水厂、污水处理厂)、三网(自来水供应网、垃圾收集运转处理网、通村公交网)为主的基础设施建设,以一校(高标准的普高)、二院(人民医院、综合性敬老院)、三中心(文化中心、科普中心、体育中心)为主的公共服务体系建设加快推进,有效提高了城镇居民的生活质量。2009 年,全市农村客运通达率达 99.2%,城镇集中供水覆盖农村人口增加 18.9 万,新增教育基本现代化乡镇 15 个,创建村级社区服务中心 918 个,新增电气化村 247 个、信息化示范村 75 个;28 个中心镇建成区人口集中度达 43%,比上年提高 10 个百分点。

三、推动城乡统筹

实施扩权强镇工作,是加快统筹城乡发展的有力保障。镇域直接面对农村,城镇是农村政治、经济、文化的中心，是城市现代文明向农村拓展、延伸、辐射的重要枢纽，是以城带乡、以工促农、统筹城乡发展的重要平台。进一步扩大镇级政府管理权限，有利于做大做强镇域经济，增强镇级政府的统筹发展能力，整体推进城乡生产力的优化布局和要素的合理流动，实现集聚、集约发展；有利于加快基础设施向农村延伸、公共服务向农村覆盖、现代文明向农村传播，实现基本公共服务均等化；有利于镇级政府以更强的实力和能力，更好地解决"三农"问题，加快建设全面小康社会的进程。

绍兴市在扩权强镇的推动下，按照城乡统筹发展的要求，把加快农村社会事业发展，强化公共服务作为建设社会主义新农村的中心任务。社会保障覆盖面不断扩大。各中心镇把推进社会保障网络健全作为重要工作来抓，通过扩大企业职工社保面、推行农民养老保险、实施城乡老年居民生活补贴制度和提高被征地农民养老保险、低保户和新型农村合作医疗的享受标准等，进一步完善社会保障体系。2007—2009 年，中心镇参加社会及合作医疗保险人数占总人口的比重快速上升，社会保障覆盖面不断扩大。新增社会就业岗位不断增加。2006 年 28个中心镇新增就业岗位数约为 25000 个，2007 年新增就业岗位数约为 30000 余个。即使是受全球经济危机影响较大的 2008 年，28 个中心镇新增就业岗位仍然超过 30000 个。2009 年随着经济的复苏，中心镇新增就业岗位也出现激增现象，总数接近于 40000 个，新增就业岗位的环比增速分别为 20.93％、0.06％、17.26％。社会更加安定和谐。28 个中心镇全面实施了社会就业、社会救助、社会保障、社会进步四大工程，努力使经济发展成果转化为社会进步的成果，惠及人民群众。一方面积极探索制度化的新型管理机制，不断深化健全社区管理和服务体系；另一方面坚持教育引导和严格执法并举，以创建文明镇村为抓手，引导和规范居民养成良好的生活方式及行为习惯。积极推进了扶贫救助。开展基本生活、教育、医疗、住房等救助活动，以冠名慈善基金、慈善超市等形式，推进扶贫济困工作系统化、制度化、经常化，实现困难群众救助全覆盖。如绍兴县杨汛桥镇积极鼓励社会力量参与慈善事业，成立了镇慈善协会；诸暨市店口镇，由海亮集团出资 1000 万元，成立了"海亮医疗救助基金"；新昌县儒岙镇建立了困难群众资助机制。①

村公共产品和社会化服务短缺曾是造成城乡鸿沟的重要原因。绍兴市各县（市、区）紧紧围绕统筹城乡发展、实现基本公共服务均等化的目标，积极推进扩权强镇工作。以绍兴县为例，规划权下放后，该县的各中心镇按照镇域城市化的理念，依托各自优势，着力优化布局，城镇形象有了大幅提升。该县在城乡范围

---

① 绍兴市发展和改革委员会：《2008 年度绍兴市中心镇培育发展报告》，2009 年。

内规划 94 个城乡新社区,其中城镇社区 40 个,城镇规划区面积达到 334.75 平方公里,占全县 28.1%。如钱清镇按照小城市定位编制中心镇总体规划和专项规划,涵盖产业集聚、结构调整、商贸区建设、市场升级改造等全部领域,其规划被评为绍兴市中心镇规划一等奖,成为全国第一个开通二级公交的乡镇。扩权后中心镇对农村辐射能力显著增强。城乡社区建设扎实推进,全县累计 41 个村审批建造农民公寓,共建设农民公寓 134 幢 2310 套,总建筑面积 38.7 万平方米。近 3 年全县农民人均净收入和人均生活支出分别实现了 12% 和 10.2% 的年均增长,就业、教育、医疗等公共服务不断向基层延伸,如钱清镇率先实现了镇村医药卫生一体化,城乡差别逐渐缩小[①]。

为了解公众对"扩权强镇"对推动城乡统筹发展方面作用的评价,我们在问卷调查中专门设计了一张表格,罗列了"扩权强镇"可能会给城乡居民生活带来的 10 个方面的影响和变化,并请调查对象分别作出评价。这 10 个方面的影响和变化分别是:"城镇居民收入增加了"、"农民收入提高了"、"公共交通增加方便了"、"城乡居民就业机会增加了"、"居民享受了更好的教育文化服务"、"城乡居民养老保障覆盖面扩大了"、"城乡居民医疗保障覆盖面扩大了"、"享受到更好的社区医疗卫生服务"、"社会治安状况改善了"、"居民生活幸福感增强了"。这 10 个方面基本上涵盖了基本公共服务均等化和城乡统筹发展的方方面面。备选答案有六项:"非常大"、"比较大"、"一般"、"比较小"、"非常小"、"不清楚"。从表格填写的整体情况来看,共有 14880 人次作了回答,具体答题情况见表 3-11:

表 3-11　扩权强镇给城乡居民生活带来的影响

		非常大	比较大	一般	比较小	非常小	不清楚	总计
城镇居民收入增加了	频次(人)	291	640	475	34	24	26	1490
	比例(%)	19.5	43.0	31.9	2.3	1.6	1.7	100.0
农民收入提高了	频次(人)	271	594	536	40	26	23	1490
	比例(%)	18.2	39.9	36.0	2.7	1.7	1.5	100.0
公共交通增加方便了	频次(人)	391	712	323	32	11	18	1487
	比例(%)	26.3	47.9	21.7	2.2	0.7	1.2	100.0
城乡居民就业机会增加了	频次(人)	356	668	384	39	15	26	1488
	比例(%)	23.9	44.9	25.8	2.6	1.0	1.7	100.0

---

① 冯文华:《以"扩权强镇"提升"中心镇"》,《今日浙江》2011 年第 2 期。

续表

		非常大	比较大	一般	比较小	非常小	不清楚	总计
居民享受了更好的教育文化服务	频次(人)	364	647	397	40	17	21	1486
	比例(%)	24.5	43.5	26.7	2.7	1.1	1.4	100.0
城乡居民养老保障覆盖面扩大了	频次(人)	414	709	291	34	19	20	1487
	比例(%)	27.8	47.7	19.6	2.3	1.3	1.3	100.0
城乡居民医疗保障覆盖面扩大了	频次(人)	434	696	295	31	13	21	1490
	比例(%)	29.1	46.7	19.8	2.1	0.9	1.4	100.0
享受到更好的社区医疗卫生服务	频次(人)	396	663	358	31	19	21	1488
	比例(%)	26.6	44.6	24.1	2.1	1.3	1.4	100.0
社会治安状况改善了	频次(人)	319	628	433	68	22	21	1491
	比例(%)	21.4	42.1	29.0	4.6	1.5	1.4	100.0
居民生活幸福感增强了	频次(人)	311	635	447	42	24	24	1483
	比例(%)	21:0	42.8	30.1	2.8	1.6	1.6	100.0
合计	频次(人)	3547	6592	3939	391	190	221	14880
	比例(%)	23.8	44.3	26.5	2.6	1.3	1.5	100.0

根据统计数据显示,调查对象总体对于绍兴市开展"扩权强镇"工作在影响城乡居民生活方面成效的评价是:认为"成效非常大"的有 3547 人次,占23.8%;认为"成效比较大"的有 6592 人次,占 44.3%;认为"成效一般"的有3939 人次,占 26.5%;认为"成效比较小"的有 391 人次,占 2.6%;认为"成效非常小"的有 190 人次,占 1.3%;"不清楚"的有 221 人次,占 1.3%。通过以上数据分析可以得出如下结果:扩权强镇工作对城乡居民生活各个方面带来的影响,选择"非常大"和"比较大"的人数合在一起的比例在 68% 以上,其中城乡居民医疗保障覆盖面扩大(75.8%)、城乡居民养老保障覆盖面扩大(75.5%)、享受到更好的社区医疗卫生服务(71.2%)、公共交通更加方便了(74.2%)四项达到了70% 以上,只有农民收入提高这项只有 58.1%,可见扩权强镇工作给城乡居民生活带来的影响是显著的,但在一些方面还有进一步提升的空间。

此外,实行"扩权强镇"还有利于推进地方自治发展与公民社会构建。社会主义民主的终极目标之一是实现各利益群体的自我管理。我国在农村长期推行的地方自治实践既是农村现实发展的需要,更是将来在更大范围内推行群体自治的一个试点。过去成效不大,仍是上面说了算,没有给予地方自我管理的配套权力是其重要原因。"扩权强镇"的试行给我们实现真正的地方自治提供了新的思路,客观上对地方自治的发展起到积极的推动作用。另一方面,试行新政的"扩权镇"镇政府获得了新权力,广大群众面对的权力级别降低(由县到镇)、距离缩短、信息明晰,他们监督的自觉性提高、动力加大。在这个自上而下放权改革的过程中,基层民众获得的监督权必然会增多,基层民众的公民意识就会不断得到启蒙和催化,为公民社会的建立创造了条件。

四、强化环境保护

经济的发展必须建立在生态系统的良性循环基础之上,绍兴市在中心镇发展中尤为注重经济发展与环境保护相协调。28 个中心镇坚定不移地实施可持续发展战略,在加快对区域产业科学规划布局的同时,不断加大对环境保护的投入。围绕新农村建设,以创建全面小康建设示范村为抓手,以道路硬化、村庄绿化、河道净化、环境洁化和村级公共服务完备化为重点,广泛开展村庄整治建设,极大地改善了农村人居环境。2007 年环保投入超过 2.5 亿元,2008 年受经济危机影响,只有微小的提升,投入总额 2.68 亿元,2009 年环保投入激增至 3.27 亿元,比 2008 年增长 22%。环保项目建设明显加快。中心镇加快一系列环保项目的建设,期间由多项重大环保项目建设完成。绍兴县钱清镇投资 6000 万元建设完成垃圾填埋场,兰亭镇投资 2300 余万元建成四家印染企业中水回用及预处理系统。污水处理排放率显著提高。2006 年 28 个中心镇平均污水处理排放比率为 73.92%,2009 年为 83.97%,三年来污水处理排放比率提高了 10 个百分点。越城区皋埠镇、绍兴县的钱清镇、杨汛桥镇、平水镇,诸暨市的店口镇、大唐镇、上虞市的小越镇等污水处理排放比率达 100%。重视环境保护设施建设,12 个省级中心镇共建设污水处理厂 7 个;建成区排水管网覆盖率达 82.25%。推进节能减排,12 个省级中心镇建成区生活污水处理排放率平均达 64%,比上一年提高了 24 个百分点。增强农村环境整治力度,推广应用垃圾无害化处理、污水净化治理新技术新方法,全部建立健全"户集、村收、镇运、县处理"的垃圾收集运行机制,12 个省级中心镇垃圾收集处理入村率达 100%。

绍兴市四年多的探索和实践充分证明,"扩权强镇"较好地理顺了县镇管理体制,激发了发展动力与活力,各新型城镇和中心镇经济实现较快发展,城镇面貌明显改善,社会保持和谐稳定,全市城乡统筹发展水平位居全省前列,改革取得明显成效,引起了有关中央媒体的关注①,得到了各级党委政府和社会各界的充分肯定。中央政治局委员、广东省委书记汪洋和浙江省委书记赵洪祝专门作了批示,表示肯定。2007 年 12 月 2 日,首届中国小城镇发展高层论坛暨中国强镇镇长峰会在绍兴召开。全国 150 多位强镇镇长和近百名专家对绍兴"扩权强镇"改革取得的成效给予肯定,并达成了中国小城镇发展的"绍兴共识"。2008年 1 月,"绍兴试点强镇扩权"入选 2007 年度"十大地方公共决策实验"。专家在点评"绍兴试点强镇扩权"时认为,"在国内大部分地区乡镇改革朝向弱化权力的大趋势下,绍兴强镇扩权尤显特立独行。'看得见,管不着',乡镇执法困境由来已久,绍兴此番改革本意就是解决乡镇'责任倒挂'问题,尝试委托执法方式,赋予乡镇部分检查、监督、处罚权限,尽管试验效果尚需观察,但已触动了政府管理最敏感的那根神经。"2008 年 4 月 25 日,国家发改委调研组到绍兴县调研"扩权强县"和"扩权强镇"工作,并充分肯定了绍兴县在体制改革上的有益尝试,特别是扩权强镇的做法具有较强的借鉴意义。

本章参考文献

[1] [美]道格拉斯·C.诺思:《制度、制度变迁与经济绩效》,生活·读书·新知三联书店 1994 年版。

[2] [日]青木昌彦:《比较制度分析》,周黎安译,上海远东出版社 2001年版。

[3] [美]保罗·C.莱特:《持续创新:打造自发创新的政府和非营利组织》,张秀琴译,中国人民大学出版社 2004 年版。

[4] 俞可平等著:《政府创新的理论与实践》,浙江人民出版社 2005 年版。

[5] 吴建南等:《中国地方政府创新的动因、特征与绩效——基于"中国地方政府创新奖"的多案例文本分析》,《管理世界》,2007 年第 8 期。

[6] 夏燕:《强镇扩权"浙江新命题"》,《观察与思考》,2007 年第 12 期。

---

① 据统计,2006 年 12 月 1 日至 2011 年 6 月 30 日,中央媒体对绍兴市中心镇改革的报道共有 30 次,其中通讯最多,有 13 篇,其次是消息,评论和专题各 4 次。人民网和人民日报对绍兴市中心镇扩权的报道最为系统,包括了消息 4篇、通讯 5 篇、评论 3 篇。

人民网所做的 3 篇评论《浙江:从"强县扩权"到"强镇扩权"》(2009 年 3 月 23 日)、《人民网:中国强镇扩权进行时"松绑"后的强镇面临新课题》(2010 年 6 月 10 日)、《"脚大鞋小"受制约 中国经济强省加快强镇扩权》(2011 年 4 月 18日),报道和评论都对绍兴市中心镇改革作了正面评价,人民网认为在发达乡镇处于向工业化、城市化积极迈进的进程中,基层政府肩负城乡统筹发展和新农村建设的重大责任,面临着新矛盾和新挑战。绍兴市中心镇强镇扩权和权力规制创新的改革给予了乡镇更多的权力,有利于激发乡镇更大的活力,增强基层政府社会管理和公共服务的能力,促使乡镇更快实现现代化。人民网和人民日报的报道曾被新华网、网易、凤凰网、大洋网和很多地方政府门户网站转载。

关于绍兴市扩权强镇的媒体报道分析,参见卢小雁等:《绍兴"中心镇扩权强镇与权力规制创新"媒体报导研究报告》,2011 年 8 月。

[7] 刘孟达、杨宏翔主编:《科学发展观在绍兴的实践案例评析》,宁波出版社 2009 年版。

[8] 王焕祥:《中国地方政府创新与竞争的行为、制度及其演化研究》,光明日报出版社 2009 年版。

[9] 姚莉:《财权与事权配置视角下的乡镇改革趋势——兼评"乡财县管"与"强镇扩权"》,《农村经济》,2009 年第 2 期。

[10] 绍兴市发展和改革委员会:《2008 年度绍兴市中心镇培育发展报告》,2009 年。

[11] 绍兴市发展和改革委员会:《绍兴市中心镇三年建设成效回顾》,2010 年。

[12] 马斌:《"强镇扩权"的诸多难题》,《浙江人大》,2010 年第 5 期。

[13] 冯文华:《以"扩权强镇"提升"中心镇"》,《今日浙江》2011 年第 2 期。

第四章　扩权强镇的难题与思考

　　扩权强镇改革实质上是一场基层行政管理体制改革,是全面落实科学发展观的重要内容,是我国基层政府提升公共服务能力和加强社会管理创新的伟大实践,是有效解决当前乡镇社会经济发展面临的困难和问题的重大举措。扩权改革的核心在于提高公共服务水平和社会管理能力,解决"小马拉大车"问题,它要求强化自身管理,理顺不同层级政府间的关系,厘清内部关系,实现"简政"。通过扩权强镇改革,把解决制约科学发展的突出问题与增强市场活力和政府效能结合起来,把用好用活事权与强化责任结合起来,减少审批层次,简化审批程序,推进依法行政,提高行政效能。改革将有利于进一步调整与理顺县镇政府之间的权责关系,有利于加快基础设施向农村延伸、公共服务向农村覆盖、现代文明向农村传播,有利于镇级政府以更强的实力和能力适应新时代的前进步伐。

　　2006年开始,"强镇扩权"这项涉及政府纵向权限调整的改革在浙江省绍兴市逐渐展开。2008年绍兴市又在全国最早开始了"扩权强镇"改革的尝试,通过两年多的努力,扩权改革逐步走向深入,在全国产生了重大影响,并取得了较大的成效。实践证明,扩权强镇改革理顺了县镇管理体制,激发了中心镇的发展动力,推动了城乡统筹发展。中心镇综合实力显著增强,社会民生事业快速发展,不仅实现了规划建设上的城乡统筹,而且以城市功能向乡镇延伸为抓手,推进了科技、教育、文化、卫生等公共服务体系建设的城乡统筹,提升了中心镇的集聚力、辐射力和带动力,有利于发挥原有体制优势,降低改革成本,调动各方面积极性,形成改革共识与动力,推动改革顺利开展。当然,扩权强镇作为政府行政管理体制改革中的一项全新工作,政策性强,涉及面广,改革的背后隐藏着巨大的风险及成本,也带来了权力运行中如何用权和规权的难题与困惑,需要进一步的改革和创新加以协调和解决。遵循改革和发展的思路,扩权强镇工作要在不断探索的基础上,按照新型小城市的目标,促进中心镇经济集聚、要素集聚、人口集聚、公共服务集聚,继续推进简政放权、财政金融体制、户籍制度、土地制度、社会管理体制等改革,以求更大突破。

　　本章重点分析以绍兴市为代表的扩权强镇"放权"和"用权"改革实践,从中总结相应的经验,指出改革所面临的难题与困惑,进而提出今后推动扩权强镇工作的若干思考与建议。

第一节　各地扩权强镇改革实践

乡镇政府是国家政权的最基层组织,承担着大量的社会经济管理、公共服务职能,肩负着上情下达、下情上传、直接服务农村和村民的职责。新世纪以来,乡镇政府,尤其是经济实力较强的镇政府是统筹城乡发展的重要节点,是我国加速推进县域工业化、城镇化、现代化的重要基础。作为数量最庞大的基层政府,怎样进行改革以适应社会经济发展难有统一的运作模式,由于各地主客观条件和具体情况不一,对于乡镇改革与建设的未来趋向,并没有形成统一的认识,学者们在不同时期设想的乡镇改革模式有乡镇自治、乡公所、简约乡镇、全能乡镇[①]、取消乡镇等;实践中的乡镇改革措施层出不穷,有较早的"撤并乡镇"改革,随后的"强镇扩权"改革,而"扩权强镇"改革是中国乡镇体制改革的新起点。当然有个别地方实施了取消乡镇政府的试验。

一、精兵简政的改革:"撤并乡镇"或"取消乡镇"

1. 我国乡镇政府发展的简要回顾[②]

我国乡镇政府的发展经历了从确立乡镇体制,到人民公社体制、"革命委员会"体制,再到恢复、改革和创新乡镇体制的简要历程,体现了曲折发展的轨迹。

1949 年新中国建立后,中央政府非常注重基层政府建设。1950 年 12 月政务院制定《乡(行政村)人民代表会议组织通则》和《乡(行政村)人民政府组织通则》,原则规定乡和行政村并存,同为农村基层行政区域。镇政府此时期一般称镇人民委员会,按民政、财政、建设、生产合作、文教卫生等业务设专职干部。1953 年,国家对镇的建制进行了调整,凡县下之市一律改为镇,与乡平级,同为县辖基层行政建制。1954 年的《中华人民共和国宪法》第 53 条第 3 款规定:"县、自治县分为乡、民族乡、镇。"至此,镇作为县辖国家基层行政建制载入了国家的根本大法。1955 年 11 月,国务院公布《关于城乡划分标准的规定》,统一了

---

①　张新光:《论中国乡镇改革 25 年》,《中国行政管理》,2005 年第 10 期。

②　参见陈华栋、顾建光、蒋颖:《建国以来我国乡镇政府机构沿革及角色演变研究》,《社会科学战线》,2007 年第 2 期;袁金辉:《中国乡镇改革 60 年》,《学习时报》,2009 年 7 月 27 日。

全国设镇的标准,使镇的建制走上了健康发展的道路。[①]

1958年,全国实行农村人民公社化,乡镇政府体制被取消,不少建制乡镇一度改为人民公社。人民公社既是工农商学兵相结合的基层单位,也是国家政权的基层单位。同年8月颁布的《中共中央关于在农村建立人民公社问题的决议》和12月公布的《关于人民公社若干问题的决议》,对公社的体制做了规定:人民公社实行政社合一体制,乡镇党委改称公社党委,原乡镇人民委员会改为社务委员会。人民公社时期的管理机构,一般分为公社管理委员会、管理区、生产队三级。公社管理委员会受县人民委员会的领导,下设各种管理机构,负责管理生产建设、财政、粮食、贸易、民政、文教卫生、治安、民兵、调解民事等。管理区,包括生产大队,是分片管理工农商学兵和进行经济核算的基本单位。生产队是劳动组织单位。

1966年开始的"文革"十年,全国各地"革命委员会"普遍成立,取代了原有的党政领导机构,行使党政领导权,基层政府也实行"革委会"行政管理体制。各级地方政权机构的革委会一般只设政治组、生产组、保卫组、办事组。当时这些革命委员会是被当作临时性的权力机构建立起来的,但后来被确立为各级地方政府和政府各部门、企事业单位的行政管理机构,甚至取代了基层自治组织。直到1979年7月五届全国人大二次会议通过的《关于修正"中华人民共和国宪法"若干决定的决议》,将地方各级革命委员会改为地方各级人民政府,"革委会"体制最终退出历史舞台。

1982年12月五届全国人大五次会议通过的新《宪法》明确规定,把改变政社合一体制、建立乡人民政权写进宪法,要求农村人民公社实行政社分开,建立乡政府。1983年10月中共中央、国务院正式发布的《关于实行政社分开建立乡政府的通知》指出:"随着农村经济体制的改革,现行农村政社合一的体制显得很不适应。宪法已明确规定,在农村建立乡政府,政社必须相应分开。"由此,公社党委改为乡党委,建立乡人民政府,承担公安、民政、司法、文教卫生、计划生育等职能。随着改革的推进,乡镇企业迅速发展起来,乡镇政府分设了管理乡镇企业的机构。

上世纪90年代以来,为了适应社会主义市场经济体制的发展需要,乡镇政府管理体制进入到改革与发展的新阶段。各地针对乡镇政府职责不清、机构膨胀、效率不高、群众不满等情况,特别是自1998年深化农村费改税改革以来,进行了以"撤并乡镇、精简机构、分流人员"为主要标志的乡镇机构改革,乡镇政府

---

① 中国行政管理学会:《新中国行政管理简史》,人民出版社2000年版,第131页。

不再仅仅是一个毫无偏差地传达上级政府指令的"机械传输带"[①]，而是服务基层群众的组织者、指导者和经营者。

2005年，党的十六届五中全会通过的《中共中央关于制定国民经济和社会发展第十一个五年规划的建议》提出了建设社会主义新农村的重大历史任务。2006年2月下发的《中共中央、国务院关于推进社会主义新农村建设的若干意见》指出：要按照"生产发展、生活宽裕、乡风文明、村容整洁、管理民主"的要求，通过试点、总结经验，积极稳妥地推进乡镇机构改革，加强农村基层组织的阵地建设，健全村党组织领导的充满活力的村民自治机制，进一步完善村务公开和民主议事制度，让农民群众真正享有知情权、参与权、管理权、监督权；鼓励、引导和支持农村发展各种新型的社会化服务组织，鼓励发展农村法律、财务等中介组织。当前，我国乡镇改革进入了一个新的历史时期，2009年初，中共中央办公厅、国务院办公厅转发《中央机构编制委员会办公室关于深化乡镇机构改革的指导意见》，乡镇机构改革由试点转入全面推开阶段。改革后的乡镇要在4方面全面履职，即促进经济发展、增加农民收入，强化公共服务、着力改善民生，加强社会管理、维护农村稳定，推进基层民主、促进农村和谐。2010年中央1号文件《关于加大统筹城乡发展力度进一步夯实农业农村发展基础的若干意见》提出"推进城镇化发展的制度创新。积极稳妥推进城镇化，提高城镇规划水平和发展质量，当前要把加强中小城市和小城镇发展作为重点"，为乡镇政府的改革和发展指明了前进方向。

2. "撤乡并镇"

我国乡镇开始改革是"撤并乡镇"。这种改革最早可追溯到改革开放后的1985年，"据估计，当时全国有9万多个乡镇"[②]。1986年中共中央、国务院颁布了《关于加强农村基层政权建设工作的通知》，"撤乡并镇"工作开始在全国推行，各地掀起了"并镇、并村"风暴。到1996年，全国乡镇数量为43112个，比1985年减少了一半以上，行政村的数量也缩减了接近10万个，这就大大减少了政府基层组织的人员编制，在一定意义上减轻了地方政府的财政负担，有利于提高工作效率，便于迅捷地为民众服务。

从1998年开始，随着国务院第四次机构改革方案的出台，各地政府开展新一轮的以精简机构为主要目标的"撤并乡镇"改革。2000年《中共中央、国务院关于转发〈国家发展计划委员会关于当前农村经济发展中几个主要问题和对策措施的意见〉的通知》、《关于市县乡人员编制精简的意见》，以及九届全国人大四

---

① Shue,"The Reach of the State:Sketches of the Chinese Body Politic",Stanford University Press,1988,76.

② 赵树凯：《关于乡镇改革历史进程的考察》，《经济研究参考》，2008年第32期。

次会议 2001 年批准的《中华人民共和国国民经济和社会发展第十个五年计划纲要》,都对乡镇改革提出了要求。2001 年 7 月,民政部等 7 部门发出《关于乡镇区划调整工作的指导意见》,提出了完善撤并乡镇工作的措施。尤其是 2002 年农村税费改革在全国推行后,以"撤并乡镇、精简机构、分流人员"为主要标志的乡镇机构改革继续深入。到 2003 年年底,全国已有 25 个省份基本完成乡镇撤并工作,其中宁夏共有 126 个乡镇被撤并,精简人员近 5000 名;江苏乡镇撤并后,乡镇所属机构减少 7500 多个,减少乡镇干部 8.2 万人;广东省 2003 年撤并了 15％的乡镇,至少可节约财政经费 3.46 亿元。[1] 全国乡镇数量大大减少,2004 年年底为 37334 个,减少了 41.86％[2]。"撤乡并镇"改革在一定意义上是我国基层政府自身发展和服务基层群众的一项重要举措,它在较短时期内产生了一定的社会效果和社会影响。

3."取消乡镇"

在乡镇政府的改革实践中,比"撤乡并镇"改革更有力度和深度的是重庆市提出了"取消乡镇"改革的试验。人们不禁要问:为什么要进行"取消乡镇"的改革? 有的学者认为,取消乡镇一级行政组织,将其作为县的派出机构行使行政管理职能,工资由财政埋单,把更多的力量花在培育农民自治组织上,是未来改革的一个方向[3]。事实上,目前乡镇一级行政组织最大的问题是,在取消农业税之后,乡镇政府就失去了财权,导致的问题是工作积极性不高和乱收费现象的出现。而中国现行行政体制实行中央、省、市、县、乡镇五级结构,过多的行政层级给行政、司法和政治的运作带来诸多问题,比如直接增加居民负担,信息传达缓慢,行政运行成本上升等,特别是乡镇政府臃肿带来的重负,更是阻碍我国农村社会发展、"三农"建设、城乡统筹的重要因素。为此,重庆市启动了取消乡镇政府的试验,推行乡公所模式,以实现乡镇自治。

改革的起因与重庆作为直辖市直接进行体制机制大胆探索和创新有关。1997 年,重庆设立直辖市,是中央在新形势下进一步推进改革开放、实现以直辖市辐射带动区域经济社会发展进而促进全社会实现又好又快发展的重大举措。重庆直辖后实行了市、区(县)、乡镇三级管理体制,具有较好的乡镇政府改革基础。据有关报道[4],2007 年 2 月重庆开始启动取消乡镇政府的改革。该改革具体分为三步:第一步是乡镇整体转型改革。大概用 5～8 年时间推进乡镇政府由

① 张崇防:《中国撤并乡镇 7400 多个 精简机构减轻农民负担》,《发展》,2004 年第 4 期。

② 白钢、史卫民:《中国公共政策分析》,中国社会科学出版社 2006 年版,第 98 页。

③ 汪玉凯:《取消乡镇是改革方向》,《南方日报》,2008 年 10 月 21 日。

④ 《重庆启动取消乡镇政府的试验》,转引自香港《大公报》,www.docin.com/p-11796100.html,2011 年 6 月 29 日。

以前的管理为主向服务为主转变。在此期间,乡镇政府不增机构、编制、人员和负担,不搞招商引资,实现乡镇政府人员自然削减。第二步是推行乡公所模式。用 5 年时间撤销乡镇,设立区县政府派出机构——乡公所,负责协调区县各部门在乡镇机构的关系,原有的政府职能大部分由区县政府通过各部门在乡镇的下属单位履行。第三步是实现乡镇自治。倡导农民成立农民协会和专业协会,按市场规律调整农业结构,解除对土地使用、农用生产资料、金融服务等不合理的管制,彻底实现乡镇自治的改革目标。

这一试验与国家统筹城乡综合配套改革相联系。2007 年 6 月,国家发改委下发了《关于批准重庆市和成都市设立全国统筹城乡综合配套改革试验区的通知》,重庆和成都成为第三个国家综合配套改革试验区,是中国首次设立统筹城乡综合配套改革试验区[①]。在重庆试验,是希望走出一条城乡统筹发展的新路,其配套改革的重点之一就是着手建立改变城乡二元结构、统筹城乡的体制机制,基本形成促进社会和谐的社会体制。此后,重庆的有些地方开始试验合并一些乡镇,使乡镇政府职能重心向以"社会管理"为主的执法监督和以"服务三农"为主的公共服务转变。

重庆在全国首次对乡镇一级政府的运行进行新的定位,对其职能作定性界定和定量安排,尽管这一改革在迈出试探性步伐时遇到了空前的阻力,但其有组织、有计划、有步骤地对未来基层政府发展进行大胆的探索,明确提出的"乡公所"模式及其所积累的经验,未尝不是一种地方治理的新设想,也是城乡统筹综合配套改革的可贵尝试。

二、放权与扩权的改革:"强镇扩权"

1."扩权":一种新的镇政府改革模式

所谓"强镇扩权",一般是指县级政府通过将事权、财权、人事权适当下放到经济比较发达的中心镇,使镇级政府享有较大的管理经济与社会权限的一种改革措施,它是"强县扩权"改革的一个延伸和发展。强镇扩权的重点是经济实力雄厚的中心镇被赋予经济、社会管理的扩展权限甚至是县级经济、社会管理权限,以解决经济强镇财权事权不对等和权限束缚,释放基层政府活力,促进城乡统筹发展和推进城市化进程的政府管理体制改革模式。[②] 可见,强镇扩权实质上是一种放权的行政管理体制改革,即通过公共权力的重新分配调整县镇政府

---

① 从 2005 年开始,中央先后在上海浦东、天津滨海设立国家综合配套改革试验区。2007 年 6 月,中央再次批准重庆和成都为全国统筹城乡综合配套改革试验区。
② 张新辉:《广东省中心镇强镇扩权改革研究——以白土镇为例》,暨南大学硕士学位论文,2008 年。

之间的利益关系,进而推进经济强镇进一步快速发展。[①]

强镇扩权有两大鲜明特点:一是选择实力强大的镇作为试点,比如在浙江温州,选择乐清市柳市镇、瑞安市塘下镇、永嘉县瓯北镇、平阳县鳌江镇、苍南县龙港镇进行试点,这些镇的一个显著特征是经济实力较雄厚,在当地具有较强的经济集聚能力和辐射能力。二是改革分步走,较好地处理了"改革、发展、稳定"三者之间的关系,实践证明行之有效的就推而广之,发现问题的就及时纠正,这样做,可以将改革的力度、发展的速度与社会可承受的程度进行协调,尽可能避免不必要的改革震荡与阻力。从浙江的经验看,该省镇域改革的推进思路,先是针对中心镇进行扩权试点,再整体实施和推进。2006年5月,绍兴县选择经济实力较为强大的五个镇进行试点,用大约一年时间取得了一定的成效。2007年5月,浙江省人民政府下发《关于加快推进中心镇培育工程的若干意见》,首批选定141个省级中心镇,按照"依法下放、能放就放"的原则,赋予中心镇部分县级经济社会管理权限,率先在全国实施强镇扩权。

从制度层面看,强镇扩权改革的制度设计思路较为清晰,要素完整,具有推广价值和社会意义。一是改革的指导思想高远。它以科学发展观为指导,以统筹城乡、区域协调发展,推进社会主义新农村建设为目标,以农业现代化为基础、以新型工业化和新型城市化为支撑,按照因地制宜、突出重点、梯次发展的原则,通过政府推动、政策扶持、体制创新、市场运作,努力把中心镇培育建设成为产业的集聚区、人口的集中区、体制机制的创新区、社会主义新农村建设的示范区[②]。二是改革的目标任务明确。浙江省提出的"强镇"目标在于分期分批进行全方位的培育,在全省形成一批布局合理、特色明显、经济发达、功能齐全、环境优美、生活富裕、体制机制活、辐射能力强、带动效应好、集聚集约水平高的小城市,并确定了四项主要任务,即加强规划编制和管理、加快特色产业培育和集聚、加快社会事业发展、加快基础设施建设。三是改革的政策措施切实可行。为了加快推进中心镇培育工程,浙江省列出了十项扶持政策和改革措施,体现为中心镇财政体制、规费优惠、财政投入、用地支持、经济社会管理权限、投资体制、户籍制度、非农建设用地使用制度、农村集体资产管理体制、统筹城乡的就业和社会保障制度等方面,这些措施已经或必将成为中心镇政府社会管理改革和体制创新的方向标。

2. 从"放权"到"扩权"的进展

强镇扩权改革的渊源是"放权"改革。它最早可追溯到1986年中央22号文

---

①　宋建辉、李瑾、王坤:《我国部分省份推行"强镇扩权"改革研究概述》,《广东农业科学》,2010年第9期。
②　浙江省人民政府:《关于加快推进中心镇培育工程的若干意见》,浙政发[2007]13号。

件提出的"简政放权",要求"凡属可以下放的机构和职权,要下放给乡;少数必须由县集中统一领导的机构,仍要集中统一领导"。强镇扩权改革最早萌芽于广东省,其在多个政策文件中明确将更多的县级权力下放到镇一级。早在 2000 年 8 月 28 日《中共广东省委、广东省人民政府关于推进小城镇健康发展的意见》中,广东省确定的 300 个左右中心镇要按照责、权、利统一的原则,逐步完善镇政府的经济和社会管理职能,下放部分审批权限给中心镇。2003 年,《广东省人民政府关于加快中心镇发展的意见》更是在全国率先进一步明确提出中心镇经济和社会权限改革的具体措施,下放到中心镇的具体举措主要涉及基本建设和技术改造项目审批权、外商投资项目审批权、建设管理审批权、建设用地审批权、工商行政管理权、财税管理权、机构设置权等方面。2005 年广东省又对县与镇之间的财权和事权进行适当调整,建议相关县市以委托执法的名义,赋予中心镇部分县级行政管理权限。①

　　而影响最大的强镇扩权改革则产生于浙江省绍兴市,它的直接创意得益于"强县扩权"改革。浙江省自 1992 年开始进行了"强县扩权"试点,实行"省直管县"的模式,扩大经济强县在财政、经济、社会管理等方面的权限。"强县扩权"改革不仅使人民群众的生活更加便捷,也推动了县域经济的快速发展,这使浙江的县级政府切实感受到放权带来的好处。这样,新一轮的放权改革对象瞄准乡镇级政府就成为比较自然的了。

　　绍兴市的强镇扩权改革是由绍兴县开始的。2006 年,绍兴县出台了《关于加快钱清等五镇建设发展工作的意见》,将原本属于县政府管理的 30 项职权下放至杨汛桥、钱清、福全、兰亭、平水等五个镇的镇政府,这些权力中既包括审批、管理权,也包括财权和人事权,由此拉开了全国范围内强镇扩权改革的序幕。2007 年 5 月,为缓解决经济社会发展与乡镇管理体制滞后的矛盾,浙江省首批选定 141 个省级中心镇,赋予这些镇部分县级经济社会管理权限,涉及财政、规费、资金扶持、土地、社会管理、户籍等十大方面,放权就成为"强镇扩权"的核心。

　　随着这一实验在粤浙两省初获成效,强镇扩权改革的范围向全国扩展。江苏、河北、河南、吉林、四川、山东等省也从行政审批、财政、税收、户籍、规划、社会保障、城市管理执法权等方面赋予经济强镇部分县级经济社会管理权,着手推进扩权改革的实施以促进镇域经济发展。比如,江苏省灌云县经过一年多的探索,于 2007 年 10 月公布了《中共灌云县委、灌云县人民政府关于进一步扩大乡镇管理权限,增强乡镇发展活力的意见》,标志着强镇扩权改革在江苏省正式展开。同年,四川省德阳市出台了《德阳市区域重点镇经济社会发展摸底情况表》,经过

　　①　张新辉:《广东省中心镇强镇扩权改革研究——以白土镇为例》,暨南大学硕士学位论文,2008 年。

海选后初步确立了 10 个重点镇——黄许镇、孝泉镇、汉旺镇、仓山镇、黄鹿镇、金山镇、向阳镇、小汉镇、师古镇、洛水镇，进行扩权改革。

各地在试验强镇扩权改革的进程中，不断创新改革形式，调整改革方向。在扩权方式上，相关省份改革过程中采取了权力下放、权力交由社会中介机构或行业组织进行自主管理、委托行使、直接授权、分级管理等具体方式，强镇扩权改革逐步实施，并取得了成效。值得注意的是，2009 年 6 月，浙江省温州市委、市政府出台《关于推进强镇扩权改革的意见》，提出了"镇级市"①的概念，要求以一个城市的标准来建设和管理一个镇，按照"镇级市"试点方案，该市设立五个试点强镇——乐清市柳市镇、永嘉县瓯北镇、瑞安市塘下镇、苍南县龙港镇、平阳县鳌江镇——为"镇级市"，将县级权力下放，以期为该市发展提供新的动力。这些试点镇将扩大土地使用权、财政支配权、行政审批权和事务管理权，镇的党政一把手"升级"，镇委书记进入所在县（市）委常委，镇长明确为副县长级，列席县（市）政府常务会议。山东省于 2010 年 8 月宣布启动镇级市试点，计划用 3～5 年时间将省内 20 多个中心镇培育成小城市。

3. 解决"小马拉大车"问题

改革开放以来，沿海省市经济呈现高速增长态势，一些乡镇已经具备了较强的经济实力，其经济总量甚至超过了不少县市。但相应的财权、公共服务能力、管理机构等却已不再匹配，有人把这种责多权少的现象形象地比喻为"小马拉大车"，或将它比作"脚大鞋小"、"责任如西瓜、权限如芝麻"，等等。强镇扩权可以创新社会管理体制、扩大管理权限，破除经济社会发展的桎梏，更好地释放出发展的能量。强镇扩权改革的核心要求，就是按照"能放则放、毫无保留"原则，赋予乡镇更广泛的行政权力，实质上是纵向权力结构的扁平化和权力中心的下移，是强镇破除体制限制的权力诉求和利益诉求。从浙江省苍南县龙港镇强镇扩权改革试点工作看，其具体内容有五个方面：一是下放审批权限。原则上县职能部门能放的管理、审批权限，要下放到派驻部门，实行分局审批、县局备案。二是下放财权。县与镇的财政关系采取确定基数，超收分成，镇财政收入比上年超收部分按 60％奖励；商业和普通住宅用地土地出让金收入先提取 23％后，余下的县镇 1∶9 分成；工业用地出让金扣除基础成本和失地农村保障金后，余下的按 3∶7 分成；县属部门驻龙港镇的下属单位在镇内的各项收费，除为县以上部门代收和有特别规定外，都统一纳入镇财政专户管理；加大对镇级财政扶持力度。三是下放管理权限。在核定的编制数内，镇政府可根据工作需要设置内设机构调

---

① 根据有关调查得到的信息，由于 2011 年温州市委书记的换届直接导致了该市发展规划的转变，市镇级市建设办公室被解散，意味着"镇级市"的建设方案不再得到支持，除鳌江镇之外，几乎所有试点镇的扩权行动都被暂缓，瓯北镇、柳市镇采取了新的发展方向，抛弃了"镇级市"的理念。

配镇管行政、事业干部;建立综合管理执法大队、行政审批服务中心、公共资源交易中心,扩大乡镇管理职能;赋予某些县级经济社会管理权限。四是增设县派分局。县派驻机构设立分局,在已建的公安、法庭、检察院、工商、国土、规划建设、质监、地税、国税分局的基础上,建立司法、环保、房管、监察分局,分局正职由县部门副局以上领导兼任或明确为副科级。五是调整镇内设机构。将镇原来的 14 个内设机构调整为 20 个,内设机构整合为“五办七局一大队”。

上述强镇扩权的做法,基本上是按照解决“小马拉大车”问题来进行思考和设计的,这样的改革,能否从根本上理顺上下之间的权力授受和运用关系,发挥权力在基层的作用,目前很难有定论。

三、扩权与用权的改革:“扩权强镇”

强镇扩权与扩权强镇,从表面上看只是语序稍微不同,实际上在资源配置的范围和权限上有很大的区别。扩权强镇是普惠式的权力下放,着眼于通过放权让镇增强实力、较快地发展各项经济社会事业,重点在于如何用权。如果说,从扩权到用权是扩权强镇改革和扩权强镇工作的主要表现,那么,用好权是扩权强镇的应有之义和必然要求。镇是县域经济的重要载体,选择部分经济实力较强、发展潜力较大的镇实施扩权强镇试点,对促进乡镇政府的科学发展、和谐发展,加速崛起进程具有十分重要的意义。

扩权强镇改革是强镇扩权改革的发展和提升,也是强镇扩权改革的延伸和深化,是我国乡镇改革发展的新阶段和新形式。它是在中心镇培育工程发展中的重大改革和进一步的体制机制创新,是推动小城镇建设的起点和亮点。

1. 浙江省及绍兴市的扩权强镇试验

“镇级体制、县级工作量、市级要求”成为强镇体制运行的一个真实写照。扩权强镇改革是为了让基层政府转型速度与地方经济社会转型速度相适应,通过扩大中心镇政府的行政权力,增加其在地方事务上的自主权,提高其公共服务能力,适应区域经济社会的发展,从而实现城乡统筹发展,推进新型城市化建设。扩权强镇改革与浙江省“走浙江特色的城市化道路”战略相伴随,就是要统筹发展,发挥小城市的人口吸附功能。早在 2007 年,浙江省就提出建设中心镇[①]的战略。浙江省提出加快中心镇发展改革的决策,是推进新型城市化的重大举措,是统筹城乡发展的战略选择,是推进经济发展方式转变的必然选择。是年浙江省政府下发《关于加快推进中心镇培育工程的若干意见》,提出赋予 141 个中心

---

① 所谓中心镇,就是经济发达的镇,在类型上有国家级、省级和市级中心镇三种。

镇部分县级经济社会管理权限,这实际上为推行扩权强镇打下了政策基础,这些中心镇的扩权,由于其分布范围广、扩权多,已经考虑到它的普惠性。2008 年 6 月浙江省又发出通知,进一步扩大中心镇试点范围,试点中心镇扩大到 200 个,目标是在全省形成一批布局合理、特色明显、经济发达、功能齐全、环境优美、生活富裕、体制机制活、辐射能力强、带动效应好、集聚集约水平高的小城市,明确了扩权强镇改革的方向是建设小城市。浙江开展的扩权强镇工作,从下放事权、扩大财权、改革人事权、保障用地四个方面对扩权内容作了具体规定,推动乡镇更好更快发展,具体涉及财政、规费、资金扶持、土地、社会管理、投资、户籍、产权登记、集体资产、就业社保等十大方面的管理权限[1](见表 4-1)。

表 4-1　浙江省赋予中心镇的县级管理权限

类别	内容
财政	按照分税制的要求和财权事权一致、因地制宜、分类指导的原则,进一步完善中心镇财政体制,使之更加适应中心镇培育和壮大的需要。
规费	在中心镇范围内收取的规费和土地出让金,除规定上缴中央部分外,地方留成部分向中心镇倾斜。财政部门要强化监管、专款专用。
投入	中心镇符合条件的产业、社会事业和基础设施建设项目,优先列入各级政府的重点工程。金融机构在中心镇吸收的储蓄存款原则上按照规定的存贷比投放中心镇。
用地	各地应从省里切块下达的用地指标中,安排一定数量,专项用于中心镇发展,并下达给中心镇,对符合条件的项目,省里优先核定土地周转指标给予支持。
社会管理	强化中心镇政府规划建设、公共文化、义务教育、公共医疗卫生等公共服务职能。
投资	允许中心镇依法组建城镇建设投资公司,积极培育小额贷款组织、担保机构,为农民和中小企业融资。
户籍	符合一定条件的人员可办理城镇常住户口,在教育、就业、兵役、社会保障等方面享受与当地城镇居民同等待遇。
产权登记	允许中心镇开展农民住宅产权登记试点,采取异地置换方式,鼓励山区农民迁移到中心镇落户就业。
集体资产	推进镇中村撤村建居社区管理体制改革,认真执行和落实好征地留用用地政策,规范撤村建居的集体资产管理制度。
就业社保	建立中心镇劳动保障工作平台,探索面向农业劳动者的农村养老保险制度、全面普及新型农村合作医疗、深化完善新型农村社会救助体系。

绍兴市的扩权强镇改革是浙江乡镇体制改革的一个缩影。改革开放以来,绍兴市的一些乡镇经济快速发展,初具小城市雏形,但受现行管理体制的影响,

---

① 该刊县域经济观察员:《浙皖鲁吉强镇扩权又有新突破》,《领导决策信息》,2009 年第 28 期。

镇级机构设置与城市管理要求不对等,行政审批权限与经济发展要求不对应,财权和事权不对称,严重制约了地方经济社会发展步伐。为此,绍兴县于 2006 年选择经济发达的钱清、杨汛桥、平水等镇开始实行"强镇扩权"改革,到了第二年,这一改革在全县推开。2008 年 8 月,绍兴县提出深化改革的决策,在该县兰亭镇进行"扩权强镇"试点,专门成立领导小组和工作班子,按照扩权强镇实施方案,抓好落实,具体做了调整机构、优化职能,明确责任、注重衔接,充实力量、发挥专长,健全制度、高效运作等工作①,取得了初步成效。

放权是改革的本质。绍兴市率先建设中心镇,实行强镇扩权试点,随后又最早在全国开展扩权强镇改革,提出规划强镇、功能强镇、产业强镇、干部强镇、扩权强镇,将原属于县级的部分行政审批权和决策权授予所辖五县(市)一区的 28 个中心镇(20 个省级中心镇,8 个市级中心镇)。按照"依法下放、能放则放"的原则,绍兴市编制了放权指导目录,涉及 15 个领域、72 项事权②,赋予中心镇部分县级经济社会管理权限,强化中心镇政府农村科技、信息、就业和社会保障、义务教育、公共医疗卫生等十大公共服务职能。经过改革,2010 年绍兴市 28 个中心镇的地区生产总值、财政总收入、农民人均纯收入分别比 2006 年增长 66%、85%、47%,经济总量占全市 35% 左右。与 2006 年相比,基础设施投入增长137.2%,28 个中心镇建成区面积增加 64.8 平方公里、建成区人口集中度提高11.5 个百分点,达到 44.5%。③

2. 其他省份的扩权强镇试点

随着浙江省扩权强镇改革的深入,其它省份也相继发起了扩权强镇改革。2009 年以来,吉林、安徽、广东、山东等地陆续启动扩权强镇的试点工作,主要是通过赋予乡镇县级管理权等措施加强小城镇建设,目标是把试点镇建设成小城市,这意味着继浙江之后扩权强镇改革已逐步向全国推开。

吉林省的扩权强镇试点实践。吉林省作为北方的省份,早在 1994 年开始"十强镇"试点。2009 年,吉林省提出实施"百镇建设工程",启动建设 100 个有特色、有基础、有潜力的城镇,探索赋予其县级管理权限。随后,该省制定了《吉林省百镇建设工程实施方案》。根据试点方案,将赋予试点乡镇县级管理权。其中,最引人注目的是百镇将建立一级财政、设独立国库的财政管理体制,形成自我发展的长效机制。另外,该省还提出百镇征收的城市建设维护费,可以全部留给当地用于城镇建设;积极推进小城镇户籍制度改革,鼓励农民进镇落户;探索

---

① 中共兰亭镇委员会、兰亭镇人民政府:《深化改革 率先发展——绍兴县兰亭镇"扩权强镇"工作情况汇报》,2011年 7 月,第 1—3 页。

② 改革后的乡镇最多可获得百余项重要授权。

③ 《"扩权强镇"的绍兴样本》,《凤凰资讯》,2011 年 7 月 18 日。

完善小城镇社会保障制度,进行小城镇社保与城市接轨;部署农民进镇"以土地换社保"试点。该省首批确定 25 个试点镇,力争用 5 年至 7 年时间发展成一批小城市;力争到 2020 年,将百镇打造成为布局合理、特色鲜明、经济发达、功能齐全、环境优美,具有较高生活幸福指数和较强吸纳辐射能力的区域重镇、经济强镇。

安徽省的扩权强镇探索。安徽省委、省政府于 2009 年 6 月发布《关于实施扩权强镇的若干意见》,在全省确定了 150 个乡镇进行扩权强镇的试点[①]。《意见》强调,安徽"通过政府推动、体制创新、政策扶持、市场运作,力争经过 5 年或更长一段时间的努力,在全省形成一批规划布局合理、产业特色鲜明、经济实力雄厚、基础设施完善、生态环境优美、社会和谐发展的小城市"。安徽省扩权强镇的"扩权"主要集中在对试点镇下放部分行政审批权和执法权,简化项目审批服务环节,以及在城管、环保、劳动、安全生产、食品安全、工商等领域,依法委托试点镇行使部分县级行政审批许可和处罚权,同时赋予试点镇一定的规划建设管理权,在试点镇设立规划建设管理分局,负责核发镇区建设工程的规划许可证,核发村庄规划区内建设工程乡村建设规划许可证,负责本辖区范围内违法建设的查处。此外,还明确试点镇在核定的机构、编制、领导职数范围内,根据需要可自主设立机构,在全县乡镇行政编制、财政供给事业单位编制总额不突破的前提下,可适当增加试点镇的编制。改革的重点是依法下放权限,实现权力与责任相匹配。在手段上,同县域扩权一样,为了在扩权后进一步理顺分配关系,实现财权与事权相统一,安徽实行鼓励试点镇发展的财政政策,建立财政超收激励机制,以 2008 年财政收入为基数,超收部分由县级财政全额返还,5 年不变。在试点镇辖区内收取的土地出让金净收益予以全额返还,优先用于试点镇的土地开发和城镇建设,并且加大对试点镇建设的投入,试点镇符合条件的产业、社会事业和基础设施项目,优先列入各级政策重点建设项目,加大用地支持力度,支持和鼓励试点镇开展迁村并点、土地整理、开发利用荒地和废弃地。

广东省的扩权强镇改革试验。广东省的扩权强镇改革是在考察绍兴经验后开展的。东莞、佛山于 2009 年 11 月分别发布了《关于扩权强镇试点工作的实施意见》《佛山市简政强镇事权改革试点指导意见》,开始了强镇扩权的试点。其中东莞作为地级市,开展强镇扩权工作比较特殊,采取试点镇下放事项 248 项,通过直接放权、委托放权、调整派驻机构管理体制、内部调整放权等方式,下放事权、扩大财权、改革人事权。为做好该项工作,东莞还限期要求市直、省属 27 个部门制定好本部门的实施方案,明确每个事项的具体操作规程、授权要求、注意

---

① 《中共安徽省委安徽省人民政府关于实施扩权强镇的若干意见》,皖发〔2009〕15 号,2009 年 6 月 1 日。

事项、监管措施和时间要求等。12月,广东对"简政强镇"事权改革进行部署,决定行政隶属关系不同的佛山市顺德区容桂镇和南海区狮山镇、东莞市石龙镇和塘厦镇(佛山市是市—区—镇的关系,而东莞则是市直管镇)等地先行先试简政强镇事权改革,争取以珠江三角洲各地级以上市为主推广,并逐步在全省推开。

山东省的扩权强镇改革试点。2009年5月初,山东潍坊市10个县市区启动扩权强镇改革。其中,诸城市将辖区内的13处乡镇(街道)和1处开发区全部列入扩权强镇的范围,将原来由市审批或管理的事项下放到乡镇(街道、开发区),目前已将涉及行政执法、事务服务等96个方面的权力下放到镇。为推进扩权强镇改革,该市下发了《关于扩大乡镇街道管理权限加快镇域经济社会发展的暂行办法》和《实施细则》两个文件,特别提出将三大财权下放到乡镇。一是实行"核定收支、定额上缴(补助)、增量分享"的分税制财政体制。将乡镇(街道)所属及以下的税收(包括城市建设维护税)全部留归乡镇(街道),将2007年纳税额在1000万元以下的市级企业税收划归所在乡镇(街道);核定收支基数,对收大于支的乡镇(街道)定额上缴,对收不抵支的乡镇(街道)定额补助;对乡镇(街道)当年地方财政收入超过收入基数部分,市镇(街道)按比例分享。二是小城镇土地出让净收益全部返还给乡镇(街道),由乡镇(街道)按规定管理和使用。三是权限下放后,审批和管理过程中产生的收费(除上交省和潍坊市的)归乡镇(街道)支配,用于扶持小城镇建设。

2010年开始,全国层面的扩权强镇试点启动。4月28日,中央编办等部门联合下发通知,在河北、山西、吉林、江苏、浙江、安徽、福建、山东、河南、湖北、广东、四川、陕西等13个省的25个经济发达镇进行新一轮行政管理体制改革试点。改革的主要内容之一就是将县级政府权力下放到镇级政府,扩大镇级政府权力,完善政府职能,推动经济和社会的迅速发展[①]。对中心镇放权改革的重要特点之一是以大城市经济圈、周边县为依托,探寻未来中国经济增长的主要动力。

强镇扩权改革试点的目的,是通过两年左右努力,推动一批有条件的经济发达镇逐步发展成为人口集聚、产业集群、结构合理、体制创新、环境友好、社会和谐的现代新型小城市,与现有大中小城市形成分工有序、优势互补的空间格局。

四、各地强镇政府扩权改革的经验总结

1. 扩权改革的"进行时"轨迹

作为一种适应市场的内生性变革,各中心镇政府的扩权改革和用权改革,经

---

① 《全国13省强镇扩权"脚大鞋小"状况改变后如何用权?》,《人民日报(海外版)》,2010年9月18日。

历了从强镇扩权到扩权强镇的行进轨迹,今后以打造小城市为核心理念,体现了其"进行时"①的特点。强镇扩权是解决长期以来镇发展困境、理顺镇管理体制的重要举措。培育中心镇,建设扩权强镇,通过以点带面,适应改革逐步推进的要求。应该说,强镇扩权适应了全球化背景下放松管制及分权化的趋势,在一定程度上调动了乡镇的积极性与创造性,对于建设社会主义新农村、统筹城乡协调发展、实现城乡一体化起到了应有的作用,同时也使县镇之间的事权、财权、人事权得到了进一步调整。扩权强镇是通过县一级政府放权或授权,来扩大各中心镇经济、社会发展的自主权,从而推进其综合实力的进一步增强。在绍兴市,尽管改革后的各县扩权的方式并不相同,绍兴县最初挑出的五个强镇,由县里对其下放 80～90 项权限,后来上虞市主要由乡镇提出所需扩权项,而诸暨市则选择由重点到一般的路径逐步放权。从强镇扩权到扩权强镇,绍兴主要实现了改革从点到面的跨越,为下一步应实现的由中心镇到小城市的突破积累了经验。

　　2. 扩权改革的实质是放权与用权

　　以绍兴市为代表的我国部分省份推行的强镇扩权和扩权强镇改革作为基层政府转型治理的重要实践,实质上是一种放权和用权的行政管理体制改革。改革主要通过赋予经济发展强劲的镇部分县级经济社会管理权限以改善乡镇政府权责不一、政府管理落后于现实经济发展需求的局面。镇级政府在获得充分自主权的情况下提供社会公共服务的能力增强,有利于当地特色产业的培育和集聚,进一步促进镇域经济的持续快速发展。这其中,财政权的下放和建设用地支持力度的加大是扩权改革的两个重要方面,财政收入的增强才能促使镇级政府提供更多的公共服务,而建设用地支持力度的加大则能有效消除镇域经济发展的空间制约。因而,扩权改革在重新设定县与乡镇权力格局的过程中,必须切实用好权力下放的切入点和重心,明确权力的使用内涵、范围和边界,保证改革目标的实现。

　　3. 扩权内容较为规范与明确

　　为保证下放权力得以贯彻执行,避免权力在县镇政府间悬空或反复,扩权改革过程中必须对工商、财政、规费、土地、审批等多项扩权内容予以明确规定,并对权力下放到何种程度、由谁执行、执行的方式等做出具体安排。这样,通过行政权力的下移、前移促使镇级政府建立起权责明晰、责权相称、事权一致、有能有为的效能型、服务型、责任型政府,并通过扩权内容的规范与细化实现行政性分权向法制性分权的过渡。另外,扩权内容的明确也有利于审计部门、上级政府、社会公众对权力运行情况的监督与考核。

_____

　　① 《绍兴:扩权强镇进行时》,《人民日报》,2011 年 6 月 22 日。

　　4. 扩权改革取向有待协调

　　不管是以放权为核心的强镇扩权改革,还是以用权为核心的扩权强镇工作,基本上是我国发达地区或较发达地区经济强镇建设的一种创新尝试。当前的扩权改革主要涉及县镇两级政府间的纵向权力关系调整,且县级政府向镇级政府下放的行政权仅涉及政府的部分社会经济管理权和执行权,距离最终实现乡镇政府"权责一致"的目标还有很长的路要走。尽管在培育中心镇的工程中涵盖了户籍、土地、劳动和社会保障等多项社会管理权,但多数只有办事权,没有真正的财政、审批、用人、决策、执行等方面的自主行使权,没有达到更深层次。

　　另一方面,扩权改革也出现了一些新情况和新问题。目前推行扩权改革后镇域经济得到进一步发展,强镇财政收入增加,社会公共服务能力增强,然而县级政府的财政收入则相对减少,对经济实力偏弱乡镇的支持力度也相对降低。因此,在给"强镇"扩权的同时,还应考虑给"弱镇"扩权。这需要在充分调研的基础上,通过多项针对性配套权力和政策的支持与落实,促进正在发展中较弱的乡镇加快发展,进而促进县域经济乃至整个区域经济的协调发展。同样,改革只在部分镇域经济较为发达的省份开展,而我国各地经济发展水平不同决定了乡镇政府所承载功能的差异性,故扩权改革究竟有多大的示范带动效应,仍有待进一步探索。

第二节　扩权强镇改革的难题

　　扩权强镇改革有其特殊的社会经济背景与主客观条件,再加上地区发展的差异性,在改革推开的背后隐藏着巨大的风险及成本,带来如何用权和权力规范运行的问题。扩权改革就是重新分配公共权力,而权力的重新分配意味着利益格局的重新调整,如何协调中心镇政府与县级政府之间的利益博弈,如何重新设定县与镇的利益格局将成为改革成败的关键。扩权后镇政府执行权力过程中的法律法规适用问题、下放权力的实际运用问题、不能有效监管可能滋生腐败而导致权力异化问题[1];扩权后镇级政府内设机构的扩张与行政权力的扩大不仅带来监督的困难,甚至可能重蹈机构膨胀、人员臃肿、效率低下等弊端[2];扩权改革后乡镇执法人员业务素质参差不齐影响执法效率与质量或者导致权力的滥用、

---

① 张新辉:《广东省中心镇强镇扩权改革研究——以白土镇为例》,暨南大学硕士学位论文,2008 年。
② 李水金:《中国乡镇政府改革的五种模式及其评析》,《理论与改革》,2011 年第 1 期。

乡镇想要的权力与县政府可给的权力不能很好对接等问题①。扩权强镇作为政府行政管理体制改革中的一项全新工作,政策性强,涉及面广,改革过程中出现的这些难题需要通过进一步的改革来加以协调和解决。

一、扩权强镇改革的合法性问题

合法性(legitimacy)是当代政治学的核心概念之一,意指人们内心的一种态度,这种态度认为政府的统治是合法的和公正的。② 所以合法性往往侧重于政治体系具有能力形成并维护一种使其成员确信其现行政治制度对于社会最为适当的信念,而一般侧重于民众对现成政治秩序和政权的信任、支持与认同,是政治权力以非强制手段维持其统治秩序的能力,是对政治权力的认同和评价,是政治权力是否能够获得普遍认可的问题。在政治学研究中,权力(power)是反映合法性的重要概念。有的学者认为,权力是"有预期地努力的结果"③;有的学者把权力定义为"个人或群体将其意志强加于其他人的能力"。④ 在公共政治生活中,权力体现为对公共资源和组织成员的支配能力,它不仅成为获取和维护利益的手段,而且本身就成为一种价值。一般说来,合法性意味着一种统治能够被其受众认为是一种正当的、合乎道义的,从而产生发自内心的自愿服从或认可的状态。⑤ 马克斯·韦伯认为,现代社会主要以法理型权威为特点,其合法性基础来自于人们对正式的合理合法制度的尊重。⑥

党的十一届三中全会以来,通过改革开放政策的实施和社会主义市场经济体制的建立,我国经济快速增长,社会全面进步,综合国力显著提升,人民生活水平不断提高,执政党和各级政府被广大人民所接受和拥护的程度也相应提高,维护政治秩序的合法性与合理性也有了社会基础。邓小平把"人民拥护不拥护"、"人民赞成不赞成"、"人民高兴不高兴"、"人民答应不答应"作为一切工作的出发点和归宿点。胡锦涛总书记在加强党的执政能力建设问题上提出,"人民群众的拥护和支持是我们党的力量之源和胜利之本"⑦。归结到一点,那就是政权的存在、发展及其权力的行使,必须以人民群众的同意、拥护和支持为基础,即获得政治合法性。

① 傅白水:《绍兴强镇扩权的成效与尴尬》,《中国改革》,2007年第7期。
② (美)迈克尔·罗斯金等,《政治科学》,林震等译,华夏出版社2001年版,第5页。
③ [英]伯特兰·罗素:《权力论》,东方出版社1988年版,第23页。
④ [美]彼得·布劳:《社会生活中的交换与权力》,华夏出版社1988年版,第137页。
⑤ [德]马克斯·韦伯:《经济与社会》(上卷),林荣远译,商务印书馆1997年版。第239页。
⑥ M. Weber, *Economy and Society: An Outline Interpretive Sociology*, transl. by E. Fischoff et al. Berkeley: University of California Press, 1978, pp215－271.
⑦ 《中共中央关于加强党的执政能力建设的决定》,人民出版社2004年版,第6页。

现代政府的合法性来源于它能为民众提供公共服务,得到民众的认同。对于镇政府来说,扩权强镇的权力合法性不仅来源于其权力是否符合法律规范,更重要的是权力的行使能否得到群众的认可、支持和拥护。扩权强镇的放权、用权、规权改革尽管得到了县级政府的授权、委托和下放,但其合法性要经受住考验、经得起考验,必须赢得城镇居民和农村村民的认同,才能使得这一改革真正具备合法性的雄厚基础,扩权强镇工作才更具稳定性、长期性和可持续性。

权力下放、扩权本身受到制约,影响到合法化的程度。扩权后应该扩大何种权力、扩大到何种程度、扩大的权力能否得到有效的运用却仍然是未解的难题。现行法律规定行政执法权是以县级政府为主体的,镇政府几乎没有任何行政执法权,故在权力下放的过程中应注意放权的法律依据、内容与方式等问题。通过扩权强镇来解决乡镇"责权不一致"的问题,尝试委托执法方式,赋予乡镇更多权限。在权力下放过程中,一些县级政府职能部门从自身利益考虑,存在"明放暗不放,放小不放大,放虚不放实,放差不放好",甚至"先放后收"等现象,乡镇迫切需要的审批权、处置权和日常监管等方面的执法权力还未完全到位。由于我国实行的条块分割制度,县政府的很多职权都不愿下放到镇里,导致实际上扩权难以实现。这在一定程度上反映出政府间的纵向权力配置依然不尽平衡,需要扩权改革进一步向纵深推进,最终实现行政性分权向法制性分权的转变。

从绍兴的改革情况看,扩权需要进一步探索。中心镇管理涉及经济社会的方方面面,但目前镇一级执法机制尚不健全,中心镇的执法力量不足,执法依据不强;近距离执法尚有一定难度,在管理手段上还比较欠缺,存在着有力使不出的现象;扩权在法律上还存在一些障碍,目前县级政府采取"机构延伸"的形式进行扩权,县级政府部门在各中心镇的延伸机构代表县级政府部门行使职权,延伸机构一旦出错,责任仍由相应的县级政府部门来承担,这使得扩权在法律上还存在一些问题,扩权改革在社会管理与公共服务上也需要进一步加强和探索。

当然,通过扩权强镇的实施,大力推动了镇级经济的发展,有效化解了镇级政府权小责大、权责不一的矛盾,强化了镇政府的公共管理和社会服务职能,激发了发展的动力与活力。中心镇在产业集聚和人口集聚的功能,在城乡统筹发展、社会主义新农村建设、新型城市化推进等方面起到了巨大作用。这样,镇政府的合法性基础得到了增强。

二、扩权强镇改革的应然与实然差距

扩权强镇改革的"应然"是基于有关政策文件对乡镇职能定位的规范要求。

首先是中央有关政策的明确规定①。从本来意义上说，乡镇政府具有四项功能：促进经济发展、增加农民收入，强化公共服务、着力改善民生，加强社会管理、维护农村稳定，推进基层民主、促进农村和谐。也就是说，乡镇政府要把以后的工作重点放在为农民提供经济发展、社会管理、安全秩序等公共服务上面，乡镇改革要坚持权责一致，赋予乡镇履行职能必要的事权和财权；严控"一票否决"事项，坚决清理规范各类评比达标表彰活动等规定，为扩权强镇改革提供了原则性的意见，对解决当前乡镇政府存在的问题具有很强的现实针对性。其次是地方对扩权强镇改革的文件指导意见明文要求。在绍兴，扩权强镇工作是一场基层行政管理体制改革，它既顺应了农村经济社会发展的内在要求，又符合上级"扩权强县"、重心下移的工作思路。实施扩权强镇工作，是全面落实科学发展观和深入实施创业创新总战略的重要内容，是大胆探索行政管理体制改革的积极实践，是加快统筹城乡发展的有力保障，也是有效解决当前经济发展面临的困难和问题的重大举措。

扩权强镇改革的"实然"并非如此，现行的镇级体制仍然存在诸多冲突。一是利益冲突。国家实行"切块包干、分灶吃饭"的财政体制后，乡镇政府及其各部门也从单一的国家利益体系中分化出来，具有了独立于"国家"之外的利益。这样就形成了国家、乡镇组织、乡镇干部、村民多种主体之间的复杂关系。二是体制冲突。目前的乡镇政权体制存在诸如党委一元化领导和一体化运作的现状与党政分开的改革目标及乡镇长负责制之间的冲突；乡镇人民代表大会的法定权力受到一定程度虚置；政府职能部门条块分割，乡镇政府的管理职能受到肢解，县级职能部门设立的分支或派出机构使乡镇职能部门化，从而使乡镇权力的运行难以发挥整体效能。三是行为冲突。乡镇干部整体综合素质较低及激励机制欠缺，工作效能差和制度化程度低，加上社会分配不公的刺激，造成乡镇干部追求短期性和寻租性行为，他们利用手中权力直接、间接地为自己谋取私利。

实际上，在推进扩权强镇改革的绍兴市 28 个中心镇中，改革存在较大差距。比如在嵊州市，对中心镇培育发展虽然取得了一定的成效，但离培育目标仍有较大差距，与其他县市的中心镇相比差距更为明显。尤其是在培育过程中存在产业培育相对滞后、体制创新力度不足、社会事业发展缓慢、城市化进程不快、集聚辐射能力不强等问题②。具体包括：一是经济总量整体不大。在绍兴市 28 个中心镇排名中嵊州市中心镇只居于中下游水平。各中心镇经济总量偏小，财政实力有限，自我发展能力偏弱，集镇形象离中心镇的培育目标差距较大。工业功能

---

① 中共中央办公厅、国务院办公厅：《中央机构编制委员会办公室关于深化乡镇机构改革的指导意见》，中办发〔2009〕4 号。

② 可参见《嵊州市 2010 年中心镇培育工作总结》，内部资料，2011 年。

区发展速度不快,新办企业的总量和规模不大,产业特色不够明显,产业结构不尽合理。二是基础设施建设滞后。纵观5个中心镇,这几年集镇建设的资金投放虽然比较大,但给人总体感觉是建设水平低、品位不高。集镇面貌总体比较陈旧,集镇道路狭窄,基本上只有一条商业街,生产、商贸、生活区混杂。受资金投入少的影响,基础设施建设滞后,尤其是垃圾处理、污水处理、城乡公交、市民休闲等基础设施建设缓慢,尚未形成功能完善的发展布局,城镇特色不明显。三是城镇功能不够完善。对于一个功能完备的中心镇来说,它是一定区域内农村的工业、商业、服务业、交通运输、财政金融、通讯信息、科技教育和政治文化的中心,但目前各中心镇重工业、轻服务业的现象比较严重,集镇功能比较单一,遏制了中心镇经济发展的活力,导致人口吸纳能力低,集聚效应不明显,影响中心镇对周边农村经济的辐射和带动作用。四是发展要素支撑乏力。近年来,中心镇的产业集聚较快,但人、财、物方面的要素支撑仍显乏力。专业人才普遍缺乏,各类专业人才十分紧缺,集镇用人机制不够灵活,难以适应进一步培育发展的要求。缺钱少地问题难以克服,各中心镇财政基本上是"吃饭财政",可提供担保的资产少,融资平台缺乏,无力投入大量资金进行中心镇建设。扩权力度仍需加大。在中心镇扩权上,责任权下放较多,实权下放较少,有的权力即使下放了,没有相应的职能机构和专业人员相配套,许多社会管理职能还是无法正常运作。

三、扩权强镇改革的体制压力与机制障碍

体制是管理机构和管理规范的结合体,是组织机构设置、隶属关系和职权划分等方面的管理体系和组织制度,体制具有多样性、灵活性、结构性等特点。镇政府体制是构成镇级政府的机构设置、权力配置、管理方式和组织制度等的总称。扩权强镇改革的体制主要包括管理体制、财政体制、用人体制、考核体制和约束机制等。在推进扩权强镇工作中,中心镇的管理体制碰到了一些阻力和障碍。

第一,中心镇管理体制内的要素不全。在扩权强镇改革的推行中,特别严重的是管理体制压力与机制障碍。在实现新的改革目标过程中,人员机构编制和设置不适应。中心镇的产业、人口加快集聚,但人员机构编制仍等同一般的乡镇,对内设机构和人员定位缺乏自主调配权,发展空间不足、要素支撑乏力、平台建设滞后,难以适应小城市培育发展、管理服务的要求。比如在诸暨市,随着中心镇的发展,一些中心镇的规模和功能具备了小城市的性质,但行政机制内涵薄弱,镇政府缺乏应有的城镇管理、协调和执法权限,缺乏立项审批权,大大小小项目必须报上一级政府管理部门审批;缺乏规划、土地、建设和环保等方面的管理权限,许多问题得不到及时处置;行政机构设置不完善,与经济、社会、事业的发

展不相适应。[1]

第二，中心镇财政体制的不足。虽然已经感受到扩权后经济社会发展"如鱼得水"，可是中心镇财政权的获得依然很有限，如果能够获得更大的财政权，才能更有效地推进中心镇投融资体系建设和社会管理创新。现行扩权强镇的关键问题是县和镇之间这种权力分配和财力分成的问题，是县与镇的利益博弈。但由于考核的权力掌握在县里，所以说博弈的结果可能是镇服从于县。从合法性来说，省级、市级如果明确规定权力边界、财力分成比例，就能够达到对中心镇"扶上马、送一程"的目的，只有这样，中心镇才能真正获得发展的能力。绍兴县前两年对中心镇的财政扶持，使中心镇的财力有了较大提升，促进了中心镇建设发展，但由于金融危机的爆发，县里对中心镇的财政政策作了适当调整，使中心镇在发展上感到压力较大。

第三，中心镇管理队伍素质的参差不齐与用人体制的矛盾。中心镇承担着繁重的经济发展和社会服务职责，但随着权力的逐步下放，中心镇干部人员不足、年龄断层、经验不足、专业知识匮乏等问题日益突出，出现了"权力大了"与"人才不足"之间的矛盾。在下放权力的过程中，中心镇存在三对矛盾：中心镇发展活力快速激发与干部素质较难提升之间的矛盾，对各类管理人员的均衡需求与专业人才相对缺乏的矛盾，中心镇工作岗位流动性与干部业务专一性之间的矛盾，而专业型人才缺乏是现在中心镇提升服务管理能力最突出的问题。尽管镇级机关新设立了建设规划分局等机构，但多数中心镇干部由于长期以农村工作为主，业务不熟练、经验不足、专业知识缺乏等问题，在工作中受到一定程度的制约。个别镇甚至出现了中层岗位有职无人、长期空缺现象，"上面要放权"与"下面用好权"脱节问题较突出。中心镇扩权后，在不增加部门、编制和人员的情况下，由谁来履行这些新职能、如何规范有效执法、怎样调配工作人员和提高干部专业素质等问题，仍然是困扰部门和中心镇的工作难点。

第四，中心镇考核体制的障碍。为了做好推进工作，每个中心镇都制定了目标考核办法。为形成中心镇之间奋发向上、创新创业的竞争氛围，一般都制定了《中心镇经济社会发展动态综合评介办法》和《中心镇经济社会发展责任状》，明确中心镇的发展目标和方向，并专门从中心镇培育资金中切出专款，用于对中心镇发展业绩的考核，同时规定中心镇连续两年财政收入、产业类项目投入和GDP 总量的增幅低于全市平均水平的，要对镇领导班子进行行政问责。通过建立考核机制，激励中心镇的工作主动性和积极性。[2] 事实上，中心镇政府的工作

---

[1] 参见《诸暨市 2010 年中心镇培育工作总结》，内部资料，2011 年。
[2] 参见《上虞市 2010 年中心镇培育工作总结》，内部资料，2011 年。

绩效考评没有明确的指标,各地缺乏一个统一的可参照的标准,怎样评判工作好坏,基本上是县级领导说了算。在所有的强镇扩权方案中,考核就是指挥棒,这根指挥棒指向哪里重心就会偏向哪里。由于中心镇考核内容有几十项,有单项排名,还有综合排名,但很多都是一票否决。近两年对民生的考核项目多了起来,但考核民生最终还是要看上了多少项目,上项目就需要资金、土地。考核情况决定了升迁。对他们来说,实现从科级干部到副县级干部的变化,算好经济账、发展账,更要算好政治账①

第五,中心镇政策约束机制的缺乏。中心镇扩权的同时必须有相应的政策约束机制,既要"充分授权",又要权责统一,实现镇级政府的科学发展。这些约束包括部门"想(可)给的权力"与乡镇"想要的权力"不能很好对接。一个更为突出的问题是,有关执法委托的法律法规与政策制约依然存在,中心镇执法主体地位尚未确认。目前一些中心镇很"想要"的执法权,因为受法律的严格规定,只能由县级执法部门行使,如环保、劳动、安监等部门的某些执法权;而部门放下去的某些权力,如林业局的"5立方米以下的林木砍伐由乡镇审批"等权力,中心镇往往由于行使起来麻烦或感到权力太小等原因而不愿意要。在实践中,中心镇管理权限缺失,如环境污染、安全生产、城镇建设、土地管理,中心镇既无审批权,又无检查权,更无处罚权,而一旦造成严重后果,又是第一责任人。能否通过省级地方政府立法,为授权方式提供法律依据,扫除法律上的障碍,通过发挥政策导向作用,把制定出台和完善扶持政策作为做大做强中心镇的关键点来抓,是今后迫切需要克服的障碍之一。

四、扩权强镇改革的运权困惑

扩权强镇改革的实施,也带来了较多的权力运行困惑,在一定程度上决定了这项改革的力度和发展的方向。

第一,授权困惑。比较突出的是如何处理镇政府与县政府之间的纵向权力配置关系,是扩权强镇改革的难点和上下二级政府间利益博弈的节点,成为改革成败的重点。重新分配公共权力意味着利益格局的重新调整,如何重新设定县与镇的利益格局,是迫切需要解决的问题。改革进程中,扩大的权力如何得到有效的行使?现有的镇政府工作人员能否承担扩权后的职责?扩大的权力会不会导致相应机构的扩大?如何监督权力的行使,防止腐败滋生?虽然各地在实行强镇扩权时针对上述问题都制定了一些措施和对策,但效果如何仍待验证。

第二,用权困惑。有人总结绍兴改革的经验后认为,扩权强镇在推广中必须

---

① 《山东强镇扩权试点效果不佳 县镇财权分配待深入》,中广网,2011年6月20日。

解决用权问题。"扩权"后的中心镇拥有了部分县级经济社会管理权限,工作量也相应增加,但县级机关人员编制并没有减少,机构、人员配备上的不合理已经出现。针对这些情况,从县机关选派一批业务骨干到"扩权"镇挂职工作,并着手研究强镇扩权与县机关"瘦身强体"的联动配套举措。在授权的同时必须明确责任,真正做到权责统一。

第三,规权困惑。扩权改革需要在深度和广度上进一步深化。通过近几年的扩权改革,县级政府组成部门扩权基本到位,效果明显,推动了中心镇的快速发展,但实际操作中,碰到了垂直部门扩权配套的问题。由于管理体制等原因,垂直部门扩权尚欠到位,有的事项还要上下来回审批,扩权需要进一步深化配套,要真正做到服务基层、方便群众,中心镇对所扩之权应该加以规范。

第四,控权困惑。如何控制下放的权力,是扩权改革很有可能发生的新问题。乡镇扩权,使得数量巨大的乡镇干部拥有随时的应变权、裁量权和处置权,一旦控制不当,很可能导致司法和执法的不公与滥用,也有可能滋生权力的腐败。例如,绍兴县授予五个试点镇新型城镇开发区管理职能,实行开发区管理模式,这必然会带来一种担忧,那就是审批权的下放会不会重新导致变相的"开发区热"?

第三节　推进扩权强镇工作的若干思考

实施权力下放、强镇扩权,探索以城带乡、统筹城乡发展,也许尚不具有大范围的可推广性,但无疑提供了乡镇规划与发展的一条新路。按照改革和发展的思路,扩权强镇工作要在不断探索的基础上,按照新型小城市的目标,促进中心镇经济集聚、要素集聚、人口集聚、公共服务集聚,继续推进简政放权、财政金融体制、户籍制度、社会管理体制等改革,以求更大突破。

一、基于行政体制多元改革和地方治理的认识高度

扩权强镇改革实质上是一种以放权为突破口的基层行政体制改革,需要放在一个更广阔的空间、更全面的视角来考量。也就是说,这一改革绝不仅仅是中心镇自身的改革,也不仅仅是权力、机构职能与人员的变革,而是要将改革的视野放到乡镇政府与县域政府的关系、与乡镇农村的关系、与乡镇政权的关系,以及乡镇政府与私营部门、公民社会的关系去考虑,对中心镇体制的流程结构、运行机制、职能转变、权力关系等做出根本性的调整,这样才能推进改革的深入

发展。

　　作为行政管理体制改革中的一项全新工作,扩权强镇改革的政策性强,涉及面广,改革在重新设定县与乡镇权力格局的过程中,必须切实选好改革的切入点和重心,以保证改革目标的实现,它需要厘清哪些公共权力可以放,哪些不可以放,怎样体现镇政府的权力边界,只有通过不间断的、因地制宜的改革,才能收到预期的效果,达到预定的目标,完成预想的任务。

　　参与治理是扩权强镇改革的重要理念。从某种意义上说,扩权强镇改革是一种地方治理,需要公民广泛参与。提升公共参与精神,改善乡镇治理,让居民对乡镇有较高的认同、热爱乃至自豪感[①]。与统治不同,治理是一系列活动领域里的管理机制,是一种由共同的目标支持的活动,"这些管理活动的主体未必是政府,也无须依靠国家的强制力量来实现。"[②]治理是使不同的利益得以调和并且采取联合行动的持续的过程,它既包括有权迫使人们服从的正式制度和规则,也包括各种人们同意或以为符合其利益的非正式的制度安排。治理过程的基础不是控制,而是协调,是持续的互动。治理的本质是地方性的,而"地方治理是最贴近社会和公民的生活、直接向公民提供公共服务、与公民日常生活最密切相关的治理层次"[③]。扩权改革的更好效果应该是改革的主体——镇政府与村民之间的互动、互通、互信与互融,要充分发挥广大群众的聪明才智、参与热情和创造精神,让中心镇的扩权改革与参与治理紧密结合,不断向纵深发展。

二、日益完善中心镇扩权改革的和谐环境与内部要素

　　通过扩权强镇的实施,增加了中心镇的审批权,乡镇企业、个人在办理手续的时候能够直接在镇办理,大大简化了办事手续,提高了办事效率,减少了创业成本,为经济社会事业发展提供了良好的环境。但是,"由于历史条件的制约和宏观环境的限制,行政管理体制中存在的诸多问题仍未得到根本性的解决"。[④]扩权强镇改革必须因地制宜地来推进,要高度依赖于"地方的、区域性的社会经济条件"[⑤]。从绍兴市各中心镇扩权改革工作来看,有的镇基础比较好,具备了改革的条件,推进比较顺利,但有的镇由于受比较复杂的因素制约,很难在同一层面进行,导致各地工作不一,效果不甚理想,出现的问题较多。中心镇行政体制改革需要行政条件的完备和各种要素的理顺。

　　①　杨雪冬:《走向公共参与取向的乡镇治理》,《探索与争鸣》,2009 年第 4 期。
　　②　俞可平:《治理与善治》,社会科学文献出版社 2000 年版,第 2 页。
　　③　孙柏瑛:《当代地方治理——面向 21 世纪的挑战》,中国人民大学出版社 2004 年版,第 33 页。
　　④　任晓:《中国行政改革》,浙江人民出版社 1998 年版,第 321 页。
　　⑤　[瑞典]阿姆纳·蒙丁:《趋向地方自治的新理念?》北京大学出版社 2005 年版,第 6 页。

　　和谐的社会环境是完善中心镇扩权改革的前提。社会和谐就是社会与自然环境、经济、政治、文化之间的协调发展。构建社会主义和谐社会，是党从中国特色社会主义事业的总体布局和全面建设小康社会的全局出发提出的重大战略任务。绍兴致力于社会和谐建设，全面实施社会就业、社会救助、社会保障、社会进步四大工程，努力使中心镇的经济发展成果转化为社会进步的成果，惠及人民群众。各中心镇积极探索制度化的新型管理机制，努力提高管理城乡的能力和水平，一方面加快推进村改居和农村新社区建设，不断深化健全社区管理和服务体系，另一方面坚持教育引导和严格执法并举，以创建文明镇村为抓手，通过进一步加大拆违力度，广泛开展环境卫生、交通秩序、社会治安等专项整治，组建城管执法机构，引导和规范居民养成适应中心镇发展要求的生活方式及行为习惯，人民群众的安全感和满意度明显提高，社会秩序日益良好。

　　雄厚的物质条件是完善中心镇扩权改革的基础。加大资金投入是未来用权改革的首要因素和经济基础。坚持财力与事权相匹配，进一步完善中心镇的财政管理体制。省市县各级要加大对试点中心镇的投入力度，在一般预算收入分成比例、财政收入超收返还、规费和土地出让金留成等方面向试点中心镇倾斜。为了成为区域经济中心、文化中心、体制机制创新和新农村建设的示范区，中心镇必须高举改革创新旗帜，使自身得到较为充分的发展，较快产生溢出、辐射和带动效应。目前在绍兴，各中心镇建设资金普遍不足，需要上级政府和本地政府予以大力支持，加大金融政策扶持，探索试点投入激励新机制，确保中心镇培育出成效。

　　配套的内部要素是完善中心镇扩权改革的关键。为切实提高中心镇提供公共服务和社会管理的能力，就应加快出台相关政策，加大对中心镇的政策扶持力度和资源要素倾斜[①]。在全面推进扩权强镇改革，依法赋予中心镇县级经济社会管理、劳动保障、环境保护、安全生产、城镇管理等方面的县级管理权限；允许中心镇的党政领导职级高配；适度增加中心镇人员机构编制，赋予其对内设机构和人员定位的自主调配权；建立中心镇的垂直部门派驻机构双重管理、属地考核制度；加快中心镇建设用地和土地流转政策、投资体制、农村集体资产管理体制等改革；支持中心镇深化农村集体资产管理体制改革。[②]

　　健全的组织条件是完善中心镇扩权改革的保障。中心镇转型发展和小城市建设工作涉及面广、政策性强、工作要求高。为此，要进一步统一思想，加强领导，继续充分发挥中心镇发展领导小组等组织的作用，积极为中心镇的改革与发

---

①　参见《上虞市 2010 年培育中心镇工作总结》内部资料，2011 年。

②　绍兴市发展和改革委员会：《绍兴市中心镇三年建设成效回顾（2007—2009 年）》，第 38—39 页。

展出谋划策。县级机关相关部门,要从各自的职能出发,协调配合,采取有力措施,积极支持中心镇转型发展和小城市建设。各中心镇要结合当地实际,研究制定具体政策措施和实施细则,进一步明确培育中心镇相关职能部门的工作职责,坚持重在履行、重在探索的改革精神,敢于进矛盾堆,不断研究新情况和新问题,拿出更加具体化、可操作的办法和细则,切实推进中心镇经济社会全面发展。

三、切实加强中心镇公共服务能力提升和社会服务共享

为了真正便于群众办事,就必须提升中心镇的公共服务能力和社会服务水平,这是社会管理体制创新的根本和动力,是和谐社会的最好诠释。

服务型政府建设是中心镇培育和发展的根本要求。建设服务型政府,就是要让政府由原来的控制者改变为组织者和服务者,政府以控制管理为主转变为以提供公共服务为主,管理目标由经济领域为主转移到以公共服务领域为主,政府的运行以服务公众为宗旨[①],以培育完善的市场为过程,以调动社会各方面建设力量为原则,激活社会资源的竞争性,实现资源高效配置,推动经济的高效运转。社会管理要搞好,必须以人为本贴近群众,"必须加快推进以保障和改善民生为重点的社会建设"[②],完善保障和改善民生的制度安排,加快发展各项社会事业,着力解决当前群众反映强烈的教育、就业、收入分配、社保、医疗、住房等民生问题,使发展成果更好惠及全体人民。基层镇级政府是管理服务、社会建设的重中之重,是搞好社会管理建设的排头兵。

如何使镇级政府成为管理有序、服务完善、既有秩序又有活力的公共服务组织,当前特别要着力的是下移城乡社会管理的重心,要把能下放的职权下放,把更多资源投入到基层,让基层有权管事、有人做事、有钱办事。

中心镇扩权改革成败在于"上面要放权、下面用好权"。要实现城乡协调发展,须通过放权,增强基层活力,县级政府要舍得放权,镇级政府要用好权力,尽快通过提高镇级干部群体素质来提升管理服务能力,所以提升中心镇公共服务能力是关键的关键。强镇扩权,可以增强经济强镇的行政能力、公共服务能力,能很好地解决民生问题,是推进社会主义新农村建设的新引擎。

强化公共服务,提升服务共享。明晰县镇事权划分,增强试点中心镇社会管理和公共服务能力,充分发挥省级财政现有专项资金的作用,加大对试点中心镇的支持。提升社会服务共享,就是要按照辐射范围内公共服务体系规划布局,优先安排重大公共设施,促进城市公共设施向小城市延伸。依据服务人口规模、人

---

① 陈华栋:《试论服务型政府》,《理论界》,2004 年第 10 期。
② 胡锦涛:《扎扎实实提高社会管理科学化水平》,新华网,2011 年 2 月 19 日。

口结构与分布、设施服务半径等,加快小城市教育、科技、文化、卫生、体育等设施建设;积极培育资本、劳动力、土地等生产要素市场和综合性公共服务平台,为小城市的人流、物流、资金流、信息流的集聚流转创造条件。

完善保障体系,抓好平台建设。为了继续深入推进中心镇建设,应继续搞好基础教育、基本医疗、群众文化、公共基础设施等公共服务体系建设。着力壮大经济转型发展、城乡统筹发展、社会和谐发展的示范平台。以小城市培育工作为抓手,在不改变现有行政区划的基础上,着重做好"四共、三保"工作。[①]"四共"是指规划共谋、产业共育、设施共建、服务共享,"三保"是指强化组织保障、要素保障、体制保障,积极提升城镇功能,使中心镇政府实现由"管理型"向"公共服务型"的职能转变。

四、真正确立中心镇职权责利的四位一体

行政管理理论认为,在公共行政活动中,任何行政机构和行政领导依法具有相应的职、权、责、利,并相互统一,相互对应。每一个行政组织,都必须做到职位、职权、职责和职利四位一体,有职无权,有权无责,有责无利,都不利于行政任务的完成。四位一体体现为相互联系、相互作用、相互制约、相互协调的关系,要求做到职权分明、权责相称、责利相等。

从绍兴的经验看,对于中心镇机构设置的职位、权力、责任、利益四者之间的关系,其主要做法是实行权力、人力、财力(利益)与责任挂钩,做到职、权、责、利的"四统一"。一是充分授权、权责统一,授予中心镇以县级管理职能,实行新型管理模式,将部分县级部门在镇域内的管理职权,全部或部分委托给新型镇直接行使;二是完善机构、人责统一,按照"精简、统一、效能"的原则,将镇级内设机构进行调整;三是增强财力、利责统一,合理提高对新型镇的财政分成比例,超基数部分各中心镇享受增值税、企业所得税地方留成部分。

但是,由于改革主要涉及县镇两级政府间的权力关系调整,观察中心镇具体下放的几十甚至几百项权力,虽然涉及事项多、用权范围广,实际上,县级政府给中心镇的放权,只有事权是真正下放,其他的权力仅涉及政府的部分社会经济管理权和执行权,最终的审批权仍然在县级政府,距离最终实现乡镇政府"权责一致"的目标还有相当距离。而要实现上述目标,还需一场涵盖户籍、土地、劳动和社会保障在内的更深层次的社会变革。

扩权改革的权利与责任需要进一步强化。绍兴市实行扩权强镇后,审批权力部分下放,这给中心镇的发展带来了方便,但另一方面由于多种原因,有的中

---

① 参见《绍兴县 2010 年培育中心镇工作总结》,内部资料,2011 年。

心镇在扩权审批工作中还存在着审批质量有待进一步提高、政策把关尚欠进一步严格、审批人员尚需进一步稳定、责任性尚需进一步提高、审批需要的相关硬件尚欠配备、审批中存在重审批轻执法重权利轻义务重规划轻管理现象、审批的程序违规现象增多等不足，需要进一步探索"放好权"、"用好权"和"管好权"之间的关系，建立健全相关责任追究机制，研究制定有关确保下放权限规范有序运转的配套政策和管理制度，强化权利与责任的对等，促进用权更加顺畅，效能不断提高。

此外，当前推行的扩权强镇改革只是在部分镇域经济较为发达的省份开展，而我国各地经济发展水平不同决定了乡镇政府所承载功能的差异性，故扩权强镇改革究竟有多大的示范带动效应，仍有待实践的检验。

五、不断理顺中心镇管理体制和运行机制的创新

如何保障中心顺利、有效、快速地发展，公共管理服务体制机制的创新是重要一环。从绍兴各地中心镇的运行情况看，中心镇扩权改革之所以取得较显著的成效，离不开这些内在的因素，也是今后推进中心镇改革、可持续发展的重点。

一要创新中心镇管理体制。体制创新一般涉及多个层面，从绍兴的实践看，主要有四方面的创新重点，即"四个探索"：探索机构设置综合、管理扁平高效、人员编制精干、运行机制灵活的基层政府新型管理架构；探索建立扩权审批事项上报备案制、扩权审批事项检查制等制度，进一步优化扩权运行；探索县镇联动的综合行政执法新体制，推动行政执法重心下移，切实提高综合行政执法效率和水平；探索分级审批方式，对一些技术要求高、管理难度大、专业性较强的项目，超过一定标准仍由县级部门审批其余由镇审批的分级审批方式，减轻镇级审批压力。[①]

二要优化中心镇政策机制。为进一步深化与完善扩权强镇工作，加快推进中心镇的科学发展、率先发展，需要制订出台关于深化完善扩权强镇工作推进中心镇科学发展率先发展的政策和制度，进一步在财政体制、机构设置、考核机制和土地、资金、人才等方面对中心镇给予政策倾斜。在土地保障上，扎实做好农村建设用地增减挂钩文章，整治复垦指标全部用于中心镇安置及建设，允许土地指标跨乡镇流转政策，并优先流转中心镇使用；在资金保障上，地方财政收入超过基数的县留成部分、超过增值税基数的县留成部分全额分成，经营性用地土地出让金净收益全额返还给中心镇；在人才保障上，配强中心镇领导班子，下派县级部门优秀干部担任实职，建立弹性用人机制，率先在中心镇建立人力资源分

---

① 参见《绍兴县 2010 年培育中心镇工作总结》，内部资料，2011 年。

市场。

三要健全中心镇探新机制。为进一步深化扩权强镇工作,促进中心镇经济社会又好又快发展,就要发挥各中心镇的各自优势和长处,大胆探索,积累经验,为持续创新提供动力和源泉。其中,绍兴县在兰亭镇开展深化扩权强镇试点工作中所积累的创新探索值得效仿。该中心镇按照"深化改革,加大扩权;瘦身强体,机构延伸;县镇对接,理清职责;调整机构,充实力量;权责统一,提高效能"的总体方针来确立试点内容:调整机构设置和职能,由原来的"五办一局两中心",调整为"三办两局两中心",增设发改分局、经贸分局、外经贸分局、建管分局和司法所等机构,授牌授印;明确机构级数和职级;加强人员配备;增加授权内容,在原已授权 30 项的基础上,增加授权 43 项;明确运作程序等方面,进一步划清了权力界限,增加了扩权事项,加大了扩权力度①,在改革中形成了制度创新的成果,特别是设立镇经济社会发展服务中心,基本构建了"一条龙"、"一站式"的服务模式,凡到镇政府来办理审批的所有事项都要通过服务中心窗口办理,按照规范办事程序、提高服务效率的要求,建立了服务承诺制、首问责任制、投诉监督制、档案管理制等一系列工作制度②,已成为绍兴市中心镇扩权改革的典型经验而得到推广。

六、大力推进中心镇由城镇化向小城市发展

城镇化的过程是人口、市场、企业、生产要素、基础设施等在地理上的集中过程,推进城镇化发展就是要从空间上最大限度地推动那些从事农村经济的过剩劳动力向城市转移。

新中国成立以来,中国的城市化战略以政府管制逐步放松为演进路径。上世纪 80 年代前,片面发展大城市,导致县、镇的基础设施建设太差,人为地造成城乡二元隔阂。改革开放后,我国东部尤其是东南沿海地区的乡镇企业发展迅猛,民间投资建设城镇热情高涨,自下而上地推动了城镇化。据统计,我国的城镇化率从 1978 年的 17.9% 提高到 2009 年的 46.67%,平均每年增长 0.9 个百分点左右。据估测,我国的城市化在 2050 年将达到 72.98%。③ 另一方面,国家同时确立了小城镇化战略,上下合力,共同推动县、镇的快速发展。到本世纪初,长三角和珠三角地区一些镇的经济总量甚至超过内地一个地级市的水平。

---

① 中共兰亭镇委员会、兰亭镇人民政府:《深化改革 率先发展——绍兴县兰亭镇"扩权强镇"工作情况汇报》,2011年 7 月,第 2 页。

② 中共兰亭镇委员会、兰亭镇人民政府:《深化改革 率先发展——绍兴县兰亭镇"扩权强镇"工作情况汇报》,2011年 7 月,第 3 页。

③ 《全国 13 省强镇扩权"脚大鞋小"状况改变后如何用权?》,《人民日报(海外版)》,2010 年 9 月 18 日。

但同时经济强镇遭遇发展瓶颈。培育中心镇的发展战略，就是让政府转型速度与经济社会转型速度相适应，通过扩大乡镇政府的行政权力，增加其在地方事务上的自主权，适应地区经济社会的发展，从而实现城乡统筹发展，推进新型城市化。

探索中心镇城市化发展道路，积极引导具备条件的中心镇向现代化的小城市、乃至中心城市方向发展。中心镇发展的未来目标就是要跳出传统的乡镇模式束缚，按照新型城市化的目标，加快发展步伐，促进中心镇经济、要素、人口、公共服务多元化集聚与发展；加强对中心镇规划的指导，提高试点中心镇规划水平；加大行政管理体制改革和功能化与数字化社区建设；深化户籍管理制度改革，放宽经济发达镇落户条件，让有条件的农民有序转为市民，逐步使农业转移人口享受与城镇居民相同的待遇；支持鼓励试点中心镇开展农村土地综合整治，稳妥进行土地整理、荒地和废弃地开发利用，有序推进产业、人口、居住"三集中"；引导农民以集体资产所有权、土地承包权、宅基地及住房置换股份合作社股权、城镇社会保障和城镇住房产权；促进区域平衡发展、城乡一体化的进程，由发达的经济强镇转变为服务水平较高的现代化城市，带动整个地区经济社会的全面发展。所有这一切，必将成为今后中心镇改革发展的行进动力和前进方向。

本章参考文献

[1] M. Weber, "*Economy and Society：An Outline Interpretive Sociology*", transl. by E. Fischoff et al. Berkeley：University of California Press，1978.

[2] Shue,"*The reach of the state：sketches of the Chinese body politic*", Stanford University Press,1988.

[3] [英]伯特兰·罗素：《权力论》，东方出版社 1988 年版。

[4] [美]彼得·布劳：《社会生活中的交换与权力》，华夏出版社 1988 年版。

[5] [德]马克斯·韦伯：《经济与社会》（上卷），林荣远译，商务印书馆 1997 年版。

[6] [美]迈克尔·罗斯金等：《政治科学》，林震等译，华夏出版社 2001 年版。

[7] [瑞典]阿姆纳·蒙丁：《趋向地方自治的新理念？》，北京大学出版社 2005 年版。

[8] 任晓：《中国行政改革》，浙江人民出版社 1998 年版。

[9] 俞可平：《治理与善治》，社会科学文献出版社 2000 年版。

[10] 中国行政管理学会：《新中国行政管理简史》，人民出版社 2000 年版。

［11］孙关宏等：《政治学概论》，复旦大学出版社 2003 年版。

［12］孙柏瑛：《当代地方治理——面向 21 世纪的挑战》，中国人民大学出版社 2004 年版。

［13］张崇防：《中国撤并乡镇 7400 多个精简机构减轻农民负担》，《发展》，2004 年第 4 期。

［14］《中共中央关于加强党的执政能力建设的决定》，人民出版社 2004 年版。

［15］陈华栋：《试论服务型政府》，《理论界》，2004 年第 10 期。

［16］张新光：《论中国乡镇改革 25 年》，《中国行政管理》，2005 年第 10 期。

［17］白钢、史卫民：《中国公共政策分析》，中国社会科学出版社 2006 年版。

［18］浙江省人民政府：《关于加快推进中心镇培育工程的若干意见》，浙政发〔2007〕13 号。

［19］陈华栋、顾建光、蒋颖：《建国以来我国乡镇政府机构沿革及角色演变研究》，《社会科学战线》，2007 年第 2 期。

［20］陈剩勇、张丙宣：《强镇扩权：浙江省近年来小城镇政府管理体制改革的实践》，《浙江学刊》，2007 年第 6 期。

［21］傅白水：《绍兴强镇扩权的成效与尴尬》，《中国改革》，2007 年第 7 期。

［22］魏涛：《强镇扩权：一个乡镇改革模式的研究样本》，《湖南工程学院学报》，2008 年第 1 期。

［23］张新辉：《广东省中心镇强镇扩权改革研究——以白土镇为例》，暨南大学硕士学位论文，2008 年。

［24］汪玉凯：《取消乡镇是改革方向》，《南方日报》，2008 年 10 月 21 日。

［25］赵树凯：《关于乡镇改革历史进程的考察》，《经济研究参考》，2008 年第 32 期。

［26］王诗宗：《治理理论及其中国适用性》，浙江大学出版社 2009 年版。

［27］中共中央办公厅、国务院办公厅，中央机构编制委员会办公室：《关于深化乡镇机构改革的指导意见》，中办发〔2009〕4 号。

［28］杨雪冬：《走向公共参与取向的乡镇治理》，《探索与争鸣》，2009 年第 4 期。

［29］该刊县域经济观察员：《浙皖鲁吉强镇扩权又有新突破》，《领导决策信息》，2009 年第 28 期。

［30］袁金辉：《中国乡镇改革 60 年》，《学习时报》，2009 年 7 月 27 日。

［31］宋建辉、李瑾、王坤：《我国部分省份推行"强镇扩权"改革研究概述》，《广东农业科学》，2010 年第 9 期。

[32] 绍兴市发展和改革委员会:《绍兴市中心镇三年建设成效回顾(2007—2009年)》,2010年。

[33]《全国13省强镇扩权"脚大鞋小"状况改变后如何用权?》,《人民日报》(海外版),2010年9月18日。

[34] 李水金:《中国乡镇政府改革的五种模式及其评析》,《理论与改革》,2011年第1期。

[35] 胡锦涛:《扎扎实实提高社会管理科学化水平》,新华网,2011年2月19日。

[36]《山东强镇扩权试点效果不佳　县镇财权分配待深入》,中广网,2011年6月20日。

[37]《绍兴:扩权强镇进行时》,《人民日报》,2011年6月22日。

[38]《重庆启动取消乡镇政府的试验》,《香港大公报》,www.docin.com/p-11796100.html,2011年6月29日。

[39]《"扩权强镇"的绍兴样本》,《凤凰资讯》,2011年7月18日。

[40]《2010年度嵊州市中心镇培育工作总结》,内部资料,2011年。

[41]《2010年度诸暨市中心镇培育工作总结》,内部资料,2011年。

[42]《2010年度上虞市中心镇培育工作总结》,内部资料,2011年。

[43]《2010年度绍兴县培育中心镇工作总结》,内部资料,2011年。

[44]《2010年度新昌县培育中心镇工作总结》,内部资料,2011年。

[45] 中共兰亭镇委员会、兰亭镇人民政府:《深化改革　率先发展——绍兴县兰亭镇"扩权强镇"工作情况汇报》,2011年7月。

第五章 中心镇权力规制创新的环境与动因

从治理理论的视角看,各国政府都希望有更高的行政效率、更低的成本、更好的公共服务、更多公民支持的治理方式。要实现这种"善治",政府只有通过不断地进行自身的改革和创新才能实现。地方政府是切合公民需要的公共产品和服务的直接提供者,也是解决公共服务供给中的协调问题和目标偏离问题的主体。由于创新风险、地方政府的能力基础、宪法结构等原因,在复杂多样的政府创新活动中,地方政府是政府创新的第一推动集团①。蓝志勇指出,长期以来,由于资源不够、传统惯性势力强等原因,人们认为政府特别是地方政府是保守的、反对变化的。但近几十年来,地方政府发展的困境迫使地方政府另辟蹊径,寻求新的出路②。地方政府创新,正是在多种推力作用下做出的选择。

2007 年年初,在镇域经济社会发展迅速的经验基础上,绍兴市在全省率先出台《关于积极培育中心镇的若干指导意见》,明确了培育发展中心镇的目标要求、工作重点和政策措施,从产业培育、基础建设、集约用地、职能授权和干部配备等五方面进行政策扶持,并确立了杨讯桥、钱清镇等 12 个省级中心镇、市级中心镇和 2 个开发区作为试点,将投资项目的核准、备案、建筑工程许可证核发等相应的职权下放到下辖的钱清镇等 5 个乡镇,赋予这些乡镇部分县级经济社会管理权限与相对独立的财权,区域范围内的土地出让净收益全部返还给这些镇,为浙江在全省推开"扩权强镇"试验作了政策探索。扩权强镇改革一方面促进了浙江省县域经济发展和城镇经济协调发展,另一方面也对基层政府职能转变和权力规范运行提出了更高的要求。

---

① 参见陈家刚:《地方政府创新与治理变迁——中国地方政府创新案例的比较研究》,《公共管理学报》,2004 年第 4 期。

② 蓝志勇:《给分权划底线,为创新设边界——地方政府创新的法律环境探讨》,《浙江大学学报(人文社会科学版)》,2007 年第 6 期。

　　"扩权强镇"的试点,对相应的许可权、管理权,包括财权、土地出让收益等权限都进行了下放。外部给予的权力下放和内部面临的新形势,对规范中心镇权力的运行提出了新要求和新挑战:如何强化权力的"为民服务"功能,如何厘清新扩的权力边界,如何建构权力运行机制,如何保障权力运行的规范和效率等等。对此,绍兴市积极开展了扩权强镇后的中心镇权力规制创新的实践探索和尝试,并启动了新一轮关于权力规范运行与规制创新的变革。绍兴市中心镇权力规制创新有其特殊的社会环境条件和背景,究其创新动因,既是"扩权强镇"改革的结果,也有地方政府职能转变和积极探索创新的深层次原因。

第一节　中心镇权力规制创新的环境条件

　　中心镇权力规制创新作为地方政府在"扩权强镇"改革背景下实施的改革尝试和创新探索,既具有一定的社会环境背景,也是地方政府应对"扩权强镇"后新变化的"战略选择"。政府创新应被视为地方政府的重要战略选择,本节重点运用私营部门战略管理的外部环境分析方法综合分析绍兴市中心镇权力规制创新的环境因素和背景原因。PEST 分析法和 SWOT 分析法在企业组织战略管理中是应用比较成熟的方法,分别从组织的宏观环境和微观环境对组织所处的环境进行综合分析,对于分析政府组织创新战略的产生和评估地方政府组织的创新能力及创新持续性等方面都具有一定的借鉴意义。

一、基于 PEST 法的中心镇权力规制创新环境分析

　　PEST 分析法是私营部门发展过程中背景因素分析的重要方法,通常是指宏观环境的分析,即外部环境分析。P 是政治环境(Political system),E 是经济环境(Economic factors),S 是社会环境(Social factors),T 是技术环境(Technological factors)。通过政治、经济、社会、技术四个角度的因素分析来总体把握该组织所处的宏观环境,并评估这些因素对组织选择新策略的影响。对地方政府而言,较为全面地分析其社会环境诸要素,对于如何选择适当的创新战略及考察其创新可持续性也具有重要的价值。基于法律(Legal)环境对地方政府创新的重要性,笔者在 PEST 分析法基础上对绍兴市中心镇权力规制创新的环境分析进行了一定拓展,即 PELST 分析。

　　1. 政治环境
　　我国自改革开放以来,经济和社会领域迅速发展,政府公共服务的效率和质

量方面的改革进入了新一轮发展时期。一方面市场经济的深入发展对政府提供公共服务的效率和质量提出了更高要求,另一方面也需要加强依法行政,加强对权力运行的监督和制约,以更好地满足经济社会全面发展的需要。西方发达国家于20世纪70年代末兴起了以提高政府工作效率和公共服务质量为目标的政府管理改革运动,并发展成为以即时的专业管理、标准明确与绩效衡量、强调产出控制、转向部门分权、转向竞争和有效利用资源为基本特征的新公共管理思想。新公共管理的核心理念是竞争、绩效和透明。所谓透明,就是指政府提供公共产品和公共服务的过程应受到监督,政府运用提供公共服务的权力也应加以规范。随着政府公共服务职能的不断强化,规范权力运行也逐渐成为行政管理改革中的一个核心内容。权力的规范运行是新公共管理"透明政府"理念的体现,也是现代民主政治制度的必然要求。从我国政府管理改革的实践看,确保权力的透明、规范运行是社会主义市场经济进入深度改革阶段的基本保证。对于绍兴市地方政府改革而言,权力的规范运行和中心镇权力规制创新的产生更有其特殊的政治背景。

第一,"扩权强镇"改革对中心镇权力规制与规范运行提出了新挑战。

基于发达的县域经济,浙江省从1992年开始就致力于克服"市管县"体制的缺陷,从财政体制方面开始进行"省管县"改革,以增强县域发展经济和增强财源的积极性。省管县改革使政府改革从减人、减事、合并机构的行政职能调整,开始扩展到"减少层级"的行政改革,并使省级层次的行政改革向职能转变、提高效率、发展经济和服务社会的方向推进,同时也推动了县域经济发展地区"扩权强镇"的改革尝试。

在全省"扩权强镇"的背景下,作为综合实力名列"全国百强县"前十位的经济强县,绍兴县从2007年年初开始率先实行"扩权强镇"试点,将投资项目的核准、备案、建筑工程许可证核发等相应的职权下放到钱清镇等5个乡镇,将原属于县级的部分行政审批权和决策权授予钱清等5个镇履行,县级行政部门累计下放74项行政管理权限,涉及财政、规费、投入、用地、投资、户籍改革、集体非农建设用地、农村集体资产、就业和社保等十个方面,赋予部分县级的经济社会管理权限与相对独立的财权,同时,区域范围内的土地出让净收益全部返还给这些镇。也就是说,相应的许可权、管理权,包括财权、土地出让收益等权限都进行了明显下放,因此从扩权的内容和范围来看,这一轮扩权"幅度大、步骤明显、内容具有实质性"。

绍兴市"扩权强镇"的试点,直接带来了这些"扩权"后的中心镇如何运用这些权力、权力运行如何保障及用权效率等权力规制问题,并对规范中心镇权力的运行提出了新要求和新挑战:一是权力执行的终端性明显凸现。对于下放的项目审批权、规划审批权、建筑管理权等,县级相关部门是"见章盖章",使中心镇权力运行的终端性就明显凸现出来。二是权力利益的直接性明显增强。作为最基层的政权组织,本身就直接面对一个个利益主体。扩权以后,随着财政实力的增强,建设力度的加大,直接面对利益主体的范围更大,数量更多,使权力运行的直接性就明显增强。三是权力规制的缺失性明显暴露。过去乡镇的管理由于责大权小,权力管理的盲区相对较少,扩权后,如何规范中心镇权力运行,没有现成的制度可借鉴,权力规制的缺失性明显暴露。四是权力运行的风险性明显增大。扩权后,乡镇出现人手少、事务多,权力大、责任重的情况。部分公职人员素质跟不上行使权力的要求,影响行政效率与质量,关键岗位面临风险。同时,扩权使乡镇干部拥有更大的自由裁量权和处置权,控制不当会导致权力的滥用等①。

因此,建立中心镇权力规范运行与用权规制创新机制不仅是当前政府管理体制改革的重要内容,也是在"扩权强镇"改革背景下避免中心镇扩权带来的"隐性违规",加强运权监管、确保用权规范和提高用权效率的重要手段。

第二,建立中心镇权力规制创新机制是健全法制和进一步推进政治体制改革发展的要求。

"作为当代中国政治形态的价值取向",法治政府不仅是"当代中国政治形态的内在要求"②,也是健全社会主义民主制度和推动政治体制改革的主要内容。党的十五大第一次明确提出依法治国、建立社会主义法治国家的政治发展战略目标。按照依法治国的基本要求,管理国家事务、管理经济文化事业和管理社会事务都必须依照宪法和法律规定,并以逐步实现社会主义民主的制度化和法律化为目标,推动政治体制改革的发展。在依法治国和政治体制改革的整体框架下,依法行政是政府机关履行职能、管理公共事务和提供公共服务的过程中加强法制建设和推动民主政治的重要环节。美国联邦党人汉密尔顿等人在论述如何"使行政部门能够强而有力"所需要的因素时,就提出了"统一、稳定、充分的法律支持和足够的权力"③四要素。现阶段,要进一步健全法制和推进政治体制改革发展,就需要建立和完善依法行政体系,合理界定政府角色,明确政府职责和权力范围,构建运转协调和监督有效的公权力运行机制。

在新形势下,乡镇政府从基层政府权力规范运行和用权规制的角度积极探索改革创新,转变管理方式,精简政府职能,建立高效的公共服务体系,规范乡镇机关权力运行,不仅弥补了长期以来基层行政权力监督"真空"的漏洞,也是回应当前健全法治和推进政治体制改革要求的政策选择。在中国现有的政府组织结

---

① 参见浙江大学非传统安全与和平发展研究中心课题报告:《中心镇权力规范运行的钱清探索与实践》,2010 年。
② 林尚立:《当代中国政治形态研究》,天津人民出版社 2000 年版,第 246 页。
③ [美]汉密尔顿、杰伊、麦迪逊:《联邦党人文集》,商务印书馆 1980 年版,第 356 页。

构中,乡镇机关作为最基层的政府,其管理对象主要覆盖农村地区,不仅直接与群众、地方经济社会发展相关,也是公共产品与公共服务的主要提供者。然而,与乡镇政府角色和职能定位矛盾的是,在乡镇政府工作实际运行中,存在着许多不相适应的执法观念、体制机制等问题,严重影响到地方群众对乡镇机关的满意度评价。为促进乡镇机关权力更好地服务社会公众和地方经济社会发展,从法治和政治体制改革的角度加强对乡镇机关权力运行的监督,提升乡镇机关规范运行权力的水平,把乡镇权力运行纳入规范、法制、民主和监督的轨道,对乡镇政府转变职能和提升公共服务水平都具有极为重要的意义。

第三,乡镇权力规范运行与权力规制创新是政府管理体制改革与创新发展的产物。

政府管理体制改革以转变政府职能、提高行政效率和提升公共服务质量为主要内容和发展方向。“什么样的政府是一个好政府”是长久以来人们试图想要解答的难题。卢梭在《社会契约论》中也提到了“论一个好政府的标志”这个“既无法解答又无法确定的问题”。他认为存在一个较为简单的标志,即社会成员的生存和繁荣①。因此,政府管理体制改革的价值取向应始终围绕民生与服务。2007 年 10 月,党的十七大报告明确指出要加快行政管理体制改革,建设服务型政府,形成权责一致、分工合理、决策科学、执行顺畅、监督有力的行政管理体制。服务型政府理念的提出反映了当前政府管理体制改革的基本价值取向,也是现阶段我国政府管理创新的重要发展方向。但与此同时,“服务型政府”建设也需要相应配套的政府管理机制构建,服务型政府在构建基础上应是一个实现了合理分权、政府结构优化的政府。西方发达国家政府创新的普遍经验是在规范政府行为的基础上以提高公共服务效率和质量为目标进行政府创新实践。随着政府管理体制改革的深入发展,规范政府权力和实现权力结构优化也成为政府管理创新的一个重要内容。

近年来,“规范权力运行”和“加强对权力的监督”一直是政府管理体制改革的重点。2002 年 11 月,党的十六大报告指出“要加强对权力的制约和监督,通过建立结构合理、配置科学、程序严密、制约有效的权力运行机制”。党的十七大报告也提出“完善制约和监督机制,保证人民赋予的权力始终用来为人民谋利益。确保权力正确行使,必须让权力在阳光下运行。要坚持用制度管权、管事、管人,建立健全决策权、执行权、监督权既相互制约又相互协调的权力结构和运行机制。”2008 年 2 月,中国共产党第十七届中央委员会第二次全体会议通过了《关于深化行政管理体制改革的意见》和《国务院机构改革方案》,强调要着眼于

---

① 〔法〕卢梭:《社会契约论》,商务印书馆 1980 年版,第 110—111 页。

推动科学发展、保障和改善民生,贯彻精简统一效能的原则和决策权、执行权、监督权既相互制约又相互协调的要求,着力转变职能、理顺关系、优化结构、提高效能,做到权责一致、分工合理、决策科学、执行顺畅、监督有力,为改革开放和社会主义现代化建设提供制度保障。在政府管理改革与创新发展过程中,服务型政府的导向和权力的规范运行是其本质内涵。作为当前政府管理体制改革的基础环节,乡镇政府管理科学化、民主化和高效化水平之重要性显而易见。乡镇政府管理体制改革与创新既要以服务型政府为导向,也要致力于构建结构合理、配置科学、程序严密、制约有效的权力运行机制,以推动地方政府管理体制改革的发展,并更好地转变政府工作方式和运行机制,提高地方政府的管理水平和服务能力。

第四,中心镇权力规制创新是进一步理顺权力关系和实现政府权力协调配置的要求。

早在1980年,浙江省就开始明确全省财政实行省和市、县两级包干,成为浙江省行政管理体制的一个重要特点。实践表明,这一体制是有利于县域经济发展的。2002年,浙江省委、省政府出台政策,进一步扩大经济强县(市)的经济管理权限,把转移支付、专项资金补助、资金调度、债务管理等经济权限下放到县。这样县级政府就能拥有一定的自主权,因地制宜履行职能,减少行政层级,有力地促进了广大基层和群众的创业创新,极大地推动了浙江的市场化进程和经济发展,增强了政府管理和协调区域经济发展的能力[①]。2007年年初,绍兴在全省率先出台《关于积极培育中心镇的若干指导意见》,赋予试点中心镇部分县级经济社会管理权限与相对独立的财权,为浙江在全省推开"扩权强镇"试验作了政策探索。

从"扩权强县"和"扩权强镇"的动因看,主要是市、县和乡镇之间的关系协调和政府权力配置的问题。绍兴市的经济社会发展具有典型的"县域经济"和"乡镇经济"的特点,大量的民营企业集中在乡镇。如绍兴的钱清镇、杨汛桥镇等乡镇都是经济强镇,但在行政管理上却没有跟上经济发展的步伐。管理层次过多也造成行政成本高昂,行政效率低下,不利于服务型政府的构建和城乡统筹协调发展,也束缚了其经济社会的发展。"扩权强镇"的基本思路一是赋予乡镇政府更大自主主权,把一些原本属于上级政府的行政审批权力直接下放到乡镇;二是在财政体制上相应增加乡镇财政的分享比例,增加乡镇政府收入;三是选择扩权试点时,优先考虑综合实力较强的乡镇,兼顾部分中等发展乡镇。"扩权强镇"的核心问题是扩权乡镇与上级政府的关系的协调问题,其本质是权力的规范运行。

---

① 柴松岳:《政府改革——地方政府职能和运行机制转变研究》,浙江人民出版社2002年11月版,第2页。

要避免扩权强镇过程中垂直管理部门在扩权政策中定位模糊、各级级政府之间的关系协调以及扩权后乡镇政府权力运行的一些问题,就需要建立规范的权力运行机制,一方面能够在真正意义上扩大中心镇政府的权力,使这些权力能够服务于县域经济的发展;另一方面规范的权力运行机制能够促进各级政府权力的协调配置,避免放权不力或管理不力的情况。

随着"扩权强镇"改革的深入和铺开,要进一步理顺权力关系和实现政府权力协调配置,防止不愿下放权力和落实扩权政策时,扩权乡镇与上级政府许多矛盾难以协调的"两个婆婆"的问题,就需要建立中心镇权力规制创新机制。一方面通过放权赋予乡镇政府更多的财权和事权,有助于提高履行行政管理职责的积极性;另一方面通过行政执法监督机制规范权力运行,授权的同时明确责任,真正做到权责统一。因此,市、县、乡镇各级政府权力的协调配置在很大程度上需要建立规范权力运行的管理机制,以真正实现"扩权强镇"的效果,理顺政府间关系,切实转变政府职能,减少行政审批和政府干预,构建公共服务型政府。

2. 经济环境

第一,浙江省中心镇经济社会的迅速发展为乡镇权力规制创新创造了条件和基础。

与一般意义的城市经济和农村经济不同,县域经济是城乡融合发展的区域经济。县域经济的发展过程是农业产业化、农村工业化和城镇化的过程。小城镇经济是县域经济的重要组成部分,是形成以城带乡、以工促农、工农联动、城乡互动新机制的重要载体。资料显示,目前浙江省的经济总量有1/3是小城镇创造的,并创造了"一镇一品"、"一镇一业"的典型浙江经济现象。全省目前10万人口以上的镇有35个,20万人口以上的镇有4个。全省小城镇年均财政收入6833万元,其中有153个镇年财政收入超过1亿元,32个镇年财政收入超过3亿元,9个镇年财政收入超过5亿元,最高的镇达到8.8亿元。

因此,在省管县改革和积累经验的基础上,浙江省于2005年决定在"强县扩权"的基础上再推"强镇扩权",把中心镇培育建设成为产业的集聚区、体制机制的创新区、社会主义新农村建设的示范区。中心镇培育工作业绩列入市、县(市、区)政府领导班子新农村建设考核内容。浙江省政府在2007年《关于加快推进中心镇培育工程的若干意见》指出,全省将有重点地选择200个左右中心镇,分期分批地进行培育,在全省形成一批特色明显、经济发达、辐射能力强的小城市。其中列入"十一五"中心镇培育工程的省级中心镇共141个。对于这些中心镇,浙江省决定扩大其经济社会管理权限。按照"依法下放、能放就放"的原则,赋予中心镇部分县级经济社会管理权限,强化中心镇政府农村科技、信息、就业和社会保障、义务教育、公共医疗卫生等十大公共服务职能,把中心镇培育建设成为产业的集聚区、体制机制的创新区、社会主义新农村建设的示范区。积极探索中心镇行政执法监管改革,界定法定职责,合理确定协助义务。而且要理顺中心镇条块关系,垂直部门派驻中心镇机构及主要领导干部的考核纳入中心镇考核体系,主要领导干部任免须事先征求当地党委意见。2008年6月,浙江省决定进一步开展"扩权强镇",使中心镇真正成为转移农民、致富农民、统筹城乡发展的战略节点。浙江省中心镇的发展不仅为中心镇用权规制创新创造了基础和条件,同时,中心镇发展需要的配套公共服务及政府能力建设都需要在用权规范的框架内进行。可以说,中心镇权力规制创新也为中心镇进一步发展奠定了基础。

第二,绍兴市中心镇的特色发展对规范乡镇政府权力和提升公共服务提出了新的要求。

绍兴地处长江三角洲南翼,不仅是全国十强市、十强县双十强城市,其所属的5个县(市)也均进入全国百强县行列,2009年绍兴市区中国城市综合排名为第33位。2010年全市实现国内生产总值2782.74亿元,按户籍人口计算,全市人均GDP达到63486元,位居全省第五位[①]。绍兴的经济社会发展独具特色,其乡镇的发展尤其是中心镇的发展是令人瞩目的。近年来,绍兴市相继出台了《关于推进规划强镇提升中心镇发展水平的实施意见》《绍兴市人民政府关于中心人口集聚的意见》等文件,按照突出培育重点、加大政策扶持、加快放权步伐的原则,大力实施中心镇培育工程,推动农村劳动力转移就业和中心镇城市化进程,加快把中心镇培育成现代化中小城市。

以中心镇发展为重要特色的经济社会发展模式逐渐明晰了中心镇的发展定位,其经济实力不断增前,发展能力、集聚能力和创新能力也不断提升。绍兴市杨汛桥、钱清等镇人均GDP都已超过了1万美元,其中10个镇财政收入过亿。但相应地,在社会管理层面,却仍停留在农村小集镇层面上。环境保护、社会保障、集镇规划等与经济同步发展等诸多问题,作为一个镇都无法统筹解决。从2005年起,绍兴市以统筹城乡发展和服务经济社会发展为目标,大胆实施了"强镇扩权"的创新改革,选定杨汛桥、钱清、福全、兰亭、平水等5个镇,启动部分强镇扩权试点。2007年年初,绍兴市在全省率先出台《关于积极培育中心镇的若干指导意见》,明确了培育发展中心镇的目标要求、工作重点和政策措施,并从产业培育、基础建设、集约用地、职能授权和干部配备等五方面进行政策扶持,并确立了杨讯桥、钱清等12个省级中心镇、市级中心镇和2个开发区作为试点,为浙江在全省推开"扩权强镇"试验作了政策探索。

从当前政府管理体制改革的趋势看,政府管理改革的中心是要通过专业化、

---

① 数据来源:中国绍兴政府门户网站。

标准化和授权的管理,提高公共服务供给的效率和质量,实现有效利用资源、提高公民满意度和促进经济社会发展的综合目标。作为基层政府,乡镇一级政府,在提供公共服务、促进城乡经济协调发展方面承担着更多职责。当前乡镇经济社会发展实际与乡镇政府的经济社会管理权限明显不适应。其中,权责不对称是乡镇一级政府面临的普遍问题。"扩权强镇"的改革,使本来属于县一级的一些职能被下放到镇一级,很大程度上缓解了乡镇政府的权责不对策的困境:比如审批权的下放,有利于提高办事效率;城镇规划权的下放,可以使城镇规划更加因地制宜;一部分财权的下放,则有利于强化小城镇的基础设施建设和加大公共品供给,促进城镇经济社会协调发展。当前的"扩权强镇"以提高基层政府办事效率为目标,大力提高了公共服务供给的水平,为构建公共服务型政府奠定了良好的基础。扩权强镇的改革一方面是促进浙江省县域经济发展和城镇经济协调发展的重要动力,另一方面也对基层政府职能转变和规范权力运行提出了更高的要求。"扩权强镇"的运行模式是要根据"充分授权、权责统一"的原则建立运行机制,通过实施权力下放减少环节、提高工作效率,提高乡镇履行管理职责的能力和积极性,这在很大程度上有赖于运行规范和相关制度的建立。如县乡财政制度的改革,乡镇干部培训制度,权力监督规范运行机制等。扩权的同时必须有相应的权力约束机制,既要"充分授权",又要权责统一,实现乡镇的科学发展,并努力将乡镇政府打造成"规范的有为政府"。

3. 法制环境

第一,依法行政是乡镇政府规范权力运行的逻辑起点。

近几年来,随着市场经济的发展和政府管理公共事务范围的扩大,加强对"公权力"的监督和制约成为公共事务管理的重要环节,对依法行政和行政法制的要求也逐渐提升。哈耶克指出,法治的极端重要性是基于这样一个重要事实:它扩大了人们为相互利益而和平共处的可能性,且这种"自由秩序"是逐渐成长起来的[①]。改革开放以后,我国逐渐完善了各种法律,总体上的法制环境得到了改善。与此同时,依法行政和行政法制的重要性也被提上日程。

2002 年,党的十六大明确提出加强法治建设和落实依法治国的方案,强调推进政府工作法制化和依法行政的重要性。2004 年 3 月,国务院出台了《全面推进依法行政实施纲要》,明确指出当前对行政行为监督制约机制不够健全,提出要加强对执法活动的监督,并提出了依法行政六个基本要求,即合法行政、合理行政、程序正当、高效便民、诚实守信、权责统一。2008 年,国务院又出台了《关于加强市县政府依法行政的决策》,明确提高市县政府依法行政的能力和水

---

① 〔英〕弗里德里希·冯·哈耶克:《哈耶克文选》,冯克利译,江苏人民出版社 2007 年版,第 346—347 页。

平是全面推进依法行政的重要任务。基层政府依法行政的推进强化了对权力监督和制约的要求。随着"扩权强镇"改革的深入,中心镇的行政管理权限和公共事务管理范围也在加大,这样,中心镇的用权规范和依法行政问题也就凸显出来。依法行政不仅是基层政府用权规制创新的逻辑起点,也是保障用权规范和有效用权的重要前提。

第二,加强权力的监督和制约是行政管理有效运行的条件。

"权力是行政管理的生命线"。权力运行的研究和实践是自村民自治、基层民主之后农村改革和乡镇建设探索的重点。权力具有优化本身结构的功能,即政府运用权力对自身权力结构进行优化配置。要发挥政府的整体权力效用,就必须对各单项权力进行不断地优先配置、合理分配,以保证社会结构之中的不同单位彼此沟通和相互支持。对权力运行开展规范性的探索,用"规范"的意识统领权力的运行,通过在运行的过程中不断发现问题、研究问题、解决问题,最终能形成合理的权力运行结构和有效的权力运行模式。权力的特性决定了公权力不仅要在法治的框架内运行,还需要建立"用权规制"机制以保证权力的正确使用和有效运行。

以往我国行政执法权在乡镇层面几乎是空白。通过"扩权强镇"改革,与老百姓密切相关的环保、劳保、安监、城建等领域的权限,都在部分中心镇得到了体现。中心镇既要着力避免以浪费资源、影响环境为代价,片面追求经济增长速度的问题,又要着力避免"扩权"后少数人以权谋私等违法违纪的问题,还要着力避免推进城镇建设中征地拆迁方面侵害群众利益的问题,等等。这些问题的切实解决,有赖于中心镇权力规范高效运行,以此来保障决策科学、执行有力、发展加快。同时,社会治理问题属于政府的社会管理职能,要实现经济、社会、文化、环境的和谐发展,必须要通过规范的政府权力行使得以实现,规范是基础,只有规范,才能保障效率、保障公平、提高公民满意度。因此,规范权力运行不仅是社会管理创新的一项内容,也是促进经济发展和完善社会管理的基本要求,是提升公共服务的保障机制。

第三,地方民主的发展为绍兴探索中心镇用权规制创新奠定了良好的基础。

作为一种社会管理体制的民主,其本质是一种公民广泛参与治理的制度安排。现代民主实际上涵盖了两层含义:一是在政治国家领域,民主意味着公民通过定期选举更换政府官员或不定期的全民公决方式参与和管理国家事务;二是在市民社会领域,通过诸如工会、协会、志愿者组织等社会团体的内部管理实现的"社会民主",而这种社会民主则是政治民主的基础①。我国自改革开放以来,

---

① 陈剩勇、汪锦军、马斌:《组织化、自主治理与民主》,中国社会科学出版社 2004 年版,第 200 页。

市场经济迅速发展,各种非政府组织和社会团体广泛兴起。尤其在沿海发达地区,以商会、行业协会、志愿者组织为主要形式的社会团体开始兴盛起来。一方面,这些社会团体通过利益表达和政治参与实践了"社会民主",另一方面,社会团体良好的自主治理也推动了地方基层民主的发展。权力的特性决定了权力需要置于民主监督和制约之下,让权力在阳光下运行。而权力的阳光运行机制和监督机制不仅需要健全的法律法规,更需要民主机制的完善发展。

从民主基础看,绍兴从20世纪60年代初创造了"发动和依靠群众、坚持矛盾不上交,就地解决,实现捕人少,治安好"的诸暨"枫桥经验"。枫桥经验的主要做法是在各居委会、村或重点企业都建立相应的调解组织,实现"小事不出村,大事不出镇,矛盾不上交,就地化解"。枫桥经验不仅是社会基层组织自主治理和管理的重要成果,其经验的推广深层次体现了绍兴地方民主的发展意识。在枫桥经验的基础上,绍兴市从2007开始了对规范乡镇和中心镇权力运行的探索,分别以诸暨市枫桥镇、上虞县小越镇和下管镇以及绍兴县钱清镇为试点,形成了以诸暨的"五有一化"为基础,上虞"10+X"为典型,钱清镇乡镇权力规范运行为探索的规范乡镇权力运行的经验。因此,地方民主的发展及其良好氛围为绍兴探索中心镇用权规制创新奠定了基础,使基层权力的民主监督和制约更加有效。

4. 社会环境

就其社会环境而言,绍兴探索中心镇用权规制创新与其所处的文化传统、价值观念、人口结构等都有一定的关系。

第一,从文化传统和价值观念看,绍兴具有历史悠久的廉政文化。以"大禹治水"、"卧薪尝胆"等闻名的吴越文化代表了绍兴悠久而独具特色的历史文化,也代表了绍兴执着坚韧和追求创新的价值观念,鲁迅将其称之为"浙东文化"。而在这丰富的文化资源中,廉政文化以传统继承和价值引导的独特作用彰显出其意义。如绍兴历史上著名的"一钱太守"即代表了绍兴传统廉政文化的精髓。权力的规范运行不仅依赖于法律制度的健全,在很大程度上,软性的文化监督将权力规范运行内化为自身的道德修养和素质具有更深层次的作用。以绍兴廉政文化的发源地钱清镇为例,在规范中心镇权力运行的过程中,开展廉政文化"五个一"工程建设:即一"廉"戏(廉政戏新编越剧《一钱太守》)、一"廉"行(一年一次"一钱太守纪念馆"行)、一"廉"诺(签署廉洁承诺书)、一"警"廊(廉洁文化宣传廊)、一"警"语("钱清廉风"宣传语),通过文化传统和价值观念的引导加强了权力规范运行中的"德治"功能,取得了良好的效果。绍兴独特的历史文化传统和社会价值观念立足于乡镇,为其探索中心镇用权规制创新奠定了一定的思想基础,并构建了"制度督权与文化督权并行"的用权规制机制。

第二,从人口结构看,由于绍兴乡镇经济发达,在"扩权强镇"改革后,中心镇的人口集聚程度相对较高,外来务工人员占乡镇人口比重较大。根据2010年第六次全国人口普查数据,绍兴外来人口已占常住人口的1/5。尤其是经济发展较好的乡镇,外来务工人员的比重更大。如钱清镇,外来务工人员总人数超出当地户籍人口的一倍以上。外来务工人员不仅支撑着全镇的企业,也对乡镇政府公共服务提出了特殊的需求。另一方面,基于一定的乡村传统,绍兴居住在农村的人口比重也较大,第六次全国人口普查数据显示居住在乡村的人口为203.47万人,占总人口的41.42%。这也意味着要加强中心镇的集聚和辐射功能,需要基层政府提供配套的农村基础设施和农村公共服务体系。外来人口和农村居民的公共服务需求是绍兴中心镇扩大权力后直接面临的挑战,不仅要解决外来人口的住房、教育等福利保障问题,也要从完善中心镇城镇建设的角度完善中心镇公共服务体系。绍兴人口结构的变化折射出我国现阶段城市化、工业化进程中的现实问题,中心镇用权规制创新是在"扩权强镇"改革后围绕权力为民所用和提升公共服务绩效的主题而开展的积极尝试。

5. 技术环境

这里所讲的技术环境主要指的是当前绍兴政府应用的公共治理工具(或称之为"政策工具"),即通过一定的技术手段或管理方式改革所营造的政府创新条件。应该说,正是绍兴在探索中心镇用权规制创新的过程中不断变革管理方式和创新用权规制的方法,才最终有效地实践了用权规制创新。从某种意义说,用权规制创新的结果就应直接体现为各种管理技术方式或者管理工具的创新。其中心镇主要的管理方式变革表现为:

第一,拟定中心镇权力清单。在"扩权强镇"改革背景下,对乡镇政府各部门的权力、各部门领导的权力及各行政权力的实行主体形式和流程进行分析,列出详细的权力清单。并在列出权力清单的基础上,进行"风险点排查",对用权风险大的权力进行重点监管和制约。目前,绍兴的中心镇已基本拟定了其权力清单和风险点排查表,是探索用权规制创新的基础性工程。

第二,正确定位权力运行机制。建立各部门及各部门负责人合理的权力结构,制定规范的权力运行程序,明确权力行使的方式、方法,使权力的决策、执行、监督等环节有序进行。并建立完善有效的权力运行的保障机制,包括相关法律法规和责任机制的保障,按照依法行政、公开行政的要求,实现权力授予过程、权力行使过程、权力运行结果的公开透明,为强化对权力的监督创造条件。

第三,规范权力运行的流程。按照绍兴市委市政府《规范乡镇权力运行的实践和思考》的指导意见,以及绍兴市纪委的总体部署要求,从实际运行的角度深入探索"五有一化"权力运行模式,形成一整套科学合理的中心镇权力运行流程规划。目前,绍兴钱清镇已初步设计出根据钱清镇实际情况并与"扩权强镇"相协调的权力运行流程。以流程固化制度,针对重大事项决策、人事讨论、财政资金使用、工程联系单验收等重要制度,确定相应的运行流程,使镇级事务在严格规范的程序中操作,切实解决扩权强镇后中心镇权力如何科学运行的问题。

第四,构建权力运行的绩效评估体系。"扩权强镇"是对乡镇政府职权的重新架构,在原有的行政权力运行模式与扩权后的行政权力运行模式进行转变与匹配的过程中,需要加强对乡镇政府的绩效考评与监督。以钱清镇为例,按照中心镇发展的要求,结合扩权强镇的实际构建多层次考核体系,并设计出一整套针对中心镇权力运行规范的绩效考评方案。在绩效考核体系设计过程中,以中心镇权力规范为核心,以全面和系统建设责任政府为目标,从"扩权强镇"的视角优化绩效考核指标与考核体系,确保用权规制的规范有效。

第五,建立权力运行的责任机制。权力与责任相对应,在扩权强镇的发展背景下,中心镇的政府职权有所转变,也必然伴随着行政责任体系的转变。如诸暨市出台了《诸暨市乡镇权力运行责任追究办法》,钱清镇则进一步创新设计出一整套中心镇权力运行责任机制,明确政府公职人员不履行或不正确履行职责,造成权力运行失误,所应采取的处理办法。在此基础上,形成一整套岗位责任制指标体系与实践运行机制,从而起到保护政府公职人员,有效防范责任缺失的积极作用。

二、基于 SWOT 分析模型的中心镇权力规制创新环境分析

笔者认为,地方政府创新的尝试在很大程度上是地方政府组织基于各种环境因素,在一定的驱动机制下所采取的创新战略。政府创新即意味着政府应对不断变化的外部环境在政府管理技术、方法方面开展的崭新实践。对政府组织而言,亦即是一种新的发展战略选择。美国学者 Arthur A. Thompson, A. J. Strickland 提出战略管理的目的就是要建立组织在其领域中的位置,成功地同其竞争对手进行竞争,满足顾客的需求,获得卓越的业绩①。政府组织与企业组织不同,不以经营性利润为目标,但在顾客满意、标杆选择、政府绩效及创新能力等方面都具有一致性,尤其是公共服务和公民满意等指标,政府的价值倾向更为明显。采用 SWOT 这种在企业组织发展战略研究中运用广泛的工具,将SWOT 分析模型的态势分析和影响因素分析引入到政府创新战略选择中,对于有效地评估地方政府创新的环境及其创新有效性具有积极意义。

SWOT 分析模型在 20 世纪 80 年代由美国管理学教授韦里克提出,它是对

---

① [美]Arthur A. Thompson, A. J. Strickland:《战略管理:概念与案例》,段盛华、王智慧译,北京大学出版社 2004 年版,第 3 页。

组织内外部条件各方面进行综合概括，从而分析组织的优劣势、面临的机会和威胁的一种方法，本质是一种态势分析法。Arthur A. Thompson, A. J. Strickland(2004)指出，战略管理与战略选择并不是一个事件，而是一个过程。SWOT作为一种组织的态势分析法，对组织目前的资源、环境、机会、能力及外部竞争对手的情况进行比较分析，有助于组织在综合分析各种内外部环境因素的基础上确定发展方向和建立目标体系，从而制定出合理的组织发展或改革战略。

通过对绍兴市"扩权强镇"改革及其中心镇权力运行规范进程的分析，运用SWOT分析模型对绍兴探索中心镇用权规制创新改革的内外部环境分析如表5-1所示。

表 5-1　　绍兴市地方政府创新的 SWOT 分析

优势——S(Strengths)	劣势——W(Weaknesses)
1. 绍兴"扩权强镇"改革中扩权具有实质性	1. 中心镇权力清单不够明晰
2. 政府相继出台了用权规范的政策文件	2. 扩权后易产生权力不正当使用的情况
3. 政府领导创新意识较强	3. 存在基层干部不敢使用权力的情况
4. 中心镇经济实力和社会服务能力较强	4. 用权规制创新的理念不够深入
5. 部分中心镇探索用权规范的成功经验	5. 基层政府人力资源结构有待改善
6. 绍兴廉政文化的价值引导	
7. 社会对中心镇用权规范创新需求的提升	
8. 用权规范的管理技术较为完善	
机会——O(Opportunities)	威胁——T(Threats)
1. 依法行政的法制环境完善	1. 行政干预
2. 权力在阳光下运行的理念深入发展	2. 权力制约不够
3. 浙江省"扩权强镇"改革的发展	3. 公共服务供给需求不平衡
4. 区域经济发展快，政府公共服务需求提升	
5. 浙江省区域整体地方政府创新意识较强	

通过 SWOT 模型分析可以发现，绍兴整体上居于区域经济发展的优势环境，公民对政府提供公共服务的需求提升。随着"扩权强镇"改革的深入和权力在阳光下运行理念的发展，中心镇扩权后面临的用权不规范、扩权不敢用权、用权不到位等问题成为绍兴在经济社会发展过程中围绕公共服务提升和用权规范进而探索政府改革创新的重要挑战。表 5-1 对绍兴地方政府创新优劣势和机会威胁的分析显示，无论该矩阵怎样组合，地方政府在其特殊的经济、政治、社会文化、技术环境背景下，选择用权规制创新策略是其改变劣势和应对威胁的重要政府改革策略。

第二节　中心镇权力规制创新的动因分析

中心镇扩权后其权限变化主要表现为"财权下沉"和诸多事权在县—乡间实现"再分配"。权力"扩大"的同时,也意味着权力的"重组和调整",包括权力本身的服务对象、服务内容的转变(兼顾经济发展与公共服务、经济增长与民众福利增加、经济提升与环境保护、硬性指标与小城镇软环境建设等等),也包括权力"运行"的范围、内容、方式、流程、上下级关系、机制、配套措施等。因此,既要适应扩权后的新情况、保证权力运行的连贯、顺畅、效率,又要做到规范、有章可循、有条可依,规范中心镇的权力运行以及如何规范中心镇的权力运行具有迫切的必要性和重要性。相对于浙江省"扩权强镇"改革,绍兴在省内率先开展规范权力运行的实践,探索如何实现权力合理分配,优化政府自身结构,建立有效"惩防体系",推进农村党风廉政建设,预防权力"落势化",实现乡镇政府职能平衡,保障基层稳定的权力规制创新机制。那么,其"扩权强镇"改革后积极探索规范权力运行创新机制的基本动因何在? 本节在中心镇权力规制创新环境分析的基础上结合地方政府创新一般动因的分析重点探讨绍兴中心镇权力规制创新的驱动因素。

一、地方政府创新的一般动因

地方政府创新一般指的是省、市、县、乡政府的创新。有时也仅指市、县(包括县级市、城市的区)或县以下党政机关的创新,主要是从创新范围上对政府创新作了一个区分。与其他国家相比,中国的政府创新有其特有的背景,其地方政府创新具有中央倡导和地方主动相结合、社会要求和创新者相结合等特点[①]。地方政府在政策执行、公民服务、地方经济发展、维护和改进地方政治、经济、社会和环境的基础设施中起到至关重要的作用。地方政府创新是在多种推力作用下做出的选择,是政府创新的主要推力和实践基地。

1. 国外关于地方政府创新动因的研究

地方政府创新动因主要涉及地方政府创新的激励或者动力机制问题,也是国外学术界一直致力于探讨的一个重要问题,旨在研究哪些驱动因素能够激发地方政府创新,激发创新的动力机制又该如何构建。政府创新的驱动因素或影

---

① 杨雪冬:《中国地方政府创新的特点》,《学习时报》,2007 年 11 月 19 日。

响因素,重点关注政府创新如何形成,哪些因素影响政府创新的持续性和有效性,以及政府创新的障碍等问题。基于现有的政府创新活动实践主要以地方政府为主体,国外关于政府创新的动因研究也主要以地方政府为主要研究对象,并通过大量的地方政府创新案例研究和实证分析获得了一些研究成果。在组织创新研究中,学术界较早地开始了对于组织创新动因的研究,并发现大型组织更有可能比小组织有创新[1]。

Frances Stokes Berry 从战略规划的角度对美国州政府在何种条件下会采取战略规划推动公共管理创新进行了实证研究[2],分别从机构资源、机构领导者的任职周期、机构目标、区域扩散等要素角度提出研究假设,并利用事件史分析法(EHA)统计问卷调研,最后得出结论:资源、领导周期、经济和居民的服务倾向和战略规划在州间的扩散。即:(1)在机构领导者的任职周期的早期,(2)有雄厚的健康的财政支持,(3)政府的工作与私人经济单位紧密结合,(4)大量的邻州已经采用战略规划时,此州就会更易于采用战略计划的公共管理创新[3]。

Sandford Borins 从创新者(创新发起人)研究的角度对地方政府创新的动力和原因进行了分类,提出了导致创新的不同情况和挑战的五类动力因素:(1)来自政治制度的创新,由于选举的任务或政客的压力,法律使创新成为可能;(2)新的领导力,无论是来自组织的外部或内部;(3)危机,定义为目前或预期的公开可见的故障或问题;(4)内部的各种问题(不能应对不断变化的环境,无法达到目标人群,无法满足一个计划的需要,资源的限制,或无法协调政策);(5)技术或其他原因造成的新机遇,并认为"到目前为止,最常见的创新动力是内部问题"[4]。尽管按照传统理论,公共部门的创新主要发生在对公开可见的危机的反应上,然而,创新更多的是对内部问题或者提高性能的机会的反应。

Joshua M. Franzel 从影响采用创新的因素研究角度对美国 22 个城市政府创新进行问卷调研,分析了组织因素(组织规模、复杂性、组织结构)、环境因素(优势群体、少数民族、中间阶层、邻居等)、政治因素(办公时间、政治意识)和经

---

① 如 Hage and Aiken,"The Organic Organization and Innovation"Sociology, January 1971 vol. 5 no. pp.163—82; Baldridge and Burnham, "Organizational innovation: Individual, organizational, and environmental impacts". Administrative Science Quartery. Vol. No. 2. Jun,1975; Rogers,"Protection motivation and self-efficacy: A revised theory of fear appeals and attitude change" Journal of Experimental Social Psychology. Vol. 19, Iss. 5, Sep. 1983, pp. 469—479.

② Frances Stokes Berry(1994)对 548 家公共机构的采取战略规划实施公共管理创新进行问卷调研,在作因素分析时首先界定"战略规划"是公共管理创新的重要内容,主要调查这些机构有没有采取这种公共部门创新方式。

③ 参见 Frances Stokes Berry,"Innovation in Public Management: The Adoption of Strategic Planning",Public Administration Review, Vol. 54, No. 4 (Jul. —Aug. , 1994), pp. 322—330.

④ Sandford Borins,"Loose cannons and rule breakers, or enterprising leaders? Some evidence about innovative public managers",Public Administration Review. Nov/Dec 2000. Vol. 60, Iss. 6:498—507.

济因素(财政健康、政府间收益等)对城市管理创新的影响水平①。

另外一些学者则从政府成功和持续创新的角度研究创新的条件和障碍因素。Paul Macmillan，Kalindi Jog 认为公共部门的创新需要主要行政官员和立法者的支持，因为公共部门创新可能会涉及政府间合作。阿兰·阿舒勒也研究了"政治激励"问题，提出了美国政府实践的主要创新障碍：政府机构极少面对直接竞争、政府官员担忧新闻价值失效、公共部门缺乏成功的标准以及例行化②，并从政治激励角度提出了鼓励创新的方式以及官僚创新的前景。

美国哈佛大学肯尼迪学院从 1985 年开始在福特基金会的资助下创立了"美国政府创新奖"，用以奖励政府创新项目。1985 年至今，该学院的民主治理与创新研究中心已受到了 27000 多个政府创新项目申请，颁布了近 500 个政府创新奖③，并建立了政府创新案例库。其中，大部分的政府创新奖项都来自于地方政府。那么，美国地方政府缘何具有如此强大的创新动力呢？其推动地方政府创新的原因究竟何在？美国学者 Jonathan Walters 提出了激发创新的六个驱动因素(Drivers)：(1)对现状的失望；(2)应对危机；(3)对预防机制的关注；(4)强调结果；(5)技术的使用；(6)想做正确的事情。④

综合国外地方政府创新动因研究，可将其基本动因归纳为 8 个方面，如表 5-2 所示。

表 5-2　地方政府创新的动因分析表

基本动因	分析
政治体制改革	往往产生了新的法律或规章制度，使创新成为可能
经济能力	作为支撑创新的其中一个条件，地方政府的财政能力并不是必要条件
领导者	出于政治激励的考虑，或者领导者具有一定的创新意识和创新能力
应对危机	防范危机(内部或外部)或应对已出现的危机而必须作出创新策略
竞争	地方政府间的竞争

① oshua M. Franzel："Urban Government Innovation Identifying Current Innovations and Factors that Contribute to Their Adoption"，Review of Policy Research，Vol. 25，No. 3，2008：253—277.

② [美]阿兰·阿舒勒：《公共创新与政治激励》，陈雪莲译，《经济社会体制比较》，2003 年第 4 期。

③ 参见哈佛大学肯尼迪学院民主治理与创新研究中心网站介绍：http://www. ash. harvard. eduHomePrograms/ Innovations－in－Government/Awards

④ Jonathan Walters，"Understanding innovation：What inspires it？What makes it successful？"哈佛大学肯尼迪学院民主治理与创新研究中心网站，http://www. innovations. harvard. edu/cache/documents/8065. pdf.

续表

基本动因	分析
技术变革	新技术的使用提供创新的条件
创新模仿	区域内地方政府创新实践活动频繁并获得成功(这是部分区域创新能力强的一个原因)
政府内部管理改革	通常是最常见的驱动因素

2. 国内关于地方政府创新动因的研究

国内学术界对于地方政府创新的动因研究基本上从中国当前的政治、经济和社会条件角度研究在中国这种特殊的背景下激发地方政府创新的因素。

张玉指出当前中国地方政府管理创新的动因既存在于客观的制度环境之内,也存在于主观的内在需求[①]。

杨雪冬将政府创新的动因概括为主观和客观两个方面:主观方面,主要包括创新动机和创新能力两个内容,其中创新动机又可分为解决实际面临的问题以及实现自己的政治抱负两大部分,进行创新的官员至少需要了解民众需要、对国内外动向和经验、一定的动员资源等方面的能力;就客观原因而言,则主要包括官员个人的职位变化以及关于个人在整个官员队伍中的关系,在中国当前的政治、经济条件下,前者有时具有决定性意义。[②]

陈家刚则指出"危机情势"是地方政府改革创新的主要动因,这些危机包括权威性危机和管理性危机[③]。

王焕祥、黄美花还提出了实验型创新、战略型创新、探索型创新、问题型创新和功利型创新五种不同创新动因引致的地方政府创新模式。[④]

但从总体讲,由于体制原因和政府行政文化因素,地方政府创新的动力和能力还严重不足(张光雄,2006)。吴建南、马亮、杨宇谦也通过多案例文本分析指出,不少政府官员确实有一种干出政绩,为地方做出贡献的冲动,他们往往能从创新中体验成就感;另一些则希望通过创新获得晋升、声誉、名利等。可见,环境所迫、内在和外在的种种压力是地方政府不改革不行、不创新不行的首要原因[⑤]。对此,陈国权、黄振威对当前地方政府创新动力因素进行了归纳,提出地

① 张玉:《地方政府创新的基本动因及其角色定位》,《云南社会科学》,2004 年第 3 期。
② 杨雪冬:《地方政府创新形式与特点》,《学习时报》,2008 年 1 月 28 日。
③ 陈家刚:《地方政府创新与治理变迁——中国地方政府创新案例的比较研究》,《公共管理学报》,2004 年第 4 期。
④ 王焕祥、黄美花:《中国地方政府创新的可持续性问题研究》,《上海行政学院学报》,2007 年第 6 期。
⑤ 吴建南、马亮、杨宇谦:《中国地方政府创新的动因、特征与绩效——基于中国地方政府创新奖的多案例文本分析》,《管理世界》,2007 年第 8 期。

方政府创新的动力致可分为发展型动力、竞争型动力以及压力型动力三类[①]。

发展型动力研究,相当一部分的研究是基于新制度经济学理论来探讨的,例如,陈天祥(2002)就强调了宪法秩序的变化带来了制度创新收益大于成本的局面,使得其有创新的动力。杨瑞龙(1998)开创性地提出需求诱致型政府的概念,指出了在权力中心分权局面下,地方政府创新的动力会逐步增加。

竞争型动力研究,则侧重于指出地方政府通过创新以在资源配置和经济建设的竞争中取得优势,从而赢得晋升以及声望等政治资本(周黎安,2007;韩福国,2009)。谢晓波(2004)的分析表明,地方政府基于自身利益最大化的行为会使进取性投资不足而保护性投资过度,带来区域整体的效率损失,使区域经济不能协调发展,因此地方政府在竞争博弈中应当注意合作与交流。从早期(改革)创新来看,中国地方政府主要致力于对地区市场化的建设,因此,其创新好坏的评价标准,可以说就是市场化程度这一标准(洪新银,1997)。刘汉屏与刘锡田(2003)通过财政分权背景下地方政府为获取自身利益最大化的经济视角出发,研究了地方政府试图通过创新来提供可以帮助获取更多财政的公共产品。

压力型动力研究是指来自于上下两个层面(也可从内外两大维度考虑)的各种压力,使得地方政府不得不改进体制以满足各方要求。陈雪莲和杨雪冬(2009)的研究就表明中国地方政府创新与西方在动因上具有相近性,即问题驱动和精英驱动,政府内部政治秩序和运行机制对于外界压力是否能转化为创新动力有着很大影响。而更深层次的原因分析则要基于经济发展水平、资源禀赋、财政状况以及经济分配等较为宏观的条件上来分析(杨雪冬,2009)。

地方政府创新的重要问题是要解决其动力机制问题。公共组织不以私利为目标,往往缺乏内在发展的动力,又具有相对的垄断性,组织自我改进与发展的外在动力也不足,要提高公共组织的服务质量与绩效,最需要解决的问题就是动力源泉(邓国胜,2006)。国内对政府创新的动因研究以要素分析为主,而没有致力于地方政府创新持续、有效、扩散的导向系统分析并建构一个地方政府创新动因分析的理论模型。中国地方政府创新多带有临时性和自发性,其制度化程度极低,在持续性上问题很大(韩福国等,2009)。地方政府创新如何才能制度化,从而使得创新不再是"面子工程",可以具有推广和扩散的重要意义(杨雪冬,2008;单鑫,2009)是一个很重要话题。因此,在分析具体的地方政府创新实践时,我们需要深入分析地方政府创新的动因,分析各种驱动因素的作用机制,以验证其创新的持续性和扩散可行性等问题。

---

① 陈国权、黄振威:《地方政府创新研究的热点主题与理论前瞻》,《浙江大学学报(人文社会科学版)》,2010 年第 6 期。

二、中心镇权力规制创新的基本动因

结合绍兴市中心镇权力规制创新的实践,将其基本动因概括为图 5-1。

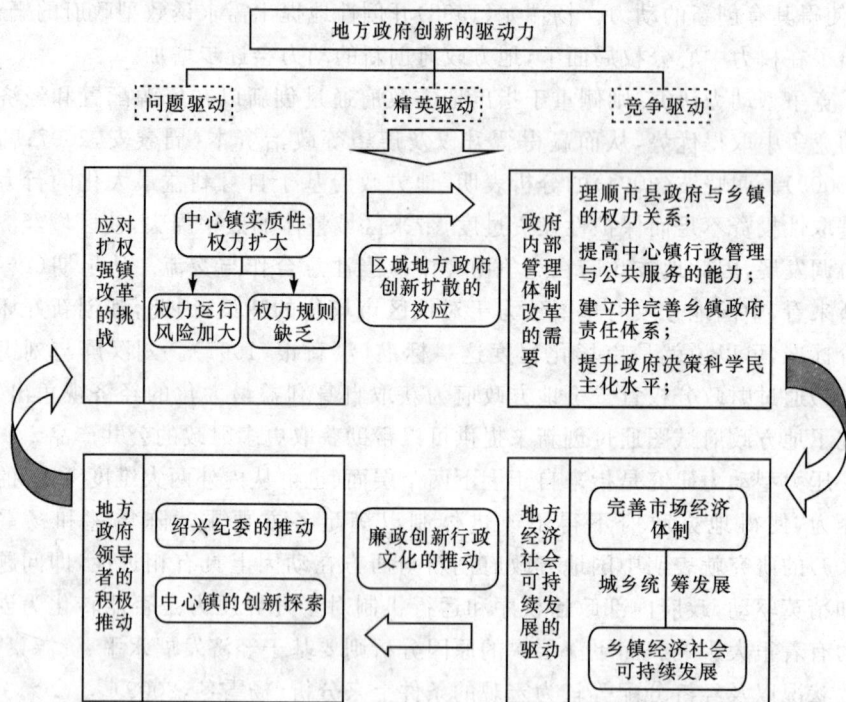

图 5-1　绍兴市中心镇权力规制创新动因的分析图

1. 应对"扩权强镇"改革的挑战

"扩权强镇"改革是浙江这一发达省份以扩大乡镇管理权限和提升乡镇服务能力为主要内容、逐步赋予乡镇部分县级经济社会管理权限、优化其机构设置和人员配置的重要改革措施。扩权以前的中心镇,和一般乡镇一样,作为我国最基层一级政权组织,根据现行法律法规的规定,一般没有政策制定权和行政审批权,其权力运行的主要表现形式是"上传下达",即向上申报各类审批(许可)事项,向下传达落实各项政策规定。由此,对乡镇权力运行的监管更多体现在对其"显性"违反法律法规的查处上,因为其权力运行过程中"隐性"违反法律法规的事项在上级终端决策和审批时,很容易被发现。对乡镇权力运行"隐性"违规问题,因其危害性相对较小,内外监管也相对薄弱。

"扩权强镇"的试点,在经济社会发展方面,使得中心镇的内外部均面临着发展方向、发展方式、发展要求等的转换和提升,传统的"上传下达"式的"管理"职能被更具主导性、主动性、直接性的"新农村建设"和"中心镇建设"所覆盖,乡镇权力运行向"统一管治"迈进。外部给予的权力下放和内部面临的新一轮重大建设,对规范中心镇权力的运行产生了巨大的驱动力,主要表现为:

第一,中心镇"实质性"的权力扩大。绍兴的"扩权强镇"改革"幅度大、步骤明显、内容具有实质性",例如2005年绍兴就将建设、规划、内外资投资等有关立项、审批的职权,环保、安监、劳动、城建、林业检疫等检查权和部分行政处罚权,以及涉及建设项目的各项事务类权力,统统划归乡镇。过去由县有关部门审批的事项不再请示报告,乡镇可自行决断。在公共财政体制配套改革方面,从2006年下半年起,县财政对5个新型城镇镇域内的土地出让净收益,实行全额返还。"扩权"后的中心镇从过去"上传下达"的权力运行地位直接转变为"统一管治"的重要地位。随着中心镇实质性权力的扩大,其权力的直接性、终端性和利益性也凸显出来。一方面,中心镇扩权后的权力直接面对各种利益主体;另一方面,对于下放的项目审批权、规划审批权、建筑管理权等,上级相关部门是"见章盖章",使中心镇权力运行的终端性愈加明显。要防止实质性权力扩大后产生的利益问题、用权腐败问题,最好的办法就是"加强对权力的监督和制约"。

第二,中心镇权力运行的风险性增大。中心镇实质性权力扩大,亦即意味着权力运行的风险增大。一是中心镇权力的直接性、终端性和利益性凸显,如果没有有效的用权规范机制,就很容易出现权力滥用、腐败等问题;二是目前乡镇基层部分公职人员素质跟不上行使权力的要求。面对扩权后乡镇出现人手少、事务多、权力大、责任重的情况,需要建立相应的管理培训机制以提高行政效率与质量;三是扩权后乡镇干部拥有更大的自由裁量权和处置权,控制不当会导致权力的滥用。部分中心镇公职人员也意识到扩权后权力运行的风险性,因此在少数乡镇甚至出现不愿意用权的情况,导致"权力真空"的现象。针对上述情况,要更好地用好中心镇权力就需要建立一定的权力规范机制。

第三,中心镇权力规制机制缺乏。中心镇扩权本身就是一个新事物,一般意义上的乡镇在管理权限、乡镇服务方面的权限都不大,因此也就缺乏相应的权力规范机制。"扩权强镇"改革后,中心镇的管理权限和公共服务能力都大大提升,部分县级经济社会管理权限也被逐步赋予了乡镇,而乡镇的权力监督机制和用权规制机制却还没有建立起来,容易导致权力内容界定不明确,不敢用权或权力滥用等现象,也会严重影响扩权的效果。根据浙江大学课题组"中心镇权力规范运行调研报告",以绍兴钱清镇为调研地的150份问卷调研中"权力规范运行影响因素"的意见调研发现,26.38%的人认为"监督力度不够"是最重要的因素,22.48%的人认为"权力内容界定不明确"是最重要的因素,19.54%的人认为"用权流程界定不明确"是最重要的因素(表5-3)。该调查数据表明中心镇要用好权,必须要建立完善的用权监督机制,明确界定权力内容,规定用权流程。这也是中心镇权力规制机制创新的重要推动力。

表 5-3　影响中心镇权力规范运行的主要因素[①]

影响权力规范运行的主要原因意见分布		
措施或环节	频次	有效百分比
监督力度不够	81	26.38%
权力内容界定不明确	69	22.48%
用权流程界定不明确	60	19.54%
绩效考评制度不完善	43	14.01%
干部道德素质不够	35	11.40%
工作氛围的影响	19	6.19%

2. 政府内部管理体制改革的需要

一般认为,政府内部管理体制改革是政府创新最常见的驱动因素。从当前政府管理体制改革的趋势看,政府管理改革的核心内容是要通过加快政府职能转变,改变政府管理方式,创新政府管理体制,以提高公共服务供给的效率和质量,实现有效利用资源、提高公民满意度和促进经济社会发展的综合目标。因此,我国地方政府创新实践已进入了一个非常活跃的时期。以"中国地方政府创新奖"评选为例,自 2002 年第一届评选以来,至今已举办五届,共计 1540 余个政府创新项目申报该奖项[②]。从绍兴的实际看,无论从"扩权强镇"改革的角度,还是政府转变职能的角度,也都存在极大的动力开展中心镇权力规制创新。具体表现为:

第一,理顺县(市)政府与乡镇的权力关系。"扩权强镇"改革尝试在精简机构和增强基层政府社会管理和公共服务的能力之间取得一定的平衡,有助于理顺县(市)级政府与乡镇政府的关系,有助于政府转变职能,提高基层政府工作效率,构建公共服务型政府。要实现这种平衡需具备两个基本条件,一是县(市)级政府通过放权赋予乡镇政府更多的财权和事权,以提高乡镇政府履行行政管理职责的积极性;二是县(市)级政府通过行政执法监督机制规范权力运行,授权的同时明确责任,真正做到权责统一,防止扩权后权力的滥用。建立和完善中心镇权力规制机制,首要目的就是在权责一致的基础上理顺县(市)政府与乡镇的权力关系,以更好地推进政府内部管理体制改革。

---

① 数据来源:浙江大学课题组,《绍兴中心镇权力规范运行的调研报告》,2010 年。
② 参见中国政府创新网站有关新闻报道及俞可平的介绍,数据来源:http://www.chinainnovations.org

第二,提高中心镇行政管理与公共服务的能力。"扩权强镇"改革使本来属于县一级的一些职能被下放到镇一级,有效提升了中心镇政府的行政能力和服务能力。如钱清镇中国轻纺原料城近年来发展很快,2006 年成交额达 198 亿元。但由于镇一级没有财力,缺乏相应的事权,市场升级相对缓慢。2006 年该镇获得相应职权后,当即提出改造市场,计划用 5 年时间使市场区域扩大至 1 平方公里。2007 年,该市场成交额高达 242.8 亿元,同比增长 23.01%。要充分发挥"扩权强镇"的作用,就要通过规范有效的权力制约机制促进乡镇政府权责统一,以更好地发挥扩权的作用,从而提高中心镇行政管理与公共服务的能力,实现乡镇经济社会统筹协调发展。

第三,建立并完善乡镇政府责任体系。无论在"扩权强镇"改革前还是改革后,乡镇都无疑是最贴近农村居民生活的政府层级。但在中国基层政府,乡镇是一个较为尴尬的层级,甚至被称为是"草根行政"①。今天的乡镇政府早已突破了"草根"的意义,已成为农村基本公共服务的主要提供者和农村社会公共事务的管理者。尤其是"扩权强镇"改革后,绍兴中心镇的经济社会管理权限大幅度提升。一方面改变了过去乡镇一级政府没有权力的"窘况",赋予乡镇更多的经济社会管理权力以服务于乡镇经济社会发展,也提高了乡镇政府效能;另一方面,乡镇管理权限的提高也开始面临权责对等的问题。乡镇政府直接服务于农村居民,权力受体更为直接,而我们传统意义上尚未建立起乡镇政府的责任规范体系。"扩权强镇"后,建立并完善乡镇政府责任体系成为乡镇政府能否规范用权、有效用权和权责对等的重要问题。

第四,加强对中心镇权力的监督制约。对权力的监督和制约一直是国家行政体制改革的重要内容之一。绍兴部分中心镇本身经济实力较强,如钱清镇 2008 年生产总值达 72.78 亿元,农民人均收入为 14788 元。"扩权强镇"改革后,中心镇的经济社会管理权限进一步扩大,同时也带来了权力运行的巨大风险,成为政府内部管理体制改革和创新的一个重要方面。建立和完善中心镇用权规制创新机制,加强对中心镇权力的监督制约,促进权力阳光运行,使基层政府在权责统一的前提下提高政府工作透明度,防止权力运行的不到位引发的各种行政违法和社会安全事件,以程序规范和服务高效为目标促进政府服务社会职能的履行,也是推进农村党风廉政建设和构建廉政风险防范机制,提高党建科学化水平的必然要求。

第五,提升政府决策科学化民主化水平。现代政府的权力集中体现为决策

---

①　所谓草根行政,一般与县乡的行政层级对应,是农村地区管理的一个层级。但在中国,草根行政的改革具有历史性的意义。同时,草根行政具有管理直接性和管理综合性的特点。任晓:《中国行政改革》,浙江人民出版社 1998 年版,第 309—311 页。

权,决策的科学化、民主化直接体现了政府的管理水平和服务能力。在传统意义上,乡镇一直是"决策真空"的政府层级,由于历史原因和人员素质条件等多种原因,乡镇的决策能力及其培养问题往往受到忽视。扩权强镇改革赋予中心镇建设、规划、内外资投资等有关立项、审批的职权,环保、安监、劳动、城建、林业检疫等检查权和部分行政处罚权,以及涉及建设项目的各项事务类权力也都下放到中心镇。这不仅意味着中心镇管理权限的扩大,也意味着中心镇各种事务决策权力的扩大。提升乡镇政府决策科学化、民主化水平,是乡镇转变政府职能、理顺权力关系和提升管理水平的重要内容,这就迫切需要建立乡镇权力规范运行机制,明确权力运行流程、规定用权责任和提升用权绩效。

3. 地方经济社会可持续发展的驱动

扩权强镇改革的目的是促进城镇经济协调发展,随着扩权强镇改革的深入,规范扩权后中心镇的权力成为规制权力运行风险的必然选择。但与此同时,"扩权"与权力运行的目的都是服务地方经济社会发展,规范权力运行和创新用权规制也是地方经济社会可持续发展提出的直接需求。这主要体现为:

第一,乡镇权力的规范运行是完善市场经济体制运行的前提。绍兴很多中心镇民营经济发达,众多民营企业发展需要政府提供相应的制度环境,并要求政府简化工作流程,减少审批程序,为其提供更便捷、更优质的服务。扩权强镇改革后,中心镇的经济社会管理权限扩大,其为市场经济服务的能力也相应提高。这样就需要建立起一套规范乡镇权力运行的机制,使扩权后的权力能更有效地服务于市场经济。

第二,乡镇权力的规范运行是实现乡镇经济可持续发展的保障。县域经济的发展过程是农业产业化、农村工业化和城镇化的过程,因此乡镇经济的可持续发展是一个复杂而现实的问题。中心镇承担着乡镇经济社会可持续发展的重担,扩权强镇改革为乡镇提高经济社会发展服务能力创造了条件,而如何确保乡镇"扩权"的权力能有力保障乡镇经济社会可持续发展则需要建立一定的权力规范运行机制,促使乡镇权力围绕经济社会可持续发展的轨道。乡镇经济社会的可持续发展不仅仅是一个地域性问题,更是城乡统筹发展的长期问题。建立乡镇用权规制创新机制对于探索乡镇实现可持续发展和城乡统筹发展具有重要的意义。

4. 地方政府领导者的积极推动

地方政府创新的产生和驱动与地方政府管理体制改革密切相关,更是地方政府领导者积极推动的结果。国外一些学者的研究表明,尽管地方政府创新的驱动力大部分来自内部管理改革的压力,但领导者或者说创新发起人的角色则在推动地方政府创新过程中必不可少,有时候甚至占主要地位。如 Sandford

Borins(2000)就认为新的领导力可能导致创新，Macmillan，Kalindi Jog(2008)也认为公共部门的创新需要主要行政官员和立法者的支持。地方政府领导者对创新的态度和支持可直接影响地方政府创新的产生、扩散性和持续力。扩权强镇改革是浙江省在全省范围内作出的改革尝试，绍兴在 2007 年率先出台《关于积极培育中心镇的若干指导意见》，并展开了"扩权强镇"的改革实践。在扩权强镇改革的基础上，并基于"扩权"后可能出现权力风险的考量，绍兴市大力推动了用权规范创新的探索和实践。

　　一方面是绍兴市纪委及各个部门的大力倡导和推动。因为"扩权"的风险首先与权力相关，用权规范和权力制约是"扩权"后面临的首要问题。对此，绍兴市纪委出台了很多相关文件，对扩权后中心镇权力的规范运行提出要求，如《关于深化改革开放推动科学发展的决策》、《关于进一步加快中心镇发展和改革的若干意见》。绍兴市纪委领导规范中心镇权力置于扩权强镇改革后，促使"扩权"为经济社会发展服务和提升中心镇综合实力的重要地位，并通过大量课题研究、实地调研、经验汇报及研究会议来推动绍兴用权规制创新的深入发展。如 2009 年10 月 30 日，绍兴市规范乡镇权力运行工作座谈会召开，标志着全市规范权力运行工作的全面展开；2010 年 11 月，绍兴市召开了"省级中心镇用权监督规制创新专家研讨会"，邀请国内外著名专家共同探讨中心镇用权规制创新的意义及进一步完善的对策。

　　另一方面是以各中心镇为主体的用权规范创新的探索。"扩权强镇"改革也加大了对各中心镇主要领导的管理压力，不少乡镇开始主动探索规范乡镇权力的做法。如从 2008 年 4 月开始，诸暨市在枫桥镇试点探索建立"五有一化"乡镇权力运行新机制。上虞市从 2009 年初以来开展规范乡镇权力运行工作，选择两个镇进行了试点。围绕建立健全以党委议决事规则为核心的权力运行"10＋X"制度体系，试点镇还探索试行了镇党委"轮值委员"制，出台了《镇党委"轮值委员制"试行办法》，确保乡镇"内部运行提高效能、外部运行方便办事、公开运行确保廉勤"，并通过召开现场会向全市各乡镇街道推开。钱清镇则通过"钱清七规"的探索，建立了"用权、管权、督权"三大方面的七项规则，在探索中心镇用权规制创新中实现规则落实有效应、程序运行有效率、权力监督有效能、评估结果有效度、责任追究有效果、公开做法长效化。各中心镇领导者对用权规制创新的支持和积极探索推动了全市中心镇用权规制创新的实践，并通过各地不同的做法和经验丰富了用权规制创新的内容。截至 2009 年 5 月，全市 27 个乡镇(街道)全部开展了权力运行的规范化工作，并制定了《乡镇权力运行规范指数评估办法》和《乡镇权力运行责任追究办法》。

5. 区域地方政府创新扩散的推力

从区域地方政府创新实践角度看,由于良好的经济社会基础及地域内地方政府创新的扩散效应或模仿效应,浙江省内地方政府创新活动频繁。以中国地方政府创新奖评选为例,浙江省不仅是中国地方政府创新奖获奖最多的省份,也是地方政府创新指向领域最丰富的区域。如宁波海曙区政府的政府购买居家养老服务、浙江义乌总工会的工会社会化维权模式、杭州市的开放式决策、浙江省松阳县政府的农村宅基地换养老、浙江省湖州市委组织部的干部考核机制创新、浙江省温岭市新河镇的参与式预算改革、浙江省绍兴市的政府办公室导入ISO9000质量管理体系、浙江省温州市的效能革命等等。区域地方政府创新的扩散性为绍兴市进一步探索地方政府创新实践提供了推力,与此同时,绍兴本区域内创新活动也较为丰富,是绍兴市探索用权规制创新机制的内在。

6. 廉政创新行政文化的内部驱动

绍兴历史悠久的廉政行政文化对激发用权规制创新起到了积极的作用。如绍兴钱清镇有名的"一钱太守"不仅代表了地方廉政文化的特色,也为乡镇规范权力运行起到了表率和激励作用。绍兴市在探索中心镇用权规制创新过程中充分强调通过文化传统和价值观念的引导加强权力监督的"德治"功能,并创造了"制度督权与文化督权并行"的用权规制机制。同时,绍兴的地方文化特色也倾向于创新,如浙江省绍兴市的政府办公室导入 ISO9000 质量管理体系就曾获得过中国地方政府创新奖。以廉政和创新为特点的行政文化为绍兴探索中心镇用权规制创新机制提供了较为稳定的内部驱动力,主要表现为:

第一,有效外部监督文化形成的需要。权力在阳光下运行的机制为社会公众监督提供了合法的途径,促进形成公平正义的外部监督氛围。第二,良好内部行政文化培养的需要。规范的流程管理和制度配套保障乡镇政府职能履行,在内部可形成规范、高效和服务的工作理念和行政文化。第三,行政人员综合素质提升的需要。在法制监督、工作流程和服务发展的框架下,权力的规范运行可加强基层政府行政人员执法素质、工作方法和服务理念,从而提升行政人员的综合素质。因此,政府行政文化的积淀和行政官员素质的提升都为政府探索用权规制创新基础提供了动力源。

总之,地方政府创新具有充分的"实践指向性"特征,无论是组织、机构、制度、流程还是产品、服务、人员方面的创新都以政府管理的实践应用为结果,并具有"公共"的特性。John Dewey(1927)在《公众及其问题》中写道,公众所面临的最重要的是发现自身以及定义其自身真正的利益,而这一挑战将需要在政府创新的实践过程中得到解决。绍兴市探索中心镇用权规制创新机制是在"扩权强镇"改革背景下作出的创新选择,不仅是政府内部管理体制改革的需要,也是应对"扩权强镇"改革后新问题的实践需要,是多种驱动力作用的结果,并体现出"公共"的重要价值导向,从而使这项创新战略具有了更重要的意义。

本章参考文献

[1] Sandford Borins,"public management innovation:toward a global perspective", American review of public administration, Vol. 31 No. 1, March 2001.

[2] Devendra D. Potnis,"Measuring e-Governance as an innovation in the public sector",Government Information Quarterly 27,2010.

[3] Michael Gibbons:"The evaluation of government politics for innovation", Policy studies review,Vol. 3,No. 3-4,May,1984.

[4] Mark H. Moore,"Creating Public Value:Strategic Management in Government",Harvard university press,1997.

[5] Frances Stokes Berry,"Innovation in Public Management:The Adoption of Strategic Planning",Public Administration Review, Vol. 54, No. 4, Jul.-Aug. , 1994.

[6] oshua M. Franzel:"Urban government innovation identifying current innovations and factors that contribute to their adoption", Review of policy research,Vol. 25,No. 3,2008.

[7] Jonathan Walters, "Understanding innovation:What inspires it ? What makes it successful?",哈佛大学肯尼迪学院民主治理与创新研究中心网站,http://www. innovations. harvard. edu/cache/documents/8065. pdf.

[8]任晓:《中国行政改革》,浙江人民出版社 1998 年版。

[9]杨瑞龙:《我国制度变迁方式转换的三阶段论——兼论地方政府的制度创新行为》,《经济研究》,1998 年第 1 期。

[10][美]苏米特拉·杜塔,让—弗朗索瓦·曼佐尼:《过程再造、组织变革与绩效改进》,焦叔斌译,中国人民大学出版社 2001 年版。

[11][美]阿兰·阿舒勒:《公共创新与政治激励》,《经济社会体制比较》,2003 年第 4 期。

[12][美]Arthur A. Thompson,A. J. Strickland:《战略管理:概念与案例》,段盛华、王智慧译,北京大学出版社 2004 年版。

[13]陈天祥:《中国地方政府制度创新的动因》,《管理世界》,2000 年第 6 期。

[14]胡税根:《论新时期我国政府规制的改革》,《政治学研究》,2001 年第

4 期。

[15]陈家刚:《地方政府创新与治理变迁——中国地方政府创新案例的比较研究》,《公共管理学报》,2004 年第 4 期。

[16]张玉:《地方政府创新的基本动因及其角色定位》,《云南社会科学》,2004 年第 3 期。

[17]陈剩勇、汪锦军、马斌:《组织化、自主治理与民主》,中国社会科学出版社 2004 年版。

[18]俞可平:《论政府创新的主要趋势》,《理论参考》,2005 年第 9 期。

[18]蓝志勇:《政府管理创新的瓶颈因素及其分析》,《学术研究》,2006 年第 7 期。

[19]何增科:《政治合法性与中国地方政府创新:一项初步的经验性研究》,《云南行政学院学报》,2007 年第 2 期。

[20]蓝志勇:《给分权划底线,为创新设边界——地方政府创新的法律环境探讨》,《浙江大学学报(人文社会科学版)》,2007 年第 6 期。

[21]薄贵利:《积极推行行政问责 促进政府管理创新——行政问责制的理论与实践研讨会综述》,《国家行政学院学报》,2007 年第 1 期。

[22]郁建兴:《治理与国家建构的张力》,《马克思主义与现实》,2008 年第 2 期。

[23]俞可平:《改革开放 30 年政府创新的若干经验教训》,《国家行政学院学报》,2008 年第 3 期。

[24]杨雪冬:《地方政府创新形式与特点》,《学习时报》,2008 年 1 月 28 日。

[25]韩福国、瞿帅伟、吕晓健:《中国地方政府创新持续力研究》,《公共行政评论》,2009 年第 2 期。

[26]吴建南、马亮、杨宇谦:《中国地方政府创新的动因、特征与绩效——基于中国地方政府创新奖的多案例文本分析》,《管理世界》,2007 年第 8 期。

[27]陈国权、黄振威:《地方政府创新研究的热点主题与理论前瞻》,《浙江大学学报(人文社会科学版)》,2010 年第 6 期。

[28]浙江大学课题组:《绍兴中心镇权力规范运行的调研报告》,2010 年。

[29]哈佛大学肯尼迪学院民主治理与创新研究中心网站:http://www.ash. harvard. eduHomePrograms/Innovations-in-Government/Award.

第六章　中心镇权力规制创新
实践与制度演进

权力规制即按照特定的制度安排来配置权力资源，制约权力行使主体，约束权力运行过程，监控权力运行的效益，以防止和纠正权力运行的偏误和紊乱。简言之，就是对权力的规范与控制①。对权力进行规范、约束、监控，是权力理论的核心内容，是反腐倡廉的治本之策，也是政府治理的关键环节。"乡镇治，则市县治"。基础不牢，地动山摇。我国正处在经济转轨、社会转型、体制转换的关键时期，在工业化、城镇化、市场化快速推进的大背景下，优化乡镇治理，加强乡镇政权建设和廉政建设成为我国经济社会发展中不容忽视、不能回避的问题。沿海发达地区改革起步早，农村经济社会发展快，群众民主法制意识强，改革和发展中产生的各类矛盾和问题带有先兆性，而对应的乡镇管理模式、治理方式上的变革和举措，则具有一定的引领性。近年来，浙江省绍兴市进行了"扩权强镇"改革，着力培育一批省、市级中心镇，探索统筹城乡发展的新路子。与此同时，绍兴市同步推进中心镇权力规制创新，建立了基层公共权力规范化运行模式和一系列公共管理制度，迈出了社会管理和廉政建设制度创新的重要一步。研究绍兴市在中心镇权力规制创新实践和制度演进这一实例，理清脉络，把握特征，不仅有助于权力监督领域的理论研究和实践运用，更为加强和创新社会管理提供了典型范例。

第一节　中心镇权力规制的基层萌芽

任何事物的产生都有其植根的土壤，是其内外部各种因素综合作用的结果。

---

① 规制的概念原为市场经济条件下，通过具体的制度安排，政府实现对经济的管理和约束。参见：Frank N. 1991. Survey of Social Science—Economics Series. Vol. 4. Salem Press, Inc. pp. 1973—1974。

绍兴市中心镇权力规制创新实践同样是扎根于良好的土壤。绍兴市下辖绍兴县、诸暨市、上虞市、嵊州市、新昌县和越城区,面积 8256 平方公里,人口 491.22万,"五县一区"共辖乡镇 118 个,其中省级中心镇 20 个,市级中心镇 8 个。在乡村治理领域绍兴较早地开展了村务公开和民主管理的探索。2004 年以来,绍兴市按照中央和浙江省的部署①,顺应农村经济社会发展和农民对深化村民自治的要求,积极探索和推进以"依制度治村,按程序办事"为核心的农村基层民主管理规范化建设。在全市所有农村普遍推开村务公开和民主管理的基本制度的同时,在各级党委、政府的领导与支持下,纪委、民政等相关部门有重点地在一些经济社会发展基础较好的乡镇(这些乡镇后来成为省、市级中心镇)培育乡村民主管理的范本,形成了一批较有影响的典型,并在全市农村推广。这一系列基层民主实践,是乡镇一级权力规制探索的萌芽,对之后创新的取向和制度框架的形成,产生了积极而深远的影响。

一、"八郑规程"②

"八郑规程"这一村治模式是以相关法律法规为依据,将完善民主制度、严密工作流程、规范权力运行、强化公开监督四方面有机结合,建立起一个比较系统、全面、规范的民主治村新体系,其核心是依规程治村。在 2006 年《求是》、《小康》等媒体在嵊州举办的"中国村治模式论坛"上,"八郑规程"得到高度评价,被认为可向全国推广。其主要做法是:

第一,民主通过制度体现,建立一个比较完整的制度体系。在法律政策的框架内,围绕村级事务制定了民主选举、村务决策、财务管理、项目管理、村务公开、民主监督、村干部考评和责任追究八项制度。明确村民委员会在村务管理中只是执行机构,重大村务决策主体是村民会议或村民代表会议。

第二,制度依靠流程实施,制定一套比较严密的操作流程。通过强化程序保障制度执行,并配套八项制度,制定八大工作流程,实现了村干部依靠流程来执行、老百姓依靠流程来监督、党委政府依靠流程来检查考核的程序要求,使村级各项工作纳入程序化管理。

第三,流程依托监督运行,制定一套比较严格的监督体系。落实公开管理,村里各项事务,特别是与群众利益密切相关的事情,都要求全面、真实、及时地向群众公开。强化专门监督,专门设立民主管理监督小组,成员由村民代表会议在

---

① 2005 年 6 月,为认真贯彻落实《中共中央办公厅国务院办公厅关于健全和完善村务公开和民主管理制度的意见》(中办发[2004]17 号)的精神,在全省各地实践的基础上,浙江省委办公厅、省政府办公厅下发《关于健全完善村务公开和民主管理制度的通知》(浙委办发[2005]38 号),在全省广泛开展了农村基层民主管理规范化建设。

② 因源起绍兴市嵊州市三界镇八郑村而得名。

村民代表中选举产生。实行群众评议,村干部年初诺职诺廉和年终述职述廉,由全体党员、村民代表、村民小组长民主评议,评议结果直接与干部薪酬挂钩。

二、"乡村典章"①

所谓"乡村典章",就是由全体村民公议公决产生,在现行法律框架内制定的一部对村级组织和全体村民具有普遍约束力、操作性较强的章程,也是一套明确和细化的村务运作机制。"乡村典章"曾被新华社等媒体称为全国首部"村民自治特别法",有关法律专家认为其是"共产党领导下的农村基层民主实现形式的探索和创新"②。其主要做法包括:

第一,明确权力边界。明确村务管理的主体是全体村民,村级组织在管理村务中,必须经广大村民授权。明确村务管理内容,根据重要程度,分为重大、重要和一般村务。明确村务管理权限,村民会议或村民代表会议研究决定重大村务,村级班子会议研究决定重要村务,村级各套组织在职权范围内研究决定一般村务。

第二,实行民主决策。坚持村务公决,明确公决内容,凡是与农民群众切身利益密切相关的事项,都要实行民主决策;明确村务公决的形式,基本组织形式是村民会议和村民代表会议;明确村务公决的程序,规定了提议、受理、召集、决议、实施等程序,并明确了公决事项会前公告、会后公布,实施情况公示等程序要求。

第三,落实民主管理。重点是规范村民民主理财,由村民民主理财小组代表村民进行。民主理财小组负责对本村集体财务活动进行民主监督,参与制定本村集体的财务计划和各项财务管理制度,有权检查、审核财务账目及相关的经济活动事项,有权否决不合理开支。民主理财小组向村民会议或村民代表会议负责并报告工作。

第四,健全民主监督。落实村务公开制度,规范完善村务公开的内容、形式和基本程序,设立村务监督小组,对村务运作实行全程监督,落实村干部评议机制。每年年终村支书、村委会主任分别向党员大会、村民代表会议报告年度工作,村两委成员个人进行书面述职,接受党员、村民的监督评议。建立村干部以及村民的违规责任追究机制,探索村干部辞职、引咎辞职、责令辞职等制度。

---

① 源进绍兴市新昌县儒岙镇石磁村,原名《石磁村典章》,经推广而得名。
② 吴正懿:《浙江:全国首部"村民自治特别法"绍兴诞生》,新华网,详见 http://www. sh. xinhuanet. com/2004—08/17/content_2699416. htm,2004 年 8 月 17 日。

三、"夏履程序"①

"夏履程序"主要是对村级事务中的年度规划和重大决策、工程项目;村集体资产经营;村干部报酬、误工补贴;村招待费;招投标;财务审批等六大类内容,设定六套包含议事、决策、执行和结果公开等程序的操作流程,使村务管理的重要制度简洁直观,便于操作,形成对村级组织的权力制约机制。其特点是:

第一,变实体型制度为程序型制度。"夏履程序"用图示形式进行分解表达,简明扼要易掌握;用闭合路径来表明每件重大村务的处置走向,一目了然易监督;用精炼的文字说明每个动作要领,逐一实施易操作;用程序保证群众决策地位,科学规范易决策。

第二,变事后公开为全程公开。将公开贯穿于决策、执行、监督的全过程。如年度工作安排,要先入户征求村民意见,由村委会收集梳理并公开,再由两委会提出初步方案并公开,若涉及重大建设工程项目或重要政策,需先进行民主听证。又如在村务公开上,实行"六统一",即统一会计代理、统一做账程序、统一公开内容、统一公开格式、统一公开时间、统一公开形式。所有往来账目每笔每月公开,不论村务大小一事一公开。

第三,变少数人决策为多数人决策。村级事务放手让群众参与、决策。村务工作由群众出题,村两委会通过向每户发放《村务工作意见征求表》,征求意见、建议,筛选梳理后公示。对重大村务方案召开民主听证会,让群众或户代表来听证方案;方案提出后,让村民代表讨论确定;方案确定后,由村干部来实施,并由村民代表推选代表进行监督,同时做到实施过程全程公开。

第四,变被动监督为主动监督。除在程序上确保群众的监督权外,通过加强对村干部的教育培训,促进村干部自律;实施"新型农民培训工程",提高村民监督、维权意识;规范监督网络,各村依法建立健全村务公开监督小组、民主理财小组、招投标领导小组、招投标监督小组和民主监事会,做到监督组织化、专业化;制定监督制度,实行每月一督查、每季一暗访,每位户长一年一培训,每年一次调查问卷、每季一次座谈会等,使主动型监督成为现实。

四、"联浦要诀"②

"联浦要诀"主要是"大事七步走",即对涉及村民生产、生活的村级公益事业,按照提出、确定、听证、讨论、决定、实施、公开七个步骤开展。第一步"提出",

---

① 因源起绍兴县夏履镇而得名。
② 因源起绍兴市道墟镇联浦村而得名。

对重大事务,由村党支部委员会、村民委员会和村务监督委员会(以下简称村三委会)或1/10以上村民联名或1/5以上村民代表联名提出议案。第二步"确定",由村党支部统一受理,并召集村三委会全体成员,对议案的合理性、可操作性等方面进行讨论和第一轮的初选,确定正式议题提交党员大会、村民代表会议和广大村民进行讨论。第三步"听证",通过民主恳谈会征求意见。联浦村专门设置了民主议事室,通过民主恳谈会等形式进行集体讨论;专门建立支部委员、党员、村民代表联系走访农户制度,按片设立村级事务意见征求箱,由村民小组长负责收集,广泛征求各种意见建议。第四步"讨论",在通过征询、充分吸收各种意见建议的基础上,进一步提交全村党员大会进行讨论修改。第五步"决定",在党员大会的基础上,最后由村民代表大会讨论决定。第六步"实施",按照村民代表会议决议,由村三委会分工组织实施。具体实施要受有关运行规程约束,实施情况由村三委会负责向全村党员、村民代表联席会议报告。第七步"公开",在项目完成后,及时对项目实施过程中的各类具体情况进行及时、全面、真实公开。

重点强调"要事三层管",即对村务、财务公开事项,农村集体"三资"、公共基础设施建设等村民普遍关心的涉及村民利益的热点、难点问题,在具体执行操作过程中接受党员、村民代表,村务监督委员会和全体村民三个层面监督。

为确保"联浦要诀"落到实处,联浦村在健全村务公开、重大事务决策实施情况报告、重要事件全程监督、党员和村民代表民主评议村干部等四项制度的基础上,创造性地推出了"二簿二制六规程"。"二簿",即《村民代表会议记录簿》、《村务公开及民主理财记录簿》。对有关村民代表会议、村民小组长会议及其他有关村务工作的议题均在《村民代表会议记录簿》上记录;对涉及村务公开和民主理财的各项内容,要求按村务、事务和财务的顺序,逐次逐项在《村务公开及民主理财记录簿》记录。"二制",即联系走访制和点题公开制。村干部、党员和村民代表,全部与农户实行"一对一"结对联系,在每月1、2日走访日开展入户走访,并将走访情况记录在《农户情况记录本》,定期向村党支部和村委会汇报;在做好常规公开工作的基础上,推行点题公开制,从过去公开什么群众看什么,转变为群众要看什么就公开什么,并通过点题意见的收集、办理,拉近与群众的距离,把公开的主动权交给群众。"六规程",即重大事务民主决策、财务支出管理、村级工程招投标监督管理,党务、村务公开,集体经济审计、监督管理,民主评议村干部等六大运行规程。把村级日常管理中涉及村级组织运作的一系列行为纳入规程内容,进一步推进村务公开和民主管理的制度化、规范化和程序化。

五、"村务简报"①

　　"村务简报"主要是将群众关注的土地管理、村庄建设、集体经济等方面情况,包括上季度工作回顾、本季度工作计划、重点工作通报、上季度财务收支情况、村务近况、项目发包、实事工程进展等村务管理信息,以《村务简报》的形式向全体村民公开。《村务简报》制度在继承公开上墙制度积极因素的同时,对村务公开进行了深化和创新。

　　一是全面性。全面涵盖公开事项,由以前的单纯财务公开变为村务、党务、财务全面公开。从栏目看,包含了公开栏、学习园地、党建园地、村民质疑及解答、村规民约、政策法规和光荣榜、警示台等丰富的内容。二是专业性。采编人员由各村从政治思想素质好、办事公正、为人正派、在群众中威信较高的村干部、党员、村民代表中选聘,各村文书担任主编,由驻村指导员督促实施。三是时效性。发送时间为次季度第一个月的 10 日前,使村务从一年一公开变为一季一公开。对工作进展情况的全程公开,使事后公开变为事前、事中、事后的全面公开。发送对象更为广泛,从上墙固定公开变为进入每家每户公开,一些村还将简报寄给在外经商、办企业的村民。各村还备有简报合订本,供村民随时查阅。四是针对性。从大账要账笼统公开,变为逐项逐笔细化公开。同时,要求采编人员最大限度搜集整理村情民意,全面反映村里的大事、要事、细事、难事,使公开的内容更贴近群众实际需求。五是互动性。《村务简报》编发后,要求村两委成员及时到农户家串门,听取意见建议。同时,赋予村民质询权,村民可上门或书面向村干部反映情况、意见,村干部须对群众的质疑进行解答,并在《村务简报》"质疑栏"公开,从而开辟了村干部和村民双向交流的渠道,进一步强化了民主监督。

　　不难看出,以上这些绍兴乡村民主管理的典型范例,实质是按照民主与法制的要求,运用权力规制的方法,在科学设置权力结构、运行机制方面的探索和创新,具有权力规制的一些主要特征,也是我党权力监督制约理论在农村基层的具体实践。虽然只是在村级层面上,但无疑为规范乡镇权力运行工作营造了依制度用权、按程序办事的良好氛围,积累了丰富的经验和制度范例。可以说,乡村民主管理和镇一级的权力规制形成了一种良性互动的格局,基层民主政治建设取得的成果离不开乡镇党委、政府的领导和支持,而乡村民主则进一步催生了有绍兴特色的中心镇权力规制创新实践。

---

　　① 源起绍兴市诸暨市店口镇,后经推广而得名。

第二节　中心镇权力规制的创新实践

加强对易出现腐败的权力运行环节的控制是遏制腐败的必要措施。中共中央颁布的《建立健全教育、制度、监督并重的惩治和预防腐败体系实施纲要》,是我党运用邓小平理论和"三个代表"重要思想指导反腐倡廉工作的重要文件。主要包括:一要健全行政决策机制。实行依法决策、科学决策、民主决策。二要完善行政权力行使程序。除依法应当保密的除外,决策事项、依据和结果要公开,公众有权查阅。重大行政决策在决策过程中要进行合法性论证。三要建立健全决策跟踪反馈和责任追究制度。要加强对决策活动的监督,完善行政决策的监督制度机制,明确监督主体、监督内容、监督对象、监督程序和监督方式①,这是对建立预防和遏制腐败体系比较宏观的要求。而在权力规制的操作层面上,特别是在中心镇这一具体的领域内,绍兴市的做法较有新意,也较有成效。

一、中心镇权力规制方法路径的探索:"五有一化"

随着工业化、城镇化、市场化、国际化、信息化快速推进,乡镇体制环境已经从封闭集权转变到多元开放。与此同时,由于资源要素制约日趋严重,经济发展方式转变的压力不断加大,同时社会发展相对滞后,乡镇社会矛盾不断显现。总体上看,乡镇治理中仍存在非制度化色彩,如农民政治参与的非制度化、干部行使权力过程中的非制度化、财务管理上的非制度化等②,比较突出的是乡镇权力运行不够规范。分析表明,主要是存在"五个缺失"。一是制度缺失。主要集中在重大事项决策权、用人权、财权等方面制度不健全、不科学,存在着决策权、执行权、监督权分离不到位等突出问题。二是程序缺失。乡镇往往关注权力运行结果,而忽视权力运行过程的合理性和合法性,因而作决策、抓落实时不重程序,这在很大程度上影响了乡镇党委的执政能力、执政形象。三是监督缺失。乡镇政权结构具有特殊性,导致对乡镇"一把手"监督比其他"一把手"监督往往更难。制度、程序方面的先天不足,加大了监督的难度。乡镇地域范围小,是典型的"熟人社会"、"乡土社会",也不利于监督的开展。四是激励约束缺失。对权力运行

---

① 韩永红、孟晋忠:《"权力市场化"腐败问题防治研究——兼论绍兴市预防与构建反腐败体系之经验》,《厦门特区党校学报》,2009年第6期。

② 程同顺:《中国农村政治的非制度化问题探析》,详见中国选举与治理网,http://www.chinaelections.org/NewsInfo.asp? NewsID=34960。

情况没有科学的测评，全凭主观感受。权力运行情况未纳入对乡镇的政绩考核，因而无法引起乡镇党委、政府的重视，导致激励缺失。对权力不规范运行的情况缺乏及时有力的问责，造成约束缺失。五是透明度缺失。在重大事项决策、人事讨论、财政资金使用、工程招投标等方面，或多或少存在应该公开不公开、不真实公开、不全面公开等情况。这"五个缺失"，就权力运行的风险而言，中心镇则尤其突出。要解决这些问题，就必须对乡镇权力进行规制。

2008年初，绍兴市以诸暨市枫桥镇为试点乡镇，积极创新规范乡镇权力运行的方法和路径，探索实施了"五有一化"权力运行模式，并在全市推广。具体是：

第一，有规则：梳理完善权力运行相关制度。对乡镇权力运行的风险点进行排查，针对这些风险点，按照科学分权、合理确权、有效制权的要求，对相关制度进行梳理，该废止的予以废止，该完善的予以完善，该增补的予以增补。针对决策方面风险点集中的情况，重点出台了《重大事项议决事规则》，进一步明确了党委议事决策的范围、程序、原则、方法：强调党委是重大事项的决策机构；决策必须提出预案、科学论证；必须事先确定议题，纪委书记必须事先参与人事酝酿；党委书记必须末位表态；必须逐项表决，按少数服从多数原则作出决定，等等。

第二，有程序：建立权力运行流程图。以程序固化制度，针对重大事项决策、人事讨论、财政资金使用、工程联系单验收等重要制度，确定了相应的运作流程，使镇级事务在严格规范的程序中操作。

第三，有监控：对权力运行进行全过程监控。创新监督方式：实施巡视式监督，即上级党委对乡镇开展巡视检查；参与式监控，乡镇纪委参与党委议事决策、用人酝酿的全过程，在参与中体现监督作用；轨迹化监控，重大事项决策、人事讨论、财政资金使用安排等全过程，必须如实记录，形成纪要；实时化监控，开发了《乡镇重大事项决策结果即时上报系统》软件，上级党委、纪委和乡镇纪委能及时通过该系统了解乡镇重大事项决策情况，进行实时监督，提出意见建议，从而实现对权力运行全过程的有效监控。

第四，有测评：对权力运行情况进行测评。探索建立了《乡镇权力运行规范指数评估办法》，采取定量与定性相结合的办法进行评估，根据分值确定权力运行规范指数，体现到党风廉政建设责任制考核中，形成激励机制。

第五，有追究：出台《乡镇权力运行责任追究办法》。该办法明确班子成员不履行或不正确履行职责、选人用人失察、没有按照程序决策等情况，采取告诫、批评、停职等形式进行责任追究。

第六，公开化：提高权力运作的透明度。通过多种途径确保权力运行公开透明，如：制度成册，形成《制度汇编》，在全镇范围内印发，使干部群众人人知晓；程序上墙,对重大事项决策、人事讨论、财政资金使用、工程联系单验收等的运行流程上墙公布,便于干部群众对照监督;运作透明,对重大事项决策前采取听证会、征询会等方式广泛征求意见,执行中广泛接受监督,确保权力在阳光下运行;结果公开,党委会审议通过的事项宜于公布的必须适时公布,干部选拔、先进评比应对推荐人予以公示,镇人代会通过的财政预决算方案的执行情况,与人民群众关系密切的扶贫款、救灾款、优扶费等经费往来账目,镇机关公务费支出情况,定期在政务公开栏予以公开,接受群众监督。

"五有一化"从方法层面提供了规范乡镇权力运行的路径和办法,从而为下一步规制中心镇权力勾勒出了轮廓。从制度设计上讲,"五有一化"形成了一个闭合回路,权力运作的全过程都受到制约和监督,增强了乡镇权力运行的可控性。从方法上,它还是一个从风险查找→制度规范→运行评估循环运作的过程,可以实现对乡镇权力运行监督制约的动态性和发展性。同时,它较好地传承了乡村治理中"依制度用权,按程序办事"的理念和方法。因此,"五有一化"可以作为一种工作模式,以此为基础,运用其方法,实践其内容,不断创新乡镇权力规制。从实际运作的情况看,这一模式得到各地的广泛认同。

在推广过程中,绍兴市要求各地在遵循这一模式总体要求的前提下,结合当地实际进行创新深化,形成特色。比较典型的如上虞市小越镇建立的"10＋X"制度模式①。小越镇在"五有一化"包含的10项基本制度的基础上,形成了以镇党委议决事规则为核心、包含15项制度的小越镇规范镇权力运行制度体系,其中决策类制度4项、执行类制度9项、监督类制度2项,并对制度进行流程细化。特别是实施了"项目圈选制"、"轮值委员制"等制度。项目圈选制,即对下年度的政府性投资重大项目,在广泛征求意见的基础上,组织人大代表对征询意见表所列备选项目进行圈选投票,镇政府根据项目得票数排序,列入下年度政府性投资项目方案,提交镇人代会审议通过。轮值委员制,即通过党支部民主推荐等方式选举产生"轮值委员"。轮值委员参加镇党委会,参与党委重大事项的调研、讨论、决策和监督,以进一步推进决策民主化、科学化、规范化。

又如新昌县大市聚镇建立的民间协理机制。大市聚镇针对权力增大而风险增加、任务增加而力量不足的问题,为发挥"两代表一委员"及基层先进党员群众的力量,探索建立了政府工作"民间协理"机制,组建成立大市聚镇重大事务协理团(以下简称"协理团")。在人员组成上,由民主推选产生,兼顾各行政村、行业单位、社会领域的平衡,以及人员专业素质的平衡。在运作机制上,分设重大建设事项、重大经济事项、重大农村事项、重大稳控事项、重大突发事项等5个协理

---

① 详见《对人权、事权、财权运行实施制度全覆盖》,《中国纪检监察报》2009年7月11日第1版。

组。各组成员实行机动应需配置,即发生重大事项时,由召集人应事应需从协理团人员中选定,配合政府完成重大事项处置。在职能定位上,除由党委、政府召集组织的考察调研、意见征求、决策咨询、重大会议列席等活动外,各协理组可根据党委政府中心工作,不定期地自行组织开展基层调研或督察活动,并形成活动报告,提交党委政府工作参考。

当然绍兴其他乡镇还有不少做法和经验,在此不一一列举。需要指出的是,虽然"五有一化"作为乡镇层面权力规制普遍适用的模式推出,但就应用需求和效果预期来看,中心镇要比普通乡镇更具实际意义。这也是中心镇的特点所决定的。因此,"五有一化"的探索实际是中心镇权力规制创新的一个初始阶段。总的来看,在"五有一化"模式下,绍兴各地通过创新实践,丰富了规范权力运行的内容、方法和途径,有力地促进了权力规制制度体系的不断成熟和完善。

二、中心镇权力规制核心内容和推动机制的探索:"钱清规则"①

近年来,为积极发挥中心镇的战略节点作用,加快经济转型发展、城乡统筹发展、社会和谐发展,绍兴市实施了"扩权强镇"改革。一方面,扩权强镇改革取得了显著的经济社会建设成果,另一方面,扩权后,乡镇权力运行风险加大,如何监督制约权力运行,确保权力规范运行与顺畅运行,实现改革的平稳顺利推进和可持续发展,成为一个无可回避的课题。

1. 扩权强镇改革成效明显

绍兴市探索推进中心镇扩权改革经历了部分扩权和全面扩权两个阶段,2006年年底到2009年年初为试点阶段,2009年开始进入全面推进阶段。主要有三个背景。一是基于发展需要。在新形势下,进一步扩大镇级政府管理权限,有利于提升镇级政府的统筹发展效能,整体推进城乡生产力的优化布局和要素的合理流动,实现集聚、集约发展,做大做强镇域经济,进一步增强镇级政府社会管理和公共服务的能力。二是根据上级部署。2007年和2009年,浙江省分别下发了《关于加快推进中心镇培育工程的若干意见》和《关于深化改革开放推动科学发展的决定》,对扩大中心镇经济社会管理权限提出指导性意见,鼓励县级政府将部分经济社会和公共服务方面的管理权限下放给中心镇。三是顺应基层呼声。"有限权力、无限责任"是困扰乡镇快速发展的重要体制性因素,乡镇难以统筹解决社会保障、集镇规划、审批处罚与经济同步发展等问题,因此,以放权为核心的改革已经成为乡镇政府的迫切要求。

---

① 绍兴市在探索中心镇权力规制创新中选取了绍兴县钱清镇为试点,将试点中形成的一整套规则制度统称为"钱清规则"。

2007年,绍兴市委、市政府制定了《关于加快推进中心镇培育工程的若干意见》,明确了培育发展中心镇的目标要求、工作重点和政策措施。绍兴市扩权强镇的总体目标是,培育一批规划科学、经济繁荣、居民富裕、环境优美、文明和谐、特色明显、具有较强辐射能力的现代化小城市。在具体实践中,按照"减放并举、能放则放、权责一致、提高效能"的原则,重点抓三个方面:

第一,抓好规划定位。坚持规划先行,在全市94个乡镇中,选择产业特色明显、基础设施完善、辐射带动力强的28个乡镇,予以重点培育,其中,有3个乡镇列入国家级试点,12个乡镇列入省级试点。出台了《关于推进规划强镇提升中心镇发展水平的实施意见》,明确各中心镇要按照人口集中、产业集聚和土地集约的要求,把城镇建设与新农村建设、产业发展和土地资源利用结合起来统筹规划,进一步明确功能定位、发展方向和城镇特色。通过规划的修编完善,以系统科学的规划引领中心镇培育发展。如:店口镇按中等城市的发展目标进行规划,远期目标确定为建城区22平方公里,人口发展到20万人,建设成诸(暨市)北新城[①];平水镇制定了平水副城的组团规划,将两个临近的山区镇囊括在平水副城范围内,以建设"高新产业集聚区、商贸旅游配套区、生态休闲居住区、城郊农业示范区"为目标定位[②]。

第二,实施职权下放。绍兴市编制了放权指导目录,涉及15个方面、72项事权[③]。具体由县(市、区)制定实施细则。职权下放主要体现在四个方面:一是市、县机构延伸下派或权力下放。诸暨市制定出台了《关于支持店口镇扩大经济社会管理权限的方案》,要求有条件的部门在符合行政许可的条件下,采用委托、授权或者直接设置派出机构等形式,将等部门的管理职能向店口镇延伸、扩大或延伸驻镇部门的职能范围。其中,规划、建管、环保、安监、劳动保障、城建监察等驻镇部门纳入了镇统一考核管理,并实行集中办公,国土、工商等部门增设了分局。绍兴县将建设、规划、环保等6个部门的审批权力下放,与平水副城管委会签订了"委托行使管理职能协议书",由平水副城行使县级有关职能部门委托的管理职权。县发改局、经贸局、外经贸局等部门在平水副城建管委设立分局、分中心等机构。二是调整优化镇政府内部机构设置。如店口镇将原有的"七办二中心"改为"三局三办二中心"(经济发展局、城建局、社会事业局、综治办、新农办、党政办、招投标中心、驻村指导中心)。平水副城设置了党政办、拆迁办、招商

---

① 参见中共诸暨市委办公室、诸暨市人民政府办公室印发《关于加快培育店口中心镇的若干意见》的通知(诸市委办[2007]86号)

② 参见中共绍兴县委、绍兴县人民政府《关于加快平水副城建设推进南部山区统筹发展的意见》(县委[2007]50号)

③ 涉及部分原县级经济社会管理权限,涵盖"中心镇"政府农村科技、信息、就业和社会保障、义务教育、公共医疗卫生等10大公共服务职能。

局、规划建设局、经贸发展局、社会事业局、审批中心等职能部门。三是部分人事管理权限下放。诸暨市在实行放权改革后，土管、规划、环保、建管等一些部门在业务上由市管理，但人员（所长、局长）由店口镇党委任命。绍兴县委下放了部分人事管理权限，平水副城党工委有权任命辖区内三乡镇的副镇长及以下人员，平水副城主要领导在行政职级上实行高配。四是明确职责权限。店口镇明确了各部门下放到镇"三局三办二中心"的职责权限，主要是城镇建设、经济发展、社会事业等13个部门。明确了市级部门在店口镇所设站、所的职能权限，主要是国土、公安、教育、工商、卫生监督等部门。涉及行政许可、行政处罚，要由市级相关部门名义做出的，要由市级有关部门作出无责任签章（即见章盖章）。原来的环保执法需要由市级部门来开展，现在镇级政府可自主开展。目前，店口镇对500万元以下的项目可自主组织招投标。

第三，加大支持力度。主要是强化财政、土地和金融支持。①在财政政策方面：绍兴市及下辖县（市、区）将中心镇规划区范围内的基础设施配套费留成部分80％以上留镇；土地出让金的净收益80％以上留镇。诸暨市在支持店口镇发展中，实行财政收入总额分成办法，按地方所得部分的8％予以单独补助；营业税的地方所得增长部分全额留镇；在镇域范围内取得土地出让收入除上缴中央省级规费外，余额全部返还（其他乡镇二八分成），作为资金补助。店口镇比以往每年多获得2000万元的可支配财政资金。绍兴县从2007年起，超过去年财政收入基数的增值税和企业所得税，其地方留成部分全部留给乡镇；将镇域内的土地出让净收益全额返还给乡镇。②在土地政策方面：绍兴市在确保县（市、区）区域内总量不减的前提下，按法定程序适当降低中心镇的基本农田保护指标。新增耕地可置换成建设用地指标，也可安排作为建设项目用地。允许中心镇开展城镇建设用地增加与农村建设用地减少相挂钩试点；每年安排一定数量的经营性土地指标用于出让。③在金融政策方面：金融机构在店口镇吸收的储蓄，原则上按照规定的存贷比投放到店口镇；鼓励金融机构在店口落户，为企业发展创造良好的融资环境，对市外股份制商业银行和城市行业银行到店口设立的分支机构，在原有奖励的基础上再上浮20％。

扩权强镇改革理顺了县镇管理体制，激发了中心镇的发展动力，在统筹城乡发展中的战略节点作用日益显现。一是中心镇综合实力显著增强。全市28个中心镇基本形成了纺织、建材、袜业、五金、农产品加工等"一镇一品"、"一镇一业"、特色鲜明的块状经济。到2009年年底，绍兴市28个重点培育中心镇经济总量约占全市的35％，实现财政总收入66亿元，占全市的23％。二是社会民生事业快速发展。城市公共服务资源快速流向中心镇，如平水镇开建了"七纵九横"市政道路，10平方公里的副城框架全面拉开；店口镇2008年投入1亿元建设垃圾焚烧厂、13 条城区道路,2009 年投入 1000 万元探索农民养老保障新形式,投入 400 万元率先实行高中阶段免费教育。2009 年,绍兴市启动了中心镇"三年建设计划",3 年内实施基础设施项目 181 个,总投资 63.3 亿元,社会事业项目 48 个,总投资 16 亿元。① 除了实现了规划建设上的城乡统筹,以城市功能向乡镇延伸为抓手,推进了科技、教育、文化、卫生等公共服务体系建设的城乡统筹,提升了中心镇的集聚力、辐射力和带动力。

2. 扩权强镇改革加大了乡镇权力风险

由于乡镇政权结构、体制机制、运行方式的特殊性,乡镇权力运行不够规范导致的权力风险一直存在。随着扩权强镇改革的推进,这种权力运行风险有可能进一步放大,导致滥用权力和违规审批等新问题,出现土地、规划、环保、资金等一系列违法现象。乡镇权力风险主要表现在以下几个方面:

第一,结构性风险即权力配置上的制约失衡。从制度设计看,乡镇人民代表大会是最基层的一级地方国家权力机关;乡镇人民政府既是乡镇人民代表大会的执行机关,又是我国最基层的一级国家行政机关;党的农村基层组织,则由乡镇党委及其下属的党支部(或党总支、党委)共同组成,是乡镇、村(居)各种组织和各项工作的领导核心。然而,在实际的权力运行中却是乡镇党委居于最高权力地位;乡镇人民政府握有实权,不但机构设置最大,而且功能最多;乡镇人大的权力弱化,无法对乡镇政府进行有效监督和有力制衡。从而形成了一种权力高度集中于乡镇党委、特别是乡镇党委书记的权力结构,"其突出特点首先是权力高度集中,并缺少相应的约束和权力制衡机制,社区的社会权力高度集中于政府,而政府与社会组织的权力又过分集中于党的机构,并表现在'一人化'上"②,扩权强镇改革中,许多地方由于实行乡镇领导"交叉任职",由乡镇党委书记兼任乡镇长、由乡镇党委副书记兼任乡镇人大主席,这一改革一方面有利于建立"运转协调、精简效能"的乡镇权力运行机制,但另一方面也加剧了权力集中于乡镇党委的倾向,不利于权力的分解制衡。

第二,体制性风险即权力运行上的路径混乱。乡镇一级正式权力体系是按科层制的原则组建起来的现代组织体系,具有较为严格的等级差别,是"党政权力高度一体化和政治、经济、行政与社会权力高度集中的金字塔权力结构"③(即一级政治组织为了实现经济赶超,完成上级下达的各项指标而采取的数量化任

---

① 资料来源:《绍兴年鉴》2006、2007、2008、2009 年各期。
② 王雅林:《农村基层的权力结构及其运行机制——对黑龙江省昌五镇的个案研究》,《中国社会科学》,1998 年第 05 期。
③ 王雅林:《农村基层的权力结构及其运行机制——对黑龙江省昌五镇的个案研究》,《中国社会科学》,1998 年第 05 期。

务分解的管理方式和物质化的评价体系①)的影响,为了克服科层制带来的官僚主义、效率不高等弊端,在实际运作过程中,乡镇权力运行的路径并不是完全按照科层制要求的,为提高效率,推进一些急难性工作,往往采用非科层制的运作路径,以互为平行的、灵活多变的工作组替代了层级化和专业化的科层制,如采取包片、包组的方式推进征地、拆迁、招商等工作。权力运作路径的多样化,容易造成制度执行的混乱,也不利于对制度执行的监督,从而带来廉政风险。近年来,农村基层征地、拆迁等方面信访问题突出,不可忽视的原因就是一些乡镇干部工作中的非制度化、非程序化。随着扩权强镇改革的推进,对权力运行的制度化要求越来越高,但由于两种不同权力运行方式仍然存在,必然会影响甚至损害权力运行制度化水平的提高,从而放大权力风险。

第三,制度性风险即权力规范上的基础薄弱。与其他乡镇一样,中心镇权力运行中存在三个缺失。一是制度缺失。如重大事项决策权、用人权、财权等方面制度不健全、不科学,存在着决策权、执行权、监督权分离不到位等突出问题。二是程序缺失。乡镇往往关注权力运行结果,而忽视权力运行过程的合理性和合法性,因而作决策、抓落实时不重程序。三是透明度缺失。在重大事项决策、人事讨论、财政资金使用、工程招投标等方面,或多或少存在应该公开不公开、不真实公开、不全面公开等情况。这三个缺失,导致中心镇权力规范运行缺乏制度保障,基础不扎实、不牢固,难以适应扩权的需要。

第四,法律性风险即权力授受上的依据缺乏。"扩权强镇"在实施过程中还存在着一些法律障碍。从"委托授权"看,尽管相关法律有条文规定权力可以委托,例如《行政处罚法》第19条规定权力可以委托给管理公共事务的事业组织,但乡镇作为基层政府,并不在此范围之内,因此县级部门对乡镇进行委托授权也缺乏法律依据。从"机构延伸"看,县级部门在各中心镇的延伸机构代表县级部门行使职权,从法律上看他们的工作就是县级部门的工作,如果他们出现了工作失误,责任还是要相应的县级部门来承担,也就是说从法律关系上看存在权责不一的问题,处理起来缺乏法律依据。

第五,素质性风险即权力行使者的职能不符。由于种种原因,中心镇的干部队伍素质仍然比较薄弱,当前主要存在以下三对矛盾:一是中心镇发展活力快速激发与干部素质较难提升之间的矛盾;二是对各类管理人员的均衡需求与专业人才相对缺乏的矛盾;三是中心镇工作岗位流动性与干部业务能力单一性之间的矛盾。总之,乡镇权力扩大了,但权力行使者即乡镇干部的编制数量、人员素质、业务能力等并没有相应跟上,难以适应新形势的需要,必然带来廉政风险。

---

① 尹冬华:《当代中国地方治理和研究简况》,载《从管理到治理:中国地方治理现状》,中央编译出版社 2006 年版。

正如绍兴一位乡镇领导所说,授权后,发生事情如果不去管理将是行政不作为;而一知半解地去管理,做错了,就会成为被告。

第六,人文性风险即权力监督上的刚性不足。从制度文化看,乡镇崇尚效率甚于规范,崇尚结果甚于过程,规则意识相对欠缺。从监督文化看,乡镇地域范围小,受人际关系、人情世故、面子观念等影响,监督难以开展,难以落实,特别是由于乡镇政权结构的特殊性,对乡镇"一把手"监督更难。

3. 确立了权力规制的核心内容,即"六大规制"

要防范上述这些风险,需要针对中心镇的特点,进一步将规范乡镇权力运行工作科学化、精细化。为此,绍兴市于2008年与浙江大学非传统安全与和平发展研究中心合作,联合开展了省级中心镇权力规制创新研究。以绍兴县钱清镇为试点,按照科学确权、规范用权、有效制权的要求,结合中心镇权力运行的特点和风险,形成了以"钱清规则"为核心的课题成果,并已运用到实践之中。

一是决策规制。健全完善党委政府议决事规则,制定《钱清镇党委议决事目录》。决策"三必须",即会前必须公开议事内容,会中必须人人发表意见,会后必须形成会议纪要。

二是行权规制。建立党政"一把手"用权"三不直接＋三个直接"制度,即不直接审批财务、不直接分管权力事项、不直接承诺同意事项,对财务直接审查、对同意事项直接审查、对信访举报直接督办;建立个体用权"零同意＋零否决"制度,即任何人不得在无明确规定情况下直接批准管理事项,不得对未明确规定不能办理的事项使用否决权。

三是信息规制。制定《钱清镇重要信息披露制度》,做到事前加密处理、事中明确纪律、事后公正发布,避免信息的不当透露,防止权力寻租、权钱交易。

四是特例规制。针对例外事项,实行特例决策公开化,对谁认定特例、谁启动特例议程、谁承担责任作出规定,明确特例事项必须由"一把手"启动,并设置了"风险评估、反复酝酿、人人表态、形成纪要、上报备案、全面公开"等程序。

五是道德规制。建立"以德立制"的廉政建设机制,包括镇党风廉政建设和反腐败工作的组织领导和责任分工,领导干部诺廉评廉,干部个人重大事项报告等制度。推进"以德立行"的廉政文化建设,实施廉政文化"五个一"工程。坚持"以德立人"的干部选用标准,特别是对关键岗位的干部选拔作用坚持德才兼备、以德为先。

六是绩效规制。绩效规制以预防行政不作为和滥用权力为出发点,强调规范与效率、规则与活力的统一。首先是细化工作职责,做到职责清晰,权责一致。其次实行重点工作考核,量化目标任务,建立《年度"百项挂牌工作"责任书》制度。再次是强化责任追究,建立《年度"百项追究事件"责任书》制度。

4. 形成了权力规制的推动机制,即"三定三防"

为确保中心镇权力规制工作的顺利开展,钱清镇形成了特色的工作模式:

一是定权力内容。首先,界定用权主体①。明确了镇党委、政府、人大、政协各层面的用权主体,也明确了个体用权主体和集体用权主体。党委书记兼镇长、党委委员、副镇长及中层干部和一般行政人员均为个体用权主体;集体用权主体包括党委会或党政联席会议,以及扩权后为平衡权力分配、提高行政效能而组建的"2+7"领导小组(即2个中心领导小组+7个专项工作小组)会议。其次,明确用权边界。针对用权主体明晰权限、针对职权明晰具体事项和职责、针对"权力使用边界"明晰"极限"。再次,厘清权力清单。按部门确定权力项目数,对权力内容进行归纳分类,列出每项权力的法律依据或正式文件来源,对权力清单体系进行编码,按流程对权力进行逐项标注,对新下放的74项权力进行重点解释。

二是定权力规程。建立规范中心镇权力运行的制度体系,使权力运行有规则可循、有程序可依。做到制度刚性化,如健全完善党委政府议决事规则及目录,明确10大类40个必须提交党委议决的项目;建立"一把手"用权、个体用权和集体用权制度等。程序规范化,针对重大事项决策、财政资金使用、乡村建设规划许可、工程建设招投标等制度规定,设定47权力运行流程。信息公开化,编制党务、政务公开目录,全程公开镇级机关"权力清单"、"权力任务"、"权力流程",所有权力事项运行过程、结果按程序逐一对应公开,做到全面公开和公开程序化。

三是定权力责任。确立"权责统一"②理念,按照"责权统一、分类考核、民主公开、群众满意、切合实际、简便易行"的原则创设绩效评估体系,主要包括:明确绩效考核对象,建立评价方法;明确考核目标,建立年度考核指标计划;明确考核信息来源,建立绩效信息采集平台;明确绩效监控机制,建立计划执行保障体系;明确绩效考核结果应用,建立过程控制、结果导向和持续改进相统一的推动机制。实行量化测评,制定《钱清镇机关工作人员绩效评估考核办法》,通过岗位分析和目标分解建立考核指标和对应分值,实施分类测评和综合考评。强化责任追究,重点是明确了问责的事项、对象和程序。

四是"岗位"防控。建设中心镇岗位廉政风险防控体系,保障行政权力在预定轨道内规范运行。第一步是锁定廉政风险点。对关键部门、重点岗位和薄弱环节开展排查,重点排查岗位职责风险点、思想道德风险点和管理制度风险点

---

① 即拥有并行使权力的主体,可以是个人或群体形式。

② 权责统一,指法律赋予行政机关的职权,实际上是赋予行政机关的义务和责任,行政机关必须采取积极的措施和行动依法履行其职责,擅自放弃、不履行其法定职责或违法、不当行使其职权,要承担相应的法律责任。此文中是指用权主体的义务和责任统一。

（共计确定制度类风险点 77 个）。第二步是编制风险排序表。分岗位、环节、事项进行风险排序，同时对各项风险进行现象描述、成因归纳和风险度分析，在全盘排序后，明确防控措施、完善制度体系。最后是构建风险监控网。实行网格化管理，落实党风廉政建设责任制，班子成员和中层干部对廉政风险点的防控按职责分工、按职能定位，实行包干负责、连带究责；实行信息化监控，建立重大事项决策结果即时上报系统，通过信息专网实时上报镇级重大事项决策结果，接受县级纪检监察部门的监督；实行联动式监管，凡行政审批服务事项均由管理服务对象填写民主评议表，对重要岗位人员由纪检部门负责人实施定期谈话制度，发挥人大、政协职能，全程参与重要决策制定和执行情况的监督和评议。

五是"轨迹"防控。重点强化了"三大轨迹"的监控。首先是决策轨迹。分别建立决策议题事先征集及筛选情况原始记录和附件、会议讨论过程记录文本（需要表决的须由表决情况附件）、会议纪要原始文本及引入第三方评价机制的评估报告等综合台帐，全程记录决策程序和过程、结果。其次是执行轨迹。重点建立了行政审批实时登记、运行跟踪、结果反馈制度，行政处罚事实公开、依据公开、结果公开制度，镇级工程项目实施过程按程序同步公开制度等，使权力执行的每一个环节接受监督。再次是监督轨迹。重点建立了同级纪委书记参与重大事项决策事前酝酿情况记录制度和决策同步监督记录制度，镇级纪委书记对重点岗位人员定期谈话记录制度，促使镇级纪委严格履行同级监督职责。同时，依托县级电子监察系统平台，加强对 50 万元以下工程项目建设招投标事项及相关行政审批事项实行的电子全程监督。

六是"内源"[①]防控。通过强化文化素质、道德修养、自律意识等内源性因素，解决用权规制内动力缺少的问题。加强地方特色廉政文化建设，建设廉政教育基地——"一钱太守"刘宠纪念馆，编排廉政越剧《一钱太守》，弘扬传统清廉文化，激励后人勤廉为民。加强对机关干部的人文关怀和心理疏导，组织心理健康讲座，开展定期谈心交流，消除思想困惑，释放工作压力，激励基层干部更加注重个体价值、努力创造社会价值。实施干部素质提升工程，加强干部培训，优化知识结构，创新服务理念，提高实践能力。

"钱清规则"是继规范乡镇权力运行"五有一化"模式后，在中心镇权力规制实践层面的又一次继承和创新，被媒体评价为扩权强镇的绍兴样本[②]。以"钱清规则"为代表的中心镇权力运行规则，切实解决了扩权强镇后如何防控权力风险，优化中心镇治理的问题，对浙江省乃至全国规范中心镇权力运行、加强和创

---

① 内源即后文所述的文化素质、道德修养、自律意识等人自身的影响权力规范行使的各种因素。

② 赵杰：《"扩权强镇"的绍兴样本》，《中国新闻周刊》总第 523 期，2011 年 7 月 15 日，详见时政版：http://maga-zine. inewsweek. cn/magazine/recommend—1819. html。

新社会管理具有借鉴意义。

第三节　中心镇权力规制的制度完善

从绍兴的创新实践过程看,中心镇权力规制的制度建设经历了一个总体规划、创新提升、成熟完善的演进过程,包含了创新基调的提出、保障机制的建设、制度体系的建立等关键阶段。

一、作出总体规划,提出创新基调

乡镇党委是党在农村全部工作和战斗力的关键所在,是乡镇、村各类组织和各项工作的领导核心。毫无疑问,抓住了乡镇党委建设这一核心,也就是抓住了乡镇权力规制创新的关键。2008年年初,绍兴市委为贯彻党的十七大关于全面加强党的基层组织建设的新要求,从发挥乡镇党委在建设小康社会、构建和谐社会、推进创业创新和建设社会主义新农村中的作用,巩固党的执政基础的高度出发,制定出台了《关于进一步加强乡镇党委建设的若干意见》(以下简称《意见》)。该《意见》比较系统地对完善乡镇党委领导体制和工作机制、加强乡镇党委的思想建设和作风建设、推进基层民主政治建设、充分发挥乡镇党委在基层组织建设中的龙头作用、营造乡镇党委建设良好的工作环境等项工作作出了较为全面的部署。明确提出要健全和完善乡镇党委决策机制,规范和完善乡镇权力运行机制,努力推进乡镇权责统一。要求"进一步健全领导班子议事决策机制……坚持一切重大决策、重要人事、重大工程建设和大额财务支出等重大问题由党委会集体研究决定","坚持'全覆盖、不交叉'的原则,完善乡镇党委委员分工,进一步探索并逐步规范副书记的分工……健全和完善'行为规范、运转协调、廉洁高效'的乡镇行政管理体制和运行机制……积极稳妥地推进乡镇机构改革,合理设置乡镇机关内设机构","建立健全条块结合、以块为主的乡镇政权建设管理体制……县级政府需要乡镇政府承担相关责任的,应依法合理赋予乡镇政府相应的办事权限,或授权乡镇执法"等等。

该《意见》的出台,可以看出绍兴市委、市政府在贯彻中央、浙江省委有关精神的基础上,结合了绍兴自身在推进乡镇体制机制改革以及基层民主政治建设方面的实践,对进一步探索基层公共权力规范化运行模式,建立健全公共管理制度作出了总体规划,可以说是确定了中心镇权力规制创新的方向和基调。

按照《意见》,绍兴各地积极改革乡镇管理体制,加强党委班子建设,增加党政交叉兼职;减少领导班子职数,提高工作效率;取消书记办公会议,加强民主集中制建设。突出乡镇公共服务和社会管理两大职能,优化内设机构,建立了"三局三办两中心"(城镇建设局、经济发展局和社会事业局三个综合性职能部门,党政办、综治办和农办三个办公室,招投标中心和驻村指导中心两个中心)等机构模式,不断理顺乡镇权力关系,优化乡镇权力配置。这些实践是权力规制创新的起步,为下一步工作打下了扎实的基础。

二、建设激励保障机制,鼓励创新实践

在整个中心镇权力规制创新实践过程中,绍兴市委、市政府既是宏观层面的决策者,更是各地创新实践的推动者,并从制度保障的角度,促进创新目标的实现。

一是建立联动机制。落实各级各部门在规范乡镇权力运行工作中的职责,发挥各种资源的优势,确保工作顺利推进。在市级层面,重抓督促引导。市委、市政府领导多次在有关会议上对规范和完善乡镇权力运行机制进行强调。纪检监察机关发挥组织协调作用,因地制宜加强分类指导,密切与相关部门的沟通联系,确保工作进度到位。组织部门加强对乡镇领导干部报告个人有关事项和执行民主集中制等情况的监督,强化班子内部监督。审计部门加强对乡镇党政"一把手"的经济责任审计。在县级层面,重抓考核评估。把规范乡镇机关权力运行工作纳入党委、政府岗位目标责任制考核和党风廉政建设责任制考核之中,引导乡镇自觉主动开展这项工作。在乡镇层面,重抓具体落实。按照党风廉政建设责任制的要求,主要领导亲自负责,班子成员分工负责,切实履行"一岗双责",采取有效措施,落实各项工作任务。

二是建立激励机制。2008 年开始,绍兴市针对一些乡镇在规范权力运行工作中存在的领导责任意识不够强、思想不够重视、落实不够到位、工作缺少载体等问题,在上虞市率先开展"勤廉双优示范乡镇"创建试点工作,随后在全市范围内组织实施,并出台了《关于开展"勤廉双优示范乡镇"创建活动的通知》,充分发挥示范乡镇在规范乡镇机关权力运行中的引领作用,收到良好效果。创建以勤廉双优、注重过程为要求,从公共权力运行规范、作风优良办事高效等方面设定标准,以市委、市政府名义下发文件,实行乡镇申报、县级评选、市级审核和逐级公示,每年命名表彰一次,逐年提高创建标准。2009 年 7 月绍兴市委、市政府发文并授牌表彰了首批 12 个示范乡镇。通过创建活动,乡镇党委政府的主体意识和责任意识进一步增强,竞争激励、整体推进的工作氛围进一步形成,有力地促进了乡镇权力规范运行。

三是建立组织保障机制。2007 年以来,绍兴市针对乡镇纪委作用发挥不够

理想的问题,开展了以"五个规范"(规范职责定位、力量配备、组织网络、制度体系和硬件配套)为主要内容的乡镇纪委规范化建设①。通过规范化建设,保障了乡镇纪委组织协调、同级监督作用的更好发挥,强化了规范乡镇权力运行工作的组织和纪律保障。2010 年,绍兴市出台了《关于进一步发挥乡镇纪委职能作用的意见》,进一步明确乡镇纪委监督检查、组织协调、执行纪律、维护稳定、保障发展五大工作职责,明确了六项工作重点,特别是对加强权力监督制约提出专门要求,明了抓好"五有一化"、党内监督制度的落实,进一步规范乡镇党务、政务、财务公开等重点工作内容,从完善乡镇纪委工作机制的角度,为深化完善乡镇权力规制提供了更加有力的支撑。

以上制度机制的建立,对于乡镇权力规制创新具有重要的作用,也是制度体系建设中不可或缺的重要环节和组成部分。

三、总结提炼实践经验,建立制度体系

2011 年,绍兴市以《中国共产党章程》及党内法规文件为依据,根据中央关于建立健全决策权、执行权、监督权既相互制约又相互协调的权力结构和运行机制的要求,以及浙江省、绍兴市委关于加强乡镇党委建设的意见,总结运用近年来乡镇权力规制创新的实践成果,制定了《关于推进乡镇党委权力规范透明运行的若干意见》(以下简称《若干意见》),以进一步提高乡镇党委权力运行的制度化、规范化水平。

一是提出了基本要求。首先是"规范权力结构",明确乡镇党委的领导核心地位,规范党政关系,落实乡镇长负责制,发挥党政联席会议作用,发挥乡镇人大作用等。同时将"三不直接"②、"两个不能"③明确为乡镇党委书记用权行为的基本规则。其次是建立健全权力规范运行的机制体系,也就是落实"五有一化",即有规则、有程序、有监控、有测评、有追究和公开化(具体参见前文所述)。这也进一步确立了"五有一化"作为中心镇权力规制的总体方法、路径的地位。

二是明确了工作内容。《若干意见》将中心镇与一般乡镇区别开来,专门设定了中心镇权力规制的各项制度要素。这标志着绍兴在这一领域进入了制度化、规范化的轨道。《若干意见》提出,要顺应扩权强镇的形势,突出重点抓好省、市级中心镇权力规范透明运行工作。把"三定三防"作为中心镇权力规制的样本进行推广,并对"三定三防"各个环节的任务予以明确,确立了中心镇权力规制的

---

①　详见《关于加强乡镇纪委规范化建设的意见》(绍市纪发〔2008〕2 号)。文件中对"五个规范"作出明确具体的要求,至 2009 年,绍兴全市 128 个乡镇均开展了纪委规范化建设。

②　不直接审批业务、不直接分管权力事项、不直接承诺同意事项。

③　不能在无明确规定情况下直接批准管理事项,不能对未明确规定不能办理的事项使用否决权。

基本要求、制度内容和实现方式。

对"定权力内容",要求各中心镇对权力进行分类梳理,建立权力清单,并进行编码,列出每项权力的法律依据或正式文件来源,对新下放的权力进行重点解释。

对"定权力规程",要求各中心镇健全完善权力运行制度体系,健全完善运行程序,确保用权行为有规则可循、有程序可依。

对"定权力责任",要求各中心镇确立"权责统一"理念,明确各项权力的相应责任,建立评估体系,实行量化测评,强化绩效评估,严格责任追究。

对实施"风险"防控,要求各中心镇开展廉政风险防控体系建设,对关键部门、重点岗位和薄弱环节开展风险排查,分岗位、环节、事项进行风险排序,明确防控措施,完善制度体系,加强风险监控。

对实施"轨迹"防控,明确凡中心镇重大事项决策、人事讨论、财政资金使用安排等全过程,要通过文字记录、网上运行、电子监察等手段,确保权力运行有迹可查,监控和规范用权行为。

对实施"内源"防控,要求各中心镇通过加强反腐倡廉教育,推进廉政文化建设,促进乡镇党员干部廉洁自律、规范用权;通过加强干部培训,优化知识结构,提升乡镇干部素质,提高规范用权的能力水平。

三是纳入了制度体系。为确保制度建立健全和有效执行,《若干意见》明确提出把乡镇党委权力规范透明运行工作列入党风廉政建设责任制与党委、政府工作目标责任制检查的重要内容,实施经常性的监督、检查和考核,从而进一步把中心镇权力规制的制度纳入到地方政府社会管理的制度体系中,成为衡量党的执政能力建设水平的一项重要指标。

来源于实践的制度更具生命力、更具实效性。中心镇权力规制制度演进的过程是以实践实现制度构想、以制度固化创新成果的过程,符合制度建设的规律,是制度建设的一种最基本的方法。

第四节　中心镇权力规制的制度特征

党的十七大报告鲜明指出,要完善制约和监督机制,保证人民赋予的权力始终用来为人民谋利益。要坚持用制度管权、管事、管人,建立健全决策权、执行权、监督权既相互制约又相互协调的权力结构和运行机制。这是对建立健全权力监督制约机制的宏观要求。但从全国各地的情况看,在乡镇层面系统地对权力运行进行规范的并不多。乡镇作为我国最基层一级政权,在扩权之前,一般很少有政策制定权和行政审批权,因而,是扩权强镇改革凸显了创新权力规制的必要性。绍兴市对规范中心镇权力运行的探索发展到今天,初步形成了具有示范效应的一套规制。客观地说,绍兴市中心镇权力运行的规制,是对全市 28 个中心镇广泛开展权力规范运行创新实践基础上,形成的各具特色的规范权力模式的汇总;是对经历了多年从实践到经验,从经验到实践的探索成果的总结提炼。这套规制体现了乡镇基层政府规范权力自我约束、自我监督所必须具备的主要特点:

一、确权列清单

科学确权是规范用权的前提。科学确权就是要界定用权主体、明确用权边界、厘清权力清单,做到用权主体明确、行权边界清晰、权力事项明了。

第一,界定用权主体。明确用权主体是明确职责、落实责任、实现权责对等的必要条件。中心镇明确了党委、政府、人大、政协各层面的用权主体;明确了个体用权主体和集体用权主体:党委书记、镇长、党委委员、副镇长及中层干部和一般公务人员均为个体用权主体;集体用权主体包括党委会、人代会、党政联席会议等等。

第二,明确用权边界。明确用权边界就是要严格界定个体用权主体的权限、严格划定各项权力的使用边界。主要做的三个明晰:针对用权主体明晰权限、针对"事权"明确"事项"、针对"权力使用边界"明晰"后果"。即,明晰从书记、镇长到一般公务人员的权限;明晰什么事该干、什么事能干、什么事不能干;明晰什么是越权(干不该干的事)、什么是违纪(干不能干的事)、什么是失职(该干的事没有干)。

第三,厘清权力清单。对中心镇权力进行分类汇总和全面梳理,是理解权力内涵、建立用权流程的基础;将科学的权力清单提升至制度层面,可以为权力有序运行提供有效指导。厘清权力清单包括:一是按部门确定权力项数;二是委托专家开展专门研究,结合实际,按照行政许可、非行政许可等十大类对权力内容进行归纳分类;三是列出每项权力的法律依据或正式文件来源;四是对权力清单体系进行编码,便于查找和为今后实施电子政务管理奠定基础;五是按流程对权力进行逐项标注,对新下放权力进行重点解释。

二、风险预监控

加强权力风险监控是保障权利规范运行的重要环节。绍兴市以锁定廉政风险点、编制风险排序表、建构风险监控网为着力点，切实推进廉政风险监控体系建设。

第一，锁定廉政风险点。廉政风险点排查是摸清监管盲点、加强风险防控的首要环节。中心镇按照个人排查要找"准"、部门排查要查"全"、重点岗位要查"深"的要求，对关键部门、重点岗位和薄弱环节开展排查：一是查找岗位职责风险点；二是查找思想道德廉政风险点；三是查找制度机制廉政风险点。

第二，编制风险排序表。风险排序表是在权力清单和风险点排查的基础上对可能的廉政风险进行重点说明，编制风险排序表和应用风险排序有助于更好地建立责任控制机制。中心镇在找准问题、锁定风险的基础上，分岗位、环节、事项进行风险排序，同时对各项风险进行现象描述、成因归纳和风险度分析，在全盘排序后对"敏感环节划'红线'"、"重要环节定'责任'"，以进一步锁定风险点、明确防控措施。

第三，构建风险监控网。建构风险监控网旨在主动预防和及时控制权力运行过程中的廉政风险。中心镇通过排查锁定廉政风险点、编制风险排序表、设置防控流程图，建构全面、动态、高效的风险监控网络。一是网格化管理。按照党风廉政建设责任制要求，严格落实"一岗双职"，班子成员和中层干部对廉政风险点的防控按职责分工、按职能定位，实行包干负责、连带究责。二是信息化监控。建立重大事项决策结果即时上报系统，通过信息专网实时上报镇级重大事项决策结果，接受县级纪检监察部门的监督。三是联动式监管。凡行政审批事项，事后由管理服务对象填写民主评议表；对重要岗位人员，由纪检部门负责人实施定期谈话制度；发挥人大、政协职能，全程参与重要决策制定和执行情况的监督和评议。

三、决策留轨迹

决策要留轨迹就是实现决策的"有形化"，做到决策过程有轨可循，责任追究有迹可查。实践证明，决策有形化是促进决策规范化、民主化、科学化、法制化的有效形式。

第一，议事决策民主化。议事决策民主化重在防止利益倾斜式的决策腐败[①]、随机应付式的决策低效、一言堂式的决策专断、不负责任的决策推诿。中心镇通过制定制度和流程来保障决策民主性：一是规定"集体领导、民主集中、个别酝酿、会议决定"的议事制度原则；二是规定"一把手"必须末位表态，避免"引

---

① 利益倾斜式决策腐败，主要是指通过集体决策形式，达成对某特定关系的人较为有利的政策措施，从中谋取个体或小集体私利的腐败行为。

导性"决策;三是注重重大决策引入专家咨询等第三方评价机制,确保科学性和公正性。

第二,决策程序规范化。中心镇制度《重大事项集体决策议事规则》,按"严格按议题准备材料、充分讨论、逐项表决、作出决策、形成纪要、结果公示、资料存档、会议纪要交纪委备案"的规范程序,做到"三必须"(会前三天必须公开并告知议事内容,会中必须人人发表意见,会后必须形成会议纪要),确保参与各方职责权限明确、责任到人,避免"形式主义"式的集体领导。

第三,决策轨迹显性化。决策轨迹显性化就是以真实具体的文本资料、声像资料印证决策过程,接受组织评判和纪委监督,促使班子成员必须对决策结果负责,从而为建立决策反馈机制、构建决策纠偏机制、实行决策追踪和决策偏差责任追究提供依据。中心镇通过记录决策流程、保留决策台账、纪委同步记录三大文本资料保证决策轨迹显性化。同时,对特定时期较具风险的例外事项(应急事件处理)决策,制定"特例"事项处理机制,实行特例决策公开化,对"谁来认定特例、谁来启动特例议程、谁来承担责任"有明确规定:特例必须"一把手"启动,设置了"作出风险评估、反复深入酝酿、人人表态表决、形成记录纪要、呈报上级备案、全面全程公开"等程序。"特例公开"使得任一特例的处理都经得起检验,既体现了行政处理非例行性复杂事项的灵活性和创造性,又以"公开"和"责任"为原则全面规范权力的行使。

四、执行可约束

只有对权力执行过程进行有效约束[①],才能最大限度地防止行权失范、用权失控。绍兴市在大力推进依法行政的过程中,更加注重以"德"制权、以"规"制权、以"民"制权相统一的叠加影响和综合控制,使得权力执行从单向度的制约走向多维度的制约。

第一,教育律人,以"德"制权。以"德"制权本质上是要激活良心的自我控制作用,防止具体权力自我膨胀的可能;目的在于通过"德性"、"公性"和"党性"的内化,把法律的"外约束"变成道德的"内约束"。中心镇在实践中强化以"德"制权,重点抓好两方面的工作。一是文化育人,培养干部高尚的道德情操。例如钱清镇实施廉政文化建设"五个一工程",即编排一台廉政大戏(新编越剧《一钱太守》)、打造一个廉政教育基地(一钱太守纪念馆)、作出一项廉政承诺、建设一个廉政文化长廊、征集一批廉政警语。二是以德选人,明确"以德优先"的用人标

---

① 参见林日华:《从实践分析对行政权力规范和约束的必要性》,http://www.gx—law.gov.cn/news_show.asp?id=8698

准。按照"有职有权、无职无权、有职无权、职大权小、职小权大、无职有权"分类
排查后,对"高危岗位"和关键岗位进行排序,进一步明确和坚持"以德优先"的干
部选用标准。

第二,建章立制,以"规"制权。即对关键环节和各用权主体制定了明确的行
权规则。针对"一把手",实行"不直接审批财务、不直接分管权力事项、不直接承
诺同意事项"的"三不直接"和"对财务直接审查、对同意事项直接审查、对举报案
件直接督办"的"三必管"。针对个体用权主体和集体用权主体,做到个体用权
"零同意/否决"(任何人不得在无明确规定情况下直接批准管理事项;任何人不
得对未规定不能办理的事项使用否决权)和集体用权"三必须"(会前必须公开议
事内容,会中必须人人发表意见,会后必须形成会议纪要)。针对财务运行,实行
"所有工程未经招投标,不得支出建设资金;所有物质未经公开采购,不得支出;
各类接待等日常开支实行不高于上年度标准的限额管理,超过限额部分不得开
支;没有党委会或党政联席会议纪要的例外开支,不得支出"的财务"零支出"
模式。

第三,阳光操作,以"民"制权。"阳光"是最好的防腐剂,信息公开是其中重
要节点。中心镇以"公开"、"公正"地发布为要求,编制党务公开和镇务公开目
录,做到一周一小报、一月一大报;对所有项目实行网上公布和网上审批,做到
"三晒三公开":晒"权力清单"、晒"权力任务书"、晒"权力流程";公开权力运行的
内容、程序、结果,公开重大决策和行动,保证重大信息和主要信息在时间、内容
和对象上公正地、对称地公开。

五、绩效能测评

中心镇作为实现经济社会发展和城乡统筹的试行区,其提供公共服务的能
力也具有更高的要求。绩效评估以建设廉洁高效的政府为目标,明确服务标准、
提高服务质量,通过评估制度的安排构建公共服务型政府。

第一,创设评估体系。以"职权责"三统一、"查评究"三到位、"勤廉优"三并
重为要求,按照"责权统一、分类考核、民主公开、群众满意、切合实际、简便易行"
的原则创设评估体系,包括:一是明确绩效考核对象,建立评价方法;二是明确考
核小组职责,建立年度考核指标计划;三是建立绩效信息采集平台,明确考核的
信息来源;四是建立绩效监督系统,发挥纪检组织和计划执行监督小组的作用;
五是建立保障机构,建立干部勤政廉政档案,健全作风建设长效机制;六是建立
考核结果的应用机制。

第二,实行量化测评。中心镇在《年度"百项履行职责"责任书》、《年度"百项
挂牌工作"责任书》、《年度"百项追究事件"责任书》"三百工程"基础上,实施《镇

机关工作人员绩效评估考核办法》,按照"分类合理、定岗定责、量化科学、综合评估"的原则,通过岗位分析和目标分解建立考核指标和对应分值,把年度工作目标和日常管理任务细化分解,按照班子成员、中层干部、办事人员三个层次确定测评要素,实施分类测评和综合考评,做到"责任到岗、测评到人、奖惩到位",致力形成"实干是德、会干是能、多干是勤、干好是绩"的价值取向。

第三,强化结果应用。绩效评估的目的重在前瞻性地发现问题,提出导向性意见和建议,推动绩效的持续改进。因此,中心镇要注重绩效评估结果的应用:一是强化"过程控制"①,避免绩效考评重结果、轻过程,重形式、轻内容,不断优化工作目标、调整工作进度;二是强化"结果导向",把考核结果与选人用人相结合、与责任追究相结合;三是强化"持续改进",注重完善评估体系,提高工作效率,并有选择地组织专业学习和培训,以优化机关干部知识结构和业务素质;四是强化"公众满意",推行公众满意度测评,落实具体改善措施,确保公众满意。

六、违规有问责

行政问责的根本目的在于强化行政监督、提高政府执行力和公信力。绍兴市对于规范问责重点把握三个明确:即明确问责事项、明确问责程序、明确问责对象。

第一,问责事项"一目了然"。中心镇首先明确了"人—事"对应(即明确事项及其责任主体)的问责原则。其次明确了问责事项的三大基本情形:一是《行政问责暂行办法》中规定的问责情形;二是《年度百项问责追究事项》规定的问责情形;三是违反岗位职责规定的情形。再者明确了问责事项的三大重点领域:一是对中央关于保增长、保民生、保稳定各项政策执行不力的要问责;二是对公共资金使用不当、投资项目出现失误的要问责;三是对发生损害群众生命财产的重特大安全事故的要问责。

第二,问责程序"一清二楚"。以《党内监督条例》、《行政问责暂行办法》等为依据,明确问责主体,健全问责认定程序、启动程序、调查程序、执行程序,落实汇报制度。问责认定既包括党委、政府内部的"同体认定",也包括人大、政协、新闻媒体等"异体认定";问责程序由党委会或党政联席会议于事发后一个月内启动;问责调查由镇纪委根据党委决定组织实施,并提出处理意见;问责执行(即具体处理决定)必须由党委会或党政联席会议通过。同时规定负责权力运行责任追究的人员与相关责任人有利害关系、可能影响公正处理的,应当回避。

第三,责任追究"一问到底"。坚持"有责必究、重在改进"的责任追究原则,

---

① 引用自工业生产中通过事先编制的固定程序实现的自动控制,文中所指为工作过程的监控、评估等。

明确个体问责对象和集体问责对象,实行"一问到底,有问必果"。其中个体问责对象包括领导班子成员和其他具体事项的权力行使个体,集体问责对象包括党委统一领导下的各专项工作领导小组。对违规事项按责任追究办法分别对"直接责任者、直接领导责任者、间接领导责任者"作出认定、严肃处理。如责任追究权限属上级纪检监察部门的,及时报请处理。

综上所述,绍兴率先开展的中心镇权力规制创新实践,虽然只是在现有政治体制下的一种机制、制度的创新,但无论从乡镇层面上创新实践权力监督制约的理论,还是从伴随扩权强镇改革同步推进的角度看,无疑具有前瞻性和时代性。从制度设计上看,权力的确定、运作、监督以及绩效的测评、考核、问责追究等形成了较为完整的制度体系,符合廉政建设的规律,是加强基层廉政建设的一个探索,推动了地方管理的科学化、精细化,是加强和创新社会管理的一个范例。我们有理由相信,随着乡镇管理体制改革的不断推进,以绍兴中心镇为代表的中心镇权力规制将不断焕发新活力,进而为更上层的社会管理创新提供鲜活的经验。

本章参考文献

[1] 罗豪才:《现代行政法的理论基础》,《中国法学》,1993 年第 1 期。

[2] 荣敬本、崔之元等:《从压力型体制向民主合作体制的转变——县乡两级政治体制改革》,中央编译出版社 1998 年版。

[3] 费孝通:《基层政权的僵化》,载《费孝通文集》,群言出版社 1999 年版。

[4] 袁曙宏:《论加强对行政权力的制约和监督》,《国家行政学学报》,2002年·专刊。

[5] 戴长征:《中国政府的治理理论与实践》,《中国行政管理》,2002 年第 2 期。

[6] 郭正林:《中国乡村的治理结构:历史与现实》,载《公共管理研究》(1),中山大学出版社 2002 年。

[7] 何增科:《目前我国县级政治中存在的问题、成因及解决对策》,载何增科等主编:《基层民主和地方治理创新》,中央编译出版社 2004 年版。

[8] 徐秀丽主编:《中国农村治理的历史与现状:以定县、邹平和江宁为例》,社会科学文献出版社 2004 年版。

[9] 贺雪峰:《乡村治理研究的三大主题》,《社会科学战线》,2005 年第 1 期。

[10] 张静:《现代公共规则与乡村社会》,上海书店出版社 2006 年版。

[11] 贺雪峰:《当前学界对县乡村体制改革的主要意见》,《学习时报》,第 228 期。

[12] 张建明:《党内监督机制研究》,光明日报出版社 2008 年版。

　　[13] 欧阳静:《运作于压力型体制和乡土社会之间的乡镇》,《社会》,2009年第 6 期。

　　[14] 张晓良:《浅谈建立和完善执行权力监督制约机制的若干建议》,载中顾法律网,www.9ask.cn,转 http://wenku.baidu.comview1b1bda29915f804d2b16c1de.html

第七章 中心镇权力规制创新的效果与影响

绍兴市中心镇权力规制是我国权力规范运行的创新实践。首先,中心镇权力规制创新了我国乡镇政府权力规范运行模式。2006 年,绍兴市政府率先在全国开展了"强镇扩权"改革试点;2008 年 4 月,又开展了中心镇权力规范运行的新探索。截止本报告完成之时,绍兴市在中心镇权力规制试点与探索的基础上,形成了绍兴县钱清镇"三定三防"、绍兴县兰亭镇"阳光运行"、诸暨市枫桥镇"五有一化"、上虞市小越镇与下管镇"10+X"等各具突出特色的中心镇权力规制实践。其次,中心镇权力规制创新进一步理顺了县镇关系,顺应了经济社会发展的需求,提高了县镇公共服务效能。中心镇权力规制明确规范了县镇两级政府的事权、财权与人事权,进一步明确了县直部门与乡镇职能部门的权力边界、理顺了县直部门与乡镇职能部门的关系。通过合理确权、科学分权、公开运权、全面督权与多方评权,重新设定了乡镇政府的职能定位,规范了权力运行,激发了两级政府的积极性,提高了县镇政府的公共服务水平。第三,中心镇权力规制创新了基层政府的民主实践,丰富了基层民主建设的路径与方法。中心镇通过"五有一化"、"六大规制"、"三定三防"等探索,建构起了中心镇公开、透明、高效的权力运行体系,为基层政府民主政治建设创设了新的途径。

众所周知的是,基层公共权力的规范运行一直是我国公共权力规范体系建设中的较薄弱环节,伴随着扩权强镇带来的权力下放,中心镇权力运行风险进一步暴露与突显。积极探索、大胆创新中心镇权力规制的新路径成为一项关乎基层政府形象、改善党群关系、优化公共服务、严防行政腐败的重要工作。浙江省绍兴市中心镇在绍兴市委、市政府的领导下,对中心镇权力规范运行进行了积极探索,在权力配置与运行、政府管理与服务、行政效率与文化、干部素质与道德等方面的建设取得了积极成效,实现了权力规范与效率并行、责权义利并重、规制与活力并存的总体目标。

本章从权力规制探索中实施的分权、确权、运权、督权和评权五个环节来总结此项改革的成效和影响。

第一节　科学分权优化县镇合作模式

科学分权,就是在县镇政府间、镇政府各部门间科学、合理调配权力结构。科学分权是中心镇权力规制改革的第一步,为权力运行、监督、评估设定了基本框架。科学分权带来的主要成效是:优化了县镇权力结构,改善了县镇政府关系;创新了基层民主政治建设路径;提高了镇政府管理与服务的能动性、灵活性,提高了镇政府的公共管理效能。

一、科学分权优化了县镇政府权力结构

"规制"(regulation),表明了主体对某一事物企图达到一定状态的矫正设计和控制活动。对权力进行规制,意即对权力的原始设定、运行过程及其结果评估实行全方位的管理、调节与控制,以保证权力运用的正确性、正当性。从中心镇获得县级政府"下放"权力的方式来说,通过法规下的扩权属于契约性获得、程序性获得和制度性获得的和平方式[①]。在契约、程序、制度基础上获得的权力更需要完善的权力规范机制对权力运行进行规范、限定。中心镇权力规制为合理界定权力结构、明晰权力内容奠定了规则、机制与制度基础,并有效地保持了其灵活性与原则性间的平衡。依法办事的首要前提就是,法必须是良法。同样,权力规制是否有成效的首要评价标准,就是权力的内容、范围与结构的设置是否合法合理,是否明确规范。

权力结构是指权力的配置及各权力主体之间的相互关系,是以权力为核心,以关系为纽带而形成的体系[②]。从权力规制的角度来说,权力结构的设置要有利于权力的公开公正运行与相互监督、制约。随着市场化、工业化与信息化的快速推进,社会进入一个全面转型期,市场与社会的运转秩序、政府与市场关系、政府内部管理状态等都直接与权力运行状态紧密关联,这构成了扩权强镇与权力规制改革十分重要的现实背景。随着扩权强镇试点在全国多个省市的推行,镇级政府自身权力边界的确定及其规范运行成为权力规制的核心内容。党的十七大报告提出,要"建立健全决策权、执行权和监督权既相互制约又相互协调的权力结构与运行机制"。扩权强镇的探索中,"扩权"主要表现为"财权下沉"和诸多

---

① 施雪华:《政府权能理论》,浙江人民出版社 1998 年版,第 107—110 页。
② 陈国权、黄振威:《论权力结构的转型:从集权到制约》,《经济社会体制比较》,2007 年第 3 期。

事权在县镇(乡)之间实现"再分配",这就意味着中心镇的权力不但面临着"扩大"的问题,也面临着"重组和调整"的问题,更面临着权力如何规范的问题。权力调整和重组的目标,就是通过改变权力结构及运行方式,实现权力公开、透明、高效运行,以更有效地服务于经济与社会建设。权力制约与监督的本质就是权力结构如何设置、权力主体间如何制衡的问题,"只有将制约权力的问题转化为一个权力的结构问题,对权力的制约才是可能的"[①]。在中心镇权力规制改革中,权力结构的调整和重组包括权力的服务范围、服务对象、服务内容的转变(涉及经济发展与公共服务、经济增长与民众福利增加、经济提升与环境保护、硬性指标与小城镇软环境建设等等),也包括权力运行的范围、内容、方式、流程、机制、配套措施、上下级关系等的再建与完善。中心镇权力规制的实践以优化权力结构为核心内容,重置县、镇权力结构与两级政府的权力关系,合理地分解与合并中心镇内部权力,建立制度化、法制化的县镇权力关系,有效监督、制约与规范中心镇权力运行,最终实现权力的科学运行与中心镇的科学发展。

　　中心镇权力规制对镇政府权力运行的范围与方式进行"规制",促进了有限政府建设。有限政府并非意味着限制政府提供公共服务的能力,相反,而是为政府公共服务能力的发挥创设更好的运行条件与更加规范的运行程序,从而提高公权力为公共利益服务的效率与效果。美国学者斯蒂文·霍尔姆斯就深刻地指出:"有限政府也许比无限政府更强有力。制约可能是力量的源泉,这并非矛盾,而是一种充满悖论的洞见……一部自由主义宪法通过限制政府官员的专断权力,可能在适当条件下增加国家解决特定问题以及为了共同目标而动员集体资源的能力"[②]。根据政府规制理论,行政规制的目标就是更好地促进、监督、评价经济规制与社会规制机构的规制活动,纠正政府机构在规制中的失灵,减少权力的不正当使用,以更加有效地提高资源配置效率、维护公共利益。行政规制的本质,就是行政规制的执行主体(行政机关、立法机关、司法机关、公众以及与规制政策相关的市场主体)对行政规制的客体(拥有经济规制与社会规制决策权和执行权的规制机构及其规制者)施行约束、监督与评估,防止经济规制与社会规制在实施过程中偏离公共利益[③]。因此,行政规制是对规制者的规制。在市场经济活动愈加活跃的条件下,政府为弥补市场失灵而采取经济规制与社会规制,在一定程度上填补了公共服务供给不足的空白。经济规制和社会规制的成效与实施这些规制的主体及其规则、程序、手段等紧密相关,而行政规制能否制度化、法

---

　　① 周永坤:《权力结构模式与宪政》,《中国法学》,2005 年第 6 期。

　　② [美]斯蒂文·霍尔姆斯:《激情与制约:论自由主义民主理论》,转引自李强:《宪政自由主义与国家建构、宪政主义与现代国家》,三联书店 2003 年版。

　　③ 王健:《中国政府规制理论与政策》,经济科学出版社 2008 年版,第 252 页。

制化、公开有效地执行,直接决定了政府所实施的经济规制与社会规制的效果[①]。权力监督、制约的途径既包括权力主体间的相互监督和制约,也包括社会主体对政府权力主体的监督和制约。因此,中心镇权力规制构成了中心镇政府行政规制的重要手段,也是实现行政规制目标的必要途径。它既为中心镇政府的经济规制与社会规制的制定主体创设了制度化、法制化的权力运行轨道,还为经济规制与社会规制的运行设定了必要的制约与监督机制。

财权的下沉幅度与事权下放的范围相匹配,是权力结构科学合理的重要内容,也是县镇(乡)合理分权的重要内容。在中心镇的发展过程中,建设、生产、教育、医疗、卫生、社会保障、生态环境等各领域建设都需要较好的财力基础作为保证。此轮中心镇改革试点将财权与事权合理匹配,就在实际上保证了乡镇政府落实各项下移职能的财力基础,成为乡镇政府履行公共管理职能、提供公共服务的必要经济保障。将与人事权、事权相平衡的财权一并下放给中心镇,解决了中心镇在经济、社会建设中存在的财政收入和政府职能两方面的双重空壳化问题,而权力规制则规定了财权、人事权与事权在具体运行过程中的运行范围与限度,又为三者间的合理比例关系确立了合理的制度化基础。

中心镇权力规制重新配置了县镇权力结构,是浙江省"扩权强县"的权力配置改革向乡镇政府的延伸,对进一步优化县镇权力结构具有重要作用。权力具有优化自身结构的功能,即政府运用权力对自身权力结构进行优化配置。中心镇权力规制促进了县镇权力结构合理化程度,提高了县镇政府的公共服务水平;中心镇政府内不同权力部门间的权力分配得到了进一步优化,有利于政府内不同部门间的沟通和相互支持,提高了政府的整体权力效能;权力在不同层次间的优化配置,实现了权力在各层级间的质和量的区分。开展规范权力运行的探索,用"规范"的意识统领权力运行,用"规范"的机制优化政府权力结构,在探索如何规范权力运行的过程中不断发现问题、研究问题、解决问题,最终形成合理的权力运行结构和有效的权力运行模式,提高了乡镇施政的科学性。

二、科学分权推动了基层政权建设

权力规制的重要内容之一,就是在重新分配县镇权力权重的过程中,重建县镇关系,突破镇政府过去权小责大、有责无权的困境,建构关系顺畅、职责权利对应的新型县镇政府关系。县镇政府权力能否合理分配、县镇关系能否理顺,直接关系到基层社会管理状况与基层政权稳定,中心镇权力规制实践也因此构成了基层政权建设的重要内容。

---

① 王健:《中国政府规制理论与政策》,经济科学出版社 2008 年版,第 249 页。

1. 科学分权为县镇政府分权与合作创设了制度基础

科学分权顺畅了县镇政府关系,为两级政府间的分权与合作创设了制度化、规范化的方式。一方面,我国县、镇两级行政机构最初为服务计划经济而设置,改革开放后尽管经历了多次机构改革与调整,但两级政府关系在诸多方面还依然显现出条块关系不顺,事权划分不清,职、责、权、利不相统一等问题,并成为县、镇社会与经济良性发展的关键制约因素。另一方面,任何政府都有自利性,都存在公共权力非公共运用的趋向,导致公共利益受损。政府自利性通过政府官员运用公共权力维护、追求与争夺自身利益而表现出来,是为自身利益而对公共权力的非公共运用。政府自利性导致政府职能扭曲、萎缩①。县镇关系不顺、县镇政府自利性这两方面原因决定了必须重新界定县镇关系,以有利于统筹城乡、社会与经济同步发展与加强基层政权建设。中心镇权力规制创新在扩权、放权的基础上实行,较好地理顺了县镇关系,顺应了基层经济、社会发展的需求。科学分权一方面通过立法、立规、立制,用"法"的形式明确规范了县镇两级的事权、财权与人事权,并通过"法"的形式给定了职权的运行范围与程序。另一方面,科学分权还理顺了县直部门与乡镇政府的关系。扩权的背景之一,就是县政府在乡镇(甚至包括街道、社区)设有众多的办事机构,办事权下放而财权却没有相应下放,导致乡镇(街道、社区)承担过多与自身职责不相符的行政管理职能,或是导致乡镇的职能机构被"架空"。权力规制创新改革进一步清晰、科学地界定了县直部门与乡镇职能部门的权力边界,根据实际情况,通过"立规"的形式确定了县直部门与乡镇职能部门的政治领导、业务指导、技术服务、公开监督等关系。从乡镇的角度来说,县镇政府权力关系的进一步明确提高了乡镇政府的公共管理效能,推动了城乡统筹发展,促进了乡镇经济、社会的良性发展。

2. 科学分权创新了中心镇治理模式

中心镇权力规制为探讨市场经济全面深化、社会多元化发展背景下的乡镇治理模式创设了新的途径。县、镇是基层经济发展、社会安定团结、环境清新和谐、人民安居乐业的重要基础,县镇合作结构与模式也就直接决定了其所在区域的经济、社会、环境等领域的建设与发展状态。在中心镇权力规制创新中,镇政府的角色在县镇联结中的地位显得尤为关键,镇政府治理模式的建构极为重要。在对这一模式的多种探析中,吴理财教授提出了"乡政自治"模式,比较好地契合了当前我国基层(县—乡镇—街道/社区)治理的需要②。吴教授认为,从行政层级与行政职能来看,当前我国乡镇政府处于中央国家和地方乡村之间,具有"第

---

① 陈国权:《社会转型与有限政府》,人民出版社 2008 年版,第 31—37 页。
② 转引自李昌平、董磊明:《税费改革背景下的乡镇体制研究》,湖北人民出版社 2004 年版,第 53 页。

三领域"的特征,建立"官民合作"式的"乡政自治"是当前我国重建乡镇治理模式的最好选择。这一乡镇自治模式的特征包括:开放乡镇领导人的竞争性选举、重新配置乡镇权力,扩展乡村人民民主参与乡镇政治的渠道,使之有足够权力参与到乡镇政府的选举、决策、监督、治理等诸多层面和各种事务之中,使国家与乡村民间社会在乡镇社区治理中达成全面、积极和有效的合作①。乡政自治打破了原有的乡镇受管理、受控制的状态,而在实质上实现了重心下沉、权责一致、层级减少、主体多元的基层政府治理模式。

建设现代法治政府是乡镇政权建设的目标之一,而权力运行的合法化是法治政府建设的内在要求。科学分权为中心镇依法行权奠定了基础。统计数据显示,在对"中心镇权力规范对推进依法行政的积极作用"的评价中,认为成效"非常显著"占 28.3%,"比较显著"的占 43.6%,"一般显著"的占 16.2%,三项合计占近 88%(见图 7-1)②。

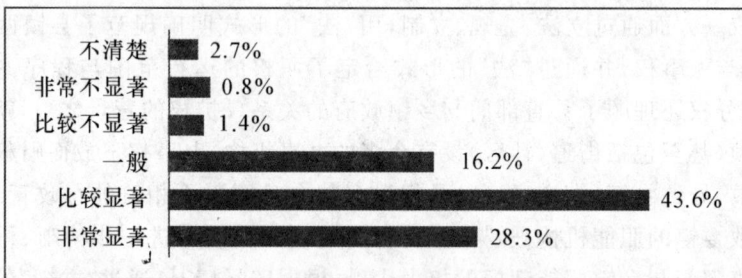

图 7-1　权力规制对依法行政的影响

3. 科学分权发挥了街道社区在社会管理中的重要作用

中心镇权力规制的范围还包括对街道、社区层面权力运行的规范。稳步推进新型镇街建设、规范街道与社区层面的权力运行是中心镇权力规制创新的重要内容。民政部在《在全国推进城市社区建设的意见》中指出,社区是指居住在一定地域范围内的人们所组成的社会共同体。一般来说,社区的基本要素包括:一定数量的居民、限定的区域、内在互动关系、文化维系力、情感认同感。现代社区的一般性功能包括公共服务、社会保障、协调稳定、民主自治和交往合作③。

----

① 参见吴理财:《"乡政自治":另一种乡镇改革思路——乡镇政府改革思路探讨》,载徐勇、吴理财:《走出"生之者寡,食之者众"的困境——县乡村治理体制反思与改革》,西北大学出版社 2004 年版。

② 课题组于 2011 年 7 月 25 日至 2011 年 8 月 10 日在绍兴市进行了大范围的问卷调查和访谈,对象包括绍兴市越城区、绍兴县、诸暨市、上虞市、嵊州市和新昌县 28 个中心镇的县(市)区镇政府工作人员、城镇居民、农村村民以及企业人员等。共发放问卷 1600 份,回收 1503 份,回收率为 93.9%。若无特别说明,本章相关数据就来自该调研分析数据。

③ 郑杭生:《中国特色和谐社区建设上城模式实地调查研究:杭州上城经验的一种社会学分析》,世界图书出版公司,2010 年 1 月,第 27—28 页。

在城市化不断深化的背景下,社区是城市的基本组成单元,也是城市居民的自治组织。同时,社区还是我国现行行政体制的最末端,是我国行政机构体系中最边缘、最外围的行政实体,也是行政职能的终端执行单位与落实单位,它承载着实现政府管理目标、维护社会稳定的重要职能,是观察民生民情、掌握社会动态信息、畅通信息渠道、建设良好民俗风情的基层组织。随着经济社会的进步与城市化进程不断加快,社区逐步成为各类经济社会组织活动的新舞台,在城市综合管理、公共服务和社会管理中的重要地位和作用日益凸显。随着政府权力逐步向基层政权层面下移,与民众生产生活关系极为紧密而又极易忽视的街道、社区管理的重要性正开始逐步凸显。中心镇权力规制将街道、社区管理权力的规范化一并纳入进来,一方面避免了中心镇权力运行到行政体系最末端时出现的权力异化、无法监督、难以考核等难题;另一方面也为基层参与式民主的发展奠定了良好的制度基础。中心镇往往地处城乡结合部,承接着农村城镇化与城乡人口流动管理的职能,对乡镇社会的不稳定具有重要调节作用。乡镇的参与式治理成为了发挥这种调节作用的重要途径。当前乡镇治理中的政府主导依然处于核心地位,公民参与乡镇治理的途径缺失、治理方式失范、缺乏司法救济等问题尚未解决,由政府推动乡镇参与式治理模式的构建意义重大[①]。

2009 年年初以来,绍兴市上虞市小越镇、下管镇探索建立了以乡镇党委议决事规则为核心的权力运行"10＋X"制度,对镇党委、政府的权力、每项权力可能存在的廉政风险、现行的各项制度进行"地毯式"梳理,厘清权力清单、风险清单、制度清单三大清单;根据排查出的风险点和征求到的意见建议,以镇办(县)为单位,对现行机关的运行制度进行全面整理、调整和完善,逐步完善决策类制度(3 项)、执行类制度(6 项)和监督类制度(1 项),并同时对讨论通过的各项制度进行流程固化,重点对镇党委重大事项议决事规则、招标投标实施办法等 8 项制度设计出简洁直观的流程图,并上墙公开。权力内容的公开透明与权力结构的完善,提高了决策的民主化程度,减少了权力运行过程中的个人专断与信息失真,促进了基层民主政治建设。

三、科学分权提升了中心镇政府服务效能

在中国层级性的行政管理体制下,乡镇政府作为政权体系的基底,不仅是中国政府体系、政治体制与行政管理体制的延伸和缩影,也是政府权力体系、现代化演进、政府与社会关系变革的重要角色之一。乡镇政府的行政管理方式与公

---

① 杜晓溪、申来津:《参与式乡镇治理的建设进路——基于政府为主导和农民为主体的分析》,《社会主义研究》,2011 第 1 期。

共服务模式成为关涉基层政权活力、社会稳定、经济繁荣的关键因素。中心镇权力规范运行的实践构成了基层政府优化自身管理、提高公共服务水平的有益探索。从政府职能角度分析,权力规制的实质是乡镇政府在更加有效地提供公共服务的目标下,与县级政府共同推进的职能重新定位与调整。

随着经济和社会的快速发展,作为经济强镇的中心镇与一般传统意义上以农为主的乡镇显示出巨大差别,如中心镇经济总量大、可支配资源多、管理事项庞杂等;但同时也不断显露出传统政府管理体制的一些问题,如政府管理体制的僵硬性(职能部门适应性弱、改革动力不足等)、政府组织结构的离散性(县镇间貌合神离、职能部门协作程度低等)、权能不足(事权与财政不足、不相称,社会与经济管理自主权严重不足等),以及政府官员责任意识淡薄(乡镇建设的盲目性、随意性和滞后性)等,严重地制约了当地民营经济和中心镇自身的发展,成为乡镇政府管理及社会经济发展的体制瓶颈①。中心镇传统的职权责利模式已无法满足急剧扩大的社会管理和公共服务需要,而县镇分权的改革有效地回应了改革现状的需要。

1. 县镇科学分权强化了镇政府的公共服务职能

权力的能力特征之一,就是对稀缺资源进行权威性的分配与使用。对于中心镇政府来说,扩权后的中心镇政府享有了更多调动与分配资源的能力,提高了自主管理的权能与效能,但同时也面临着权力扩大后对权力的监督与制约的问题。由于基层政府直接触及民众与民生,基层政府权力缺乏规制将直接危害底层民众的切身利益。基层政府权力真空、权力腐败、权力低效等权力运行中的问题将迅速加剧社会矛盾、损害公共利益与政府形象。如有研究者就认为,乡镇基层政权(由于权力问题)不仅没有实现国家政权建设的目标、帮助国家权力渗透到社会,反而离间了国家和社会,成为一个具有很强自主空间的利益共同体。基层政权借用国家的名义侵蚀地方公共利益,造成政权在基层与地方社会分离,从而引发了乡村社会的失序②。因此,中心镇权力运行规范与规制的首要问题,就是乡镇政府的权力与责任关系如何重新设定。乡镇政府的权责关系不仅决定了乡镇政府内部的行政管理、行政效率与行政文化,还决定了镇政府公共服务的方式与水平。建立在良好责任机制基础上的公共权力运行,是保证权为民所用、利为民所谋的基础要件。在很大程度上,政府权力与政府能力之间存在着某种悖论(paradox),政府权力越不受限制,则政府能力越虚弱③。因而,权力规制下的中心镇政府是另一种以"限制"政府权力来"加强"政府能力的实践形式。

① 陈剩勇、张丙宣:《强镇扩权:浙江省近年来小城镇政府管理体制改革的实践》,《浙江学刊》,2007 年第 6 期。
② 赵树凯:《乡镇治理与政府制度化》,商务印书馆 2010 年版。
③ 转引自赵树凯:《乡镇治理与政府制度化》导言,商务印书馆 2010 年版。

伴随事权下移、财权下放、能放就放的思路的贯彻实行,中心镇"接管"了更多过去县级政府部门管理不到位、管不好、不应管的多项职能,从而也推动了镇政府行权方式的改革与公共管理方式的革新。在权力下放给中心镇的权力重新分配过程中,权、责、义、利相匹配的重要性即刻突显出来,因而放权后的"管权"、"治权"成为了镇政府运权中的首要问题。在市场经济全面深化与社会多元化推进的趋势中,基层政府开始承担愈来愈多的经济调节与社会管理任务,基层政府职能的专业化、专职化水平急需提高。有研究者就认为,在这一背景驱动下,要逐步实化乡镇政府职能,使之成为能够真正管理地方经济、社会、环境、教育、保障等事务的一级政府[①]。在 2007 年浙江省率先提出"强镇"发展思路时,浙江省政府出台的《关于加快推进中心镇培育工程的若干意见》就提出,要把"十一五"期间全省重点培育和发展的 141 个省级中心镇建设成为区域内的产业集聚区、人口集中区、体制机制的创新区和新农村建设的示范区。

2. 科学分权为镇政府管理和公共服务的选择创造了更大的自主空间

改革开放三十多年来,中国社会呈现出了一个重要的转型特征,即一个总体性社会逐步转向政府、市场和社会相互分离,社会格局逐渐多元化,公共利益需求也正趋向多样化、多元化、多维化[②]。而处在这一多元化"边缘外围"的基层政权——乡镇政府——成为呈现社会多元化特征最为灵敏的区域,基层政府公共管理成为处理多元、复杂、综合社会矛盾的主导力量。政府问题的深刻性、复杂性、严峻性也通过基层政府(乡镇政府)的运行集中呈现出来。而同时,与这种多元化、复杂化、多层次的社会发展特征不相符的是,乡镇政府还缺乏足够相应的机制、制度和规范来进行有效回应。实践证明,从镇政府行政管理体制与公共管理模式创新的角度分析,县镇实施权力分权带来的重大成效,就是镇政府权力运行有了更大的自主创新空间,提高了镇政府响应管理与服务难题的能动性、主动性与灵活性,提高了镇政府的运权效能。

如钱清镇合并镇机关的多个职能办公室到相关领导小组,构建党委政府"权责统一、精干高效"的"2+7"工作领导小组,实现了"以块为主、条块结合,权力重组、监督加强"的管理运行机制;"分层级"、"分时段"的"三百工程"[③]的考核制度成为制约、激励中心镇政府相关部门不滥用权力的有力武器;行政管理体制的理顺和考核到人,体现了权力运行的"职能—执行—追究"一体化,既发挥了机关干部的主观能动性,又提高了工作和服务面向基层的行政效能,为建设创新型、高效

---

①　袁金辉:《冲突与参与:中国乡村治理改革 30 年》,郑州大学出版社 2008 年版,第 115—160 页,第 81—82 页。

②　孙立平:《转型与断裂:改革以来中国社会结构的变迁》,清华大学出版社 2005 年版,第 1—10 页。

③　钱清镇"三百工程"是指:《年度"百项履行职责"责任书》、《年度"百项挂牌工作"责任书》、《年度"百项追究事件"责任书》。

型、服务型、清廉型的责任政府做出了有益尝试。在上述这些综合化的规制举措下，"钱清规则"取得了"六有效"：规则落实有效应、程序运行有效率、权力监督有效能、评估结果有效度、责任追究有效果、公开做法有长效。

县镇科学分权提升了权力运行绩效和乡镇基本公共服务供给能力，对改善民生产生了积极影响。课题组对"中心镇权力规制对强化公共服务质量，推动民生改善的影响"的调查统计显示，23.9％的被调查者认为这一积极影响"非常显著"，43.6％的被调查者认为"比较显著"，21.6％的被调查者认为"一般显著"的，即达89％的被调查者认为这一影响是"显著"的[①]（见图7-2）。

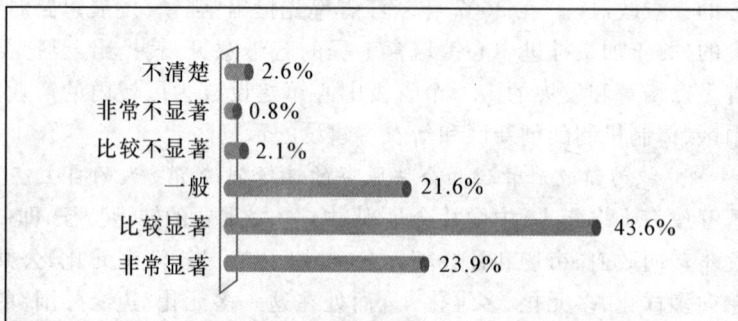

图7-2　权力规制对强化公共服务质量、推动民生改善的影响

第二节　合理确权提升中心镇公共管理效能

合理确权，就是清晰排列中心镇政府及其职能部门的权力清单，明确确定行权范围与幅度。排列权力清单，进一步明确行权主体、行权程序与行权责任，提高了中心镇政府行政管理效能，提高了公共服务效能，这主要体现在提高中心镇行政管理效率、统筹城乡发展与创新社会管理方式上。

一、合理确权提高了中心镇行政管理效能

中心镇合理确权，即意味着权力边界更加明晰，用权范围更加明确，用权主体与权力服务对象更加清晰。实践证明，合理确权提高了中心镇政府的行政管理效能，大大增强了中心镇政府的自我管理水平。"行政效能是行政能力、行政

①　本章将"显著"的数据定为是"非常显著"、"比较显著"和"一般显著"的数据的总和。下同。

效果和行政效益的统一"①。中心镇权力规制的合理确权,就是通过提高中心镇政府的行政能力、行政效果与行政效益来最终提高行政效能。

1. 合理确权通过规范权力边界以提高行政管理效能

权力有边界是规范权力运行的前提条件,也是有效手段。权力边界明晰可行,就是根据权力服务的对象与要求,用法的形式将权力使用的范围、领域、幅度等进行规范化、制度化,做到"行政不缺位、用权不越位、管权不错位、尽责不失位"。权与利自古就有紧密的"连带"关联性,在利的催化、诱导下,权力天生具有自我积累与膨胀的倾向,具有极大的扩张性和侵略性,容易突破法律规定的运用边界,导致人大于法、专断专权、轻视立法司法等不良后果。因此,明晰权力边界、公开用权程序应当成为中心镇权力规制的重要内容。

中心镇权力规制主要通过两个方向上的关系来实现权力边界的明晰界定与权力程序的公开透明。一是设定纵向关系,即中心镇政府与县、市政府的权力结构关系。从某种意义上说,权力规制是扩权后的一种"后续"措施,是通过设定制度、规则、程度等将县(市)下放、下沉的权力进一步明确,用制度的形式进一步明晰县(市)、乡镇的权力内容与权力运行方式。这是中心镇政府与上级政府间的权力边界划分。二是设定横向关系,即中心镇政府与市场、社会的关系。这与服务型政府、责任政府、法治政府的基本目标一致,即做好政企分开、政社分开,做到政府在市场、社会领域的合理进退。这是中心镇政府与市场、社会的权力边界划分。中心镇通过合法、合理确权,科学地确定了自身的职责定位、权力运行路径、监督控制方式、责任追究手段、绩效评估措施等,确保权力运行符合公共利益。

2. 合理确权通过行权法制化以提高行政管理效能

权力规制的另一项目标,就是实现权力载体运行的制度化与法制化,即实现政府机构的组织、职能、编制、工作程序的法定化。中心镇合理确权可以将镇政府及其相关职能部门的机构设置、职能确立、部门间互动等设定权力边界、提供行权依据。以绍兴市钱清镇为例,钱清镇坚持权力法定,遵循"法无授权即禁止"的原则,提出一切权力必须由法律、法规、规章和条例赋予,强调各部门不得任意增设权力,明确了中心镇政府各项权力来源;明确镇机关各部门权力设置的法律依据,对中心镇的权力进行梳理,进一步明确了中心镇领导和各部门的权力清单,为中心镇权力主体框定了行权范围;强调政府工作干部要做到不越位、不错位、不缺位,对干部的廉政勤政善政起到了推动作用。

"权力在阳光下行权",是有效规范权力运行的重要途径。权力程序公开透明,是指权力行使的流程与过程规范、透明。所谓行权规范,一方面,权力的行使

---

① 刘启君:《寻租约束下的行政效率》,《中国行政管理》,2005年第4期。

要符合统一的规则、制度;另一方面,权力的行使也要符合既定的程序。在权力行使程序化方面,钱清镇按照"制度程序化、程序轨迹化、轨迹透明化"的要求,推进民主管理程序建设,促进权力运行规范。一是制度程序化,分别对"重大事项决策、干部考核任用、工程项目招投标、政府物资采购、财务审批、奖励扶持资金安排、公务接待"等事关人事权、事权、财权的所有方面,科学设定各项权力具体运行的具体程序。二是程序轨迹化,特定事项运行的每一道程序,必须以有效的文本资料(如会议记录、会议纪要、公示公告文本、审核签字手续等)加以印证,以保证有记录可查、有材料可证,为可能存在的决策错误备案,为责任追究准备实体材料 。三是轨迹显性化,即必须按程序的规定步骤实时公开权力运行的具体过程与流程,将运行轨迹及时、规范地公开,让群众知晓程序、监督程序,以程序规范权力。规范中心镇权力运行程序,保障了中心镇新增各项权力运行的规范、有章可循、有规可依,并通过运行程序的公开透明为社会监督设立了良好的监督渠道,也为责任追查与绩效评估准备了必要的"证据"。权力程序公开运行,有利于避免决而不行、无决且行、决策与责任不对等情形,提高了决策效率与执行效果。

中心镇通过强化公权力的公开、透明运行,进一步完善了内设机构,强化了社会管理职能,提高了行政效能,改善了政府形象。课题组的调研统计结果显示,在"中心镇权力规制是否提高了中心镇的行政管理效能"的调查中,认为"非常显著"占 28.3%,"比较显著"占 50.5%,"一般显著"的占 16.2%,也即有近 95%的受访对象认为中心镇权力规制改革"显著"地提高了行政管理效能(见图 7-3)。

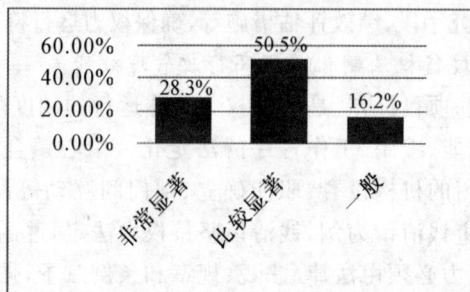

图 7-3　中心镇权力规制对提高行政管理效能

二、合理确权促进了城乡统筹协调发展

"强镇扩权"和规范用权极大地推动了经济社会持续平稳与城乡统筹发展。扩权后的权力规范运行正在逐步重塑政府服务市场、服务社会的内容与方式,为中心镇传统的经济低质化发展模式向产业集群化模式转变准备了条件。同时,中心镇权力规范运行的实践也为改善中心镇一直较弱的社会管理领域(如城镇

化与城乡统筹、环境保护、社会保障等)创造了有利条件。合理确权为经济建设
与城乡统筹共进带来的积极影响主要通过三个渠道来实现:

1. 合理确权推动了城乡经济快速安展

合理确权为城乡统筹发展优化了经济体系与经济结构。权力规制不仅积极
促使权力结构的完善与提升权力运行效能,还深刻地影响了其所依存的经济体系
与经济结构。在扩权强镇的整体态势下,强镇政府的权力规范运行成为推动镇政
府经济结构转型、优化镇政府与市场关系的重要推动力量。合理确权与完善政府
自我管理相互推动、相互促进,权力规范运行与经济发展也在良性互动中共同发
展。规范是基础,只有规范,才能保障效率、保障公平、提高群众满意度。规范权力
运行是落实科学发展观的题中之义,促进了经济发展,完善了社会管理,也为提升
公共服务水平提供了长效保障机制。从权力规制的出发点和落脚点来看,权力规
制为经济发展提供了更多有利的服务性与保障性机制、条件,为市场经济的运行注
入了活力、催生了动力,进而为城乡经济统筹发展奠定了更为有利的制度条件。

中心镇权力规制较好地促进了当地经济社会发展。课题组对"中心镇规范
运行改善投资环境、促进经济发展的显著度"的调研结果显示,认为影响"非常显
著"的占 28.1%,"比较显著"的占 43.5%,"一般显著"的占 24.1%,即认为"显
著"的达到了 93%(详见图 7-4)。

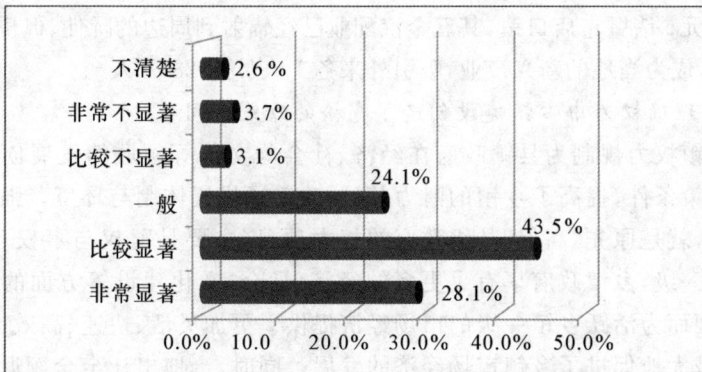

图 7-4　权力规制对城乡经济发展的影响

整体而言,中心镇权力规范运行进一步理顺了政府与经济主体、社会的关
系,推动了中心镇经济的快速发展和城乡统筹共进的步伐。以钱清镇为例,在权
力规制实践的推动下,首先是 GDP 快速增长。2009 年实现地区生产总值 80.35
亿元,增长 10%;财政收入 7.52 亿元,增长 6.06%;工业投资 1309 亿元,增长
28.9%;工业销售收入 374 亿元,增长 10.5%;原料市场交易额 316.5 亿元,增
长 12.3%;村级平均可支配收入 470 万元,增长 10%;农民人均收入 16268 元,

增长 10%[①]。其次是十大重点民生工程扎实推进。全镇数字电视改造工程全部完成,村村通广播工程全面实施;村村建有社区卫生服务站室,家家建有个人健康档案,镇村社区卫生一体化管理进一步深化;社会保障进一步完善,群众幸福指数进一步上升。在扩权强镇与权力规制的实践中,钱清镇还以城乡一体化的理念对基础设施进行规划、建设和管理。对绍大线、漓分公路和工业区路网等主要道路,实施了以"绿化、亮化、美化"为主要内容的整体性改造。对垃圾收集处理和排污系统实施进一步配套,并出台管理办法,加强督查考核等措施,建立长效管理制度。两年中全镇用于城镇基础设施的投入达 1 亿元。钱清镇还充分发挥城建监察中队的作用,整治违法违章建筑;结合农村新社区建设,按照"三集一化"的要求,在拆迁旧房的基础上,在黄贤、桃源等村建起了农民公寓,在桃阮农村新社区建起了高标准的综合服务中心和农贸市场,农村环境面貌大为改善。再次是逐渐形成了具有各中心镇专业特色的企业,产业特色更趋明显。如绍兴县钱清镇的轻纺原料、杨汛桥镇的经编、平水镇的农副产品,诸暨市店口镇的五金水暖汽配、大唐镇的袜业,上虞市崧厦镇的伞业、丰惠镇的手套袜业,嵊州市甘霖镇的电声器材、长乐镇的电机、新昌县儒岙镇的胶丸等。诸暨市大唐镇的"大唐袜业"还成功创建浙江省第一批区域名牌。第四,集聚和辐射功能明显增强,如绍兴县杨汛桥镇上市公司达到 4 家,2007 年生产总值达 51.5 亿元,财政总收入达 5.2 亿元;诸暨市店口镇,其五金汽配业已经辐射到周边的阮仕、枫桥、次坞、江藻等乡镇,成为当地的新兴产业,吸引外来务工人员达 28 万人[②]。

2. 合理确权为中心镇建设创造了宽松的政策空间

中心镇权力规制为县镇政府在经济、社会与文化等领域的发展创造了较为宽松的政策条件,提高了乡镇的财力基础,改善了投资体制与环境。强镇扩权的直接结果,就是原先"高处"县级政府的权力项目(主要是财权与事权)下沉与下移到乡镇一级,乡镇政府享有了更多的经济、社会、文化建设等方面的决策权与执行权,因而为活跃乡镇一级的市场经济提供更加灵活、快速、高效、因地制宜的服务,极大地促进了乡镇市场经济的发展。同时,土地出让金全额返还给中心镇之后,中心镇财政基础进一步夯实,投资环境进一步改善。扩权强镇的目标,就是通过扩大镇级政府的经济自主权,集中服务于经济建设,提高中心镇政府在城镇规划、社会事业、公共服务、生态环境、民主法治等方面建设的自主性与灵活性,形成一批经济发达、政治清明、特色明显、辐射能力强的中小城市。扩权强镇改革在市场经济快速发展与社会主体不断成长的背景下推出,为市场经济与社

①　课题组内部资料:《中心镇权力规范运行总报告》,2010 年,第 30 页。
②　方林苗、汪建江:《把中心镇打造成创业创新的示范区》,《浙江经济》,2008 年第 13 期。

会综合发展提供了更优质的公共服务。

社会主义市场经济的活力越来越广泛地渗透到政治、经济、社会的各个角落,日益对我国行政管理体制与管理模式提出了新要求、新挑战。市场经济的顺利运行需要以多元化、多中心、平等关系、相互信任与尊重为基础。伴随中心镇快速起飞的经济发展态势,乡镇政府需转变传统的政府管理理念与方式,要在权力结构、政府与市场关系、政府与社会关系、城乡关系等多方面进行重新思考与重新定位。在这一背景下,中心镇在扩权之后开展规范权力运行实践,为乡镇市场经济所需要的宽松政策环境、良性竞争、公正平等、相互信任等创造了开放、公开、透明的行政管理环境,极大地促进了乡镇市场经济的快速发展。从更深层次上分析,扩权后中心镇由于缺乏权力运行的相关法律依据,县级政府因此主要借助政策、行政手段而非法律手段对乡镇的宏观经济进行干预和调节,较容易产生政令不一、权大于法、人治大于法治、权力越位错位等问题。这种政策环境会对市场主体产生误导作用,并失去市场主体与社会主体对政府政策的信任,导致政府的所有政策都被不加区分地误认为是错误的、不可信的。因此,在政策、行政手段过多使用的环境下,权力运行的弹性过大、制度的不确定性使市场主体对政府政策不信任并使之无法按经济理性进行市场行为,市场经济的经济理性逻辑就会被扭曲,从而导致整个市场经济秩序的紊乱[①]。

中心镇权力规制的实践为乡镇政府理顺市场经济关系建构了法制化、规范化的权力运行制度,减少了因政策不稳定而导致的制度风险。权力规制的主线就是建立权力规范运行的必要规则、程序和监控、测评与追究,这强化了市场经济运行所必要的理性预期,显示了乡镇政府服务经济发展的定位与方向,提高了市场主体对政府的信任。另一方面,现代市场经济的话语权受到了政府更多的回应与尊重,"市场秩序扩展到哪里,政府就应该从哪里撤退"。市场与政府都存在失灵的事实进一步要求,政府与市场的关系要进行重构。这就提出了要建立法治来明确政企关系,政府要在服务市场经济发展之角色定位的前提下,正确定位政府与市场各自的进、退领域,突出政府的责任[②]。中心镇权力规制的出发点虽然是规范镇政府权力运行,但却在客观上调整了政府与市场的关系,迫使或导引乡镇政府在市场经济发展的目标下,恰当地重新界定乡镇政府之于市场的权力边界,防止公共权力随意干涉市场经济运行。

3. 合理确权提升了中心镇管理与服务的自主性与能动性

根据现行法律法规,扩权以前的中心镇和一般乡镇一样,是我国最基层的一

---

① 陈国权、徐碧波:《法治缺失下的制度风险与非市场竞争》,《社会科学战线》,2005 年第 3 期。

② 陈国权等著:《责任政府:从权力本位到责任本位》,浙江大学出版社 2009 年版,第 67—72 页。

级政权组织,一般没有政策制定权和行政审批权,其权力运行的主要表现形式是"上传下达",即向上申报各类审批(许可)事项,向下传达落实各项政策规定。"强镇扩权"的试点,在极大程度上改变了这一状况。中心镇开始享有百余项原来必须由县、市级进行审批的权限,大大增加了权力运行的自主权。中心镇传统的"上传下达"式的"中转站"职能被更具主导性、主动性、直接性的"新农村建设"、"中心镇建设"和"城乡统筹发展"职能所覆盖,乡镇权力运行向"统一管治"迈进,权力运行的终端性、直接性也不断凸显。另一方面,在放权与规制的改革中,中心镇获得了一定范围内的财政决策与使用权,因此更有能力解决经济社会发展中的经费瓶颈难题,更好地满足各项经济与社会建设需求。因此,中心镇权力规制在明确界定县镇两级事权与财权的基础上,首先是明确了行权方式,提高了决策效率,规范了决策流程,减少了审批时间与财力成本,提高了市场主体的运行效率,直接推动了中心镇经济领域的各项建设;其次是更加合理界定了政府与市场主体的各自权限,政府减少了行政干预,更加明确地确立了"服务"角色与市场主体的主导地位,发挥了市场主体的主体性地位,为市场经济的发展注入了更多活力和动力;再次,从中心镇的角度来说,更多的事权下放与财权下沉,使中心镇具有了更多的决策与行权自由,中心镇因此具有更强的依据本镇经济发展实际而制订发展政策的能动性,为基层的市场经济主体创造了更多的发展自由。

三、合理确权加强了中心镇社会管理能力

　　社会的稳定与和谐是党和政府各项建设事业顺利进行的重要基础条件。中心镇权力规制有利于提升社会管理能力,为深入落实科学发展观、建设和谐社会夯实了基础。中心镇扩权在极大地释放基层政府的活力、促进城乡统筹发展的同时,其管理社会、服务社会和平衡社会的职能与能力也得到了增强。

　　1. 合理确权强化了中心镇承担社会管理责任的基层主体地位

　　古今中外的历史都证明,公权力的规范运行是保持社会稳定的重要因素。通过规范权力来约束行政权力运行,监控行政权力运行责任,防止和纠正行政权力运行过程中出现的偏误与紊乱,对政治、社会的稳定起着重要的保障和推动作用。尤其在农村,诸如农村土地承包、土地征收、土地流转、耕地保护上的侵权行为;涉农乱收费、乱罚款、集资摊派;挤占、挪用农业补贴、扶贫资金、新农合补助资金、农村低保资金;对农村集体土地、资产、资源的不当管理和处置等都会引起大范围的农民对权力行使者的不满,以至引起大范围的社会不稳定。农村少数干部的以权代法、权钱交易、徇私枉法、滥用职权,往往是造成群众上访与群体性事件的重要原因。

　　合理分权进一步明确了中心镇政府在社会管理中的主体责任。权力规制创

新的最终实效既要以科学发展的成果来实现,同时也为科学发展的主体之一(乡镇政府)设定了行权依据。我国层级化的行政体制特征表明,乡镇政府处于我国行政体制权力的最末端,是城乡经济、政治和文化教育中心,也是与民众生活最为接近的最底层权力层级,因此与民生建设中的所有潜在与现实难题、矛盾、冲突、危机、紧张等社会问题直接关联。从民众的角度来说,乡镇一级政府成为了解决这些问题的首要责任主体,民众对乡镇政府的管理与服务能力给予了较高的期望。中心镇行权的程序化、公开化、问责化,必然较好地遏制权力运行中随意裁量、处事不公、以权谋私等现象,更多地关注民生、重视民意、体察民情,从而顺畅社会各种复杂关系与缓解不同主体间的矛盾、冲突,最终维护社会和谐与稳定。

从全社会范围来看,中心镇与一般乡镇相比,实力更强、权力更大、责任更重,中心镇一般也都是一定区域范围内的政治、经济与文化中心,因此可以为社会难题的解决发挥更大的杠杆和带动作用。中心镇既要着力避免浪费资源、破坏环境、片面追求经济增长的问题,又要着力避免"扩权"后少数人以权谋私等违法违纪问题,还要着力避免在推进城镇建设中征地拆迁方面侵害群众利益的问题等等。中心镇这些问题的切实解决,首先有赖于中心镇权力的规范、高效运行,以保障决策科学、执行有力、监督到位;其次中心镇的示范带动作用可为其他领域的相关棘手难题提供解决路径的参考,并为周边乡镇的建设提供较好的发展借鉴,从而逐步推动和谐社会的整体构建。

2. 合理确权为中心镇政府回应社会问题提供了制度依据

在新一轮的中心镇建设中,权力规制进一步厘清了县镇权力关系,进一步理顺了县镇各自权力结构与运行流程,因此可以更有效地直接应对不断出现的种种社会矛盾与冲突、社会灾险与危机、民生建设难题等,使以理顺权力关系为核心的改革成果惠及社会民生。随着中心镇经济、社会与文化的多元化发展,激烈的市场竞争、外来务工人员管理、安全与发展问题等成为中心镇直面的管理难题。县镇合理分权为恰当、有效地解决这些难题奠定了有利的事权、财权的决策与执行条件。如在食品安全、安全生产事故、计生民生等问题的处理上,中心镇确定了监控与责任追究机制,打破了中心镇过去有责无权的被动局面,为中心镇自主、快速、高效地解决这些社会难题提供了制度基础。例如,诸暨市通过理顺基层各权力主体间的运行关系,建立了点、线、面结合的大调解网络和机制。在点上,基层法庭、派出所、司法所和人民调解委员会等一批公共职能机构和民间组织共同参与基层社会矛盾与冲突的专业调解;在线上,形成了由医调会、劳动争议、消费维权、婚姻家庭、诉前调委会、交通事故纠纷等 6 个专业调解组织构成的基层矛盾跟踪与解决网络,并另有 276 家行业协会的调解机构在前沿摸排化解；在面上，市民公共服务中心与市镇村机关部门联动，负责各地不同事务的调解①。再如，绍兴县在钱清、杨汛桥、平水等镇着力加强社会就业，建立就业服务点，重点为下岗失业人员、"4050"人员、被征地农民、"零就业家庭"提供更多的就业岗位和机会，基本形成"城乡一体、资源共享、上下衔接"的就业服务体系。此外，还积极加强社会保障，推动城市文明向农村辐射，形成与现代社会相适应的科学、民主、健康、向上的农村社会新风尚②。

3. 合理确权有助于建构政社关系的良性互动机制

合理确权实际上也限制了政府对社会建设与发展的不恰当干预，重构了中心镇的政社关系与权责模式，维护了社会的自主治理。政社分离，就是通过政府职能转移，把政府行政职能与社会自我管理的职能分开，使得社会能够自我组织、自我规范，并不断产生社会运作的活力③。市场经济与社会多元化发展过程中，政社分离是一种必然趋势，而基层行政中的政社分离是政社分离的关键内容。伴随市场经济的快速前进，"中国社会已经快速地出现社会分层，社会利益的分化正在加速，在市场经济中竞争失败或者受损的利益群体正在凝聚其影响力，并开始以各种中国版本的社会自我保护运动进行抗争……在此关键时刻，国家需要重构自己与社会的关系"④。市场经济机制带动下的多元主体、多中心格局必然推动公民社会的成长。世界各国实践也证明，良性发展的公民社会是推动市场经济、稳定社会秩序的重要力量。一方面，中心镇权力规制改革推行合理确权，既是规范、制约乡镇政府权力运行的重要手段，也重新平衡了基层政府干预与社会自主治理的关系。从规制权力的本质来看，合理确权通过限定乡镇政府权力边界，使乡镇政府撤离了"不能管、管不好"的传统职能领域，既减轻了政府的不必要负担，又在客观上为社会的自主治理准备了制度、规则等基础要件。另一方面，在中心镇权力规制的实践中，政社分离、社会自治并非意味着政府完全将职能全部转交给社会，也并非意味着放任社会、市场自行、自为发展，而是通过规范乡镇政府权力运行的途径来界定政府与社会的职能边界、运行方式与相互协作的途径，为政府的社会管理与社会自治之间的平衡提供制度化、法制化的行进道路，也为政府与社会的有序、良性互动搭建稳固的平台。在这个过程中，合理确权改革的各项举措框定了基层政府涉入社会管理的范围与路径，同时也为基层政府服务社会管理开启了新的规范化道路。当然，作为在基层人力、财力与权力的最大享有者的乡镇政府，依然要在市场失灵的领域承担维护社会公平、

---

① 翁均飞、陈淦：《"桥"缘——不断创新发展中的基层社会管理"枫桥"样本》，《今日浙江》，2011 年第 9 期。
② 方林苗、汪建江：《把中心镇打造成创业创新的示范区》，《浙江经济》，2008 年第 13 期。
③ 朱健刚：《论基层治理中政社分离的趋势、挑战与方向》，《中国行政管理》，2010 年第 4 期。
④ 马骏：《经济、社会变迁与国家重建：改革以来的中国》，《公共行政评论》，2010 年第 1 期。

公正的最主要责任。美国学者亨廷顿就认为，必须依靠政府的主导作用来解决发展中国家现代化过程中必须解决的难题，由政府来推动、创制和执行政策以推动社会、经济改革①。从这个意义上说，中心镇权力规制所要推动的，是建构一个以乡镇为中心的综合化的基层社会管理体制与机制，在这一体制与机制下，乡镇政府与社会、市场、个人等行为体在互动的实践中，能够合理进退、共生共赢，推动民生进一步改善，最终实现社会稳定和谐。

　　课题组的调研分析显示，近72%的受访对象认为权力规范运行产生了显著的积极社会影响（见图7-5）。

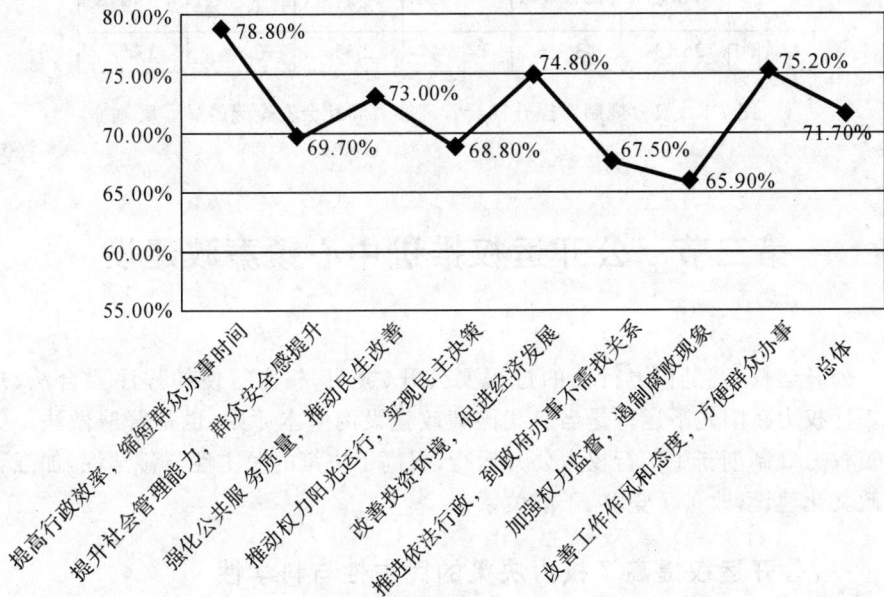

图 7-5　中心镇权力规制社会影响的总体显著性

　　其中，对于"中心镇权力规制对提升社会管理能力、群众安全感"的调研分析显示，认为非常显著、比较显著，一般显著分别占26.1%、43.7%和24.3%（见图7-6）。合理确权通过在县镇之间、县直部门与中心镇政府之间、中心镇政府各部门间合理设置行权范围与边界，提升了中心镇的社会管理能力，有效防范了基层政府的廉政风险，提升了群众的稳定感和安全感。

----

① ［美］塞缪尔·亨廷顿：《变化社会中的政治秩序》，上海人民出版社2008年版，第117页。

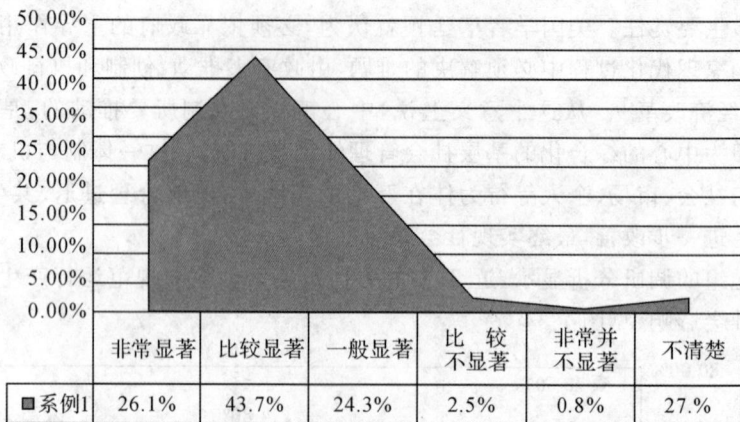

	非常显著	比较显著	一般显著	比 较 不显著	非常并 不显著	不清楚
■系例1	26.1%	43.7%	24.3%	2.5%	0.8%	27.%

图 7-6　权力规制对提升社会管理能力和社会安全感的显著度

第三节　公开运权推进中心镇廉政建设

公开运权,就是权力行使的过程要公开、透明,权力行使的程序要合法、规范。让权力在阳光下运行是当前我国廉政建设的基本原则,也是普遍做法。中心镇权力规制创新中实行权力公开运行,提高了决策的民主性与科学性,加强了廉政文化建设,改善了党群、干群关系。

一、公开运权提高了权力决策的民主性与科学性

决策失误是最大的失误,而"一支笔"、"拍脑门"式的决策是导致决策失误的最重要原因。中心镇权力决策机制构成了整个权力运行机制的关键环节。决策公开与决策留有轨迹是保证权力运行科学化的基础要件之一,科学化、程序化、民主化决策是减少决策风险的重要途径。科学的政府权力运行是指政府权力主体在运用权力过程中,严格按照其权力设定的目标与程序进行,避免权力运行偏离预设的范围与方向。中心镇权力决策机制直接关系到基层政府权力运行机制的合理化与科学化,也直接影响到中心镇政府权力的根本走向与运行状态。

1. 公开运权为权力规范运行设立了"自我规制"机制

绍兴市中心镇在公开运权的实践中,做到了"决策有轨迹",即在重大决策上都保证有记录、有存档、有备案,在此基础上做好决策及时、规范公开,接受社会监督。"决策有轨迹"通过记录决策内容与决策流程的形式,减少了权力决策过

程中的暗箱操作,尤其是在重大决策时,避免了中心镇主要领导过度发挥个人意志权而导致决策过程不民主、内容不合法、程序不合规等。如钱清镇的决策规制包括了三方面内容:一是对决策者的决策范围与权力进行事先的原则性限制,以符合公共利益为原则,决策前广泛听取与会者意见,"一把手"在财务、人事、权能上"三不直接"——不直接审批财务、不直接任命干部、不直接分管权力部门。二是对决策程序及运作进行流程规定,事先公布议决事内容,议决事过程中要求与会者充分发表意见,"一把手"末位表态,决策过程实行"两本记录",重要重大决策引入专家咨询等第三方评价机制。三是对决策的结果作公开性与可申诉性规定,将决策结果主动提交给上级纪委备案,为因决策而受影响的利益相关者提供申诉渠道,合法、合理保障申诉者的利益。如钱清镇为防止决策风险,在《重大事项议决事规则》下,打破条块分割的管理体制,建立"权责统一,精干高效"的"2+7"管理运行机制,以领导小组方式分散权力集中度,确保了议事权有效落实,最大化地合理发挥每一项合法权力的正确行使。钱清镇的决策规制是中心镇权力运行中"自我规制"的典型做法,保障了决策的科学性、民主性、公正性与廉洁性,防止了利益倾斜式的"决策腐败"、随机应付式的"决策低效"、一言堂式的"决策专断"和不负责任式的"决策推诿"。

2. 公开运权为"法治"与"德治"间的"空场"设置了平衡点

决策的规范、高效执行是权力决策后的第一要务。随着中心镇的扩权,对中心镇委托执法领域、范围和权限进行合理界定是决策执行取得预期效果的一项重要条件。扩权强镇后带来的中心镇决策执行的难题是,现行法律法规明确赋予乡镇政府的法定行政执法职责很小,执法领域范围很窄,因而要面对合法性不足与"权力巴掌大、责任比天大"的困境。完全"依法行政"缺少法律依据,而完全"以德行政"既不可能也不完全可靠,也就是说法律外在化进路和道德内在化进路均缺乏必要、有效依据。

钱清镇在解决权力执行难的探索中,首先是推进权力运行制度化,形成了"钱清规制"。权力运行制度化就是合理划分与配置权力机构,通过制度安排形成政府权力系统各要素之间相互联系、相互作用的模式,科学设定决策、执行、监督、协调、控制等运行环节以及权力系统中人、财、物、信息等资源的支配方式。"钱清规制"建立了结构合理、配置科学、程序严密、制约有效的权力运行机制,实现了用制度管权、用制度管人、用制度管事的制度化运权途径。同时,"钱清规则"以"以德行政"为基础,在行政权力运行的微观环节、在党纪国法尚无规定或者有规定而无程序要求的环节中,通过权力主体的自我规制来规范运权。小越镇、下管镇在推进"轮值委员制"的实践中十分注重轮值委员的自我约束机制,通过轮值委员的道德自律与内心自省来实现轮值委员的责任。通过"以德立制"、

"以德立行"和"以德立人"的道德规制,把内在化的道德软约束变成硬约束,把外在化法律的粗约束变成细约束,在很大程度上防止了具体权力自我膨胀的可能,激活了良心的自我监控作用,既体现权力的"德性",也体现权力行使者的"德性"。道德规制既是道德的制度化,又是法治精神的现实化。同时"钱清规则"又通过"行政规制"的引入、规制理念的转变、规制工具的完善,规范了"德"和"法"中间的"空场",在"法治"与"德治"之间寻找到了一个新的"德制"平衡点。

3. 公开运权进一步完善了中心镇的决策机制与执行机制

通过明确重大事项的民主决策与公开执行制度,保障决策的科学性与决策落实的有效性,进一步完善了中心镇的决策机制与执行机制。2002 年党的十六大提出了"建立结构合理、配置科学、程序严密、制约有效的权力运行机制",2007年党的十七大又将上述原则深化为"建立健全决策权、执行权、监督权既相互制约又相互协调的权力结构和运行机制",并强调"必须让权力在阳光下运行"。在绍兴市中心镇的公开运权创新中,首先将"让权力在阳光下运行"、"公开透明"作为一项基本原则。彻底、全面地实行权力公开透明,公开每项权力的流程、程序与步骤,为全方位的监督、问责的展开奠定了制度基础,也为减少权力越位、权力缺位、权力失范、权力自肥、权力不到位等不良现象建立了有效监督机制。其次,中心镇公开运权还注重了科学调查研究在科学化决策中的重要作用。"没有调查就没有发言权",科学调查研究保证了决策重大事项时问政于民、问计于民、问意于民、问需于民,使决策符合民意、契合实际、紧扣民生。再次,在中心镇政府权力体系中逐步形成"决策公开、责任公开、利益公开、监督公开、考核公开、互动公开"的阳光化的权力观,为凝造勤政、善政、廉政的行政文化体系建立良好的运行平台。权力决策的公开透明与决策执行的法德并重是相辅相成的,两者共同避免了静态权力清单的局限,而是转向了公开、透明的权力运行,真正做到决策权公开透明、执行权集中高效、监督权独立多元、考核权全面到位。

中心镇权力规制创新促进了中心镇决策的科学化与民主化。课题组的调查统计数据显示,在对"中心镇权力规制促进实现民主决策的影响"的评价中,认为"非常显著"的占 25.3%,"比较显著"的占 43.5%,"一般显著"的占 24.2%,即认为"显著"的达 93%(见图 7-7)。

比较显著
43.5%

非常显著
25.3%

一般显著
24.2%

比较不显著
2.0%

非常不显著
1.2%

不清楚
3.8%

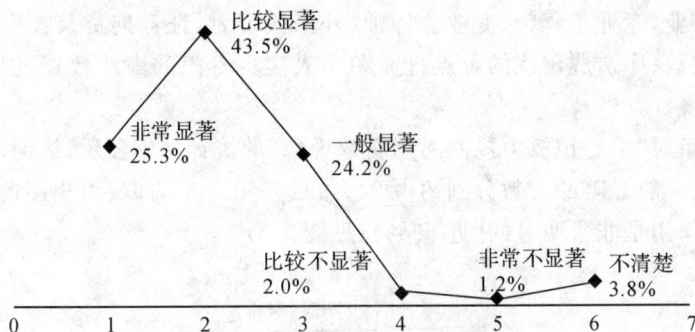

图 7-7　权力规制对实现民主决策的影响

二、公开运权强化了廉政文化建设

1. 公开运权促进了"德为先"的廉政文化建设

行使权力的干部业务素质与道德素质是权力是否规范运行的内在决定因素。实践证明,在单纯依靠权力制约权力、制度规范权力、监督督查权力缺乏有效性的困境中,干部自觉的自我规范、自我约束、自我监督显得极为重要。绍兴市钱清镇确立了"高危岗位用'贤人'"的干部提拔制度,将现有机构与职能按照"有职有权、无职无权、有职无权、职大权小、职小权大、无职有权"进行分类,特别是对"高危岗位"进行排序,以"德为先"的原则将"贤能干部"放在"关键岗位"和"高危岗位"上。道德工具是填补正式规则残缺的一种策略选择。道德工具的价值就是为行政人员在充满不确定性、不可预测性且无章可循的情境中,采取行动提供原则性的指导,鼓励其在外在监控缺位的条件下,开发自身的伦理资源,自觉遵守法制规范,秉持公共精神,做出合乎公共利益的负责任行为。

2. 公开运权促成了廉政文化培育体系的建立

钱清镇开展廉政文化教育,逐步形成了以清正廉洁为核心内容的廉政文化培育体系。全镇党员干部勤廉意识明显增强,牢固树立了"勤政廉政、执政为民"的理念,讲党性、重品行、作表率,部门和行业风气不断好转,不依法行政、违规决策、行政不作为或乱作为行为明显减少,群众满意度进一步提高,干部队伍总体上保持了高效做事、清廉为民的作风。近年来,钱清镇全镇没有一位机关干部因不廉洁从政受到党纪政纪处分,连续两年被评为绍兴市级效能建设示范镇,2009年又被绍兴市委市政府授予"勤廉双优"示范乡镇称号。特别突出的是,镇纪委在道德规制中起着积极的廉政文化培育作用。镇纪委实行道德推广计划,加强干部、企业主管和专业人员的伦理培训和廉政教育;对干部倡导"三敬畏"的"钱清廉风",对中小企业、工商企业、跨境合作企业、地产业、建筑业、银行业、金融服务业、旅游业、专业工程师、专业会计师、外来投资者、证券期货及投资者等容易对权力运行秩序造成侵扰的重点行业和个人实行专门的廉政教育,创设互动型的廉政环境。

课题组对"中心镇权力规制遏制腐败现象"的统计数据显示,认为非常显著、比较显著、一般显著的人数分别约占 24%、42%和 23%,即权力规制遏制腐败现象的积极作用是非常明显的(近 89%)(见图 7-8)。

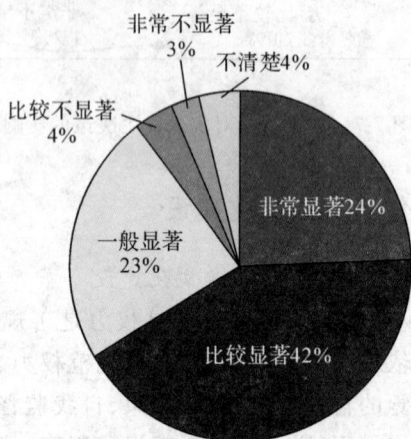

图 7-8　权力规制对遏制腐败的影响

3. 公开运权推进了"以民主促廉政"的阳光文化建设

公开运权进一步扩大了党内民主,增强了权力运行的公开透明,建立起了更加文明、开放、民主的行政文化体系。如小越镇、下管镇通过"轮班值委"将一批综合素质较高的党员代表推选为乡镇党委的"轮值委员",小越镇从党代表、人大代表、基层站所负责人以及村干部中推选产生了 12 名"轮值委员",并明确"轮值委员"的基本权利与义务。基层党员代表以"轮值委员"的身份,首先参与党委政府有关事项决策的全过程,如参与党委重大事项的调研、讨论、决策、监督,成为党委重大议决事的参议员、经济社会发展的调研员、重大决策执行情况的咨询员;其次把党委政府的决策部署及政策规定积极向党员群众进行宣传,并做好他们的思想工作,确保基层党员群众的参与权、知情权、监督权,消除群众对镇党委会决策过程的"神秘感",成为党委政府勤政廉政建设的监督员和重大政策和发展成就的宣传员;第三,进一步提高了党委议事决策的水平。"轮值委员"通过开展调研、监督检查、参加会议、集体协商等途径,收集梳理党员群众的意见与建议,对镇党委政府相关决策提出修改意见,使议事决策更具科学性、合理性、实效性。如小越镇在实施"越兴路下街路工程"改造项目时,镇党委政府邀请 3 位"轮值委员"与临街商铺代表、沿街居民代表参与项目改造工程的讨论,听取意见和建议,梳理汇总后及时对改造方案加以完善,确保了工程的正常顺利进行。

课题组对"权力规制推动权力阳光运行"的调研数据显示,有 28.1％的受访对象认为影响"非常显著",43.5％认为"比较显著",24.1％认为影响"一般",即认为权力规制"显著"地推动了权力阳光化运行达到了近 96％(见图 7-9)。

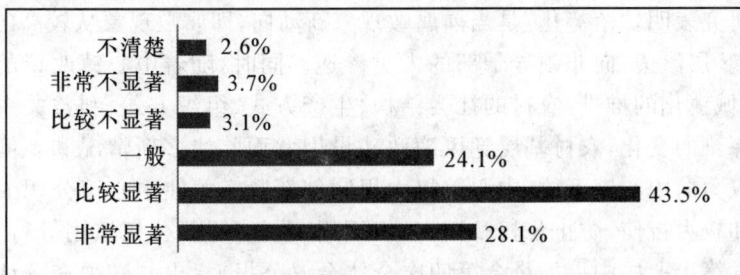

图 7-9　权力规制推动权力阳光运行

三、公开运权改善了乡镇党群、干群关系

绍兴市中心镇对权力规制的创新实践证明,规范权力运行是改善基层党群、干群关系,增强执政的群众基础与社会基础的有力抓手。权力规制一方面为干部业务能力的发挥提供了制度化、规范化的途径,督促了干部自觉为公共利益服务,另一方面也为制约、监督干部权力运行设立了程序化的手段,防止了权力滥用与腐败,保障了公权公用。中心镇公开运权改善党群、干群关系主要通过两条途径来实现:

1. 公开运权实质上形成了惩治腐败的新的有效途径

权力的规范、监督与制约无形中提高了惩治腐败的力度,减少了因干部腐败问题而导致的不良作风与群众对干部的不满情绪。中心镇扩权之后,乡镇干部的权力增加,乡镇干部手中承接了原来县级部门的权力,在缺乏有效运权监控的条件下,权力的运行成了滋生腐败的重要风险来源点。政府廉洁与经济发展、社会公平共同构成了支撑社会稳定的三个顶梁柱,而这三者中,政府廉洁尤为重要。"钱清规制"推进了乡镇权力运行中的的决策程序化、操作公开化、监督制度化,对乡镇人、财、事三大权力运行实施制度全覆盖,不仅对中心镇的权力进行了有效的规范,而且对村一级、基层站所一级党风廉政建设起了很好的示范作用,为推进农村基层党风廉政建设、改善党群关系提供了领导机制、协调机制和激励机制。实践也证明,在"五有一化"基础上绍兴市在中心镇探索权力规范运行的规制建设,用改革的办法对廉政建设和反腐败深层次问题进行探索,使得中心镇把反腐倡廉工程有效地融入经济建设、政治建设、文化建设、社会建设之中,保障

了干部执政安全与干部执政为民,优化党员干部的工作作风,改善了党群、干群关系。

中心镇政府作为国家基层政权,处于国家权力体系的底部,因此对其权力运行的规范和监督,也处于国家"惩防体系"的基部,是国家"惩防体系"的重要组成部分。研究表明,"落势化"是当前腐败现象新动向,即腐败现象从较高的职位向下落,向基层渗透,向非领导干部的人员渗透。同时,随着中心镇改革的深入和工业化、城镇化的推进,农村的社会结构、生产方式、组织方式、利益关系也发生了更为深刻的变化,农村基层党风廉政建设因此面临诸多新情况和新问题。随着县级权力向中心镇下放,中心镇权力规制创新紧密关注中心镇公职人员的权力意识和权力行使,防止公权私用、公权不用、公权乱用、公权滥用等行为。《中国共产党第十七届中央委员会第四次全体会议公报》指出:"必须充分认识反腐败斗争的长期性、复杂性、艰巨性,把反腐倡廉建设放在更加突出的位置,坚持标本兼治、综合治理、惩防并举、注重预防的方针,严格执行党风廉政建设责任制,在坚决惩治腐败的同时加大教育、监督、改革、制度创新力度,更有效地预防腐败,不断取得反腐败斗争新成效。"2004 年"惩防并举、注重预防"纳入中央反腐战略方针以后,2008 年颁布的《建立健全惩治和预防腐败体系 2008—2012 年工作规划》又明确提出要"建成惩治和预防腐败体系基本框架"。2009 年 5 月以来,中央又连续审议通过了《关于实行党政领导干部问责的暂行规定》、《中国共产党巡视工作条例(试行)》、《国有企业领导人员廉洁从业若干规定》等旨在加强反腐工作的文件。在这样的大背景下,通过制度化、法制化的途径遏制、惩治腐败成为基层政府建设的一项重要工作。

中心镇公开运权推动了农村基层党风廉政"三位一体"(教育、制度、监督)格局建设,有利于营造创业创新、干净干事、风清气正的发展环境,有利于增强中心镇的向心力、发展力、示范力、带动力,真正做到通过教育到位使人不想贪、通过制度完善使人不敢贪、通过监督得力使人不能贪,这为更好地保护干部、保障发展、打造廉洁高效的基层政府,并从思想、作风、纪律上为全面贯彻落实科学发展观、构建社会主义和谐社会提供了有力保障。

2. 公开运权提升了中心镇干部素质和形象

公开运权改善了中心镇干部工作方式,提高了工作效率,提升了镇级政府的整体形象,赢得了民众的更多支持。乡镇政府作为最基层一级政府,是建设服务型政府的最基层责任主体,也是基层公共产品与公共服务的主要提供者。乡镇政府直接面对群众,直接面对新一轮社会主义新农村和城乡统筹建设中的拆迁问题、社会问题、公共服务问题及事关经济社会发展的其他问题。乡镇政府领导干部对这些问题与难题的处置效率与效果,直接决定了他们在群众心中的地位与形象。在中心镇权力规制的举措中,大力推行乡镇民主是重要内容之一。通过运权程序公开与监督社会化,基层民众享有了一定程度上的民主参与的权力,通过民主选举、民主讨论、公开监督等方式,实现对镇政府权力运行的监督。在村级民主、县镇选举制不断推广的条件下,基层民众的选票成为牵制或鼓励基层领导干部加强勤政、廉政、善政的重要影响因素。

公开运权较好地改善了干部的工作作风与态度。课题组对不同群体的调研数据显示,总体上有 75.5% 的调查对象认为权力规制创新对于改善干部工作作风影响显著,其中,党政机关干部、企业和群众分别为 81.8%、74.0% 和 71.6%(见图 7-10)。

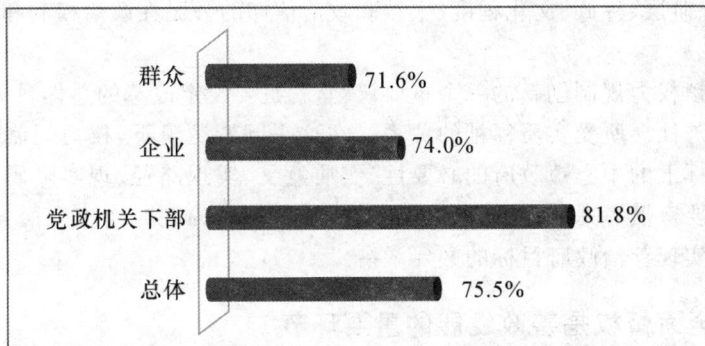

图 7-10　不同群体对权力规制改善干部工作作风和态度的显著性的评价

第四节　全面督权推动中心镇实现善治

权力监督机制是指政府或社会组织对政府权力的来源和运行过程进行控制和约束而制定的规范性系统及其相互关系的总和。权力监督机制是政府权力主体或社会主体对公权力的设定、运行等方面的监察和督导,以保证其沿着制度化、法制化、公共化轨道运行。权力监督机制有助于限制和约束政府权力异化,保障公权公用,提高权力效益,并最终推动责任政府、服务政府、法治政府、有限政府、阳光政府、廉洁政府、有效政府等新型政府建设。这一系列新型政府理念的最终目标,就是通过善政实现善治。

俞可平认为,善治就是使公共利益最大化的社会管理过程和管理活动。善治的本质特征,就在于它是政府与公民对公共生活的合作管理,是政治国家与公民社会的一种新颖关系,是两者的最佳状态。在经济全球化、政治民主化和文化多样化的今天,善治已经成为人类政治发展的理想目标。善治的基本要素包括以下 10 个:(1)合法性,即社会秩序和权威被自觉认可和服从的性质和状态。(2)法治,即法律是公共政治管理的最高准则,在法律面前人人平等。(3)透明性,即政治信息的公开性。(4)责任性,即管理者应当对自己的行为负责。(5)回应,即公共管理人员和管理机构必须对公民的要求作出及时的和负责的反应。(6)有效,这主要指管理的效率。(7)参与,首先是指公民的政治参与,参与社会政治生活,还包括公民对其他社会生活的参与。(8)稳定,即国内的和平、生活的有序、居民的安全、公民的团结、公共政策的连贯等。(9)廉洁,是指政府官员奉公守法,清明廉洁,不以权谋私,公职人员不以自己的职权寻租等。(10)公正,指不同性别、阶层、种族、文化程度、宗教和政治信仰的公民在政治权利和经济权利上的平等。①

中心镇权力规制创新的一个重要议题,就是要设定改革的总体目标与方向,认清改革与社会所受实质福祉的关系。在这一问题逻辑下,权力规制创新对建设善治目标下的中心镇政府的必要性、实质意义、实现路径、现实障碍与未来发展等都需要审慎考虑。在分权、确权、运权改革创新的同时实施全面督权,是推动中心镇实现善治政府目标的必要举措。

一、全面督权是善政发展的重要环节

"善政是通向善治的关键;欲达到善治,首先必须实现善政"②。善政在不同的视角下有不同的内涵,可指有效的管理、良好的政治、清明的体制或出色的政绩等。善政在更多时候被理解为"良好的统治"或"好的政府"(good government)。自从有了国家及其政权以后,善政便成为一种大众所期望的、理想的政治管理模式。在我国传统政治文化中,"仁"、"德"、"善"等,其本质都是对"善政"的一种表达与期望,就是官员应该是清明、廉洁、公正,各级官吏应该像对待自身儿女一样热爱自己的子民,没有私心、偏爱地为他们谋福利。在本质上,古今中外、古往今来对善政目标的追求,基本集中在法律严明,官员作风清廉,行政效率高等方面。善政因此被建构为一个涵盖八个要素的理想政府模式,即民主、责任、服务、质量、效益、专业、透明和廉洁。俞可平认为,在我国学术语境与改革情境下,应该通过不断推进"民主政府"、"责任政府"、"服务政府"、"优质政府"、"效

---

① 俞可平:《善政:走向善治的关键》,中国选举与治理网,http://www.chinaelections.org/NewsInfo.asp? NewsID=93689,2006 年 7 月 27 日,有改动。

② 俞可平:《善政:走向善治的关键》,中国选举与治理网,http://www.chinaelections.org/NewsInfo.asp? NewsID=93689,2006 年 7 月 27 日。

益政府"、"专业政府"、"透明政府"、"廉洁政府"建设的实践来最终达到善政①。

　　在一些情境下,善政被认为与"责任政府"、"服务政府"、"法治政府"、"有限政府"、"阳光政府"、"廉洁政府"或"有效政府"等同。而另有研究者认为,廉洁政府、法制政府、责任政府、有效政府、公平政府与服务政府等理想政府模式并非孤立存在,它们之间也并非简单的并序共存关系。善政如同一个生命体,它的形成有一个成长的过程,其特质有其内在的系统性与整体性,并且其成长历程还遵循自身的次序和逻辑。总体来说,"善政是遵循'廉洁政府→法制政府→责任政府→有效政府→公平政府'的轨迹不断往前发展的,前一形态的政府构成是后一形态政府的前提和基础,后一形态的政府则内含了前一形态政府的特点并在此基础上发展超越"②。当然,思维逻辑中建构的善政发展逻辑还会受到现实经济、政治、文化、环境等变量的不同程度的影响,因此在现实中推进善政的政府实践也并非模式化地遵循"廉洁政府→法制政府→责任政府→有效政府→公平政府"的前进路线,政府实有治理模式也并非必然地、非此即彼地呈现这些理想状态中的某一种。然而,通过善政最终建立公共服务型政府的终极目标仍然是十分明确的。"廉洁、法制、责任、有效与公平是对善政的制度规范,其最终目的是把政府建设成为有效、合理提供公共服务的政府,因此,服务型政府是善政发展的终极目标"③。

　　权力及其运行是政府活动中的关键要素。善政的发展逻辑清楚地表明,权力规范、高效运行紧密贯穿了各理想政府状态的各个环节,既构成了各个环节的重要内容,也是各个环节的必要条件;而廉洁政府、法制政府、责任政府、有效政府、公平政府与服务政府的实现条件表明,权力公开运行与权力有效监督本身就构成了这一条件的重要内容。善政发展的逻辑起点是廉洁政府,而廉洁政府的首要要求是公权公用;法制政府的内在要求是法大于权、法先于权,以法的约束与限定来规范权力;责任政府强调责任本位与责任第一,突出政府责任的法治性、公共利益的至上性、问责主体的广泛性与权责义利的统一性;有效政府集中突出政府组织的有效性与责任、服务的有效性,突出公共利益最大化;公平政府则彰显政府德性,追求政府服务的公平正义之首要价值;法治与民主政府则为善政准备了必要的制度条件,保证了政府"好的治理"的广泛监督与约权控权的实现;服务政府强调了政府的公共服务的角色定位与职能定位,与控制型、管制型、

　　①　俞可平:《善政:走向善治的关键》,中国选举与治理网,http://www.chinaelections.org/NewsInfo.asp?NewsID=93689,2006年7月27日。

　　②　陈国权、黄振威:《善政发展的逻辑》,《经济社会体制比较(双月刊)》,2009年第3期。

　　③　陈国权、黄振威:《善政发展的逻辑》,《经济社会体制比较(双月刊)》,2009年第3期。

压制型政府具有本质区别①。因此,权力的规范运行与高效为民成为了所有理想政府状态的重要特征,也因此构成了善政逻辑重要的内在内容。

中心镇扩权之前,一般不具有政策决策权与行政审批权,因此,对乡镇权力运行的监管更多体现于对其"显性"违法行为的查处上,而"隐性"违规问题也因其危害性相对较小而不被列于重要的监管范围。权力规制推行之前,中心镇的权力运行存在诸多权力盲点,而权力风险点也未能得到有效的监督与追究。中心镇实施全面督权的重大积极成果,就是加强了权力的全方位监控与责任的彻底追究,保障权力运行中的廉洁、高效,保障权力服务于民并受制于民,真正实现政府的责任、优质、法治、高效、服务等目标,朝向善政的目标不断迈进。

二、全面督权是实现善治的重要保障

1. 有效的权力监督是实现善政逻辑的前提和基础

权力监督,首先就是监督与遏制权力腐败。"腐败是与权力相伴随的政治现象,政府权力的扩大客观上为腐败现象的蔓延提供了沃土,导致腐败现象的加剧"②。孟德斯鸠也指出,"一切有权力的人都容易滥用权力,这是万古不易的经验",而"要防止滥用权力,就必须以权力约束权力"③。缺乏监督、缺乏责任追究的权力极易滋生各种腐败问题,导致权力运行偏离公共利益轨道、权力运行效率低下等不良后果。著名政治学家亨廷顿曾指出:"腐化很自然会使政府行政体系受到削弱,或使行政体系的软弱无能长期得不到改善"④。权力的监督、制约与责任追究是保证权力正当运行、全面保障公共利益的必然之举。党的十七大报告强调,要"完善制约和监督机制,保证人民赋予的权力始终用来为人民谋利益",并提出要"坚持用制度管人、管事、管物,建立健全决策权、执行权、监督权既相互制约又相互协调的权力结构与运行机制"。按权力的实质划分,决策权、执行权与监督权是权力的三种类型,对决策权、执行权与监督权的监督、制约与责任追究是权力运行公平公正、透明公开的有效保障。

2. 有效督权推动了民主、法治建设的进程

服务型政府就是"在公民本位、社会本位理念指导下,在整个社会民主框架下,通过法定程序、按照公民意志组建起来的以为公民服务为宗旨并承担着服务

---

① 参见陈国权等:《责任政府:从权力本位到责任本位》,浙江大学出版社 2009 年版,第 14—25 页;陈国权、黄振威:《善政发展的逻辑》,《经济社会体制比较(双月刊)》,2009 年第 3 期。

② 陈国权:《社会转型与有限政府》,人民出版社 2008 年版,第 103 页。

③ [法]孟德斯鸠:《论法的精神》(上册),商务印书馆 1982 年版,第 154 页。

④ [美]亨廷顿:《变化社会中的政治秩序》,三联书店 1988 年版,第 69 页。

责任的政府"①。监督权力的本质，就是通过有形或无形的体制与机制安排以制约、规范权力运行，保障真正为民用权，切实实现政府责任。因此，有效督权必须以民主监督、法制监督为前提和基础。陈国权教授就指出，"责任政府建立在有效的民主监督机制之上，而民主监督机制又依赖于完善的民主政治。实践表明，只有在高度的民主政治体制下，才有可能建立有效的民主监督机制"②。在民主政治生态下，监督主体享有了正当的监督权的权利和渠道，藉此对政府权力的实施方式形成有效的压力和监控，以形成对政府权力运行的规范、牵引作用。代议制政体被认为是民主政体的典范。英国政治思想家密尔就曾指出，"理想上最好的政体"是代议制民主制，在此制度下，人民"通过由他们定期选出的代表行使最后的控制权"③，并且，"代议制议会的适当职能不是管理——这是它完全不适当的——而是监督和控制政府：把政府的行为公开出来，迫使其对人们认为有问题的一切行为作出充分的说明和辩解；谴责那些该受责备的行为，并且，如果组成政府的人员滥用职权，或者履行责任的方式同国民的明显舆论相冲突，就将他们撤职，并明白或事实上任命其后继人"④。民主政治监督政府权力的责任在威尔逊的《国会政体》中也得到了重视："严密监督政府的每项工作，并对所见到的一切进行议论，乃是代议制机构的天职"⑤。因此民主政治是实现有效权力监督的前提。

　　根据法学理论，法治是相对于人治而言的。正是为了防止权力被掌权者滥用，甚至以权谋私，才有了现代法治的产生。法治可以避免随意性和个人意志，使权力行使具有规范性、稳定性和可预测性。法制是实现依法治国的重要组成部分。根据国家权力运行法制化的要求，权力的取得、设定、行使方式和基本程序都要由法律法规加以明确规定，行使权力必须依照法定权限和法定程序办事，严格依法行政，依法行使权力，不能越权，也不能失职，更不能滥用权力。关于制度建设和法制建设，邓小平精辟地指出："制度好可以使坏人无法任意横行，制度不好可以使好人无法充分做好事，甚至会走向反面。"⑥他还强调必须使民主制度化、法律化，使这种制度和法律不因领导人改变而改变，不因领导人的看法和注意力的改变而改变。法治与民主的形成逻辑为把权力运行纳入制度化和法制化轨道提供了强有力的理论依据。有效督权必须依赖于民主、法治建设。而"责

①　刘熙瑞：《服务型政府——经济全球化背景下中国政府改革的目标选择》，《中国行政管理》，2002 年第 7 期。
②　陈国权等：《责任政府：从权力本位到责任本位》，浙江大学出版社 2009 年版，第 121 页。
③　〔英〕约翰·密尔：《代议制政府》，商务印书馆 1982 年版，第 68 页。
④　〔英〕约翰·密尔：《代议制政府》，商务印书馆 1982 年版，第 80 页。
⑤　〔美〕威尔逊：《国会政体》，商务印书馆 1986 年版，第 167 页。
⑥　邓小平：《党和国家领导制度的改革》，载《邓小平文选》第二卷，人民出版社 2004 年版，第 336 页。

任政府是法治国家的必然要求,也是依法治国的必然结果"①。

以绍兴市钱清镇探索权力监督为例,钱清镇通过创新权力制约权力、权利制约权力、道德制约权力、法律制约权力的相互融合的权力制约、监督的网络治理结构,将多种制约权力的途径结合起来形成了规范中心镇权力运行的"钱清规制",探索了一条以规范乡镇权力运行进而推进城乡统筹、政府转型、社会稳定和反腐倡廉的新路②。"钱清规制"以"公开化"和"阳光化"为基调,打造透明的权力运行新环境,规范权力运行流程,以流程的公开透明将重大事项、重大决策、重大工程的知情权、参与权、监督权交还给社会,接受各界监督。流程的制定与公开、监督制度的体系化不仅强化了权力规范运行的依据,而且大大提高了重大事项落实的效率,使钱清镇政府公信力得到了较为明显的提高。钱清镇要求权力的运行必须公开透明,将权力的运行置于阳光下,自觉接受社会监督。镇党委、政府做到重大事项集体决策,执行过程"透明化",权力运行"三公开"(公开办事制度、公开运行流程与公开重要信息)。其推行的"信息规制",强调要保证日常政务信息、执行流程与重大决策和行动的公开,保证重大信息和主要信息在时间上、内容上、对象上"公正地"公开,防止信息的不当透露、提前泄露、私下交易、故意隐藏、串谋寻租等。钱清镇还把"例外公开"作为加强机关权力规范运行的新探索,作为提高权力透明度、深化行政行为监督的新尝试。做到例外事项的商谈,要有第三人在场;开具工程联系单,要向纪委备案;所有例外事项事后必须公开。

绍兴市中心镇通过采取多种权力监控与责任机制,提高了权力违规的审查力度,在很大程度上起到了以控、督、究来实现权力规制的作用。一是制订责任书、问责条例或责任评估办法,明确奖罚责任、明确责任追究范围与程序。钱清镇规范用权的责任书追究机制就成为权力监控的另一种手段。如钱清镇制定《乡镇权力运行责任追究办法》、"钱清谈话诫勉办法"、"钱清镇纪检信访建立不廉洁干部档案"等,严格追究不按照程序决策、不正确履行职责等情况的责任,做到追究到位,保证责任追究有效果。钱清镇还确定"三百工程",规定具体工作职责和事项,保证了职责清晰、权责统一,做到任务明白、要求明确,明确具体追究事件的内容,做到激励有方,考核到位。上虞市出台了《上虞市行政问责暂行办法》等规定,对规范权力运行开展多维度、多主体参与的检测评估,建立权力监督工作的长效机制。再如平水镇制订《平水镇行政问责暂行办法》,并将其列入镇村党风廉政建设和年终岗位目标考核的依据。平水镇坚持全程问责,对社会日

---

① 陈国权等:《责任政府:从权力本位到责任本位》,浙江大学出版社 2009 年版,第 122 页。
② 钱子健:《"强镇扩权"背景下乡镇权力运行规范化——以绍兴钱清镇的实践为例》,《中共宁波市委党校学报》,2010 年第 6 期。

常服务管理和全镇 25 项总投资达 8.25 亿元的工程建设项目,做到事事、时时不忘问责,不留盲点。如昌丰安置小区的建设、高山移民房的交房、农民建房审批、镇"清洁家园"行动、农村违章建筑清理、农村新社区建设、征地拆迁和镇域道路建设等重点工作,对照工程质量、工程进度、招投标的"三公"和项目审批办理时限等关键节点进行了督查问责,实行动态汇报,在广大党员干部中树立起"有权必有责、用权受监督、失责必追究"的理念。

二是强化专职督查。加强同级纪委的监督,实施乡镇纪委同级监督试行办法,镇纪委书记参与党委议事决策、用人酝酿的全过程,做好同步记录,实施同步监督,实行季度督查,监督镇党委重大议决事项的规范运作。如店口镇建立了财政年度预算制度,年初由班子成员提出预算计划,经党委会议研究,镇人代会表决通过,然后对财政收入按线进行分割。这一规定有效地避免了原先存在的一把手"一支笔"现象,较好地实现了分权制约。还专门建立监督组织,采取定期或不定期的监督方式,在对镇机关、镇属部门站所、村级组织党风廉政建设督查的同时,对其规范权力运行进行同步化监督,发现问题及时督促整改。

三是扩大社会监督。充分发挥党代表、人大代表、政协委员及群众代表的作用,以恳谈会、听证会、走访等形式,对镇级重大事项决策实施监督。钱清镇实行"一把手"对下面权力主体的上下监督,镇纪委、人大、政协对党委政府的同级监督,人民群众对机关权力运行的社会监督,邀请上级审计机关对易发腐败领域的资金运行进行同步审计等,努力做到用权监督社会化,努力减少权力寻租机会。钱清镇纪委还在决策规制中实施全程监督:包括决策的议题是否事先告知,决策的程序运行是否完备,决策的结果是否公开透明,决策的监督实施是否到位,不同利益关系得或不同竞争方的制衡是否建立,制度性安排是否符合上级党组织的规定,决策责任追究的对象是否明确等。

四是通过信息管理平台,实现权力监督有效能。钱清镇以《乡镇重大事项决策结果即时上报系统》为平台,做到重大事项决议有序可依,决策过程有迹可查,依照党内同级监督制度,党务政务公开制度,干部考核任用制度,政府采购制度等权力监督制约机制等完善信息督权。同时,聘请企业和村级干部担任镇机关效能建设特邀监督员,加强发挥外部监督的作用,并按照考核举措,确保监督的效能。

第五节　多方评权保障中心镇可持续发展

政府绩效评估,就是政府自身或社会其他组织通过多种方式对政府的决策和管理行为所产生的政治、经济、文化、环境等短期和长远的影响和效果进行分析、比较、评价和测量的过程。政府绩效评估是我国在推进政治体制与行政体制改革的实践中,吸收、借鉴西方国家"政府绩效"与"政府绩效管理"的改革实践与成果推进我国政府管理体制变革的重要举措,成为诸多地方政府管理改革的重要内容之一。政府绩效评估作为新公共管理的重要内容,承载着加强政府责任、提高政府效率、监督政府行为、提高政府绩效和改善政府形象的重任。2006 年 9 月,温家宝总理在"加强政府自身建设　推进政府管理创新"电视电话会议上指出:"绩效评估是引导政府及其工作人员树立正确导向、尽职尽责做好各项工作的一项重要制度。"2007 年 2 月,温总理还在国务院廉政工作会议上强调,要抓紧建立政府绩效评价制度。在绍兴市中心镇权力规制创新中,多方主体对绩效进行评估是一项重要内容,并构成了中心镇政府绩效评估的重要组成部分。

一、自主评权增强了用权为民的自觉性

中心镇通过政府自主评权,增强了权力规范运行的自觉性。如绍兴市中心镇出台《乡镇权力运行规范指数评估办法》,对 13 种不规范用权行为采取告诫、批评、停职等 11 种形式进行责任追究,对权力运行效果实施定量与定性结合的办法进行评估,成为鼓励、引导、监督与反馈中心镇权力运行的有力武器。中心镇作为实现经济社会发展和城乡统筹的试行区,对其提供公共服务的能力要求更高。绩效评估以建设廉洁、高效政府为目标,明确服务标准、提高服务质量,通过评估制度的安排构建公共服务型政府。

1. 创设评估体系

以"职权责"三统一、"查评究"三到位、"勤廉优"三并重为要求,按照"责权统一、分类考核、民主公开、群众满意、切合实际、简便易行"的原则创设评估体系,包括:一是明确绩效考核对象,建立评价方法;二是明确考核小组职责,建立年度考核指标计划;三是建立绩效信息采集平台,明确考核的信息来源;四是建立绩效监督系统,发挥纪检组织和计划执行监督小组的作用;五是建立保障机构,建立干部勤政廉政档案,健全作风建设长效机制;六是建立考核结果的应用机制。

2. 实行量化测评

如钱清镇在"三百工程"基础上,实施《镇机关工作人员绩效评估考核办法》,建立了分管副镇长、科长、科员及各部门的考核指标和考核制度,按照"分类合理、定岗定责、量化科学、综合评估"的原则,通过岗位分析和目标分解建立考核指标和对应分值,把年度工作目标和日常管理任务细化分解,按照班子成员、中层干部、办事人员三个层次确定测评要素,实施分类测评和综合考评,做到"责任到岗、测评到人、奖惩到位",致力形成"实干是德、会干是能、多干是勤、干好是绩"的价值取向。

3. 强化结果应用

绩效评估的目的重在前瞻性地发现问题,提出导向性意见和建议,推动绩效的持续提高。因此,中心镇要十分注重绩效评估结果的应用:一是强化"过程控制",避免绩效考评重结果、轻过程,重形式、轻内容,不断优化工作目标、调整工作进度;二是强化"结果导向",把考核结果与选人用人相结合、与责任追究相结合;三是强化"持续改进",注重完善评估体系,提高工作效率,并有选择地组织专业学习和培训,以优化机关干部知识结构和业务素质;四是强化"公众满意",推行公众满意度测评,落实具体改善措施,确保公众满意。

二、专业机构评权保证了评估结果的客观性

中心镇权力规制在评权制度创新中引进了第三方专业机构作为评权主体。第三方是指处于第一方服务主体(政府)与第二方服务对象(顾客或公民)之外的一方,如专业研究机构、社会咨询机构等。由于第三方与第一方、第二方不具有任何行政隶属与利益关系,具有完全或相当程度的独立性、专业性与权威性,故常被称为"独立第三方"。第三方评权,就是引进独立的社会组织或专业机构对中心镇权力运行的整体过程及其效果进行评估,以改进中心镇行权模式,提高行权绩效。第三方评估是有别于政府内部评估的外部评估模式。引进"第三方"作为政府绩效评估主体已成为当前我国政府绩效评估的重要举措之一。

第三方主体评估与改进政府绩效已成为加强政府改革与建设的重要途径,在政治民主不断提高、社会参与主动性不断增强的条件下,其现实重要性与必要性更加明显。综合而言,我国地方政府绩效评估的途径大致可以分为三种模式:一是"自上而下"模式,即由上级政府或部门对下级政府或部门的工作情况进行考核。这是各地政府绩效评估的常用方式。二是"自下而上"模式,即由社会大众对政府工作情况实行绩效评价,如满意不满意、知晓不知晓等评价等。这种模式始于珠海市,故有些研究者将之成为"珠海模式"。采取自下而上模式对政府绩效实行评价的影响较大的,还包括厦门市、南京市等地开展的"万人评政府"活

动。三是"第三方"模式,即委托独立的社会专业机构对政府绩效进行评价与评估。2004 年甘肃省兰州市政府委托兰州大学中国地方政府绩效评价中心组织开展"非公有制企业评价政府"活动,集结 4000 多家非公有制企业对甘肃省的 14 市、州政府和 39 家省属职能部门展开绩效测评,影响甚大。外界因此也将"第三方"委托模式称之为"甘肃模式"。"甘肃模式"开创了我国第三方评价政府绩效的先河。采取这种模式开展政府绩效测评的还有武汉市邀请全球最大的管理咨询公司——麦肯锡公司对政府绩效展开评估。另外,2007 年华南理工大学公共政策研究中心在没有委托课题的情况下,独立对广东省市、县两级政府进行绩效测评,产生了广泛影响,被外界称之为"广东实验"。"广东试验"与"甘肃模式"虽都属于第三方测评模式,但却采用了完全不同的路径。在第三方模式中,根据"第三方"主体的性质不同,主要包括高校专家评估模式、专业公司评估模式、社会代表评估模式和民众评估模式四种形式。

　　这三种政府绩效评估的典型模式在甘肃、武汉、上海、杭州、南通、厦门与一些县乡等地得到较好实践[1],第三方主体呈现多元化,评议手段、形式多样化,评议对象和内容也趋于广泛。对于我国当前众多地方政府采用第三方评估政府绩效的现状,有学者认为,这些实践"存在盲目性;没有建立科学的评估指标体系;理论引导力度不够,目标界定不清,评估标准比较单一,指标设置过于笼统,评估方法不够科学,评估手段落后,评估结果缺乏实质性应用,绩效评价沦为形式主义、政绩工程"[2]。

　　绍兴市中心镇权力规制创新中的"第三方评估",是以研究课题的形式通过浙江大学公共管理学院政府绩效评估研究中心(以下简称研究中心)展开,属于高校专家评估模式。研究中心先期以委托研究课题的形式,历时近两年(2008年至 2009 年)完成了《"中心镇权力规范运行研究"总报告》及其支撑报告,包括《绍兴市中心镇权力规范运行调研报告》、《绍兴市中心镇权力清单及行权流程》。以此项研究课题成果为基础,研究中心又与绍兴市政府合作开展"绍兴市中心镇权力规制创新"的课题研究,并于 2011 年 7 月 25 日至 2011 年 8 月 10 日在绍兴市进行了"绍兴市'扩权强镇与权力规制创新绩效评估'"的问卷调查,对象包括绍兴市越城区、绍兴县、诸暨市、上虞市、嵊州市和新昌县及其 28 个中心镇的政府工作人员、城镇居民、农村村民以及企业人员等,共发放问卷 1600 份,收回1503 份,回收率为 93.9%。问卷分为知晓度、满意度、改革现状、存在问题、对策建议五大方面,分别从各绍兴市区(县、市)不同区域和不同群体(科教文卫事业

　　① 陈汉宣、马骏、包国宪主编:《中国政府绩效评估 30 年》,中央编译出版社 2011 年版。
　　② 中国行政管理学会课题组:《政府部门绩效评估研究报告》,《中国行政管理》,2005 年第 5 期。

单位人员、社区工作人员、企业一般职工、农业生产人员、离退休人员、学生、自由职业者、失业人员)两个维度对中心镇改革的绩效进行了评估。

在中心镇第三方评估实践中,第三方的独立性被认为是保证评估客观、公正、有效的前提,而其专业性和权威性则是评估结果公正的必要保证。第三方主体的独立性是评估结果客观公正的保证,是评估的生命力所在。从政府绩效的视角来看,第三方独立,关键在于评价主体独立、评价标准独立与评价过程独立①。浙江大学公共管理学院政府绩效评估研究中心受绍兴市委托,负责实施中心镇权力规制绩效评估,在制定评估方案、设计评估模块、组织实施评估方案、收集与处理评估数据、公布评估结果的全过程中基本做到了主体独立、评价标准独立和评价过程独立,保证了评估结果的公正、客观。

第三方主体评估中心镇政府绩效,可以在更大程度上提高评估工作的公正、客观与透明,从而提高评估工作的科学性与可信度。这种评估形式不同于过去政府部门间的自我考评,能够有效克服政府部门既当"运动员"又当"裁判员"引发的考评不公,对促进政府部门的作风转变,促进地方经济社会发展发挥了不可替代的重要作用。② 中心镇第三方评估的实践表明,第三方评估发挥了必要且有效的外部制衡机制,弥补了传统的政府自我评估的缺陷,不仅为政府绩效评估体系创设了新的手段,还在督促政府进一步优化自身管理,提升服务水平等方面制造了压力,同时还在提升中心镇政府形象、转变中心镇服务理念等方面起到了积极的推动作用。

三、社会舆论评权夯实了规范用权的社会基础

实践证明,社会舆论会对政府规范用权形成压力、动力和监督力,社会舆论的性质与影响程度直接决定了改革是否具有坚实的社会基础与群众基础。积极的、正面的、认同的社会舆论会或明或暗地引导政府积极地推进一项改革举措,并形成政府持续推进此项改革的重要社会基础。绍兴市中心镇权力规制改革实践及其积极的改革成效引起了社会诸多关注与关心,产生了广泛较好的社会影响。整体而言,对这项改革的社会舆论是积极的、正面的、认可的、赞赏的,这为此项改革实践奠定了较好的社会舆论基础与群众基础,并为改革吸收各种反馈意见以进一步深化改革起到了积极的促进作用。

中心镇权力规制改革带来的各方关注主要包括:

---

① 郑方辉、陈佃慧:《三方评价政府绩效的独立性》,《广东学院学报》,2010 年第 2 期。

② 徐双敏:《政府绩效管理中的"第三方评估"模式及其完善》,《中国行政管理》,2011 年第 1 期。

1. 媒体持续关注并报道

在 2006 年 12 月 1 日至 2011 年 6 月 30 日期间,共有 47 家媒体对绍兴市中心镇强镇扩权与权力规制进行过报道,报道次数共 105 篇次(不含转载)。中央人民政府网站、新华网、人民网、凤凰网、央视、《中国新闻周刊》等十余家国内有影响力的主流媒体、门户网站及刊物,进行了相关报道或转载。随着绍兴市中心镇强镇扩权与权力规制改革的推进,报道次数呈现逐时增多的趋势。总体上来看,媒体的积极报导与正面诠释反映了绍兴市中心镇权力规制实践取得了阶段成功与积极成果,同时也反映了社会对中心镇改革的积极关注和支持。

2. 专家学者积极参与研究与探讨

为积极吸收高校研究的智力支持,绍兴市与浙江大学通力合作组建了“绍兴市扩权强镇与权力规制研究”课题组。从 2008 年年底至 2011 年 8 月,课题组在座谈、会谈、走访、论坛、报告会等方式的基础上,以研究报告、专题报告、调研报告等形式为中心镇权力规制项目提供了十余项理论指导与政策建议。研究学者也对绍兴中心镇权力规制实践给出了积极评价,如北京大学政府管理学院教授谢庆奎认为,绍兴市中心镇权力规制创新对乡镇党政领导班子如何使用经济与社会管理的权力进行规范,在操作层面上具有很大的创新性。国家行政学院教授薄贵利认为:绍兴市做法非常难能可贵的是,将学界一直在呼吁、研究而在操作层面实践不多的权力规范运行展开了实践探索。复旦大学教授竺乾威认为绍兴市在镇一级的用权规制创新方面走在了全国前列,非常有意义,希望通过这一研究,把这一做法推广到全省,甚至全国。美国亚利桑那州立大学公共管理学院教授蓝志勇认为浙江的特点是有强大的民间发展的源动力和创新精神,绍兴市中心镇开展用权规制创新,就是从个人的无限决策权力到组织有限权力,这本身就是一个巨大的进步与创新。

3. 权威机构的重视与关注

中华人民共和国国家发展和改革委员会新闻中心针对浙江省中心镇培育工程作了系列专题总结,专题中对绍兴市中心镇改革的措施和成效进行了专题关注,如“上虞市以‘五强化’为抓手着力推进中心镇发展”、“绍兴市以‘六个注重’推动中心镇‘先人一步’发展”、“绍兴县以建设新型城镇为抓手全力推进中心镇发展”、“王永明副省长考察绍兴时要求:抓住机遇加快培育和发展中心镇”等。

从综合效用上分析,总体而言,中心镇权力规制实践的实施取得了较为满意的效果。探索中心镇权力规制创新,全面规范中心镇权力运行,有效推动了经济发展、社会问题治理与科学发展观的落实;理顺了乡镇政府权职关系,平衡了部门职能,增加了基层稳定的保障;合理分配了县镇权力结构,优化了政府自身结构;丰富了“惩防体系”,推进了农村党风廉政建设,有效预防了权力“落势化”趋

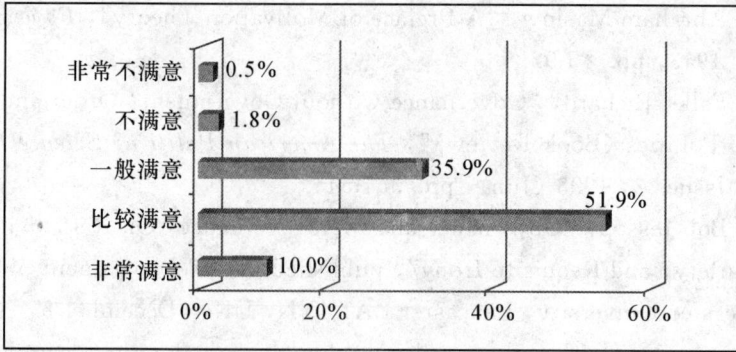

图 7-11　中心镇权力规制总体满意度

势；顺应了"扩权强镇"改革需要，有助于构建廉政风险防范机制，提高党建科学化水平。课题组问卷统计结果显示，在对绍兴市扩权强镇后开展权力规范工作的总体满意度评价上，在 1305 名调研对象中，认为"非常满意"的有 130 人，占 10.0%，认为"比较满意"的有 677 人，占 51.9%，认为"一般满意"的有 469 人，占 35.9%（详见图 7-11）。

从全国范围内看，扩权强镇后的中心镇权力规制是一项全新的探索与实践，既缺乏前期的成功经验可供借鉴，也缺乏失败的教训可供反思。中心镇权力规制的实践、总结与推广需要在实践中不断反思与创新，开拓性的权力规制理念决定了这项实践的走向与可持续性。

本章参考文献

［1］Graham Finney and David Grossman，"Public-Private Parternships in the Twenty-First Century"，Public Administration 6th edition，edited by Fredrick S. Lane，Bedford/St. Martins，Beston，1999.

［2］David Hyman. Public Finance：A Contemporary Application of Theory to Policy，Florida：Harcourt Inc. 1999.

［3］Williamson，Oliver E. ，"The Institutions of Governance"，The American Economic Review，Vol. 88，Issue 2（May，1998），pp. 75-79

［4］Frank J. Goodnow. Politics and Administration：A Study in Government，New York：Russell & Russell，1990.

［5］H. D. Lasswell. Politics，New York：McGraw-Hill，1936.

［6］Martin Meyerson and Edward C. Banfield. Politics，Planning and the Public Interest，The Free Press，1955.

[7] Abraham Maslow, "A Preface of Motivation Theory", *Psychosomatic Med.* 5, 1943, pp. 85-92.

[8] Falk, Richard, "Governance without Government: Order and Change in World Poilitics (Book Review)", *The American Political Science Review*, Vol. 87, Issues 2, 1993 (Jun), pp. 544-545.

[9] Bob Jessop, "Governance and Metagovernance: On Reflexivity, Requisite Variety, and Requisite Irony", published by the Department of Sociology, Lancaster University, Lancaster LA1 4YN, UK, (December 5, 2003), at http://www. comp. lancs. ac. uk/sociology/papers/Jessop-Governance-and-Metagovernance. pdf.

[10] Merrill, Thomas W. "The Constitutional Principle of the Separation of Powers. " Supreme Court Review, 1991, Chicago, 1992.

[11] Norton E. Long. "Power and Administration", *Public Administration Review* 9, 1949 (Autumn), pp. 257-264.

[12] [英]洛克:《政府论》,商务印书馆 1982 年版。

[13] [法]孟德斯鸠:《论法的精神》(上册),商务印书馆 1982 年版。

[14] [美]亨廷顿:《变化社会中的政治秩序》,三联书店 1988 年版。

[15] 施雪华:《政府权能理论》,浙江人民出版社 1998 年版。

[16] 荣敬本等:《从压力型体制向民主合作体制的转变——县乡两级政治体制改革》,中央编译出版社 1998 年版。

[17] 许文惠、张成福:《危机状态下的政府管理》,中国人民大学出版社 1998 年版。

[18] 张静:《基层政权——乡村制度诸问题》,浙江人民出版社 2000 年版。

[19] 孙立平、郭于华:《"软硬兼施":正式权力非正式运作的过程分析——华北 B 镇收粮的个案研究》,《清华社会学评论》,2000 年特辑。

[20] 杨善华、苏红:《从"代理型政权经营者"到"谋利型政权经营者"——向市场经济转型背景下的乡镇政权》,《社会学研究》,2002 年第 1 期。

[21] 刘熙瑞:《服务型政府——经济全球化背景下中国政府改革的目标选择》,《中国行政管理》,2002 年第 7 期。

[22] 徐勇:《从村治到乡政:乡村管理的第二次制度创新》,《山东科技大学学报(社会科学版)》,2003 年第 3 期。

[23] 孙立平:《转型与断裂:改革以来中国社会结构的变迁》,清华大学出版社 2005 年版。

[24] 陈国权、徐碧波:《法治缺失下的制度风险与非市场竞争》,《社会科学

战线》,2005 年第 3 期。

　　[25] 中国行政管理学会课题组:《政府部门绩效评估研究报告》,《中国行政管理》,2005 年第 5 期。

　　[26] 周永坤:《权力结构模式与宪政》,《中国法学》,2005 年第 6 期。

　　[27] 刘启君:《寻租约束下的行政效率》,《中国行政管理》,2005 年第 4 期。

　　[28] 傅白水:《绍兴强镇扩权的成效与尴尬》,《中国改革》,2007 年 7 期。

　　[29] 陈剩勇、张丙宣:《强镇扩权:浙江省近年来小城镇政府管理体制改革的实践》,《浙江学刊》,2007 年第 6 期。

　　[30] 陈国权、黄振威:《论权力结构的转型:从集权到制约》,《经济社会体制比较》,2007 年第 3 期。

　　[31] 吴毅:《小镇喧嚣——一个乡镇政治运作的演绎与阐释》,生活·读书·新知三联书店 2007 年版。

　　[32] 王健:《中国政府规制理论与政策》,经济科学出版社 2008 年版。

　　[33] [美]塞缪尔·亨廷顿:《变化社会中的政治秩序》,上海人民出版社 2008 年版。

　　[34] 陈国权:《社会转型与有限政府》,人民出版社 2008 年版。

　　[35] 袁金辉:《冲突与参与:中国乡村治理改革 30 年》,郑州大学出版社 2008 年版。

　　[36] 方林苗、汪建江:《把中心镇打造成创业创新的示范区》,《浙江经济》,2008 年第 13 期。

　　[37] 何增科:《试析我国现行权力监督存在的问题及原因》,《学习与探索》,2008 年第 4 期。

　　[38] 魏涛:《强镇扩权:一个乡镇改革模式的研究样本》,《湖南工程学院学报》,2008 年第 1 期。

　　[39] 姚莉:《论乡镇政府的社会治理能力:现状、改革及启示——以浙江"强镇扩权"为例》,《经济与社会发展》,2008 年第 10 期。

　　[40] 张新辉:《广东省中心镇强镇扩权改革研究——以白土镇为例》,暨南大学硕士位论文,2008 年。

　　[41] 周雪光:《2008 基层政府间的"共谋现象"——一个政府行为的制度逻辑》,《社会学研究》,2008 年第 6 期。

　　[42] 张红日:《浙江强镇扩权改革的背景、实践与政策建议》,《政策瞭望》,2009 年第 7 期。

　　[43] 杨雪冬:《走向公共参与取向的乡镇治理》,《探索与争鸣》,2009 年第 4 期。

[44] 姚莉:《财权与事权配置视角下的乡镇改革趋势——兼评"乡财县管"与"强镇扩权"》,《农村经济》,2009 年第 2 期。

[45] 闫德民:《权力制约范式论析》,《社会科学》,2009 年第 7 期。

[46] 王勇:《深化改革敢于放权构建城乡一体化发展新格局——关于扩权强镇建城的几点思考》,《宁波通讯》,2009 年第 6 期。

[47] 高立伟、罗芳:《基层政府边界的效应表现及现代转型》,《江西社会科学》,2009 年第 6 期。

[48] 陈国权、黄振威:《善政发展的逻辑》,《经济社会体制比较(双月刊)》,2009 年第 3 期.

[49] 颜佳华:《当代中国社会转型期政府权力运行机制重塑研究》,湖南人民出版社 2009 年版。

[50] 靳会永:《三分制度七分执行》,企业管理出版社 2009 年版。

[51] 赵树凯:《乡镇治理与政府制度化》,商务印书馆 2010 年版。

[52] 钱子健:《"强镇扩权"背景下乡镇权力运行规范化——以绍兴钱清镇的实践为例》,《中共宁波市委党校学报》,2010 年第 6 期。

[53] 马骏:《经济、社会变迁与国家重建:改革以来的中国》,《公共行政评论》,2010 年第 1 期。

[54] 朱健刚:《论基层治理中政社分离的趋势、挑战与方向》,《中国行政管理》,2010 年第 4 期。

[55] 郑方辉、陈佃慧:《三方评价政府绩效的独立性》,《广东学院学报》,2010 年第 2 期。

[56] 翁均飞、陈淦:《"桥"缘 ——不断创新发展中的基层社会管理"枫桥"样本》,《今日浙江》,2011 年第 9 期。

[57] 杜晓溪、申来津:《参与式乡镇治理的建设进路——基于政府为主导和农民为主体的分析》,《社会主义研究》,2011 年第 1 期。

[58] 陈汉宣、马骏、包国宪主编:《中国政府绩效评估 30 年》,中央编译出版社 2011 年版。

[59] 俞可平:《善政:走向善治的关键》,中国选举与治理网,http://www.chinaelections.org/NewsInfo.asp? NewsID=93689,2006 年 7 月 27 日。

[60] 人民网:《制度的生命力在于执行力》,http://cpc.people.com.cn/GB/64093/64099/10801621.html,2010 年 1 月 20 日。

[61] 赵树凯:《从乡镇治理看政府改革的"锁定"困局》,《中国改革论坛》,http://www.chinareform.org.cn/gov/governance/Practice/201106/t20110623_113887_1.html,2011 年 6 月 23 日。

第八章　中心镇权力规制创新的省思与探索

为发挥中心镇的战略节点作用,浙江省委省政府、绍兴市委市政府对绍兴市中心镇权力规制创新给予了高度重视,也为此项改革创造了有利的政策空间。实践证明,在浙江省委省政府、绍兴市委市政府的大力鼓励与支持下,绍兴市强镇扩权和中心镇权力规制创新取得了诸多有益成果,为有效解决乡镇经济、政治、社会、文化等领域的诸多难题创造了新的路径与渠道,提高了乡镇政府的公共服务效能,夯实了基层政府的政权合法性,推动了政府、社会与市场的良性互动发展。

当然,中心镇权力规范运行的改革探索是一项长期、系统、复杂的工程,绍兴市中心镇权力规制创新的探索在很多方面和环节上,仍属于试验性、探索性和基础性工作,一些改革措施还不成熟、不完善,改革实践的科学化、法制化、制度化、可持续性等方面仍需要进一步通盘考虑与深度把握。在全国范围内,绍兴市中心镇权力规制创新是第一次由政府发动、政府各部门合作推动的对中心镇权力规范运行的系统思考与实践,未有成功的经验可资借鉴,也未有失败的教训可供反思,只能根据中心镇自身发展的实际需求来探索建立权力运行的规范、制度与机制。因此,中心镇权力规制创新需要在不断反思、探索、总结、实践、再反思、探索、总结与实践的推动下得以深化与前进。只有在正确的改革方向与目标指引下不断识别问题,找准对策,总结经验,创新思路,才能使改革得以可持续深化,也才能使改革实践的成果真正惠及社会与民众。

本章先对中心镇权力规制创新中存在的突出问题和难题进行梳理与思考,在此基础上提出了进一步深化改革的思路与建议。当然,中心镇权力规制创新需要与时俱进,跟随新的时代步伐与时代要求而不断寻求新的发展思路。

第一节　中心镇权力规制创新的问题省思

一、改革的合法性问题

按照我国传统行政管理体制的规定，乡镇没有政策制定权、行政审批权和执法权。强镇扩权改革在扩权过程中赋予了中心镇县级政府的经济、社会管理权限，甚至包括执法权，这与政府职权法定及行政合法性原则存在一定的背离，而中心镇扩权后应该扩大何种权力、扩大到何种程度都缺乏明确的法律依据，绍兴市强镇扩权试点借助的乃是"授权式"、"联体式"扩权，权力下放方式及中心镇新扩权力能否得到有效运用仍有诸多未解难题。中心镇权力规制创新对此作了积极有益的探索，通过"五有一化"、"六大规制"、"三定三防"的具体举措，在试点、推广的基础上，中心镇权力运行体系日益完善。中心镇权力规制创新填补了目前国内乡镇权力规范运行改革的空白。从绍兴市的改革情况看，目前镇一级执法机构尚不健全，执法力量不足，执法依据不强，近距离执法尚有一定难度，在管理手段上还比较欠缺，存在着有力使不出的现象。课题组的问卷调查结果显示，36.4％的被访者认为用权依据不明确是制约中心镇权力规范化运行的主要因素。它需要中心镇权力规制改革来突破。这在一定程度上也反映出政府层级间的纵向权力配置依然不平衡，需要改革进一步向纵深推进。同时，如何解决权力规范与权威的紧张关系也十分重要。既要落实好规范用权，又要建构权力的必要威严，尤其要注重发挥人大、纪委、立法、司法机关在处理权力规制与权力权威关系上的作用。

加强权力规制的法制及其相关配套的执法条件建设势在必行。要全面查找权力规制实践中无法可依、有法不依、执法不严、法律不适等法制建设不完善之处，加强相应法规、规章、条例等文本的制订、适用与完善工作。具体而言，就是要根据权力规制改革中授权、分权、确权、用权、督权、评权各个环节的实际需要，查找法制依据不足的情况，适时弥补法制基础的空缺。在制订法规文本的过程中，做好新制订的法规文本与现有相关法规的内在一致性。最后还必须通过国家或省级政府立法实现行政性分权向法制性分权的转变。

二、改革的制度设计及其执行的规范性问题

1. 制度本身的规范性与有效性问题

完善政府权力运行机制的目标是为保证政府权力公正、廉洁和高效运行,其内容包括决策、执行、控制、协调、监督等运行环节以及对政府系统中人、财、物、信息等资源的支配方式。政府权力运行机制合理化与科学化程度直接影响着政府权力运行效果。如在干部队伍素质、行政文化建设上,如何定位廉政教育材料与干部培训的作用需作进一步思考。绍兴市中心镇通常将绍兴历史名人的伟绩作为建设勤政善政廉政行政文化的主要途径,而绍兴在现代化转型当中更需要树立一种现代人的意识,不仅要靠这种历史伟人榜样的示范作用,更要靠对规范、制度的逐步认识、认可、接收、遵守、内化等作用,使勤政善政廉政形成一种自主、自觉、自发的文化。再如在权力规制的探索改革中,如何科学合理地界定行政裁量权的范围、方式、责任等同样需要作进一步思考。

2. 制度执行过程中存在的风险问题

制度执行是保证制度创新发挥效用的关键一环。胡锦涛总书记在十七届中央纪委五次全会上的重要讲话突出强调,抓好制度执行,是反腐倡廉制度建设的基本要求,也是检验制度建设成效的重要标准,并提出要在组织领导、制度意识、监督检查、领导干部率先垂范、切实查处违反制度的行为等方面加强制度执行力[1]。有些研究者甚至用"三分制度七分执行"来形容制度执行的关键作用[2]。从理论上分析,制度执行力不足、制度路径偏差、程序不规范、监督缺失、相应责任追究不到位等都是制度执行不到位的重要原因。如何进一步提升制度执行力是中心镇权力规制改革需要认真思考的问题。课题组调研统计数据显示,对影响中心镇权力规范运行的负面因素与各自所占比重是,"权力监督力度不够"这一比例最高,占52.7%;其次是"用权依据不明确",占36.5%;"权力内容界定不明",占36.3%;"权力运行透明度不高",占35.4%;"权力运行程序不规范",占29.7%;"绩效考评制度不完善",占26.5%;"干部道德素质不高",占17.7%;"工作氛围的影响",占14.2%(见图8-1)。这都与制度执行不到位紧密关联。

---

① 《制度的生命力在于执行力》,人民网,2010 年 1 月 20 日,http://cpc.people.com.cn/GB/64093/64099/10801621.html
② 靳会永:《三分制度七分执行》,企业管理出版社,2009 年版。

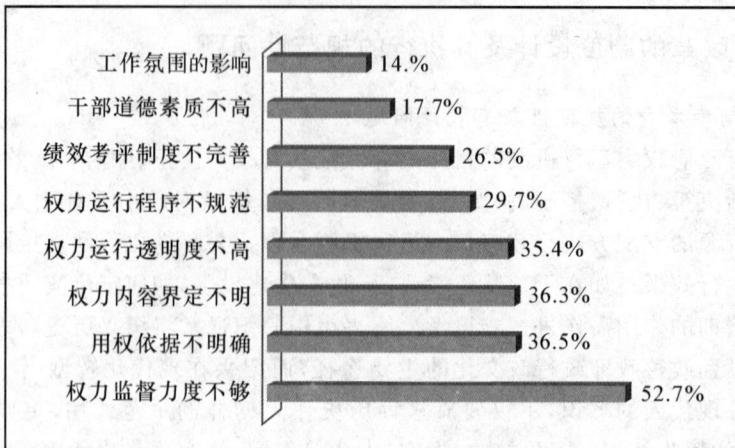

图 8-1　影响权力规制的原因

3. 制度执行过程中的具体环节问题

(1)分析与把握由市纪委来推动中心镇权力规制实践的浙江特色

在绍兴市中心镇权力规制的组织规划中,绍兴市纪委起了组织、发动的领导作用。由市纪委来组织推动中心镇权力规制改革形成了绍兴市此项改革的特色。然而,与地方政府负责发动、组织地方政府改革与创新的普遍做法形成对比的是,由权力监督部门来实施权力规范运行改革的过程存在更多执行细节的问题与难题,如纪委部门如何摆正其在权力监督与制约中的角色? 纪委部门如何与其他相关权力监督部门共同实施对中心镇政府的权力有效监督? 中心镇政府作为中心镇权力主体,如何处理其与纪委在推动此项改革中的领导与被领导的关系? 这些问题需要改革实施主体在未来的探索中进行深入思考。要进一步深入挖掘由纪委来推动中心镇权力规制实践的运行规律与要求,寻求此种方式实现的路径、有利条件与潜在障碍。

(2)围绕绍兴市中心镇的未来定位来整体规划权力规制改革

一是如何恰当定位中心镇与绍兴市、浙江省在权力规制实施中的领导者、管理者、发动者、组织者、协调者的角色,各自不同的角色定位首先影响了权力规制探索的原则性、灵活性与创新性;二是如何紧密结合中心镇的未来发展定位以确定改革的整体方向与进度,中心镇是朝向城镇化,还是定位于大都市? 中心镇未来发展不同的定位选择直接决定了中心镇权力规制创新的长远目标与具体计划的实施;三是如何充分考虑中心镇"最基层权力主体"之角色在中心镇权力规制创新中的基础性、基层性与重要性;四是权力与法、道德、文化,哪种因素在中心镇权力规制创新中发挥更为重要的作用,或这些因素如何融合与整合以发挥最大效用,是改革主体需要深入思考的问题;五是制度需要有效执行才能发挥实际作用,而如何避免制度过于形式化、空洞化又成为中心镇权力规制创新需要着力解决的问题;六是加强绩效评估后的结果改进是权力规制实践具备可持续性的重要举措,而绍兴市中心镇在这方面建设上仍显得较为薄弱,需要在未来改革中科学设计与有力实施。

三、改革的可持续性与长效性问题

1. 中心镇权力规制创新管理的精细化、制度化和规范化

中心镇权力规制中的权力清单、规则、程序等规范与监督、公开、分权、制衡等规则,还包括行政文化和技术手段等,都符合现代行政管理精细化、制度化与规范化发展的要求。然而,如何将规范、规则落实到实处,并通过适当的程序上升为国家意志或法律规范,使之固化为长效机制,仍需国家、省市和各中心镇在未来的实践中进一步探索与实践。

2. 中心镇权力规制实践的最终成果如何持续性地造福民众与社会

提高公共福祉是现代公共管理的终极目标,也是政府持续创新的根本动力。中心镇权力规制创新的结果就是要通过改变权力和利益结构,提高服务社会的效率和公共利益。中心镇权力规制的最终成果是否真正造福百姓、成本效益比又如何,需要改革主体在充分调研与了解民意的基础上做深入、具体分析,并以群众满意不满意为标准,对改革的具体环节与细节进行必要的纠偏与重新设计。

3. 中心镇权力规制的定位与未来发展的整体设计

如何发挥权力规制的积极效果以实质性地推动政府创新与经济发展,需要将中心镇改革置于基层政府建设的整体框架中考虑,因此对权力规制的定位、未来发展目标、具体实施路径等都需要有科学的思考。同时,绍兴市中心镇权力规制改革在浙江省先后提出"强县扩权"、"强镇扩权"、"扩权强镇"的宏观背景下提出,且正与 2011 年中央提出"提高社会管理的科学水平"之精神相契合。因此,中心镇权力规制改革还需置于国家与浙江省的整体建设与改革规划中来设置改革的未来定位、发展目标与长远规划。

4. 中心镇权力规制实践如何持续保持制度创新

制度创新是决定此项改革成败的关键,而只有持续性的制度创新才能保持改革充满持续性的活力与动力,也直接决定了改革的可持续性发展。课题组的调研数据总体上显示,中心镇权力规制创新在分权、确权、运权、督权与评权各个环节中还存一些不足与薄弱环节,如科学分权还存在难度、合理确权还不够科学、公开运权透明度不够高、全面督权社会参与不足、多方评权后的改进措施不到位;各个环节中的具体执行还存在一些不足,如放权不到位、权力承接存在障

碍、财权事权不匹配、中心镇人员素质跟不上,等等。所有这些不足与薄弱环节直接说明,大力实施制度创新对改革的顺利展开与持续推进具有重大的现实必要性。综合理论研究与调研数据结果,中心镇权力规制的制度创新至少应包括以下内容:

(1)要进一步探索有利于加强权力监督、明确责任导向的制度创新

课题组的调研分析显示,有50.8%的受访对象认为,权力监督要成为权力规制实践的首要工作,近50%的受访对象认为"责任机制"是改进权力规制实践的第二项重要工作(见图8-2)。权力监督与责任机制既是中心镇权力规制创新中的重点,也是难点,进一步探索权力监督与责任机制的制度创新具有十分重要的现实性与紧迫性。

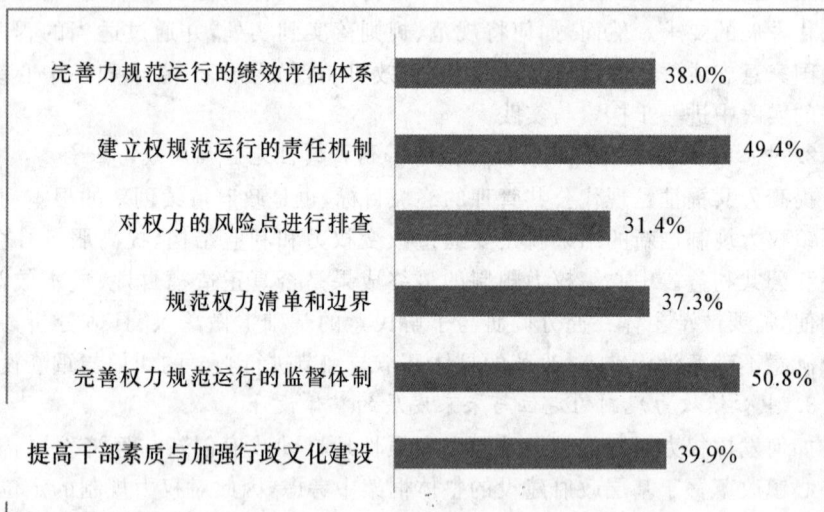

图8-2 强化中心镇权力规范运行最应采取的措施

(2)要进一步探索绩效评估的制度创新

绩效评估是跟踪、反馈、激发、纠偏改革的必要举措,科学、有效、及时的绩效评估可以为改革指导方向与提供具体改进对策。调研数据显示,有38%的受访群众认为要大力完善权力规范运行的绩效评估体系。如何通过绩效评估制度的创新来提高改革成效有待进一步完善,并建立长效机制。

(3)要进一步重视行政裁量权合理运用的制度创新

行政裁量权的行使恰恰是权力滥用的一个重要来源,行政裁量权的不规范运用会导致诸多权力腐败问题。在权力规制创新的探索中,如何科学、合理地界定行政裁量权的范围、方式、责任等需要作进一步思考。

(4)要进一步处理好权力规范与权力权威的紧张关系

既要落实好规范用权、合理用权,又要建构权力的必要威严,建立权力规范与权力权威的有效平衡,是中心镇权力规制创新中的一项难点工作。因此,需要恰当处理所有关涉权力规范与权力权威关系中的权力执行主体与客体、权力运行生态环境等因素,如要注重各级政府、人大、纪委、立法、司法机关等在处理权力执行、权力监督与权力设定中的不同地位与作用,还要恰当处理好政府与社会、制度与文化、道德与法制等在加强权力规范与塑造权力权威间的相互作用。

四、改革的公众知晓度与满意度问题

在政府大力推进以政务公开、阳光运行促进民主、法制建设的改革进程中,民众对改革的知晓度与满意度是改革成败的试金石。政府改革应以群众知不知情、满不满意、认不认可为标准。如何让群众了解真实的改革过程、让群众真正享受改革的有益成果并得到群众的认可,是现代政府推进改革需要着实做好的工作。调研结果与公民参与的结果都显示,绍兴市中心镇权力规制创新需要进一步提升公众知晓度与公众满意度。

1. 提升公众知晓度

公众掌握与获取政府改革信息是公众参与现代政府管理的前提之一,也是现代政府推进民主、法制建设的必要条件。公众知晓度是实现政府问计于民、问需于民、问意于民的重要条件,也是建立健全政府与社会双向互动机制的重要因素。以权力规范运行为目标的中心镇权力规制创新,公众对改革信息的获得与知晓,是公众发挥参与、监督作用的重要条件,也因此成为了权力规制改革之阳光、透明、公开、规范、高效目标实现的基础条件。根据课题组的调研结果,绍兴市不同地区(区、县、市)和不同群体(科教文卫事业单位人员、社区工作人员、企业一般职工、农业生产人员、离、退休人员、学生、自由职业者、失业人员、其他)对权力规制改革的整体知晓度不低,但不同地区间、不同群体间的知晓度却存在较大差距,突出表现在:在对改革的知晓度上,经济实力较为薄弱地区的民众与中低收入群体比经济实力较为扎实地区的民众与较高收入群体明显要低[①]。此项调研结果给予的直接启示是,在不断提升公众对改革的整体知晓度的举措下,着力提升不同地区与不同群体,尤其是经济实力较弱地区的民众与较低收入群体对改革的知晓度需要有新的思路与路径。

2. 提升公众满意度

建立群众满意的政府是现代服务型政府建设的重要目标,也已成为各级政

---

① 根据课题组内部资料《绍兴市中心镇"权力规制"创新绩效评估报告》相关资料整理。

府改革的重要导向。"群众满意不满意是衡量政府工作的唯一标准"①。政府行政改革的成果是否真正惠及民众,是群众满意不满意的核心依据。调研结果显示,整体而言,绍兴市中心镇权力规制创新的群众满意度较高,但不同地区(区、县、市)间和不同群体间(群体组成同上)对改革的满意度差别较大,经济发展水平相对较低、中心镇数量相对较少、在权力规制改革中面临阻碍较大的中心镇(如新昌镇)的群众满意度明显要低于其他群众对其所在中心镇权力规制改革的满意度,同时,地处非市中心、经济收入偏低、工作较不稳定、教育水平偏低的群众对改革的满意度要明显低于地处市中心、经济收入中等及以上、工作稳定、教育水平较高的群众的满意度②。进一步创新思路,提高群众对改革的满意度,尤其是有针对性地提高相关地区与群体对改革的满意度成为一项直接关乎改革成败的重要工作。

需要补充的是,群众对政府行政、改革与服务的知晓度和满意度有着内在关联和相互促进作用,中心镇权力规制创新需要在不断提高群众知晓度与满意度的制度创新中不断推进与深化改革。

五、改革成果的示范与推广问题

1. 改革成果的示范问题

中心镇权力规制创新进一步促进了镇域经济发展,增加了强镇财政收入,提高了镇政府社会公共服务能力。如绍兴市中心镇在改革的基础上形成了一批产业特色明显、经济水平高、辐射力强的"强镇",对周边乡镇与区域产生了积极的带动与示范作用③。而同时,与一些"强镇"相比,县政府的财政收入则相对减少,对经济实力偏弱乡镇的支持力度也显得不足。因此,在给"强镇"提供发展资源、创造发展机会的同时,还应考虑"弱镇"的综合发展要求。这需要在充分调研的基础上,通过多项针对性配套政策的支持与落实,通过"强镇"的示范、带动与辐射作用,促进正在发展中较弱乡镇的同步发展,从而促进县域经济及整个区域经济的协调发展。当然,绍兴市"强镇"的示范作用不仅限于绍兴市各中心镇,还要考虑其对浙江省、其他省(市)甚至全国范围的中心镇的示范作用。

2. 改革成果的推广问题

通过推广,改革的优秀成果将会为更广范围的社会与百姓服务,从而也为更广范围的民主民生与社会和谐奠定更加坚实的基础。同时,改革成果的推广需

---

① 温家宝总理就政府工作报告和"十二五"规划纲要草案征求基层群众代表意见座谈会侧记,新华网 http://news. xinhuanet. com/politics/2011-02/13/c_121071707. htm,2011 年 2 月 23 日。

② 根据课题组内容资料《绍兴市中心镇"权力规制"创新绩效评估报告》相关资料整理。

③ 参见方林苗、汪建江:《把中心镇打造成创业创新的示范区》,《浙江经济》,2008 年第 13 期。

要做好系统的资料汇总与总结工作,这对进一步深入思考改革的各个方面与环节提出了新的要求,从而为进一步改善与提升改革实践创造了反思空间。中心镇权力规制改革成果既属于政府自我管理与改革的创新,也属于政府公共服务理念与方式的创新,因而改革成果推广的成效直接影响到一个地方政府的自我管理与公共服务的理念与方式。因此,做好优秀改革成果的推广需要有计划、有步骤、有选择地推进,需要处理好的几项重要关系包括:一是改革的个别典型性与推广的普遍性的关系,二是地区特色与普遍经验的关系;三是单个中心镇的全面发展与整个区域的协调发展的关系。

第二节　中心镇权力规制创新路径再思考

一、加强中心镇权力规制的理论研究

对权力进行监督、规范以杜绝或减少权力滥用是古今中外规范权力运行的一项法宝。规制,简而言之就是规则、规范、制度与其实施活动的总和。权力规制就是对权力设计、运行进行的监督、规范与考核活动的总和。国家权力规制就是指以国家权力为对象,在其运行过程中和结束后进行规划、配置、制衡。它包括三层涵义:国家权力的规划、国家权力的配置和国家权力的制衡[①]。在我国行政管理的理论与实践中,政府常通过政府规制来调节与规范经济活动,并形成了我国政府规制的理论与实践[②]。政府规制,主要指政府为了维护公共利益、纠正市场失灵,依据法律和法规,以行政、法律和经济等手段限制和规范市场行为,确立市场竞争秩序,促进市场经济稳健发展的行政过程,也包括对自身权力的限定和规范。现有的"规制"理论大都集中于"政府规制"。

从现有的政府规制理论看,绍兴市"中心镇权力规制"对"政府规制"理论有一定的创新和发展,主要在规制主体、对象、层次、方向、领域五个方面。(1)创新了规制主体的范围。在经济规制与社会规制中,权力机关是规制的实施主体,由政府负责对市场经济主体和客体实施监督、规范与管理;而在行政规制中,也主要是由政府机关(行政机关、立法机关、司法机关)来实施对经济规制与社会规制

---

① 李宾:《关于我国国家权力规制的若干思考》,河北大学硕士学位论文,2009 年,第 6 页。
② 如王健:《中国政府规制理论与政策》,经济科学出版社 2008 年版;时家贤:《转轨、全球化与中国政府规制改革》,经济科学出版社 2007 年版;夏大慰,史东辉等:《政府规制:理论、经验与中国的改革》,经济科学出版社 2003 年版。

的规制。在绍兴市开展的中心镇权力规制的探索实践中,实施规制的主体既包括政府内部的权力部门,还广泛纳入了社会、市场、个人等"体制外"主体力量,实现了规制主体范围的扩大,提高了中心镇权力规制成效。(2)创新了规制对象的范围。在政府规制理论中,市场主体与客体是规制的对象,是政府对市场与市场活动的规范与限定;在中心镇权力规制理论中,中心镇政府各权力机关及其权力运行是被规范、限定的对象。(3)突破了政府规制理论的层次规定。在政府规制理论中,规制主体一般限定在县及县以上各级政府,乡镇一级政府虽属于我国政权体系的最基层政权,却鲜有规制的实质权力。在中心镇权力规制的探索中,乡镇政府成为了落实权力规制的核心层级。(4)创新了规制的运行方向。在政府规制理论中,负有规制责任的政府权力机关通常按照自上而下和同级部门间两种方向展开;中心镇权力规制实现了自上而下、自下而上、同级部门间三个方向的共同实行。(5)拓展了规制领域。在政府规制理论中,规制是围绕市场经济体系运行中的经济问题而展开;中心镇权力规制则不仅对与经济问题相关联的权力运行进行监督与规范,还对社会领域、文化领域、环境领域等直接与民生挂钩的诸多领域进行规范与管理。

中心镇权力规制改革需要有符合自身现实逻辑与理论逻辑的逻辑脉络和分析框架。对中心镇政府权力实施"权力规制"是否可以在规制理论中找到相应的内容?"权力规制"是否等同"行政规制",完全按照"对规制主体的规制"的逻辑展开? 社会参与监督中心镇权力运行是否可以纳入"规制"的理论脉络? 这提出了一个重要问题,即"中心镇权力规制"是否有其理论体系? 关于"权力规制"的内涵、分类、实现路径、现实困难、价值目标与未来发展等六个理论问题又如何进行全面、细致的理论梳理与分析,以建立中心镇权力规制改革的自身理论体系?

权力规制的内涵。在政府规制理论中,"规制"一般在"经济规制"、"法律规制"、"行政规制"的语境下得到运用与阐发,常指政府为规范经济行为与维护市场秩序,通过经济与法律手段对市场主体行为进行规范,或对市场规则进行管理,以提高整体经济效益。而行政规制是对规制的规制,即对政府的经济规制机构与法律规制机构进行监督与规范。因此,"规制"在政府规制理论中,将市场主体及其行为作为规范对象,同时为了保证这种规范行为顺利进行,还对政府的规制主体(各规制机构)进行监督与管理。因此,在这一基本定义下,"中心镇权力规制"理论需要完成两方面的理论界定与阐释工作,一是权力规制的主体、客体、分类、路径、目标与未来发展。依据政府规制逻辑,中心镇权力规制的主体(谁来负责实施规制)、客体(谁被规制)、分类(规制有哪些类别)、路径(规制的实施手段与工具)、目标(规制的工具目标与价值目标)、限制因素(约束权力规制展开的各种因素)与未来发展(规制的未来发展道路与方向)等都需要在"中心镇权力规制"的理论框架中进行清晰地界定与阐释。这是保证中心镇权力规制改革获得政治正确性、法制合法性、道德合理性与现实正当性的基础。在很大程度上，对这些问题的梳理与阐释构成了中心镇权力规制的理论逻辑脉络。二是权力规制与"权力规范运行"、"权力监督与制约"的异同与联系。在一般的话语表达与运用上，"权力规范运行"与"权力监督与制约"被用来指代权力合法、合理、公开、规范运行的理论与实践。那么，中心镇"权力规制"这一话语与"权力规范运行"和"权力监督与制约"的差异及其自身话语设计的必要性与现实意义，都需要在"中心镇权力规制"的理论框架下得到应有的阐发。同时，不同视角对"权力规范运行"或"权力监督与制约"的涵义、路径与意义等会有不同角度的诠释，如法哲学则从权力的发生、本质、来源、所有制、作用、正当程序、阻力与消解、评价标准、滥用、权理化等方面展开[①]；若从不同国家体制比较和权力运行的不同环节的角度进行分析，则可以从权力的一般种类如决策权、执行权、监督权来进行权力规范或监督的设计[②]。还可以从政治学、伦理学、心理学、美学、社会学等不同角度对"权力规范"或"权力监督与制约"进行必要性、现实性与对策性研究。因此，在这一思路下，中心镇权力规制要建构恰当的阐释视角与分析框架，且在逻辑上、情理上要与现有的关于"权力规范"与"权力监督与制约"的分析视角保持内在一致性。

理论是实践的先导，也是实践的重要推动力。正确的理论会指导实践按照法治、科学、有效的道路前行，并使改革的成果惠及社会大众。科学梳理与阐发中心镇权力规制理论的意义也就在此。

二、推进中心镇权力规制的机制创新

创新是一个民族进步的灵魂，是一个国家兴旺发达的不竭动力。改革的制度创新决定了改革的可持续发展性，改革的可持续发展性决定了改革的长效性。综合分析，影响中心镇权力规制改革可持续的因素主要包括：（1）上级部门重视程度。上级部门与领导的重视程度极大地影响着中心镇权力规制创新的可持续性，甚至成为中心镇权力规制项目是否顺利进行的前提。在绍兴市中心镇权力规制建设中，浙江省委省政府、绍兴市委市政府及各相关领导部门十分关注与重视中心镇的各项发展，对改革的政策、财政、信息、人力、物力等方面都给予了大力支持，为绍兴市中心镇权力规制探索及其可持续推进奠定了坚实的基础。（2）

---

① 周永坤：《规范权力：权力的法理研究》，法律出版社 2006 年版。
② 黄晓辉、陈诚：《国家权力监控机制比较研究——基于多数民主模式与共识民主模式的分析》，人民出版社 2009 年版。

法律环境。影响中心镇权力规制的法律因素十分广泛,包括基层民主建设、公共服务、社会管理、反腐败等方面的法律规定。综合分析看,浙江省、绍兴市、各镇已有的法律环境对中心镇权力规制的可持续发展都起到了积极的指导、规范与引导作用。如2010年4月,中央编办、中央农办、国家发改委等部位联合下发了《关于开展经济发达镇行政管理体制改革试点工作的通知》,这是中央以"通知"的形式对中心镇改革创造的重要政策条件;2007年浙江省政府出台了《关于加快推进中心镇培育工程的若干意见》,对中心镇建设提出了具体指导;绍兴市及各中心镇也为促进中心镇改革相继出台了相关支持性政策,使中心镇权力规制创新有了政策和制度保障。(3)干部素质。中心镇干部既是执行、落实权力规制政策的主体,也是权力规制的客体。中心镇干部素质成为影响权力规制可持续发展的关键因素。整体而言,绍兴市各中心镇通过干部学习与培训,大大提高了干部队伍素质,为权力持续规范运行奠定了良好的人才条件。同时,"扩权"后的乡镇工作量增加,多数乡镇干部在城镇规划与管理等方面存在经验不足、专业知识缺乏的问题,导致上有政策、下无人才,不能对接,在干部素质问题上存在诸多矛盾①。(4)行政文化。文化塑造着人的行为,也在无形中引导着人的行为。中心镇行政文化影响着中心镇权力规制的可持续发展。越文化素有求真务实、经世致用、创新求强的文化传统。中心镇在权力规制实践带动下,逐步建立起了公开透明、民主高效、勤政为民的行政文化,为权力规范运行创造了良好的文化氛围,成为中心镇权力规制可持续发展的积极促进因素。(5)社会参与。社会参与是现代民主社会的重要标志,也是民主政治发展的持续动力。社会参与是中心镇权力运行监督与制约中的必要环节,也是重要条件。绍兴市在推行中心镇权力规制的实践中,以非政府组织、市场、企业、单位、家庭、个人为主体的社会参与水平较高,代表面较广。但中心镇权力规制的社会参与还存在主动参与不足、合法性不足、渠道不顺畅、利益难以保障等方面的瓶颈,需要在以后的实践中着力解决。另外在民主法治社会,社会舆论是社会的"雷达"和"哨兵",对政府改革的整体方向与具体规范具有重要的导引、监测作用。整体而言,绍兴市权力规制带来了积极的社会舆论,反映了社会各界对中心镇改革的积极关注与积极参与。大众传媒和各种新媒体如电视、报刊、网络、微博、短信等形成的社会舆论,对基层政治的民主化、参与的制度化、决策的科学化、信息的公开化都会形成一定的舆论压力,从而形成中心镇权力规制持续发展的外部驱动力。

　　实践证明,不断创新是任何一项改革稳步推进的动力源泉。中心镇权力规制改革要不断推进制度创新,是长期理论分析与实践探索得出的重要结论。

---

①　有关当前绍兴市中心镇干部素质问题上存在的诸多矛盾,请参见第四章第二节相关内容。

　　1. 创新中心镇权力规制责任机制

　　责任是现代民主政府的行权边界。对人民负责是现代民主政府的一个基本理念，是政府获得民众认同、保有其政权合法性的前提条件。建立责任政府是提升公共服务水平的必然要求，也是建设社会主义民主、法治国家的必要条件。责任政府是指积极履行法定义务和职责、积极回应民众和社会的基本要求，并能自觉承担政治、法律和道义责任的政府[①]。作为一种价值理念和制度安排，责任政府明确了当今政府改革和发展的目标方向。在中心镇权力规范运行的探索中，中心镇政府以公共责任为导向，建立一个行之有效、高度完善的中心镇政府责任机制，不仅为推动中心镇权力规范运行创设了重要的制度基础，也更好地履行了中心镇政府职能的要求，构成了当前基层政府改革与创新发展的重要制度条件。

　　根据行政组织理论，权力是处理政务的手段，责任是完成工作的要求。政务活动需要有权力，但权力不是无限的，必须加以合理界定，还须课以相应的责任。只有权力而无责任，则权力必被滥用；只有责任而不赋予完成工作所必需的权力，则责任必将落空。所以保持权力与责任的对等和统一，是保证分工明确、各司其职、各负其责必不可少的前提条件。长期以来，乡镇政府的行政官员责任意识淡漠，不谋事、只谋官，贪图享乐，未能有效履行与权力并重的责任和义务，导致乡镇政府效能低下、党群关系恶化等不良影响。中心镇政府大力推动责任机制建设，有利于提高中心镇公务员队伍"公权公用、为民谋利"的服务意识，对无所事事、大错误不犯、小错误不断的官员起到很好的正面引导作用，并对失职渎职、违纪违法、滥用权力、以权谋私的官员起到很好的警醒作用。总之，中心镇权力规制责任机制对提升公务员思想水平与技能素质，造就以责任为导向的现代行政管理人才创造了较好的制度环境。同时，民主、法治进程的进一步深化对基层政府公共治理理念提出了更高的要求，创建廉洁、高效、法治、负责的政府形象成为现代民主、法治政府建设的必然选择。随着强镇扩权在全国更广范围内的逐步推进，中心镇政府责任机制建构显得极为紧迫。从权力本位到责任本位是责任政府的核心[②]，建立健全中心镇政府的责任机制是提高基层政府效能、完善公共服务、推动经济社会发展的必然之举。

　　绍兴市中心镇在探索权力运行的责任机制的实践中，已探索出了一些行之有效的责任机制，取得了较好的成效。如绍兴市钱清镇确立了"权责统一"理念，严格、彻底地执行责任追究机制。一是建立评估体系，按照"责权统一、分类考核、民主公开、群众满意、切合实际、简便易行"的原则创设绩效评估体系；二是实

---

①　张成福:《责任政府论》,《中国人民大学学报》,2000 年第 2 期。

②　陈国权等著:《从权力本位到责任本位》,浙江大学出版社 2008 年版。

行量化测评,结合镇级"三百工程"实施计划,制定《钱清镇机关工作人员绩效评估考核办法》,使"责任到岗、测评到人、奖惩到位";三是强化问责追究,明确问责事项、问责对象和问责程序。但由谁来履行中心镇的新扩权力和新职能、如何规范有效执法、怎样调配工作人员和提高干部专业素质等问题,仍然是困扰部门和乡镇的工作难点。而且,部门"想(可)给的权力"与乡镇"想要的权力"不能很好地对接,县镇之间的权力配置和权力关系仍然不够顺畅,权力规制改革的责任机制仍有必要完善。

(1)存在责任监管的"盲点",需完善责任监督体系

所谓责任监管的"盲点",就是指乡镇政府没有相应的机构与权力,导致地方公共服务和行政管理事项无法得以实现和管理,或乡镇政府具有相应的机构与权力,但为了减少(轻)责任而不予实施这项权力。中心镇扩权后,乡镇机关管理公共事务的权限扩大了。"扩权"即意味着需要承担相应的责任。随着中心镇权力的进一步扩大,权力的下放过程也产生了很多问题,突出表现为,由于乡镇一级没有执法机构和执法权力,乡镇层级的某些社会服务需求无法及时得到满足,从而产生了责任监管的"盲点"问题。一旦产生责任监管的"盲点",乡镇机关及其工作人员就有可能宁可不去管,也不愿去监管,以避免承担相应的责任。比如在安全生产方面,一方面乡镇无权管理,但另一方面若发生责任事故,乡镇负责人也将"依法"承担相应的责任。"天大的责任,巴掌大的权力"、"看得见,管不着"基本上是乡镇干部对当地执法困境的评价。为进一步提高中心镇权力运行的效率与效能,中心镇在责任机制建设方面需要着力解决责任监管的"盲点"问题。如何规避"宁可不管、不愿承担责任"的监管"盲点"就需要完善责任监督体系,消除盲点,保证扩权后的事项能够管理到位、运作到位、责任到位。对中心镇而言,扩权后权力规范运行(尤其是增扩的权力)既要保障权力得以规范运行,又要确保权力运行到位。建立权责对等的责任机制是保证扩权改革成果的重要举措。

构建中心镇权力规范运行的责任体系,一是要保证用权到位,明确用权规范,强化用权责任。建立健全以责任为导向的政府行权文化,在权力规范运行的责任机制引导下,在中心镇政府各部门及公务员队伍中进一步明确权力运行边界与运行程序,做到用权规范、公权公用。二是要集中针对责任监管中的"盲点"项目,进行清晰罗列,逐个查找应对措施。要在清晰、全面查找责任监管"盲点"的基础上,逐个分析各盲点的可能发生及其后果,通过建立权力监管的责任机制减少(或消除)责任盲点的发生。通过责任监督体系建设来破除监管"盲点",提升政府工作人员工作的积极性和责任心,提高乡镇政府公共服务的整体效率与水平,并以此提升中心镇政府的公共服务效能。

（2）存在权力风险点的事项，需建立风险防控责任制

"扩权改革"是在现行体制下对经济社会发展迅速的中心镇下放行政权力，增加中心镇政府在管理公共事务中的管理权限，提高乡镇政府满足公众服务需求的水平。但"扩权"后随之带来的权力运行不够规范、自由裁量权过大以及由于权力的权威性、强制性等特征使得权力在运行时可能存在一定的风险点。"赋予治理国家的人以巨大的权力是必要的，但是也是危险的"[①]。凡是存在风险点的权力事项或权力运行过程，都需要建立起有效的风险防控责任制。该机制的意义在于：一是有助于明确权力运行过程中的风险事项，建立权力运行的预防机制；二是有助于有效排除权力运行过程中的风险点，建立风险排除的控制机制；三是有助于提高风险责任履行的能力，建立风险事项的责任机制。

为有效确定中心镇权力运行中的可能风险点，建立行之有效的风险防控责任制，需进一步做好以下几项工作：

①列出风险清单。风险清单是在权力清单的基础上对可能发生权力风险的权力重点列出说明。列风险清单有助于各个部门及其工作人员明确风险可能存在的权力项目与具体发生过程，有助于行权主体预先树立相应的责任意识。就组织整体而言，风险清单实际上是责任控制机制的有效形式，是监督和考核的重要依据。

②建立风险标准。建立风险标准能为权力规范运行奠定切实可行的基础，通过可量化或可衡量的方式建立明确的风险标准，有助于中心镇机关工作人员在实际操作中明确权力运行的责任，并做好有效的防范工作，提高风险防控意识，主动规范权力运行。

③应用风险排序。在风险清单和风险标准的基础上，对当前各项权力风险点进行风险重要性、优先性、发生频率等的排序。应用风险排序有助于中心镇在权力运行中更好地建立责任控制机制，采取风险防范措施时充分考虑措施的轻重缓急，提高风险防控的针对性与有效性。

④设置防控流程。排除权力风险点是要在工作流程中建立有效的防控机制，明确排除风险是中心镇机关工作人员的重要责任，使责任机制在工作流程中得以正确贯彻实行。建立风险标准、列出风险清单和应用风险排序基本上都是静态性工作，而设置风险防控流程则是在明确列出权力运行中可能存在的风险点的基础上，预设各项风险点的消除、减轻、避免等具体环节，是一项动态性工作。中心镇机关应结合工作流程，建立相应的风险防控流程及其责任机制，使规范权力运行的责任机制构建真正落实到工作中的每个细节。

---

① ［美］詹姆斯·M.伯恩斯等著，《美国式民主》，谭君久等译，中国社会科学出版社1993年版，第189页。

（3）存在权责不统一的问题，需建立权责对等的原则

权责对等是行政管理的基本原则，也是建设现代责任政府的基本条件。权力运行遵循权责对等原则具有深厚的理论基础与现实诉求。一从政府权力的来源与服务对象看。社会契约论被认为是论述国家权力来源与服务对象的经典思想。法国启蒙思想家卢梭是社会契约论思想的创立者，其在《社会契约论》中第一次明确提出了"主权在民"的政治原则。根据社会契约理论，公众出于对公共利益的追求而将自身权利委托给一个公共权力代表，即国家，由国家代表民众行使公共权力。社会契约论认为，国家权力来自人民的授予，是作为人民权力的代理角色行使公共权力。因此，国家行使公共权力的同时，必须承担为民服务的责任。二从现代责任政府的建构逻辑看。建立健全对民负责的政府是现代政府进行民主、法治建设的重要目标。对民负责，意即政府利用掌握的各种资源积极实现民众的公共需求，并因自身行政不当行为承担否定性的惩罚责任。政府承担与权力对等的责任是责任政府建构的基本逻辑。三从责任与权力的内在逻辑看。权力与责任相伴而生，现代民主、法治的政治实践中，不存在没有权力的责任，也不存在没有责任的权力。"行政实践过程中政府及其组成人员的所有责任都是'元责任'的具体化和衍生物。政府的元责任是与政府的整体性权力相对应的，权力是服务于责任的，无法脱离责任而单独存在，否则就是不合法的权力"①。因此，权力与责任对等是行政管理体制建构与政治实践展开的重要原则。四从放权的实践目标与效果看。放权的目标是通过权力结构的重新分配，提高行政管理效率，提升公共服务效能。实践证明，缺乏责任约束的放权只会导致更大范围的腐败与公共利益受损。只有通过法律依据为所放之权确立相应的责任约束机制，才能真正实现公权公用、高效为民。

建立权责对等的原则就要明确权随责走的原则。行政权力与行政责任的关系应该是权随责走，但是在实际的行政过程中却往往做不到这点。监督机制缺失，行政监督方式容易出现单一化，形式化；扩权后权力运行评估体系不完善，容易导致权力运行无法跟踪，无法考核。同时，权力是一把双刃剑，运用不好，极易滋生腐败现象。尤其是中心镇"扩权"后，权力的日益扩大更需要相应的责任体系来限定与导引中心镇权力的具体运行。因此，规范权力运行就需要实现权力与责任的相互捆绑。下放权力的同时，就将责任要求一同发出；同时，在规范权力运行的过程中明确各个部门拥有的权力边界与范围，防止造成权力越位、错位、不到位、权责不统一等。再者，在明确权责的基础上需要建立有效的绩效评估系统，用评估绩效的手段建立起行权主体的责任导向意识，用量化的指标具体

---

① 杨淑萍：《行政分权视野下地方责任政府的构建》，中央民族大学博士学位论文，2007年，第22页。

明确责任的范围与幅度。

要进一步优化权力结构,实现权责对等。从课题组调研中分析得出,向中心镇下放的权力还存在不完善之处,导致了中心镇权小责大、有责无权等权责不对等问题。中心镇享有的权力项目还需要作进一步调整与优化,具体需要改进的权力项目包括审批权、人事权、财政权、社会管理权、城镇建设规划权、环保权、消防权、综合执法权、治安权、拆迁权、民众参与权、话语权、行政处罚权、领导干部的职权(级别配置)、基层工作人员的执行权、经济管理和工商管理等方面的权限等。还应优化县镇之间的权力配置和权力关系,防止权责不对称、县级部门不愿放权和乡镇难以承接问题,因此要进一步拟定分权化改革的权力清单和资源配置,优化权力结构,实现权责对等,为中心镇培育和乡镇管理体制改革的深化奠定基础。

权责不统一导致权力风险点的重要来源,就是"一把手"在重大决策上的权力与责任不对等。我国为了建立有效的责任查究制度,各级政府普遍实行首长负责制。《中华人民共和国宪法》规定:"国务院实现总理负责制。各部、各委员会实行部长、主任负责制"。"地方各级人民政府实行省长、市长、县长、区长、乡长、镇长负责制。"政府内各部门的组织管理中也相应实行领导负责制。同时,首长负责制并非单一领导负责制,而是整个领导组织负责制,即依法承担法律责任时,整个领导团体成员都将受到相应的责任惩罚。中心镇权力规制创新实践表明,有效贯彻镇长负责制对中心镇权力规范运行具有十分关键的作用。对于中心镇而言,镇长、镇委书记等核心领导的重大决策直接影响了中心镇的全局发展,领导决策失误将导致全局性的风险。镇长负责制以责任本位代替权力本位,以责任第一代替权力第一,对领导"一支笔"、"拍脑袋"式的决策模式具有较好的约束与控制作用。因此,要大力加强针对中心镇领导的责任追究机制建设。

(4)建立相应的监督责任追究制

监督制度可以有效地促进责任的实现,监督的作用是以责任追究的威慑力为保证的,因而要加强对失责行为的追究力度。监督过程会产生监督不到位、不合法、不彻底等各种问题,也就产生了监督责任的追究。监督责任追究就是对监督者不到位、不合法、不彻底而产生的责任进行追究,是对监督的监督。责任追究是对责任主体在履行责任过程中出现的违法违规、失职失责等行为予以处罚惩戒。应从建立"重点监督"机制、完善监督沟通渠道、建立行政问责制及加强职业道德教育等方面加强监督责任的追究。作为监督责任追究制度的重要补充,中心镇还要注重决策失误纠错责任制的建设与完善,加强决策失误后的补救性,这构成了强化领导责任、提高决策水平、减少决策失误、及时纠正错误决策和挽回损失的一项重要举措,并对决策者起到心理警戒和行为校正作用。要建立决策失误纠错责任制,就要明确纠错的责任主客体、方式与具体责任内容。

2. 创新中心镇权力规制监督机制

权力监督是落实责任的坚强保障,缺乏监督的权力必将走向异化。造成权力风险点形成的主要原因是权力具备权威性等特点及权力运行过程中责任机制不够明确。权力监督的本质在于权力主体间权力权威的较量与权力机制为这种较量所设定的运行机制,权力监督的有效性在根本上取决于监督主体的力量。因此,要明确监督缺失的具体环节,建立和完善多元主体的监督体系,提高权力监督的综合作用力。纵观西方国家的权力监督体系,它的"多元"集中体现在行政、立法、司法、社会及新闻媒介、在野党等共同构成了国家权力监督的有机体系①。

(1)建立全面的权力监督网络中心镇

要紧密结合自身的权力结构特点与权力运行环境,构建适合自身实际需要的多元监督体系。

①建构主体多元化的权力监督网络。既要在中心镇权力系统内部实现不同权力部门间的监督作用,还要为系统外部主体创造顺畅、有效的监督渠道。权力系统内部的监督主体包括中心镇人大、纪委、政协、党委、法院、检察院等权力体系,权力系统外部的监督主体则包括社会、媒体、群众等。要建构权力系统的内、外监督网络,形成党内监督、审计监督、舆论监督、社会监督等全方位的监督网络体系。

②要建构监督方向多维化的权力监督网络。监督方向是指权力监督在权力层级间或同级权力部门间的执行方式,包括自上而下、自下而上、横向部门间三个方向。因此,在建立健全中心镇权力监督体系的探索中,要十分注重对县(市)、镇(乡)、街道、社区构成的上下权力监督关系的确定,还要考虑各个层级内各部门间的权力制约与监督关系的设定。

③要建构监督手段多样化的权力监督网络。中心镇权力监督不仅仅是针对单纯的权力运行空间,也非仅仅是通过权力制约权力,而是要建构一个涵盖权力、道德、文化、技术、机构、制度等多样化手段相互监督、交叉制约的全方位监督体系。中心镇权力监督的实践证明,通过多元化、多维化、多样化的权力监督网络,提高中心镇在重大决策、权力执行中的责任与服务意识,保证责权对等、责任先行、用权为民。

剑桥大学教授阿克顿勋爵曾说:"权力导致腐败,绝对的权力导致绝对的腐败",而失去制约(或制约不力)的权力必然导致腐败,绝对失去制约的权力将导

---

① 朱光磊:《中国政府过程》,天津人民出版社 2002 年版,第 233—234 页。

致绝对的腐败。实践证明,掌权者倾向于垄断权力、滥用权力,利用手中的公共权力谋取私利。因此,对行权主体进行全面且及时的有效监督成为必然之举,而"辅助性预防措施"是必须具备的方法,这种"辅助性预防措施"就是有效的权力运行的监督机制。胡锦涛在 2004 年 9 月 15 日召开的"纪念全国人民代表大会成立 50 周年"的纪念会上强调:"权力不受制约与监督,必然导致滥用和腐败。加强对权力的制约和监督,是社会主义民主政治建设的重要任务"[①]。

构建中心镇权力运行监督机制,首先有利于保证公权公用。加强对中心镇权力的制约和监督,通过建立结构合理、配置科学、程序严密、制约有效的权力运行机制,从决策和执行等环节加强对权力的监督,保证把人民赋予的权力真正用来为人民谋利益。其次有利于促进依法行政。各级政府及其公务人员能否坚持依法行政与正确有效地行使手中的权力,不仅直接关系到行政管理的效能,而且最终关系到经济社会发展和国家长治久安。通过强化有效的监督,保证各级政府及其公务人员在行政管理活动中始终坚持依法行政,不仅要充分运用行政法这种具有国家强制力的法律手段来管理被管理的对象,同时也要运用行政法来控制自己所享有的行政权力。再次有利于推动权责统一。当前中心镇政府的经济、社会管理权限与中心镇发展实际明显不适应。其中,权责不对等是中心镇一级政府面临的首要问题。"强镇扩权"的运行模式是要根据"充分授权、权责统一"的原则建立运行机制,通过实施权力下放减少环节、提高工作效率。这就在很大程度上有赖于运行规范和相关权力监督规范的建立。扩权的同时必须有相应的政策约束机制,既要"充分授权",又要权责统一,实现中心镇的科学发展,并努力将中心镇一级政府打造成"规范的有为政府"。

绍兴市中心镇推行"扩权强镇"试点的近四年来,中心镇探索了多种权力监督路径,如兰亭镇完善权力监控机制,促使领导干部廉洁从政,建立对权力运行的有效监督:一是自觉接受人大监督。认真执行监督法的规定,依法向镇人民代表大会、镇人大主席团报告工作。认真做好镇人大主席团审议、视察前的准备工作,按人大要求,扎实做好政府实事工程。高度重视人民群众通过行政复议、行政诉讼、信访等渠道,对镇机关的工作实行监督,确保人民群众的知情权、参与权、表达权和监督权。二是自觉接受纪委监督。兰亭镇成立了兰亭镇党委政府督查室,坚持严格监督在任班子成员每月联村(厂)情况进行督查,对重点工程进展情况按月进行通报。三是自觉接受群众监督。加强对执行力的监督,建立每月工作进展情况通报制。每月初将上月重点工作进展情况包括重点工作内容、

---

① 胡锦涛:《要进一步增强人大监督实效》,人民网,2004 年 9 月 15 日:http://www.people.com.cn/GB/14576/28320/35193/35207/2785984.html。

完成情况、未完成工作、未完成原因、推进计划等以表格的形式印发至各部门,在《今日兰亭》上通报接受广大干部群众监督,从而督促、提醒各部门加强对工作的建设、跟踪和服务,督查班子成员联村联厂联项目情况和党委政府中心工作与重点工作的推进情况。再如钱清镇从制度、机构、文化、技术四个层面入手,建立了"四位一体"式规范权力运行的全方位监督系统,真正做到监督有力、规范有度、执行有效;制度上,就"一把手"与下级部门之间的上下监督,镇纪委、人大、政协对党委政府的同级监督,人民群众的社会监督三个层面建立了一整套督权制度;机构上,钱清镇纪委在钱清镇党委的领导下开展纪律检查工作,抓好党风廉政建设,完成各项反腐任务,监督党员干部的工作;文化上,钱清镇利用其廉政文化发源地的优势,深入挖掘历史上著名清官这一文化资源,建立了软性的文化督权制度;技术上,钱清镇以信息公开为主要原则,编制政务公开事项目录,对所有项目实行网上公布和网上审批,做到"三晒三公开"。

在中心镇权力规制工作中,中心镇权力规范运行成效显著。但由于改革本身的试验性、阶段性特征,中心镇权力规制本身仍然存在一些问题,如监督力度不够,监督深入程度不足,监督环境有待完善,监督过于分散,监督的合力尚未形成,等等。课题组问卷调查显示,被调查者认为权力监督力度不够是影响中心镇权力规范运行的最主要因素,占被调查者的52.7%(见图8-1)。随着扩权强镇试点工作在全国的开展,进一步完善中心镇权力监督机制显得极为紧要。

(2)强化中心镇人民代表大会的监督作用

人民代表大会是代表人民意志、体现人民当家作主的国家权力机关,宪法赋予其最高监督权,代表人民对其他国家机关实施监督与控制。监督权是宪法和法律赋予各级人大及其常委会的一项重要职权,贯穿于各级人大及其常委会运行的整个过程。人大通过行使监督权,能够进一步贯彻落实法律、法规的基本原则与精神,还能够及时发现和纠正执法机关的违法违规行为,是监督最有力的主体。各级人大是各级政府最高权力机关,依法对同级的政府、法院、检察院实行行政权、审判权和检察权的监督。各级人大通过监督宪法和相关法律的实施,听取和审议同级人民政府、人民法院、人民检察院的工作报告,审查和批准本行政区域的国民经济和社会发展计划和财政预算,以质询和调查特定问题等形式实现对权力运行的监督。

因此在完善中心镇权力规范运行的监督机制的建设过程中,要加强中心镇人民代表大会对中心镇政府的监督作用,以避免决策的片面性和随意性。中心镇政府的大型决策和工作事项需经人大相关部门审议,并通过召开听证会接受社会监督。而对一些不合理的事权与财权安排,相关负责方应作正式说明并接受有关部门的审查。中心镇权力运行要接受包括人大、党委、上级机关、社会组织、农民组织等全方位的监督,这样中心镇政府服务于乡村、服务于农民、服务于新农村建设的积极性、主动性才能真正有效地调动起来,中心镇政府的公共服务效能才能得以提高。

(3)发挥电子政务在信息公开中的作用

信息公开有利于对行政机关及其工作人员的有效监督,并有效制约政府管理过程中存在的暗箱操作等问题。政府信息公开既可以保障人民参政议政、维护自己的合法权益,也可以加强对政府的监督,使国家权力不易被滥用。随着信息时代的到来,电子政务在信息公开方面的作用将日益显现,也将对规范权力运行的监督起到重要作用。

在建立中心镇权力监督机制的实践中,要充分发挥电子政务在中心镇政府信息公开中的作用。①中心镇政府应当及时、准确地公开政府信息,发现影响或可能影响社会稳定、扰乱社会管理秩序的虚假或不完整信息时,应当在其职责范围内及时发布准确的政府信息予以澄清;②应当建立健全中心镇政府信息发布协调机制,发布政府信息涉及其他行政机关的,应当与有关行政机关进行沟通、确认,保证行政机关发布的政府信息准确一致;③应当通过政府公报、政府网站、新闻发布会以及报刊、广播、电视等便于公众知晓的方式公开政府信息,提高政府信息公开的效率与效度;④中心镇政府应当在档案馆、公共图书馆、社区图书室等信息集散地设置政府信息查阅场所,并配备相应的设施、设备,为公民、法人或其他组织查阅、获取政府信息提供方便;⑤可以设立公共查阅室、资料索取点、信息公告栏、电子信息屏等场所、设施,公开政府信息;⑥编制、公布政府信息公开目录和政府信息公开指南,并及时更新。另外,信息公开还要做到:明确信息公开的义务和职责,并层层分解,落实到各职能部门、岗位和工作人员;将信息公开要求、标准和程序具体化,明确考核标准和奖惩方法;建立信息公开过错追究制,使信息不公开行为及时承担相应的责任;建立信息公开投诉机制,通过开辟对信息不公开的举报投诉途径,改善信息公开执行状况。

(4)采用绩效审计方式提高监督效用

绩效审计也称"3E 审计",是对一个组织主体利用资源的经济性(economy)、效率性(effectiveness)和效果性(efficiency)进行的评价。经济性评价是评价该组织对资源的占用和耗费是否节约和经济,考查在哪些环节出现了浪费或不经济现象。效率性评价是指对投入和产出之间的关系进行审查,主要判明经济活动是否经济有效,查明低效率的原因,最终寻求有利于提高效率的办法和措施。效果性评价是指对计划的完成情况进行的审查,即审计产出是否达到了预期的效果,是否获得了理想的效益,评价业务活动成果的数量和质量是否符合预期要求,利用资源的具体方式和手段是否有效①。

政府绩效审计应该是一种独立的审计。使政府审计处于一种独立的地位,是世界各国政府审计中的普遍特征。要打破传统思维定式,确立绩效审计的独立性和权威性。要正确区分传统体制与市场经济体制下的审计特征,明确审计机构的地位和职权,树立政府绩效审计的权威性。尝试开展事前、事中的绩效审计。在传统审计方法的基础上,探索多种灵活适用的审计方法。

中心镇权力监督体系应该是一个动态发展、不断提升的体系,随着中心镇政府民主政治进程的深化与公共管理模式的革新而保持不断的自我完善与发展。

3. 创新中心镇权力规制评估机制

为了更好地规范权力运行,检验权力运行的效果,并找出权力规制方面的经验和不足,绍兴市中心镇开始探索建立绩效评估体系。如钱清镇的"三百工程"、"百项履行职责"和"百项追究事件"采用定期通报制度,"百项挂牌工作"采用每月主要工作和重点督办工作通报制度。每季度进行考核,先考核到各领导小组、再由领导小组考核到领导小组成员,年终结算兑现。

随着对中心镇的进一步放权,中心镇构建绩效评估体系显示了重要的积极作用。第一,树立乡镇政府公共服务观念,促进中心镇经济、社会发展。中心镇作为推动经济、社会发展和统筹城乡建设的主导力量,其提供公共服务的能力建设成为关键性内容。绩效评估以建设"更有回应性、更有责任心和更富有效率"的政府为改革目标,强调重塑政府角色、明确服务标准、提高服务质量和以顾客需求为导向;通过评估制度的安排建构公共服务型政府,促进中心镇政府树立公共服务的观念、提高公共服务水平,加快中心镇经济、社会的可持续发展。第二,改善中心镇政府与公众之间的关系,为中心镇的综合发展创造良好的环境。中心镇的发展具有一定的特殊性,其管理的很多事项直接与社会公众接触,提供公共服务的过程中也极易产生各种矛盾。引入绩效评估体系,是建立健全公共责任机制、解决各种利益冲突与社会危机、保障社会公众利益表达和参与政府管理的重要途径与方法,有助于改善中心镇政府部门与社会公众之间的关系,为"强镇扩权"实践的深化和中心镇的综合发展创造良好的社会环境。第三,检验中心镇政府的行政管理实践。要形成推进中心镇发展的强大合力,不仅是在"强镇扩权"的思路下按照"依法下放、能放则放"的原则赋予中心镇县级经济社会管理权限,更为关键的是提高中心镇管理水平,发挥中心镇在规划、建设、服务等方面的功能。衡量中心镇管理的科学性与可持续性则需通过建立乡镇绩效评估体系来确立,以进一步优化资源组合,提高管理效率,实现城乡统筹发展。第四,提高中

---

① 戚振东、刘正方:《试论开展农村绩效审计》,《农村财务会计》,2007 年第 11 期。

心镇政府的服务水平。政府绩效评估意味着各种信息在政府、绩效评估者和社会公众之间进行交流与沟通，进而推动政府运用信息技术以实现政府管理目标。当前中心镇政府在电子政务的应用方面还较为薄弱，中心镇政府应在基层政府电子政务方面起到示范作用。现代信息化条件下，电子政务是绩效评估体系的重要要素之一，有助于提升中心镇政府的电子化服务水平，从而提高乡镇政府服务能力的提高。

绍兴市中心镇在探索建立绩效评估体系中也同时存在绩效考核的指标形式过于单一、指标内容科学性不够、绩效考核工作的运作缺乏科学性等不足，如考核指标仅仅考查日常工作及重点工作，缺乏更为量化和详实的指标，一些考核细节和量化标准仍显不足；对个人的绩效评估体系，忽视了对个人特殊情境的考虑，过于注重个人宏观责任与法律责任的落实，忽视了对具体工作细节与道德责任的关注。统计数据显示，调查对象认为绩效考评制度不完善是影响权力规制创新的主要因素之一，且有 38% 的受访群众认为，要大力完善权力规范运行的绩效评估体系。因此，推动"中心镇权力规制"创新的有效手段之一是加强权力运行的绩效评估机制建设。

（1）明确中心镇政府机关绩效考核的基本原则

科学合理、客观公正的原则。坚持通用性指标与差异性指标相结合，定性指标与定量指标相结合。

责权统一、分类考核的原则。一是考虑中心镇政府机关的职能、功能定位和中心镇政府整体的差异及不同特点。二是充分考虑干部职位属性和所负责任的差异，区别对待、分类考核。

民主公开、群众公认的原则。坚持在党管干部前提下，强调信息公开，让广大群众更多地参与考核工作，进行多视角、多维度的综合评价。

切合实际、简便易行的原则。在中心镇绩效考核目标、考核指标与标准的确定，考核工作的实施、绩效信息的采集统计和分析等各个环节上要体现系统性、规范性、可靠性，尽可能地便于操作，简单易行。

（2）创新中心镇权力规范运行的绩效评估体系

①建立科学合理的中心镇机关绩效考核评估主体体系。当前我国中心镇机关的绩效评估主体体系本身建构不完全。要建立中心镇科学合理的乡镇机关绩效考核评估主体体系，现阶段至少应从以下三方面入手：第一，中心镇机关绩效考核工作由专门的绩效考核小组主持。国内外政府绩效评估的理论和成功经验表明，有效的政府绩效评估首先有赖于政府的支持和专业的统一领导机构的建立。作为政府绩效评估的管理机构，其主要职责与功能应包括：一是制定并监督执行政府绩效评估的管理办法，尤其要制定政府绩效评估的配套管理制度；二是

建立科学合理的绩效评估方法,并实施监督;三是开展绩效诊断活动,以此作为政府绩效评估的基础;四是开展绩效评估,根据考核结果建立反馈机制,并配合相关部门监督执行;五是以一定的制度和资源保障政府绩效评估的顺利进行;六是形成政府绩效报告,提出绩效改进意见。据此,成立中心镇绩效考核领导小组,其成员包括:主管工作的副书记、主管经济工作的镇长、镇机关中的人大、政协代表、各镇机关的具体业务主管部门负责人。具体职责:研究和决定镇政府绩效考核中的重要问题;行使绩效文书的制定以及考核工作的领导职责。还可以考虑成立中心镇绩效考核办公室,主要职责包括:负责中心镇绩效考核工作的具体实施、指导和协调;针对考核实施过程中的问题提出意见和建议;负责绩效考核的数据统计分析。如镇政府领导以及各主管业务机关在日常工作中,加强对考核指标的分类指导、督促和检查,并及时搜集相关信息。年底,绩效考核领导小组办公室负责组织、搜集考核指标的数据和信息,并进行认真核实;根据考核指标完成的实际结果,进行中心镇领导班子和领导个人的绩效等级评定。

第二,与专业学术研究机构或顾问专家合作。学术研究机构由于与政府部门没有直接利益关系,由它们来负责某些触及政府部门利益的审计、调查、考评工作将有助于得到更为准确、客观、科学的绩效评估结果,为政府提供客观真实的政府工作信息。同时,与学术专业机构合作也能保障绩效评估工作既具有科学性和合理性,又与地方发展战略和政策方向相结合。如绍兴市纪委、钱清镇人民政府于 2008 年年底启动、2009 年 4 月正式签约委托浙江大学非传统安全与和平发展研究中心开展了"中心镇权力规范运行研究"的课题。浙江大学课题组与绍兴市纪委、绍兴县纪委与钱清镇党委、人民政府和纪委联合组成课题组,对规范中心镇权力运行进行了专题研究。课题研究历时近两年,围绕研究主题,在绍兴市所辖主要中心镇、县纪委以及绍兴市纪委、杭州市纪委等处开展了广泛的调查和研究,形成了切合钱清镇实际的规范中心镇权力运行的总体思路与对策建议,对"钱清规则"的提炼、完善与进一步发展产生了非常积极的效果影响。

第三,建立财政、人事、统计等多部门联动配合的绩效评估模式。中心镇政府机关绩效是一个整体。在实施乡镇绩效评估过程中,财政、人事、统计等部门都是绩效评估的相关主体,要积极与其配合,建立统一、高效的绩效评估体系。构建乡镇绩效评估多元主体的体系也有助于在绩效上形成"合力",共同规范乡镇权力运行,提高乡镇工作绩效水平。

②建立合理的综合性绩效指标体系。政府绩效评价指标是评价政府绩效的具体内容,科学、合理的绩效指标将有助于增进评价结果的科学性、客观性和公正性,进而克服政府工作的盲目性、提高公共服务的有效性。绩效指标作为绩效评估的衡量标准,不仅反映工作任务或目标的完成程度,而且反映出工作任务或

目标完成的过程。绩效指标体系内容是一个完整的系统,将对政府绩效进行不同方面、不同角度的衡量。就中心镇政府而言,绩效指标体系主要包括四方面内容,一是政府预算的绩效指标;二是政府人力资源的绩效指标;三是政府组织和文化的绩效指标;四是政府采购的绩效指标。绩效考核指标需要定性定量相结合。除了经济指标以外,政府部门也要注重非经济指标,包括成本指标、社会满意率、环境指标等。构建规范的乡镇权力绩效评估体系,要注重建立合理的综合性绩效指标体系,以体现乡镇工作的复杂性和服务对象的多元化。具体对策主要包括:

一是利用工作分析(岗位分析)建立绩效考核指标。对部门工作进行专门的工作分析或岗位分析,在工作分析的基础上分解出绩效考核指标。1980年,美国联邦人事管理局通过工作岗位分析确定工作因素,了解部门或个人的工作成果、服务质量、工作程序等,进而制定工作标准,对所从事的工作应达到的数量、质量、完整性、所用时间等的水准和要求进行详细的书面说明,这种标准大致分为五等(不满意、最低满意、完全成功、特别成功、特优),最后确定部门或个人工作的决定性因素,以此作为绩效考核的基础。工作岗位分析是绩效考核指标设计的基础,需要专业人员和政府绩效评估管理机构来共同完成。

二是运用目标分解建立绩效考核指标。根据目标管理理论,确立组织总体目标,分解到部门目标,最终分解为个人绩效考核指标。目标分解是建立绩效考核指标的一种重要方法,相当于工作分析的专业操作性,设定目标、制定目标、建立考核指标,是目前政府绩效考核指标体系建立的主要手段,具有一定的科学性与合理性。其关键点在于设置目标。如钱清镇每年的经济社会发展总体目标结合钱清镇实际进行目标分析设计出了更为合理科学的综合考评体系,在实践中发挥了积极作用,产生了良好的社会效果,具有较强的启发意义。从国外政府绩效评估的实践看,设置绩效目标和建立绩效考核指标是管理机构与被考核对象共同协商并签订绩效合同,既保证绩效考核指标的公正,目标不会偏高或偏低,又以法律监督手段保障目标的顺利实现。

③提高综合考评结果应用的效益。政府绩效管理的目标不是为了绩效评价本身与绩效比较,其最重要的目的在于通过绩效跟踪、绩效评估提高行政人员的责任意识和效率精神。

利用绩效评估结果报告进行部门沟通,制定部门绩效改进计划。通过评估结果,各部门可以认清现有的绩效水平,发现工作中存在的问题,找出改进绩效的办法,并制定下一季度或下一年的绩效改进计划。逐步建立绩效预算与政府部门集体经济薪酬奖励制度,对政府部门集体经济薪酬的奖励,可以引用"增益分享"的方式。将财政拨款与政府部门总体绩效相挂钩,根据合理的测评,确定下一年的绩效目标和达到目标的合理预算。如果政府部门在预算内完成任务，可以获得剩余预算的全部或者部分。超出预算的部分，由组织内部自己承担。如果任务完成质量不高，下一年度的预算拨款也会有所减小。最后，建立部门和人员成长的培养机制，将评估结果与中心镇机关行政人员成长机制相结合，根据评估的结果，有选择性地开展专业学习和培训，优化人员知识结构和技能结构，促进部门及其行政人员的绩效改进。

④建立制度化的监督沟通机制。第一要建立部门绩效评估监督委员会，保证绩效评估在实施过程中绩效得到监督和改善。政府的首要任务就是提供公共服务，服务和责任是现代政府的核心职责。过程监督更能促进公务员对责任和服务的认识。监督委员会可以采取公众参与或第三部门监督的方式，也可以是内部监督，主要目的在于对绩效流程的监督，提高公务人员的服务与责任意识。

第二要在部门内部进行沟通，确定具体指标与绩效评估计划。改变过去部门决定绩效指标的方式，将绩效指标与绩效目标建立在多元主认同的基础之上。即使在绩效管理实施过程中，也需要注意和行政人员个人的沟通和交流，以建立和培育行政人员负责任的服务精神。同时，要完善目标责任制的内容，使个人和部门的目标能够能与个人发展相适应，也能与组织绩效相挂钩，以鼓励行政人员为实现组织与个人目标而不断提高绩效和服务质量。目标责任制是一种内在的激励机制，也是政府绩效评估的重要手段。

第三要促进信息沟通平台的建设，建立信息公开机制。信息沟通平台有助于部门内部了解绩效信息并及时改进，也有助于政府与社会之间的相互沟通，培养公众对政治的认识水平和参与能力，促进政府以社会公意为基础改进绩效，真正体现服务政府和责任政府的要求。中心镇可以采取更多的途径和方式公开绩效评估信息，如召开新闻发布会、进行社会公示、举行听证会、培训会以及咨询有关专家等，还可以在内部刊物上设立绩效评估专版，定期宣传和发布绩效评估信息，与新闻媒体合作，向广大市民宣传绩效评估工作的进展和成果等。因此促进绩效评估工作的顺利开展，强化绩效评估工作在政府工作中的重要地位，并且接受广大社会公众的共同监督，从而实现中心镇机关权力规范运行的目标。

⑤完善乡镇机关绩效评估配套制度。在现阶段，完整意义上的中心镇机关绩效评估体系建设还在起步探索阶段，需要循序渐进，并同时完善中心镇机关绩效评估的各项配套机制建设。

第一要深入开展政务公开。公开透明是保证权力不被滥用、公共服务不出问题的有效办法。首先，扩大政务公开的范围。政务公开应在范围上具有广泛性，将人民关心的重点、热点、难点问题，涉及群众切身利益问题的政策制定公诸于众，让公民全面清楚地了解相关政策中自己的权利和义务，使其自身利益和意见能及时、顺畅地表达。其次,保证行政程序公开。行政程序的公开使公民得以了解政策的形成过程,并对政策制定进行全面监督。再次,确保政务公开内容的真实性。真实是政务公开的关键所在,违背真实性原则会使公民无法真正地参与到政策制定中,并会使政府失信于民。

第二继续推进行政问责制度和绩效管理制度。行政问责的根本目的在于强化行政监督、提高政府执行力和公信力。要重点抓好三个方面的行政问责:对中央关于保增长、保民生、保稳定各项政策执行不力的要问责;对公共资金使用不当、投资项目出现失误的要问责;对发生损害群众生命财产的重特大安全事故的要问责。要继续推进行政问责的制度化、规范化,进一步明确问责主客体、问责范围、问责程序及责任内容,加大问责力度,增强行政问责的针对性、操作性和时效性,坚决纠正行政不作为和乱作为。要建立政府绩效管理制度,引导各级干部特别是领导干部形成符合科学发展观要求的正确政绩观。

第三要提高公众的整体素质,强化公众参与意识。在地方政府绩效评估中,公众参与程度的加深与公民整体素质的提升是一个长期的过程。要使公众能真正参与到绩效评估的过程中去,就必须以培养公众的民主法治意识为前提,增强公众参与评估的能力。一是培养主体意识,即培养公众在参与国家政治生活中表现出来的高度的政治责任感和积极主动的精神。二是培养参与意识,即公众能动地实现其权利和主动性的政治参与行为在观念中的反映。参与意识是公众民主意识至关重要的部分,公众的参与意识越普遍、越自觉,参与的行为越广泛、越深入,则民主政治越发展,政治文明越进步。三是培养法治意识。法治是政治文明的本质要求和有机组成部分,公众只有形成自觉的法治意识,并普遍见之于行动,才能在全社会形成良好的法治环境,也才能确保公众的有序参与[1]。

⑥提高综合考评结果应用的效益。利用绩效评估结果报告进行部门沟通,制定部门绩效改进计划。通过评估结果,各部门可以认清现有的绩效水平,发现工作中存在的问题,找出改进绩效的办法,并制定下一季度或下一年的绩效改进计划。然后逐步建立绩效预算与政府部门集体经济薪酬奖励制度,对政府部门集体经济薪酬的奖励,可以引用"增益分享"的方式。将财政拨款与政府部门总体绩效相挂钩,根据合理的测评,确定下一年的绩效目标和达到目标的合理预算。最后,建立部门和人员成长的培养机制,将评估结果与中心镇机关行政人员成长机制相结合,根据评估的结果,有选择性地开展专业学习和培训,优化人员知识结构和技能结构,促进部门及其行政人员的绩效改进。

推进中心镇权力规制的责任机制、监督机制与绩效评估机制建设是中心镇

---

[1]　何祖洪:《论公共政策制定中的公众参与》,《合作经济与科技》,2006 年第 3 期。

制度创新的核心内容,是中心镇权力规制探索可持续、长效化推进的重要制度保障,因此也是中心镇向中小城市目标迈进的重要制度保证。需要特别指出的是,绍兴市中心镇权力规制在探索建立责任机制、监督机制与评估机制的实践印证了以下三点的重要性:

第一,责任机制、监督机制与评估机制绝非相互独立设计与独立执行,而是相互交叉、相互作用的。单一机制的完善需要在其他机制的相应完善下得到作用的真正发挥,甚至在某种程度上,三种机制在其相关制度内容上具有相似性或等同性。要在"公权公用、规范高效"的整体目标下,对责任机制、监督机制与评估机制进行整体设计与宏观把握。

第二,在创新与设计责任机制、监督机制与绩效评估机制的过程中,要尽量实现责任、监督、评估主体的独立性。大多数发达国家和少量发展中国家在行政规制中都采取了独立规制的模式,由专业化、独立化的规制机构独立负责实施监督、制衡与纠偏。所谓"独立",指规制机构既与规制客体、相关政府行政部门保持一定距离,规制机构之间也要保持一定的相互独立性。根据经合组织(OECD)关于规制改革的报告,规制机构的独立性应包括以下 6 个要素:一是法律对规制机构授权。二是规制机构在机构设置上独立于行政部门,实行自治管理。三是规制者由多方任命(如政府与议会共同任命)。四是规制者实行固定任期。五是建立职业标准和有吸引力的薪酬标准。六是设立稳定的经费来源(如通过行业收费,而不是政府预算拨款)①。规制机构保持独立的最大益处有三:一是防止规制机构与规制客体之间因内在利益关系而产生腐败,二是减少政治立场影响规制的独立进行,防止官僚主义和低效率,三是为其他相关规制主体的介入与监督创造可能空间,提高规制的客观性与有效性。

要充分考虑中心镇独立权力规制实施的四项必备条件:一是完善的法规体系基础。法律给予规制主体的独立性是实现独立规制的前提。只有通过法律授权,独立规制主体才能真正独立于规制客体,阻断行政力量、利益因素等对权力规制的独立、客观展开。二是公开透明的程序。这包括规制产生的程序、规制执行的程序与规制评估的程序。只有在各项权力清单、各个权力风险点、各个权力运行环节上做到全面、及时、真正的公开透明,才能实现对权力运行进行监督与规范的目的。三是充分的专业技能。负责监督、评估权力规制的主体需要专业技能才能实现对权力运行主体的专业监督与评估,如信息识别、收集、分析与判断的专业能力,数据收集、统计与分析的能力等。四是完善的监督、制衡机制。

---

① 马骏:《独立规制:含义、实践及中国的选择》,中国基础领域改革国际论坛,http://finance. sina. com. cn/hy/20031018/1502480420. shtml,2003 年 10 月 18 日。

完善的监督、制衡机制是保证权力规范运行的必要条件。政府内部监督与社会外在监督是中心镇权力监督、制衡的两项必备条件。

第三,在通过创新制度、规则等外在条件以保证权力规范运行的实践中,必须发挥道德、文化、习俗等内在、软性因素对权力规约的积极作用。根据行政伦理学理论,良好的道德素质是公共权力主体自我管理、自我控制的根本手段。权力的公共性、行政自由裁量权的存在也为公共权力的道德制约提供了理论依据。应该在中心镇权力规制创新中充分发挥道德的自律、内省、反思作用,建立行政道德的规范体系,并使制度化、规则化,逐渐形成普遍的、自觉的行为准则。从人的全面发展角度看,强调道德对权力的规约既可以提升权力主体的道德水准,也更符合人性的发展,更能得到人们的心理认同,从而为权力规制创新奠定坚实的社会心理与认同基础。

三、深化中心镇权力规制行政文化建设

行政文化是社会文化在行政领域的表现形式,是来源于特定历史条件下的行政实践活动,直接反映了行政活动与行政关系的各种心理现象、道德现象和精神活动状态,其核心为行政价值取向。行政文化是管理的精神内核[1]。

具体而言,行政文化可以分为观念性行政文化、物质性行政文化和规范性行政文化。观念性行政文化以行政信念、行政意识、行政价值,规范性行政文化以行政原则、行政习惯与行政制度,物质性行政文化以行政设施、行政环境、行政技术手段影响和塑造行政主体[2]。观念性行政文化集中体现精神、气质来导引心理与行为,其核心在于扩大民主、强化服务、政务公开、接受监督;规范性行政文化集中体现规则、制度来约束与激励个体,其关键在于诚实守信、打破封锁、消除内耗、科学决策;物质性行政文化集中体现礼仪、口号、器物等来激励或约束个体行为,其动力在于建设电子政府、推进网络行政、促进管理信息化。

行政文化是一个多层面、多功能的文化系统,具有导向、约束、聚合、衍射和模块化功能[3]。行政文化会直接或间接地作用于行政人员的价值观念、思维方式、行为态度等,并因此而引导、模塑、培养、凝聚或营造与组织行政文化相适应、相融合的个体思维与行为。行政文化具有凝聚成员精神,激发个体动力,模塑集体行为的积极导向作用。以组织为单位来考察,一个组织的行政文化所具有的这种导向功能具有调适个人目标并自觉将个人目标与组组目标相统一的作用,

---

① 何振华:《试论行政文化在公共行政中地位与作用》,《黑龙江科技信息》,2009 年第 33 期。

② 顾栋:《我国行政文化重构的若干思考》,《探索》,2002 年第 3 期。

③ 程万寿:《行政文化的特性、分类与功能探析》,《中共山西省委党校学报》,2003 年 第 1 期。

从而引领组织内个体自觉遵守组织规则、营造组织氛围、创造组织团结力,并最终提高组织合力。另一方面,对组织的个体来说,以人为本、健康文明的组织文化可以提高个体对组织的归属感,增强个体对组织的信任与尊重,从而在无形中形成个体多样性与组织统一性之间的良性互动与相互融合。同时,行政文化具有激励和约束功能。激励分为正向激励和负向激励。正向激励就是通过肯定、赞扬、鼓励对组织文化有积极促进作用的个体行为,进一步鼓励与引导个体正面强化该行为;负向激励就是通过否定、批评、忽视对组织文化有消极影响的个体行为,从而弱化与打消个体继续该种行为。行政文化的激励作用就在于通过规则、制度来自觉选择对组织集体文化有积极作用的个人行为,从而逐步在个体中形成自觉遵守与认可行政文化的内在心理倾向。行政文化的约束功能就是对个人行为边界有一种无形的引导与框定作用,个体会自觉感知到自身行为的合适性与合理性,从而有意识地选择适合组织文化的行为。

　　不同种类的行政文化对组织发展产生不同的导向与塑造作用。"学习型组织"是美国学者彼得·圣吉在《第五项修炼》一书中提出的企业管理观念,其涵义是,组织在面临剧烈变化的外在环境中,应力求精简、扁平化、弹性因应、终生学习、不断自我组织再造,以维持竞争力。彼得·圣吉还进一步提出,知识管理是建设学习型组织的最重要的手段之一[1]。绍兴市在扩权强镇过程中,为了更好地规范权力运用,通过组织学习、团队学习配强配优干部队伍是中心镇建设的重要内容。绍兴市中心镇权力规制项目的调研数据显示,近 40% 的受访对象认为,"提高干部素质与加强行政文化建设"是进一步完善权力规制的重要举措(见图 8-2)。针对"强镇扩权"后带来的中心镇机关"位低事多"、"权少责多"等困境,进一步优化中心镇干部队伍结构,提高中心镇干部素质,加强学习型行政文化建设是中心镇加强行政文化建设的重要取向。

　　绍兴市中心镇主要通过三种途径培育学习型行政文化:首先是将其所属的各县(市、区)的省级中心镇党委书记全部高配为副县级;其次是通过扩大培训、交流力度,着力加强中心镇干部队伍建设。绍兴市对全市 28 个省、市级中心镇的主要领导开展"加快推进中心镇培育工程专题研讨班"的培训教育;市发展改革委员和市规划局在浙江大学建筑工程学院组织开办"绍兴市中心镇规划研讨班",选派主要干部到清华大学、同济大学等高等院校进行专业培训等。再次是注重人文关怀和素质提升。经济社会转型时期,机关干部思想活动的独立性、选择性、多变性、差异性明显增强,直接影响着基层干部的执政理念和服务意识。中心镇结合经济活动日益频繁、建设力度空前加大、矛盾排解任务繁重的现实,

---

[1]　彼得·圣吉:《第五项修炼》,张成林译,中信出版社 2009 年版。

切实加强对机关干部的人文关怀和心理疏导,如组织心理健康讲座、开展定期谈心交流,以消除思想困惑,释放工作压力,激励基层干部更加注重个体价值和努力创造社会价值。还大力实施干部素质提升工程,营造风清气正劲足的良好环境。每年集中一段时间、突出一个主题,开展反腐倡廉主题教育实践活动,不断增强自我规制的源动力,夯实党员干部拒腐防变的思想道德基础和制度执行基础;开展干部"作风建设年"、"项目推进年"活动,密切干群关系;定期举办专题讲座,邀请省内外专家开展"经济转型升级"、"政府管理创新"等知识培训,优化知识结构,创新服务理念,提高实践能力。

要从干部工作作风、能力素质和考核体系三方面加强行政文化建设。

1. 深入开展党性党风党纪和廉洁从政教育,树立良好的工作作风

中央提出,要贯彻为民、务实、清廉的要求,在全党深入开展党性党风党纪教育,有针对性地开展示范教育、警示教育、岗位廉政教育。政府公务员依法履行公职,承担着管理国家事务和社会公共事务的职能,其素质能力和廉政勤政状况直接决定党的执政能力和国家管理水平,因而是开展党性党风党纪教育的重点对象。要把廉洁从政教育,作为政府公务员初任培训和在职培训的重要内容,把廉政勤政作为公务员考核的重要依据,不断增强公务员的公仆意识、责任意识、依法行政意识和廉洁勤政意识[①]。要牢记党的宗旨,发扬艰苦奋斗和实事求是的优良作风,坚决反对官僚主义、形式主义、享乐主义等不良风气。如绍兴县钱清镇就十分注重通过文化引领对中心镇干部的廉政勤政培育。利用钱清镇廉政文化资源优势,积极运用项目化管理的方式,科学规划论证,投入专项资金,对绍兴历史上"一钱太守"(东汉会稽太守刘宠)的清廉风范进行重点发掘、系统整理、包装提升,赋予新的时代特征、文化内涵和表现形式,使之形成主题鲜明、特色浓郁、影响深远、易于接受的地方廉政教育品牌。主要是:发掘一部史。依托史料记载,组织专题研讨,深入发掘整理东汉会稽太守刘宠执政为民的感人事迹,展示清廉风范;树好一块碑。抢救性发掘乾隆皇帝褒颂刘宠的御碑,并保存于一钱太守纪念馆内,使之成为机关干部心中的"丰碑";排演一出戏;出资并参与廉政大戏《一钱太守》创作编排,对党员干部开展廉政教育;建造一个馆;投资400万元,修复由"清水亭、一钱千秋广场、刘宠铜像、一钱千秋牌坊、历代清吏纪念馆"等组成的一钱太守纪念馆,作为党员干部廉政教育基地。

2. 增强掌握新知的学习能力,提高干部自身素质和能力

胡锦涛同志强调:"干部必须根据完善知识结构、提高综合素质的要求,加强科学知识、科学精神、科学方法的培训,开展文学、艺术、历史等人文知识的学习,

---

① 谢伏瞻:《深入推进政府系统廉政勤政建设》,《中国监察》,2009年第23期。

着力提高广大干部的科学素养和文化素养。"提高掌握新知的学习能力,重在提高战略思维、创新思维、辩证思维能力。讲战略思维能力,就是高瞻远瞩、统揽全局,把握事物发展总体趋势和方向的能力,能够透过纷繁复杂的表面现象把握事物的本质和发展的内在规律,既抓住重点又统筹兼顾,既立足当前又放眼长远,既熟悉国情又把握世情。讲创新思维能力,就是破除迷信、超越过时的陈规,善于因时制宜、知难而进、开拓创新的能力,自觉做到解放思想、求真务实、勇于探索,不断研究新情况、解决新问题、创造新经验、开创新局面。讲辩证思维能力,就是承认矛盾、分析矛盾、解决矛盾,善于抓住关键、找准重点、洞察事物发展规律的能力,正确分析矛盾,在对立中把握统一、在统一中把握对立,克服极端化和片面性[1]。

3. 建立科学的考核体系

政绩标准具有指挥棒的作用,只有改进政绩评价和考核方法,建立和完善科学的干部政绩考核体系,才能引导领导干部真正做到廉政、勤政、善政。政绩考核体系的核心是考核指标体系和评价标准。考核指标体系和评价标准必须体现科学的发展观和正确的政绩观。一是在整个指标体系的设置上,要全面反映廉政、勤政、善政状况。二是在经济指标的设置上,要既重视反映经济增长的指标,又重视反映经济发展质量的指标。三是在评价标准上,既要看反映经济和社会发展的真实数字,又不能唯数字,坚决防止"干部出数字、数字出干部"的问题发生。四是考核要在全面考核德、能、勤、绩、廉情况的基础上,注重考核工作实绩。要引进绩效管理理念,建立政绩公示、公议制度[2]。

四、创新中心镇权力规制的社会参与建设

社会参与及民意表达已成为评价政府是否民主的重要指标。美国政治学家B·盖伊·彼得斯指出,参与式国家是政府未来的一种重要治理模式。中心镇权力规制的探索要突出社会参与,提高社会知晓度,夯实群众基础。

1. 创新社会参与渠道

搭建政府、市场与社会网络式、多中心的公共治理模式是我国当前公共事务治理的探索之路。这就意味着权力在横向上的重新分配与政府、市场、社会关系的重新定位。随着市场化、信息化程度的不断提高,一方面,地方政府都在有意识、有计划地在市场、社会领域间有序、有选择地进退,将政府做不好、不能做而由市场与社会来处理更加有效的责任领域逐步实行社会化、市场化,而大力加强

---

① 鲁勇:《廉政、勤政与善政》,《红旗文摘》,2010 年第 13 期。
② 王长江:《关于廉政勤政善政的理性思考》,《理论观察》,2005 年第 1 期。

政府职责范围内的能力建设,逐步向小政府大社会、强政府、有效政府转变。另一方面,随着市场与社会主体的成长,这些主体参与公共事务管理的能力与积极性都在提高,并已成为一支影响政府决策的不可忽视的力量。这两方面的共同作用,再加上信息技术的提高,共同推动了政府、市场与社会的多中心治理模式的形成。在行政层级与权力结构设置上,我国是一个典型的韦伯式官僚制国家,有着浓厚的权力自上而下控制与各级政府掌控市场和管理社会权力的文化传统。这一传统在计划经济条件下为资源统一配置、市场行为规范、社会有序管理发挥了极为关键的体制作用,而在当前市场化、信息化、城镇化、工业化的浪潮中已难以适应新的发展要求。市场主体与社会主体在自身管理与参与公共事务中的较政府的优越性日益突出,建立政府、市场与社会多中心的公共事务治理之道是必然之举。中心镇权力规制大胆创新社会参与制度,既是多中心治理建设的需要,也极大地推动了基层政府、市场与社会良性互动关系的建构,为权力规制改革夯实了社会基础。

因此,要查找权力规制改革中社会参与建设中的薄弱环节,为进一步服务社会参与创造有利条件。这些薄弱环节主要包括:参与主体间的平等性与均衡性不足,参与渠道不顺畅,参与主体的权益保障机制不健全等。在课题组开展的"对扩权强镇的知晓度"的调研中,三组不同群体对于绍兴市开展的"扩权强镇"工作的知晓度差距很大:党政机关干部和企业管理人员对于"扩权强镇"工作知晓度较高(89.6%),而群众知晓度是最低的(64.7%),不了解程度高达35.4%,知晓度偏低。因此,要创新社会参与制度建设,为社会参与创造条件。

(1)充分发挥信息技术在透明政府和回应性政府建设中的作用

社会主体了解、掌握政府信息是社会参与的前提。要充分利用网络、媒体、电视、报纸等现代化的信息手段,在依据相关法律、法规的基础上,扩宽政府公开的范围,科学化政务公开的方式,提高政府公开的及时性、全面性与客观性。中心镇政府应借助互联网建构电子政务平台,及时、准确地公开政务信息,并建构起与公民即时互动平台,全力打造透明政府和回应性政府,并借助这个平台,对可能影响社会稳定、扰乱社会管理秩序的虚假或不完整信息予以及时回应和澄清,提升虚拟社会管理的科学化水平。

(2)为社会主体参与监督创造良好的平台与顺畅的渠道

一是要积极鼓励与引导现代信息传播媒介如网络、手机等载体的积极作用的发挥,通过与网民互动的方式鼓励群众参与到政府规范权力运行的工作中来。运用信息搜集、分析的现代技术,对群众的谏言谏策作出积极回应。二是加强群众的公共意识,提高公众监督权力运行的知识与技能。可以采取公开讲座、发放学习材料、举办学习班、观看视频等方式,有意识、有针对性地提高群众的监督意识与技能。三是保障群众的参与和监督权益。要有具体可行的措施保护群众的合法举报、状告、上访等的合法权益,真正做到接受人民群众的监督。

(3)提高公众的整体素质,强化公众参与意识

首先要培养主体意识,即培养公众在参与国家政治生活中表现出来的高度的政治责任感和积极主动的精神。其次要培养参与意识。参与意识是公众民主意识至关重要的部分,公众的参与意识越普遍、越自觉,参与的行为越广泛、越深入,则民主政治越发展,政治文明越进步。再次要培养法治意识。法治是政治文明的本质要求和有机组成部分,公众只有形成自觉的法治意识,并普遍见之于行动,才能在全社会形成良好的法治环境,也才能确保公众的有序参与。

(4)保证社会参与主体的广泛性与代表性

公民参与是政治民主化和政治现代化的主要标志,权力规制本身即应顺应政治民主化发展的时代浪潮,积极搭建公共参与平台、拓宽社会参与渠道,借助网络信息技术,推进参与的广度和深度。但同时也必须注意到,社会阶层分化背景下不同群体的利益诉求,在促进各社会主体都平等参与政务的同时,还应注重参与代表的群体分布、政治素质、专业知识、心理素质与相关技能的把握,切实提升参与质量,为中心镇建设和权力规范运行提供助力。

(5)注重各参与主体的权益保障,尤其是特殊群体利益的保障

要在贯彻好党的十七大关于加强"社会管理"建设之精神的目标基础上,妥善地解决好社会主体参与中心镇权力监督的利益保障问题。群众的切身利益是群众关注的焦点,也是政府改革的出发点与落脚点。实践证明,现代政府在推进社会广泛民主参与的改革探索中,能否真正保障参与者的切身利益直接决定了改革的成效,甚至直接决定改革的成败。因此,在探索建立社会参与建设的过程中,要加强参与主体利益保障机制建设,提高改革的合法性、合理性、正当性与群众的支持度。

2. 加强权力规制改革的自我管理与建设

将中心镇权力规制改革实践作为一项创新项目来建设、管理与营造,是现代管理理念在权力改革上的有益探索。项目管理是指在项目设计与实施活动中,运用专门、专业的知识、资源、技能、工具、人才和方法,在资源与时间有限的条件下,达到或超过设定的目标、需求和期望的全部过程。项目管理者要在项目的构想、计划、决策到项目实施,再到项目完成的全过程中,使各种资源、系统、方法和人员结合在一起,并进行计划、组织、指挥、协调、控制和评价,以实现项目的预期目标。因此,有效的项目管理体现的特征是专业化、知识化、组织化与团队化,并以结果为导向。项目管理的精神就是在有限的资源投入下,实现项目的最大收益,包括经济收益和社会收益。

因此,以项目管理的方法对中心镇权力规制改革进行全面、全程的管理,保证了改革的方向是优化政府管理、造福百姓大众,保证了改革成本的最大节约与改革效果的最大获得,加快了政府改革与政治文明、行政管理、社会和谐的整体推进。从中心镇权力规制项目管理的有效性来说,要进一步推进改革的整体效益,就要进一步做好以下工作:

(1)要加强不同地区与不同群体间的平衡发展,提高群众满意度

从问卷分析的整体结果来看,调研对象对绍兴市中心镇权力规制工作总体评价较高、总体满意度较高,但同时也反映了群众的满意度、实际效果在不同县(市、区)与不同群体间的较大差异性。总体而言,不同县(市区)之间和不同(类别)公众之间满意度区别不大,上虞市满意度(98.9%)最高,新昌县(95.7%)最低,企业满意度(99%,最高)与群众满意度(96.9%,最低)之间差别也并不明显。但从不同职业公众情况来看,市级党政机关工作人员和县级党政机关工作干部、企业管理人员、自由职业者满意度较高,均在 98.9%以上,而农业生产人员、科教文卫事业人员、失业人员相对较低,在 90%～94%之间,这说明,不同职业群体对权力规制改革带来的实质收益的感受度存在较大差异,且收入偏低的职业群体的满意度显得尤低。中心镇政府要进一步提高公共服务水平,进一步规范权力运行,提高满意度低的群体的实质收益。

(2)提升项目管理水平,并使之逐步制度化、法制化

中心镇权力规制改革的核心,就是通过权力规范运行的制度创新推动乡镇政府公权公用、高效为民。这些以法规(规章)、规则、制度、程序、技术、文化等为主要内容的制度创新,需要运用现代管理方式提高制度执行的效率与效果。要通过现代管理方法建立长效化的制度创新机制,通过适当的程序将制度上升为国家意志或法律规范,以此为权力规制改革提供可持续发展的制度基础。

(3)进一步明确未来发展路径与目标,以推动权力规制进一步深化和发展

中心镇权力规制实践的最终结果应该是持续性地造福民众、恩泽社会,这是此项改革赢得社会认可、得以持续发展的基本定位。要紧密关切社会群众对本项改革的反馈意见,真实掌握社会群众的满意度,要在服务大众、造福民众的根本目标下循序渐进地推进。更进一步,要对来自外界的各种意见、建议、评论等反馈消息进行科学、合理、及时地收集与分析,最大程度地通过掌握社会舆论来了解社会与群众的需求,以此不断改进各项改革措施。

3. 加强中心镇权力规制的经验总结与宣传

绍兴市开展的权力规制创新是中心镇权力规范运行实践的先行者,其做法具有开拓性和首创性,其改革成效水平也走在全国中心镇的前列。经过几年的实践与创新,绍兴市已取得了诸多典型做法和优秀成果,这些先进的、优秀的改

革成果在服务绍兴市社会与百姓的同时,更有必要在更广泛的社会范围内为其他地区所采纳,以让改革成果惠及更广大的社会民众,同时在推广、交流中突破以往的建设障碍,促进此项改革的进一步完善。同时,推广工作也要考虑到自身地方的特殊性与在其他地区中心镇的适用性问题,因而对诸如钱清镇"三定三防"、兰亭镇"阳光运行"、枫桥镇"五有一化"、小越镇与下管镇"10＋X"等具有突出特色的中心镇权力规制创新实践,需要全面、深刻总结,便于绍兴市中心镇成果推广。

首先,在绍兴市中心镇内部推广。从课题组对不同县(市、区)就权力规制创新的知晓度情况调查看,知晓度最低者诸暨市(76.6%)比知晓度最高者绍兴县(86.1%)相差9.5%;从不同类别公众情况来看,最低者群众(64.7%)与最高者党政机关干部(89.6%)相差24.9%。由此可见,公众对绍兴市权力规制创新的总体知晓度较高,但是在不同县(市、区)和不同群体之间还存在一定差异,需要加强对"权力规制"创新实践和成果的宣传和推广工作。将典型的优秀做法在绍兴市其他中心镇推广,并要做到成功做法与当地实际紧密结合,如开展绍兴市中心镇权力规制成果交流会等。其次,向浙江省其他中心镇宣传与推广。客观地说,浙江全省范围内的中心镇具有强镇扩权的先行基础,为中心镇权力规制的实践奠定了较有利的基础。可以通过绍兴市中心镇权力规制经验展、成果展等形式,将绍兴市中心镇权力规制经验推向全省其他地区。再次,向外省市中心镇宣传与推广。应该说,绍兴市中心镇权力规制实践在其他个别省市已得到了相当程度的认可。可通过深度交流、双向考察、共同研讨等形式,推进绍兴市中心镇权力规制的实践成果走向其他省市。最后,在全国范围内的中心镇宣传与推广。绍兴市中心镇权力规制在全国范围内属于乡镇权力规范运行的先行之举,在很多制度创新上也属首创,并得到了我国高层领导的肯定。这为向全国推广奠定了良好的基础。在前三项措施的基础上逐步扩大影响与知晓度,通过恰当的程序成为全国典型。

宣传与推广中需要注意的问题是:第一,要做好中心镇权力规制创新的经验总结工作。将工作开展以来的政府工作报告、工作总结、工作手册、研究论文、内部专刊、学术专著等成果进行汇编,做全做细成果总结工作。第二,要进行恰当的定位,树立典型形象。绍兴市作为权力规制创新的先行者,其做法具有开拓性和首创性,同时也有自身地方特殊性。无论是对浙江省范围内中心镇改革还是非中心镇改革,还是向其他省市中心镇的宣传与推广,都将面临适用性问题。因而对具有突出特色的中心镇权力规制实践模型的总结,将会使绍兴市形象更为鲜明,便于推广学习。第三,整合宣传与推广渠道。寻找合适的推广工具并充分发挥各种推广工具的优势,相互配合,协同推广。包括建设宣传网站、开展专题报告、进行媒体报道、公开发表学术成果、组织交流学习团队等。

本章参考文献

[1] H. D. Lasswell. Politics, New York: McGraw－Hill, 1936.

[2] Abraham Maslow, "A Preface of Motivation Theory", Psychosomatic Med. 5, 1943, pp. 85－92.

[3] Norton E. Long. "Power and Administration", Public Administration Review 9, 1949 (Autumn), pp. 257－264.

[4] Martin Meyerson and Edward C. Banfield. Politics, Planning and the Public Interest, The Free Press, 1955.

[5] Frank J. Goodnow. Politics and Administration: A Study in Government (New York: Russell & Russell, 1990)

[6] Merrill, Thomas W. "The Constitutional Principle of the Separation of Powers." Supreme Court Review, 1991, Chicago, 1992.

[7] Falk, Richard, "Governance without Government: Order and Change in World Poilitics (Book Review)", The American Political Science Review, Vol. 87, Issues 2, 1993 (Jun), pp. 544－545.

[8] Williamson, Oliver E., "The Institutions of Governance", The American Economic Review, Vol. 88, Issue 2 (May, 1998), pp. 75－79

[9] David Hyman. Public Finance: A Contemporary Application of Theory to Policy, Florida: Harcourt Inc. 1999.

[10] Graham Finney and David Grossman, "Public－Private Parternships in the Twenty－First Century", Public Administration 6th edition, edited by Fredrick S. Lane, Bedford/St. Martins, Beston, 1999.

[11] Bob Jessop, "Governance and Metagovernance: On Reflexivity, Requisite Variety, and Requisite Irony", published by the Department of Sociology, Lancaster University, Lancaster LA1 4YN, UK, (December 5, 2003), at http://www. comp. lancs. ac. uk/sociology/papers/Jessop－Governance－and－Metagovernance. pdf.

[12][美]詹姆斯・M. 伯恩斯等著:《美国式民主》,中国社会科学出版社1993 年版。

[13]毛寿龙:《中国政府功能的经济分析》,中国广播电视出版社 1996 年版。

[14]许文惠、张成福、孙柏瑛:《行政决策学》,中国人民大学出版社 1997

年版。

[15] 齐明山:《转变观念、界定关系——关于中国政府机构改革的几点思考》,《新视野》,1999 年第 1 期。

[16] 张成福:《责任政府论》,《中国人民大学学报》,2000 年第 2 期。

[17] 周奋进:《转型期的行政伦理》,中国审计出版社 2000 年版。

[18] [加]阿尔伯特·布莱顿、玛格特·布莱顿:《理解民主》,学林出版社 2000 年版。

[19] [美]埃莉诺·奥斯特罗姆:《公共事物治理之道——集体行动的逻辑》,上海三联出版社 2000 年版。

[20] [美]詹姆士 N. 罗西瑙:《没有政府的治理》,江西人民出版社 2001 年版。

[21] 朱光磊:《中国政府过程》,天津人民出版社 2002 年版。

[22] 顾栋:《我国行政文化重构的若干思考》,《探索》,2002 年第 3 期。

[23] 熊光清:《孟德斯鸠与列宁权力制衡理论之比较》,《理论导刊》,2003 年第 6 期。

[24] 程万寿:《行政文化的特性、分类与功能探析》,《中共山西省委党校学报》,2003 年 第 1 期。

[25] 王长江:《关于廉政勤政善政的理性思考》,《理论观察》,2005 年第 1 期。

[26] 周永坤:《规范权力:权力的法理研究》,法律出版社 2006 年版。

[27] 何祖洪:《论公共政策制定中的公众参与》,《合作经济与科技》,2006 年第 3 期。

[28] 孙学玉:《强县扩权与省直管县(市)的可行性分析》,《中国行政管理》,2007 年第 6 期。

[29] 毛寿龙:《2006 年:中国政府治道变革的新进展》,《治理年鉴 2007》,新星出版社 2007 年版,第 31—32 页。

[30] 戚振东、刘正方:《试论开展农村绩效审计》,《农村财务会计》,2007 年第 11 期。

[31] 盛红杰:《市民社会视域下的行政权力规制研究》,安徽师范大学硕士学位论,2007 年 5 月。

[32] 王基:《廉政建设中的教育和监督责任》,《社科纵横》,2007 年第 11 期。

[33] 闫英:《法治新农村建设中的基层权力规制》,《行政与法》,2007 年第 10 期。

[34] 杨淑萍:《行政分权视野下地方责任政府的构建》,中央民族大学博士

学位论文,2007 年。

　　[35] 陈国权等著:《从权力本位到责任本位》,浙江大学出版社 2008 年版。

　　[36] 王健:《中国政府规制理论与政策》,经济科学出版社 2008 年版。

　　[37] 张新辉:《广东省中心镇强镇扩权改革研究》,暨南大学硕士学位论文,2008 年 5 月。

　　[38] 成都市委党校课题组:《塑造行政执行文化提升政府行政效能》,《中共四川省委省级机关党校学报》,2008 年第 2 期。

　　[39] [美]项目管理协会:《项目管理知识体系指南(PMBOK 指南)》,电子工业出版社 2009 年版,第 4 版。

　　[40] [美]彼得·圣吉:《第五项修炼》,张成林译,中信出版社 2009 年版。

　　[41] 陈国权、李院林:《地方政府创新与强县发展:基于"浙江现象"的研究》,《浙江大学学报(人文社会科学版)》,2009 年第 6 期。

　　[42] 何振华:《试论行政文化在公共行政中地位与作用》,《黑龙江科技信息》,2009 年第 33 期。

　　[43] 李宾:《关于我国国家权力规制的若干思考》,河北大学硕士学位论文,2009 年 5 月。

　　[44] 刘俊杰:《当代中国权力制衡结构的完善与变革》,《当代世界和社会主义》,2009 年第 1 期。

　　[45] 黄晓辉、陈诚:《国家权力监控机制比较研究——基于多数民主模式与共识民主模式的分析》,人民出版社 2009 年版。

　　[46] 谢伏瞻:《深入推进政府系统廉政勤政建设》,《中国监察》,2009 年第 23 期。

　　[47] [美]科兹纳:《项目管理:计划、进度和控制的系统方法》,电子工业出版社 2010 年版,第 10 版。

　　[48] 陈曦:《浅谈美国的权力制衡机制》,《黑龙江史志》,2010 年 13 期。

　　[49] 刘筱勤:《从权力监督到权力制约——论公共权力监控机制的转型》,《中共南京市委党校学报》,2010 年第 2 期。

　　[50] 鲁勇:《廉政、勤政与善政》,《红旗文摘》,2010 年第 13 期。

　　[51] 宋建辉、李瑾、王坤:《我国部分省份推行"强镇扩权"改革研究综述》,《广东农业科学》,2010 年第 9 期.

　　[52] 宋云露、聂英男:《以权力制衡预防腐败》,《人民论坛》,2010 第 5 期。

　　[53] 罗政军:《当前电子政务建设中的问题与对策》,《合作经济与科技》,2011 年第 3 期。

　　[54] 倪炳锐、孙丽华:《对加强乡镇财政预算管理的研究与思考》,《中国集

体经济》,2011 年第 4 期。

[55] 马骏:《独立规制:含义、实践及中国的选择》,中国基础领域改革国际论坛,http:// finance. sina. com. cn/hy/20031018/1502480420. shtml,2003 年 10 月 18 日。

[56] 胡锦涛:《要进一步增强人大监督实效》,人民网:http://www. people. com. cn/GB/14576/28320/35193/35207/2785984. html,2004 年 9 月 15。

结　语

创新是一个民族进步的灵魂，是国家兴旺发达的不竭动力；行政体制改革则是完善政府管理模式、提高公共服务效能、保障国家稳定与社会长治久安的重要法宝。我国在行政体制改革与政府创新实践中，要不断认清现实发展新问题、捕捉社会公众新需求，以改革求创新，以创新促改革，在创新与改革的共同推动下不断提升政府管理与服务水平，增进公共福祉，保障社会和谐与稳定。

随着城市（镇）化、信息化与全球化步伐的不断加快，以县和乡镇政府为主要载体的基层政府在建设与发展中面临的资源、人才、技术、知识、信息等瓶颈效应愈加凸显，使基层政府面临越来越大的经济建设、政治改革、文化繁荣、社会管理的压力与挑战。而在两极分化、贫富分化的社会大背景下，乡镇作为基层维稳的最前线，压力更是空前膨胀。令人值得关注的另一面是，民营经济、县域经济与块状经济的发展，使浙江很多经济强镇脱颖而出，经济社会发展甚至远超某些县级行政区。但经济强镇管理职能与管理权限、公共服务能力之间的矛盾日益凸显，制约了以中心镇为代表的经济强镇的经济社会发展与市场化改革的继续推进。因此，如何通过地方行政管理体制改革，理顺县镇关系，进一步完善基层政府管理方式、提高基层政府公共服务水平具有充分必要性和现实紧迫性。这也构成了浙江省绍兴市在全国率先启动强镇扩权、扩权强镇与中心镇权力规制创新的重要时代背景和动因。围绕现实的分权化改革与新扩公共权力的规范运行问题，本书以中心镇政府为考察对象，以绍兴市中心镇改革为例，上篇集中探讨了强镇扩权与扩权强镇产生的背景、动因、现实发展的逻辑及实施绩效，下篇则集中探讨了中心镇权力规制创新提出的背景、现实发展的进路、实施绩效及其未来进一步完善之策。当然，强镇扩权改革与中心镇权力规制改革之间并非相互独立、相互排斥的，而是相互交叉、相互促进的，两者共同推动了中心镇政府治理与公共服务的转型升级，对优化乡镇治理、提升公共治理绩效和改善公共服务供给质量皆具重大的现实意义。

在相当程度上，强镇扩权与强县扩权在主旨目标、内在逻辑与行进路径上具有内在一致性，在改革的成效上也有诸多类似的方面。概述之，强镇扩权与强县扩权都以权力下放为基本做法,以提高镇政府或县政府的经济社会管理的自主性、能动性与灵活性为目标,逐步使计划经济背景下下的压力型体制、上级对下级的管控模式向市场经济条件下的指导与服务模式转变,进一步扩大了中心镇政府或县政府的公共管理权限与服务能力。权力下放的基本内容,就是上级政府按照"减放并举、能放就放、权责一致、廉洁高效"的原则,将上级政府的经济社会管理权限逐步下放到县或镇政府,全面保障县和镇政府在回应公共需求上必要的事权、财权与人事权,进一步提高县和镇政府的公共服务效能,改善县和镇政府形象,提高公众的参与意识及对县镇政府的信任与满意度。而在进一步推进城镇化与城乡统筹建设的目标下,中心镇政府成为基层经济、政治建设与社会管理的关键责任主体,中心镇政府改革日益凸显其重要意义。

与分权化的行政管理体制改革同等重要、甚至更重要的是,如何有效规范中心镇的新扩权力,这成为了乡镇政府必须直面的另一重要议题。绍兴市率先提出并实施了中心镇权力规制创新改革,这是绍兴市扩权强镇探索中自觉理性地对中心镇所受权力进行规范与制约的权力规制创新实践,以中心镇权力运行的"规范、透明、精细、为民"为目标,通过有效监督、制约与规范"分权、确权、运权、督权和评权"各个环节的权力运行,提高了乡镇治理科学化水平和公共服务能力。

实践证明,绍兴市推行的扩权强镇和中心镇权力规制的创新探索,较好地实现了促进经济发展、建设政治文明、繁荣基层文化、强化社会管理的总体目标,提高了中心镇政府科学执政、民主执政、依法执政的能力,提高了公共福祉和公众对政府的满意度,切实落实了科学发展观,推动了和谐社会的建设。

中心镇权力规制创新的研究和实践是继村民自治、基层民主之后,农村改革和乡镇建设探索的重点。绍兴市扩权强镇的率先启动及中心镇权力规制的全面推广,其成绩与经验为反思中心镇权力运行及基层政权建设提供了良好的素材,并成为推动中心镇向小城市发展的有益向导。当然,由于各方面原因,改革还存在诸多有待完善之处与有待解决的难题,需要在未来的实践中逐步提升与完善。

总之,理念引导行动,以人为本的权力观是导引权力规范、公开、有效运行的"无形之手";"实践是检验真理的唯一标准",来自实践的经验和教训则是引导扩权强镇和中心镇权力规制创新探索的"有形的手"。"公开规范用权、廉洁高效为民"的权力观可以为中心镇建立行为规范、运转协调、廉洁高效、公正透明的现代行政管理体制以及建设服务型政府、法治政府、责任政府、善治政府、透明政府和效能政府提供良好的理念指导和建设蓝图,而"大胆开拓、求是创新"的实践则为中心镇政府的全面改革增添了动力,提供了方法指南。扩权强镇与中心镇权力规制创新,要发挥好正确的权力观与改革创新之间的良性互动关系,促进中心镇政府改革的制度化、规范化和可持续发展。从全国范围看,浙江省扩权强镇与中心镇权力规制创新探索都较其他省市先行一步,这是浙江经济改革取得先发优势之后在政治体制和行政体制上的必然反映。但无疑也意味着浙江的扩权强镇与中心镇权力规制创新探索既缺乏前人的成功经验可供借鉴,也缺乏失败的教训可供反思。因此,扩权强镇与中心镇权力规制创新需要在实践中不断反思、实践、总结与超越,在渐进改革与摸索的过程中逐步迈上新台阶。

参考文献

[1] Bondy，William，"The Separation of Governmental Powers：In History，in Theory，and in the Constitutions"，Studies in History，Economics and Public Law，Vol. V，No. 2. New York，1896.

[2] Gerhart H · Saenger，"Social Status and Political Behavior"，American Journal of Sociology，Volume 51，Issue 2,1945.

[3] Waldo，Dwight. The Administrative State：A Study of the Political Theory of American Public Administration. New York：The Ronald Press. 1948.

[4] Olson，M. Jr. "Strategic Theory and its Applications. The Principle of " Fiscal Equivalence"：The Division of Responsibilities among different levels of Government". American Economic Association 59 Supp May,1969.

[5] Kahn. A. E. ，The Economics of Regulation：Primiples and Institutions ，Valume ，New York：New York Wliey Press ,1970.

[6] Stigler ，G. J. ，The Theory of Economic Regulation ，Bell Journal of Economics ,2 ,Spring,1971.

[7] M. Weber，"Economy and Society：An Outline Interpretive Sociology"，transl. by E. Fischoff et al. Berkeley：University of California Press，1978.

[8] Shephers. W. G,and Wilcox,C. ，Public roward Business ，Hornewood II ，Irwin ,1979.

[9] Mitinick,E. M. ，The Political Economic of Regulation ，New York ：Columbia University Press ,1980.

[10] Rondinelli,D. A. ，J. R. Nellis and G. S. Cheema. "Decentralization in Developing Countries：A review of Recent Experience". World Bank Staff Working Papers No. 581，Management and Development Series No. 8，The World Bank，Wash. DC,1983.

[11] Shue，"The reach of the state：sketches of the Chinese body politic"，

Stanford University Press, 1988.

[12] Frank N. Survey of Social Science-Economics Series. Vol. 4. Salem Press, Inc. pp. 1973-1974. 1991.

[13] F. W. Scharpf, "Games Real Actors Could Play: Positive and Negative Co-Ordination in Embedded Negotiations", Journal of Theoretical Politics, Vol. 6, No. 1, 1994, pp. 27-53.

[14] Prud'homme, R. "On the Dangers of Decentralization". Policy Research, Working Paper 1252, World Bank, Wash, DC, 1994.

[15] Bennett, R. (ed.). Local government and market decentralization: Experiences in industrialized, developing, and former Eastern bloc countries. United Nations University Press. Tokyo, 1994.

[16] Azam, Kousar J. Federalism and Good Governance: Issues Across Cultures, New Delhi: South Asian Publishers, 1998.

[17] David Osborne and Ted Gaebler. Reinventing Government, Public Administration 6th edition, edited by Fredrick S. Lane, Bedford/St. Martins, Beston, 1999.

[18] Frances Stokes Berry, "Innovation in Public Management: The Adoption of Strategic Planning", Public Administration Review, Vol. 54, No. 4 (Jul.-Aug., 1994), pp. Sandford Borins, "Loose cannons and rule breakers, or enterprising leaders? Some evidence about innovative public managers", Public Administration Review. Nov/Dec 2000. Vol. 60, Iss. 6.

[19] Douglass CeilNorth, Structure and Change in Economic History, trans. by Li Yiping, Beijing: The CommercialPress, 2005.

[20] oshua M. Franzel: "Urban government innovation identifying current innovations and factors that contribute to their adoption", Review of policy research, Vol25, No. 3, 2008.

[21] Janet Denhardt, Larry Terry, Edgar Ramirez Delacruz and Ljubinka Andonoska, "Barriers to Citizen Engagement in Developing Countries", International Journal of Public Administration, 32, 2009.

[22] [法]约翰·M·高斯:《公共行政学的思考》,阿拉巴马大学出版社 1958 年版。

[23] [英]约翰·密尔:《代议制政府》,商务印书馆 1982 年版。

[24] [法]孟德斯鸠:《论法的精神》(上册),商务印书馆 1982 年版。

[25] [美]康芒斯著:《制度经济学》(上册),于树生译,商务印书馆 1983 年版。

[26] [美]威尔逊:《国会政体》,商务印书馆 1986 年。

[27] [美]罗伯特·达尔:《现代政治分析》,上海译文出版社 1987 年版。

[28] [美]彼得·布劳:《社会生活中的交换与权力》,华夏出版社 1988 年版。

[29] [美]亨廷顿:《变化社会中的政治秩序》,三联出版社 1988 年版。

[30] [英]伯特兰·罗素:《权力论》,东方出版社 1988 年版。

[31] 《牛津现代高级英汉双解词典》,山西人民出版社 1989 版。

[32] [英]戴维·米勒:《布莱克维尔政治学百科全书》,中国政法大学出版社 1992 年版。

[33] [美]约翰·伊特维尔等:《新帕尔格雷夫经济学辞典》,经济科学出版社 1992 年版。

[34] [美] 詹姆斯·M. 伯恩斯等:《美国式民主》,谭君久等译,中国社会科学出版社 1993 年版。

[35] [美]道格拉斯·C. 诺斯:《制度、制度变迁与经济绩效》,生活·读书·新知三联书店 1994 年版。

[36] 马克思、恩格斯:《马克思恩格斯全集》(第 19 卷),人民出版社 1995 年版。

[37] [德]马克斯·韦伯:《经济与社会》(上卷),林荣远译,商务印书馆 1997 年版。

[38] [美]道格拉斯·C. 诺斯、罗伯斯:《托马斯:西方世界的兴起》,华夏出版社 1999 年版。

[39] [美]丹尼尔·F. 史普博:《管制与市场》,上海人民出版社 1999 年版。

[40] [日]青木昌彦:《比较制度分析》,周黎安译,上海远东出版社 2001 年版。

[41] [美]帕特南:《使民主运转起来》,王列、赖海榕译,江西人民出版社 2001 年版。

[42] [美]迈克尔·罗斯金:《政治科学》,华夏出版社 2002 年版。

[43] [美]凯瑟琳·纽科默等:《迎接业绩导向型政府的挑战》,中山大学出版社 2003 年版。

[44] [美]保罗·C. 莱特:《持续创新:打造自发创新的政府和非营利组织》,张秀琴译,中国人民大学出版社 2004 年版。

[45] [美]Arthur A. Thompson,A. J. Strickland:《战略管理:概念与案例》,段盛华、王智慧译,北京大学出版社 2004 年版。

[46] [澳]布伦南,[美]布坎南:《宪政经济学》,冯克利等译,中国社会科学出版社 2004 年版。

[47] [美]珍妮特·V·登哈特,罗伯特·B·登哈特:《新公共服务——服务,而不是掌舵》,中国人民大学出版社 2004 年。

［48］［美］克里斯托弗·沃尔夫：《司法能动主义——自由的保障还是安全的威胁？》，黄金荣译，中国政法大学出版社2004年版。

［49］［瑞典］阿姆纳，蒙丁：《趋向地方自治的新理念》，北京大学出版社2005年版。

［50］［英］弗里德里希·冯·哈耶克：《哈耶克文选》，冯克利译，江苏人民出版社2007年版。

［51］［美］塞缪尔·亨廷顿：《变化社会中的政治秩序》，上海人民出版社2008年版。

［52］［美］彼得·圣吉：《第五项修炼》，张成林译，中信出版社2009年版。

［53］邓小平：《党和国家领导制度的改革》，1980年版。

［54］彭文贤：《行政生态学》，三民书局1988年版。

［55］［日］植草益：《微观规制经济学》，中国发展出版社1992年版。

［56］樊纲：《市场机制与经济效率》，1995年版。

［57］张帆：《经济学与中国经济改革》，上海人民出版社1995年版。

［58］胡伟等：《论政治——中国发展的政治学思考》，江西人民出版社1996年版。

［59］张全在、贺晨：《镇政府管理：建昌镇调查》，中国广播电视出版社1998年版。

［60］李亚平、于海：《第三领域的兴起》，复旦大学出版社1998年版。

［61］施雪华：《政府权能理论》，浙江人民出版社1998年版。

［62］任晓：《中国行政改革》，浙江人民出版社1998年版。

［63］林尚立：《国内政府间关系》，浙江人民出版社1998年版。

［64］丁煌：《西方行政学说史》，武汉大学出版社1999年版。

［65］俞可平：《治理与善治》，社会科学文献出版社2000年版。

［66］中国行政管理学会：《新中国行政管理简史》，人民出版社2000年版。

［67］张成福、党秀云：《公共管理学》，中国人民大学出版社2001年版。

［68］朱光磊：《中国政府过程》，天津人民出版社2002年版。

［69］汪习根：《法治社会的基本人权——发展权法律制度研究》，中国人民公安大学出版社2002年版。

［70］俞可平：《增量民主与善治》，社会科学文献出版社2003年版。

［71］李强：《宪政自由主义与国家建构》，《宪政主义与现代国家》，三联书店2003年版。

［72］徐勇、吴理财：《走出"生之者寡，食之者众"的困境——县乡村治理体制反思与改革》，西北大学出版社2004年版。

[73] 陈剩勇、汪锦军、马斌:《组织化、自主治理与民主》,中国社会科学出版社 2004 年版。

[74] 孙柏瑛:《当代地方治理——面向 21 世纪的挑战》,中国人民大学出版社 2004 年版。

[75]《中共中央关于加强党的执政能力建设的决定》,人民出版社 2004 年版。

[76] 曾业松:《新农论》,新华出版社 2004 年版。

[77] 张静:《法团主义》,中国社会科学出版社 2005 年版。

[78] 金太军:《乡镇机构改革挑战与对策》,广东人民出版社 2005 年版。

[79] 孙立平:《转型与断裂:改革以来中国社会结构的变迁》,清华大学出版社 2005 年版。

[80] 郭济:《绩效政府——理论与实践创新》,清华大学出版社 2005 年版。

[81] 俞可平:《政府创新的理论和实践》,浙江人民出版社 2005 年版。

[82] 丁煌:《西方行政学理论概要》,中国人民大学出版社 2005 年版。

[83] 毅飞、陈奕敏:《民主恳谈——温岭人的创造》,中央编译出版社 2005 年版。

[84] 周永坤:《规范权力:权力的法理研究》,法律出版社 2006 年版。

[85] 尹冬华:《当代中国地方治理和研究简况》,《从管理到治理:中国地方治理现状》,中央编译出版社 2006 年版。

[86] 白钢、史卫民:《中国公共政策分析》,中国社会科学出版社 2006 年版。

[87] 袁金辉:《冲突与参与:中国乡村治理改革 30 年》,郑州大学出版社 2008 年版。

[88] 陈国权:《社会转型与有限政府》,人民出版社 2008 年版。

[89] 王健:《中国政府规制理论与政策》,经济科学出版社 2008 年版。

[90] 王焕祥:《中国地方政府创新与竞争的行为、制度及其演化研究》,光明日报出版社 2009 年版。

[91] 何显明:《省管县改革:绩效预期与路径选择——基于浙江的个案研究》,学林出版社 2009 年版。

[92] 何显明:《顺势而为:浙江地方政府创新实践的演进逻辑》,浙江大学出版社。

[93] 陈国权:《社会转型与有限政府》,人民出版社 2008 年版。

[94] 黄晓辉、陈诚:《国家权力监控机制比较研究——基于多数民主模式与共识民主模式的分析》,人民出版社 2009 年版。

[95] 刘孟达、杨宏翔:《科学发展观在绍兴的实践案例评析》,宁波出版社 2009 年版。

[96] 靳会永:《三分制度七分执行》,企业管理出版社 2009 年版。

[97] 陈国权等:《责任政府:从权力本位到责任本位》,浙江大学出版社 2009 年版。

[98] 吴理财:《从"管治"到"服务"——乡镇政府职能转变研究》,中国社会科学出版社 2009 年版。

[99] 郑杭生:《中国特色和谐社区建设上城模式实地调查研究:杭州上城经验的一种社会学分析》,世界图书出版公司 2010 年版。

[100] 周平:《当代中国地方政府》,高等教育出版社 2010 年版。

[101] 赵树凯:《乡镇治理与政府制度化》,商务印书馆 2010 年版。

[102] 周平:《当代中国地方政府》,高等教育出版社 2010 年版。

[103] 陈汉宣、马骏、包国宪:《中国政府绩效评估 30 年》,中央编译出版社 2011 年版。

[104] 费孝通:《小城镇 大问题》,《江海学刊》,1984 年第 1 期。

[105] 唐鸣:《论乡镇政府的职能转变与规范管理》,《社会科学研究》,1997 年第 2 期。

[106] 沈延生:《村政的兴衰与重建》,《战略与管理》,1998 年第 6 期。

[107] 王雅林:《农村基层的权力结构及其运行机制——对黑龙江省昌五镇的个案研究》,《中国社会科学》,1998 年第 5 期。

[108] 金祥荣:《准需求诱致性的制度变迁方式》,《浙江社会科学》,1999 年第 3 期。

[109] 张成福:《责任政府论》,《中国人民大学学报》,2000 年第 2 期。

[110] 何增科:《公民社会与第三部门研究引论》,《马克思主义研究》,2000 年第 1 期。

[111] 季丽新、张育才:《我国乡镇权力运作现状初探》,《哈尔滨市委党校学报》,2001 年第 1 期。

[112] 胡税根:《论新时期我国政府规制的改革》,《政治学研究》,2001 年第 4 期。

[113] 孙晓莉:《政治参与的主体及市场经济对中国政治参与的推动》,《社会科学研究》,2001 年第 3 期。

[114] 刘熙瑞:《服务型政府——经济全球化背景下中国政府改革的目标选择》,《中国行政管理》,2002 年第 7 期。

[115] 顾栋:《我国行政文化重构的若干思考》,《探索》,2002 年第 3 期。

[116] 鲁鹏:《制度与发展关系论纲》,《中国社会科学》,2002 年第 3 期。

[117] 侯舒和:《邓小平的权力监督制约理论探析》,《毛泽东邓小平理论研究》,2002 年第 2 期。

[118] 徐勇:《县政、乡派、村治:乡村治理的结构性转换》,《江苏社会科学》,2002

年第 2 期。

[119] 贾康、白景明:《完善财政体制寻求基层财政解困治本之策》,《现代财经》,2002 年第 1 期。

[120] 赵树凯:《乡村治理:组织和冲突》,《战略与管理》,2003 年第 6 期。

[121] [美]阿兰·阿舒勒:《公共创新与政治激励》,陈雪莲译,《经济社会体制比较》,2003 年第 4 期。

[122] 吴江:《政府创新:深化行政管理体制改革的新思路》,《人民论坛》,2003 年第 4 期。

[123] 徐勇:《强村、精乡、简县:乡村治理结构改革的走向》,《战略与管理》,2003 年第 4 期。

[124] 吴理财:《政府间的分权与治理》,《马克思主义与现实(双月刊)》,2003 年第 3 期。

[125] 谢庆奎:《职能转变与政府创新》,《新视野》,2003 年第 2 期。

[126] 程万寿:《行政文化的特性、分类与功能探析》,《中共山西省委党校学报》,2003 年第 1 期。

[127] 钱建新:《全面贯彻科学发展观 推动浙江城乡统筹发展——浙江省发改委"统筹城乡发展研讨会"综述》,《浙江经济》,2004 年第 16 期。

[128] 陈华栋:《试论服务型政府》,《理论界》,2004 年第 10 期。

[129] 张玉:《地方政府创新的基本动因及其角色定位》,《云南社会科学》,2004 年第 3 期。

[130] 陈国权、麻晓莉:《地方政府制度创新与民营经济发展——温州制度变迁的轨迹与分析》,《中国行政管理》,2004 年第 6 期。

[131] 陈家刚:《地方政府创新与治理变迁——中国地方政府创新案例的比较研究》,《公共管理学报》,2004 年第 4 期。

[132] 张崇防:《中国撤并乡镇 7400 多个精简机构减轻农民负担发展》,2004 年第 4 期。

[133] 王彩波:《利益分化:中国渐进性政治发展》,《江苏社会科学》,2004 年第 4 期。

[134] 胡税根、黄天柱:《政府规制失灵与对策研究》,《政治学研究》,2004 年第 2 期。

[135] 徐勇:《精乡扩镇、乡派镇治:乡级治理体制的结构性改革》,《江西社会科学》,2004 年第 1 期。

[136] 张新光:《论中国乡镇改革 25 年》,《中国行政管理》,2005 年第 10 期。

[137] 李金:《里格斯行政生态学与当代中国行政管理分析》,《台声新视角》,

　　　2005 年第 10 期。

[138] 张之峰、张永良、杨宏祥:《论中心镇的功能与发展》,《安徽农业科技》,
　　　2005 年第 8 期。

[139] 张之峰、张永良、杨宏祥:《论中心镇的功能与发展》,《安徽农业科技》,
　　　2005 年第 8 期。

[140] 中国行政管理学会课题组:《政府部门绩效评估研究报告》,《中国行政管
　　　理》,2005 年第 5 期

[141] 刘启君:《寻租约束下的行政效率》,《中国行政管理》,2005 年第 4 期。

[142] 何祖洪:《论公共政策制定中的公众参与》,《合作经济与科技》,2006 年第
　　　3 期。

[143] 陈国权、徐碧波:《法治缺失下的制度风险与非市场竞争》,《社会科学战
　　　线》,2005 年第 3 期。

[144] 王长江:《关于廉政勤政善政的理性思考》,《理论观察》,2005 年第 1 期。

[145] 刘小春、吴平、周波、蔡军伙:《乡镇政府的"撤"与"改"——兼论社会主义
　　　新农村建设中乡镇政府职能的重新定位》,《江西农业大学学报(社会科学
　　　版)》,2006 年第 1 期。

[146] 胡税根、郦仲华:《我国政府组织创新:意义、目标与路径选择》,《学习与探
　　　索》,2006 年第 5 期。

[147] 陈越:《越文化模式与鲁迅的精神结构》,《西南民族大学学报》(人文社科
　　　版),2006 年第 7 期。

[148] 冯云廷:《从城镇化到城市化:农村城镇化模式的转换》,《中国农村经济》,
　　　2006 年第 4 期。

[149] 何祖洪:《论公共政策制定中的公众参与》,《合作经济与科技》,2006 年第
　　　3 期。

[150] 徐剑锋:《浙江需要"强镇扩权"还是"弱镇放权"?》,《观察与思考》,2007
　　　年 12 期 。

[151] 夏燕:《强镇扩权"浙江新命题"》,《观察与思考》,2007 年第 12 期。

[152] 戚振东、刘正方:《试论开展农村绩效审计》,《农村财务会计》,2007 年第
　　　11 期。

[153] 马建斌:《当代中国利益分化的政治影响》,《前沿》,2007 年第 11 期。

[154] 吴建南、马亮、杨宇谦等:《中国地方政府创新的动因、特征与绩效——基
　　　于"中国地方政府创新奖"的多案例文本分析》,《管理世界》,2007 年第
　　　8 期。

[155] 尹卫国:《"强镇扩权"须警惕权力膨胀》,《中国改革》,2007 年第 7 期。

[156] 刘红云、张晓亮:《新农村建设中乡镇政府的角色定位》,《农村经济与科技》,2007 年第 7 期。

[157] 苏柏佳:《乡镇政府在新农村建设中的角色定位》,《法制与社会》,2007 年第 7 期。

[158] 傅白水:《绍兴强镇扩权的成效与尴尬》,《中国改革》,2007 年第 7 期。

[159] 蓝志勇:《给分权划底线,为创新设边界——地方政府创新的法律环境探讨》,《浙江大学学报(人文社会科学版)》,2007 年第 6 期。

[160] 陈剩勇、张丙宣:《强镇扩权:浙江省近年来小城镇政府管理体制改革的实践》,《浙江学刊》,2007 年第 06 期。

[161] 傅白水:《绍兴试点强镇扩权》,《决策》,2007 年第 6 期。

[162] 张红海:《从汲取到服务——乡镇政府职能转变的新趋势》,《福建行政学院福建经济管理干部学院学报》,2007 年第 4 期。

[163] 陈国权、黄振威:《论权力结构的转型:从集权到制约》,《经济社会体制比较》,2007 年第 3 期。

[164] 熊吉峰:《我国农村城镇化实现策略研究观点综述》,《经济纵横》,2007 年第 3 期。

[165] 陈华栋、顾建光、蒋颖:《建国以来我国乡镇政府机构沿革及角色演变研究》,《社会科学战线》,2007 年第 2 期。

[166] 赵树凯:《关于乡镇改革历史进程的考察》,《经济研究参考》,2008 年第 32 期。

[167] 方林苗、汪建江:《把中心镇打造成创业创新的示范区》,《浙江经济》,2008 年第 13 期。

[168] 姚莉:《论乡镇政府的社会治理能力:现状、改革及启示——以浙江"强镇扩权"为例》,《经济与社会发展》,2008 年第 10 期。

[169] 俞可平:《中国治理变迁 30 年(1978—2008)》,《吉林大学社会科学学报》,2008 年第 5 期。

[170] 成都市委党校课题组:《塑造行政执行文化提升政府行政效能》,《中共四川省委省级机关党校学报》,2008 年第 2 期。

[171] 杜红旗:《和谐社会视野下的社会整合》,《社会科学战线》,2008 年第 2 期。

[172] 马骁:《中心镇建设存在的主要问题及对策——以浙江省台州市为例》,《小城镇建设》,2008 年第 1 期。

[173] 吴红霞:《创业创新 提升浙江民营经济》,《今日浙江》,2008 年第 1 期。

[174] 何振华:《试论行政文化在公共行政中地位与作用》,《黑龙江科技信息》,2009 年第 33 期

[175] 该刊县域经济观察员：《浙皖鲁吉强镇扩权又有新突破》，《领导决策信息》，2009 年第 28 期。

[176] 谢伏瞻：《深入推进政府系统廉政勤政建设》，《中国监察》，2009 年第 23 期。

[177] 陈建东：《新农村建设中乡镇政府的职能定位》，《安徽农学通报（上半月刊）》，2009 年第 21 期。

[178] 阮兴文：《新农村建设视野下的乡镇职能新定位》，《经济研究导刊》，2009 年第 10 期。

[179] 吴晓林：《城乡一体化建设的两个误区及其政策建议》，《调研世界》，2009 年第 9 期。

[180] 高立伟、罗芳：《基层政府边界的效应表现及现代转型》，《江西社会科学》，2009 年第 6 期。

[181] 韩永红、孟晋忠：《"权力市场化"腐败问题防治研究——兼论绍兴市预防与构建反腐败体系之经验》，《中国特色社会主义理论研究》，2009 年第 6 期。

[182] 杨雪冬：《走向公共参与取向的乡镇治理》，《探索与争鸣》，2009 年第 4 期。

[183] 陈国权、黄振威：《善政发展的逻辑》，《经济社会体制比较（双月刊）》，2009 年第 3 期。

[184] 刘权：《法治视野下的权力规制》，《知识经济》，2009 第 2 期。

[185] 姚莉：《财权与事权配置视角下的乡镇改革趋势——兼评"乡财县管"与"强镇扩权"》，《农村经济》，2009 年第 2 期。

[186] 王卓华、柴生秦：《后税费时代我国乡镇政府的职能研究——基于多元公共行政观的视角》，《陕西行政学院学报》，2009 年第 1 期。

[187] 朱茜、允春喜：《权力规制：和谐社会的重要保障》，《前沿》，2010 年第 21 期。

[188] 鲁勇：《廉政、勤政与善政》，《红旗文摘》，2010 年第 13 期。

[189] 宋建辉、李瑾、王坤：《我国部分省份推行"强镇扩权"改革研究概述》，《广东农业科学》，2010 年第 9 期。

[190] 钱子健：《"强镇扩权"背景下乡镇权力运行规范化——以绍兴钱清镇的实践为例》，《中共宁波市委党校学报》，2010 年第 6 期。

[191] 陈国权、黄振威：《地方政府创新研究的热点主题与理论前瞻》，《浙江大学学报》，2010 年第 6 期。

[192] 孙国华：《十二五时期我国城镇化水平探讨》，《宏观经济管理》，2010 年第 5 期。

[193] 马斌:《"强镇扩权"的诸多难题》,《浙江人大》,2010 年第 5 期。

[194] 汪江连:《"强镇扩权"需明确的五个问题》,《浙江人大》,2010 年第 5 期。

[195] 肖向东、孙周年:《论吴越文化性征及其文化生成因素——兼论"泰伯奔吴"与古梅里文化之形成》,《江南大学学报(人文社会科学版)》,2010 年第 5 期。

[196] 王一鸣:《中国城镇化进程、挑战与转型》,《中国金融》,2010 年第 4 期。

[197] 朱健刚:《论基层治理中政社分离的趋势、挑战与方向》,《中国行政管理》,2010 年第 4 期。

[198] 赵样毅:《城乡关系的战略转与新时期城乡一体化规划探讨》,《区域与城市经济》,2010 年第 4 期。

[199] 顾金喜:《服务型政府建设的动因及其发展路径——基于行政生态学的分析》,《安徽行政学院学报》,2010 年第 4 期。

[200] 中共宁波市委政法委员会课题组:《基于保障和改善民生的社会管理研究——以宁波市社会管理为例》,《公安学刊》,2010 年第 3 期。

[201] 黄佳豪:《"扩权强镇"应与"扩权强民"并举》,《成都行政学院学报》,2010 年第 2 期。

[202] 王高峰、邢妍、严红:《我国乡镇政府职能转变问题探讨》,《中共山西省直机关党校学报》,2010 年第 3 期。

[203] 郑方辉、陈佃慧:《三方评价政府绩效的独立性》,《广东学院学报》,2010 年第 2 期。

[204] 吴理财:《论乡镇职能转变的内力及其限制》,《甘肃行政学院学报》,2010 年第 1 期。

[205] 马骏:《经济、社会变迁与国家重建:改革以来的中国》,《公共行政评论》,2010 年第 1 期。

[206] 章韬、陈诗超:《论新农村建设中乡镇政府职能的合理定位》,《经济研究导刊》,2011 年第 12 期。

[207] 翁均飞、陈淦:《"桥"缘——不断创新发展中的基层社会管理"枫桥"样本》,《今日浙江》,2011 年第 9 期。

[208] 冯文华:《以"扩权强镇"提升"中心镇"》,《今日浙江》,2011 年第 2 期。

[209] 王新林、李洁:《安徽省扩权强镇的背景、困境及对策》,《安徽理工大学学报》(社会科学版),2011 年第 1 期。

[210] 李水金:《中国乡镇政府改革的五种模式及其评析》,《理论与改革》,2011 年第 1 期。

[211] 杜晓溪、申来津:《参与式乡镇治理的建设进路——基于政府为主导和农

民为主体的分析》,《社会主义研究》,2011 第 1 期。

[212] 何增科:《中国政府创新的趋势分析——基于五届"中国地方政府创新奖"获奖项目的量化研究》,《北京行政学院学报》,2011 年第 1 期。

[213] 徐双敏:《政府绩效管理中的"第三方评估"模式及其完善》,《中国行政管理》,2011 年第 1 期。

[214] 谢芳:《我国农村公共产品供给机制研究》,湖南大学博士学位论文,2006 年。

[215] 陆道平:《苏南乡镇治理研究——以昆山市淀山湖镇为例》,苏州大学博士学位论文,2007 年。

[216] 杨淑萍:《行政分权视野下地方责任政府的构建》,中央民族大学博士学位论文,2007 年。

[217] 张新辉:《广东省中心镇强镇扩权改革研究——以白土镇为例》,暨南大学硕士学位论文,2008 年。

[218] 李宾:《关于我国国家权力规制的若干思考》,河北大学硕士学位论文,2009 年 5 月。

[219] 王艳成:《城镇化进程中的乡镇政府职能研究》,华东师范大学硕士学位论文,2009 年。

[220] 胡静:《新农村建设中乡镇政府职能变革分析》,武汉科技大学博士学位论文,2010 年。

[221]《胡耀邦在省、市、自治区思想政治工作座谈会上的讲话》,《人民日报》,1980 年 11 月 23 日第 1 版。

[222] 汪玉凯:《取消乡镇是改革方向》,《南方日报》,2008 年 10 月 21 日.

[223] 袁金辉:《中国乡镇改革 60 年》,《学习时报》,2009 年 7 月 27 日。

[224]《中共安徽省委安徽省人民政府关于实施扩权强镇的若干意见》,皖发[2009]15 号,2009 年 6 月 1 日。

[225]《全国 13 省强镇扩权"脚大鞋小"状况改变后如何用权?》,《人民日报》(海外版),2010 年 9 月 18 日。

[226] 赵杰:《"扩权强镇"的绍兴样本》,《中国新闻周刊》,总第 523 期,2011 年 07 月 15 日。

[227] 绍兴:《扩权强镇进行时》,《人民日报》,2011 年 6 月 22 日。

[228] 汪成明、高志涛、闫拥洲:《浙江省社会组织达 2.9 万个民间力量促社会和谐》,《浙江日报》,2011 年 2 月 13 日。

[229] 浙江省人民政府:《关于加快推进中心镇培育工程的若干意见》浙政发〔2007〕13 号,2007 年。

[230]《中共绍兴县委 绍兴县人民政府关于加快平水副城建设推进南部山区统筹发展的意见》县委[2007]50 号,2007 年。

[231] 中《共诸暨市委办公室、诸暨市人民政府办公室印发关于加快培育店口中心镇的若干意见的通知》诸市委办[2007]86 号,2007 年。

[232] 绍兴市发展和改革委员会:《绍兴市中心镇三年建设成效回顾(2007 年—2009 年)》。

[233] 中共中央办公厅、国务院办公厅:《中央机构编制委员会办公室关于深化乡镇机构改革的指导意见》,中办发[2009]4 号。

[234] 绍兴市发展和改革委员会:《绍兴市中心镇三年建设成效回顾》,2010 年。

[235] 浙江大学课题组:《绍兴中心镇权力规范运行的调研报告》,2010 年。

[236] 浙江大学非传统安全与和平发展研究中心课题报告:《中心镇权力规范运行的钱清探索与实践》,2010 年。

[237] 浙江省发改委:《浙江省 2009 年城乡统筹发展水平综合评价报告,浙发改委》,2010 年 1012 号文件。

[238] 嵊州市 2010 年中心镇培育工作总结

[239] 诸暨市 2010 年中心镇培育工作总结

[240] 上虞市 2010 年中心镇培育工作总结

[241] 绍兴县 2010 年培育中心镇工作总结

[242] 中共兰亭镇委员会、兰亭镇人民政府:《深化改革 率先发展——绍兴县兰亭镇"扩权强镇"工作情况汇报》,2011 年 7 月。

[243] 卢小雁等:《绍兴"中心镇扩权强镇与权力规制创新"媒体报导研究报告》,2011 年 8 月。

[244] 马骏:《独立规制:含义、实践及中国的选择》,《中国基础领域改革国际论坛》,http://finance. sina. com. cn/hy/20031018/1502480420. shtml,2003 年 10 月 18 日。

[245] 吴正懿:《浙江:全国首部"村民自治特别法"绍兴诞生》,新华网,详见 http://www. sh. xinhuanet. com/2004-08/17/content_2699416. htm,2004 年 8 月 17 日。

[246] 胡锦涛:《要进一步增强人大监督实效》,人民网,http://www. people. com. cn/GB/14576/28320/35193/35207/2785984. html,2004 年 9 月 15 日。

[247] 俞可平:《善政:走向善治的关键》,中国选举与治理网,http://www. chinaelections. org/NewsInfo. asp? NewsID=93689,2006 年 7 月 27 日。

[248] 佚名:《2006 年浙江城镇低收入群体生活状况研究》,萧山统计信息网,ht-

tp://www.tj.xs.zj.cnxstjF/_6hsprwhjkfh.htm,2006 年 11 月 28 日。

[249] 浙江省统计局:《浙江改革开放 30 年的历程、成就和经验》,浙江统计局网站,详见:http://www.zj.stats.gov.cn/art/2008/12/18/art_281_34014.html,2008 年 12 月 18 日。

[250]《从"强县扩权"到"强镇扩权"》,人民网,2009 年 3 月 23 日。

[251]《对人权、事权、财权运行实施制度全覆盖》,《中国纪检监察报》,2009 年 7 月 11 日第 1 版。

[252] 浙江省统计局:《科学发展铸辉煌和谐建设奔小康》,《浙江统计局网站》,详见:http://www.zj.stats.gov.cn/art/2009/9/27/art_281_37276.html,2009 年 9 月 27 日。

[253]《制度的生命力在于执行力》,人民网,http://cpc.people.com.cn/GB/64093/64099/10801621.html,2010 年 1 月 20 日。

[254]《中国强镇扩权进行时 "松绑"后的强镇面临新课题》,人民网,2010 年 6 月 10 日。

[255]《谢云挺:浙江省推进中心镇建设》,新华网浙江频道,详见:http://www.zj.xinhuanet.com/website/2010-09/09/content_20853087.htm,2010 年 9 月 9 日。

[256] 浙江省统计局:《2010 年浙江省国民经济与社会发展统计公报》,详见浙江省统计局网站:http://www.zj.stats.gov.cn/art/2011/2/10/art_164_181.html,2011 年 2 月 10 日。

[257] 胡锦涛:《扎扎实实提高社会管理科学化水平》,新华网,2011 年 2 月 19 日。

[258] 柳萍、陈旭芳:《关于完善我省低收入群体价格补贴机制的研究》,浙价网,http://www.zjpi.gov.cn/Resource/ContentShow/ItemHtml/2011-02/1399011269/2109580441.html,2011-2-25。

[259]《"脚大鞋小"受制约 中国经济强省加快强镇扩权》,人民网,2011 年 4 月 18 日

[260]《山东强镇扩权试点效果不佳县镇财权分配待深入》,中广网,详见时政版:http://magazine.inewsweek.cn/magazine/recommend-1819.html,2011 年 6 月 20 日。

[261] 赵树凯:《从乡镇治理看政府改革的"锁定"困局》,《中国改革论坛》,详见:http://www.chinareform.org.cn/gov/governance/Practice/201106/t20110623_113887_1.html,2011 年 6 月 23 日。

[262]《重庆启动取消乡镇政府的试验》,转引《自香港大公报》,详见 www.do-

cin. com/p-11796100. html 2011 年 6 月 29 日。

[263]《法制培训班饿死上访人》,《东方今报》,详见：http://www. jinbw. com. cn/jinbwxwzxzgxw/201107163084. htm,2011 年 7 月 16 日。

[264]《胡锦涛：要进一步增强人大监督实效》,人民网,详见：http://www. peo-ple. com. cn/GB/14576/28320/35193/35207/2785984. html,2004 年 9 月 15 日。

[265] 程同顺：《中国农村政治的非制度化问题探析》,中国选举与治理网,详见：http://www. chinaelections. org/NewsInfo. asp？ NewsID＝34960,2003 年 11 月 11 日。

[266]《哈佛大学肯尼迪学院民主治理与创新研究中心网站介绍》,详见：ht-tp://www. ash. harvard. eduHomePrograms/Innovations-in-Government/Awards.

[267] Jonathan Walters,"Understanding innovation：What inspires it ？ What makes it successful?", http://www. innovations. harvard. edu/cache/documents/8065. pdf.

[268]《绍兴年鉴》2006、2007、2008、2009 年各期。

后　记

　　改革开放以来,我国先后进行了六轮行政管理体制改革,服务型政府已经成为我国行政管理体制改革的重要目标。浙江省在改革开放的浪潮中,也加快了以机构调整、职能转变和权力下放为基本内容的政府改革和创新步伐。20世纪80年代中期,在全国普遍推行市管县体制之际,浙江坚持从自身实际出发,克服重重阻力,长期坚持了财政和人事的省管县体制。1992年后,浙江又先后实施四轮以权力下放为核心内容的强县扩权改革,逐步向县级政府下放省、市级的经济社会管理权限。县域经济、块状经济迅速发展壮大,经济社会建设举世瞩目。改革的实践也证明,强县扩权创新了县域公共治理模式,激发了县域活力,推动了地方经济、社会、政治、文化事业的全面发展。但随着县域经济特别是块状经济和民营经济的发展,很多经济强镇在经济社会发展方面成效显著,甚至超越了某些县级行政区,诸多因素制约、束缚着经济强镇和县域经济的进一步发展,县与经济强镇之间的经济社会管理权限亟需调整以实现两者的良性互动和共享式的发展。因此,在充分总结分权化的省管县体制改革基础上,2006年浙江绍兴市开始大胆探索"强镇扩权"和"扩权强镇"改革试点,赋予中心镇部分县级经济社会管理权限,以解决经济强镇"小马拉大车"的突出问题,全面提升乡镇政府公共管理与服务能力。实践证明,"强镇扩权"与"扩权强镇"进一步扩大了乡镇政府经济社会管理权限,优化了县镇(乡)权力结构,强化了中心镇社会管理与公共服务效能。同时,"强镇扩权"与"扩权强镇"也给规范中心镇新扩权力的运行带来了全新的问题与挑战,也因此凸显了中心镇权力规制创新的历史紧迫性与现实必要性。中心镇权力规制是绍兴市在实施扩权强镇过程中规范乡镇公共权力运行的创新实践,通过科学分权、合理确权、公开运权、有效督权与多方评权,突出"规范、透明、精细、为民"的特点,有效提高了乡镇政府治理的科学化水平和公共服务能力,提高了社会管理水平,有效落实了科学发展观,有力推进了和谐社会建设。

　　本书是诸多作者集体合作的结晶。本书由胡税根负责总体思路和大纲构思,并负责统稿,在此过程中,作者们反复进行讨论和修改,余潇枫教授着重就书稿的内在逻辑关系进行了把握和梳理,并与许法根副教授一起共同统稿。书稿的具体写作分工如下:绪论,浙江大学公共管理学院胡税根教授;第一章"从强镇扩权到扩权强镇",浙江省委党校副教授顾金喜博士;第二章"扩权强镇的制度创新",绍兴市委党校讲师吴虎彪;第三章"扩权强镇的绩效评估",浙江省社会主义学院助理研究员黄天柱;第四章"扩权强镇的难题与思考",浙江大学公共管理学院副教授许法根博士;第五章"中心镇权力规制创新的环境与动因",浙江大学公共管理学院行政管理专业博士生、中国计量学院公共事务系翁列恩讲师;第六章"中心镇权力规制创新实践与制度演进",绍兴市纪委研究室副主任王绍良;第七章"中心镇权力规制创新的效果与影响",浙江大学公共管理学院教授余潇枫博士、浙江大学公共管理学院行政管理专业博士生廖丹子;第八章"中心镇权力规制创新的省思与探索",廖丹子;结语,胡税根。

　　历史的逻辑、现实的逻辑与理论的逻辑构成了新生事物存在与发展的内在脉络。本书源起于对浙江省乃至全国强县扩权和扩权强镇改革之宏大历史背景形成的历史逻辑与现实逻辑的思考。本书概括了扩权强镇改革与中心镇权力规制创新形成与发展的历史逻辑、现实逻辑与理论逻辑,比较清晰地呈现了一张展示扩权强镇与中心镇权力规制产生、发展与未来探索的"全息图"。同时,本书也较为系统梳理总结了我国在扩权强镇领域的理论研究成果,首次把政府规制理论的视角用于政府权力的监督和规范之中,尤其是对中心镇的县镇科学分权、中心镇权力清单界定、权力行使的风险点排查、用权流程确定、监督机制完善、评估体系构建进行了深入探索,着重在中心镇层面构建"分权、确权、运权、督权、评权"的权力规制体系。本书的基本观点是:权力规制创新了基层政府权力规范的新路径、新领域和新方向,体现了现代政府管理和权力监督的新趋势,绍兴市中心镇权力规制是新时期基层政府体制改革创新的典型案例,对其深入的研究和探索具有重大的实践和理论意义。

　　本书是在3年来两项有关课题研究的基础上对绍兴市扩权强镇和权力规制创新实践经验总结和理论概括的成果。2008年年底浙江大学非传统安全与和平发展研究中心与绍兴市纪委启动了"中心镇机关权力规范运行研究"课题,在浙江大学非传统安全与和平发展研究中心、浙江大学公共管理学院政府绩效评估研究中心与绍兴市纪委和钱清镇政府合作研究过程中总结了钱清镇规范新扩公共权力运行的"钱清规则",产生了较大的社会反响。在课题研究中,浙江省绍兴市纪委王文序书记敏捷的思路和睿智的思想给了我们很多的启迪。同时,绍兴市纪委吴海洋常委、绍兴市纪委阮关木主任、朱伟峰主任,诸暨市纪委倪成良书记、绍兴县政协吴晓主席、绍兴县谢兴长副县长、绍兴县纪委黄荣彪主任以及钱清镇纪委沈悦兴书记、陈伟堂副书记,还有绍兴市委党校陈建国常务副校长、人事处负责人钱子健副教授等参与了课题研究并做出了贡献。2011年初浙江大学非传统安全与和平发展研究中心、浙江大学公共管理学院政府绩效评估研究中心、浙江大学传播学研究所与绍兴市发改委启动了"绍兴市扩权强镇与权力规制创新绩效评估"、"绍兴市扩权强镇与权力规制创新公众满意度研究"、"绍兴市扩权强镇与权力规制创新媒体报导分析"等课题的研究。绍兴市发改委王水君主任，王辉副主任、范里处长、唐卫琴同志，绍兴市府办叶放副主任，绍兴市委党校陈建国常务副校长、钱子健副教授，绍兴市委宣传部金晓红处长，还有绍兴县发改局孙晓明科长，诸暨市发改局孙国民科长，上虞市发改局胡金友副局长、卢林飞科长，上虞市丰惠镇委郑华书记，嵊州市发改局刘小明科长，新昌县发改局吴勇科长，还有绍兴市下辖5县市发改局的主管领导、28个中心镇的相关领导等，在课题组调查和研究过程中给予了诸多的支持。另外，美国新泽西州立大学（又名罗格斯大学）公共事务和行政管理学院的张亚红副教授对问卷设计、数据分析提出了意见和建议。对上述指导、参与和帮助课题研究的各位领导和专家，在此表示衷心的感谢。在课题研究过程中，课题组成员许法根副教授、顾金喜副教授、翁列恩讲师、黄天柱助理研究员，浙江大学公共管理学院博士生李佳、廖丹子，硕士生李成、潘丽娜、陈思颐、刘国东、孙文波、吴维维、刘静、周冉、王宗东、胡旭、赵源、盛禹正、李娇娜、李佳丽、刘永坤、舒雯，行政管理专业本科生单于家，浙江大学传媒学院卢小雁副教授及其硕士生王晓慧、李文静、王明月、陶然，浙江大学非传统安全与和平发展研究中心行政秘书陈立影等在文献收集、实地调研、问卷分析、研究报告撰写和本书校对等工作中都分别做出了自己的贡献。值得一提的是，余潇枫教授敏锐的思维、开阔的眼界，对课题构思、方法设计、组织协调、成果总结、书稿撰写和统稿校稿等工作都起到了引领作用，著名公共管理专家、浙江大学公共管理学院院长姚先国教授对绍兴课题研究给予了关心和支持，在此一并表示崇高的敬意。还有，本书得以顺利出版，还要感谢浙江大学出版社博百荣编辑和刘依群美编的支持。更为重要的是，作者在写作过程中还参考引用了国内外大量学者的相关研究成果，在此对这些学者的智慧和贡献一并表示衷心的感谢！

　　最后，特别要感谢北京大学政府管理学院教授、北京大学政治发展与政府管理研究所所长、著名的政府管理研究专家谢庆奎先生。谢庆奎教授对我们的研究工作给予了极大的关心和支持，并给予了高度评价。在本书完稿之际，我们邀请了谢庆奎教授审稿并作序，在此对谢庆奎教授表示衷心的感谢和崇高的敬意！

胡税根于浙江大学玉泉求是园

2011 年 10 月

图书在版编目(CIP)数据

扩权强镇与权力规制创新研究:以绍兴市为例/ 胡税根等著.
—杭州:浙江大学出版社,2011.10
ISBN 978-7-308-09202-9

Ⅰ.①扩… Ⅱ.①胡… Ⅲ.①乡镇-行政管理-研究
—绍兴市 Ⅳ.①D675.53

中国版本图书馆 CIP 数据核字(2011)第 207714 号

扩权强镇与权力规制创新研究
——以绍兴市为例

胡税根　余潇枫　许法根 等著

责任编辑	傅百荣
封面设计	刘依群
出版发行	浙江大学出版社
	(杭州市天目山路 148 号　邮政编码 310007)
	(网址:http://www.zjupress.com)
排　　版	浙江时代出版服务有限公司
印　　刷	杭州丰源印刷有限公司
开　　本	710mm×1000mm　1/16
印　　张	19.25
字　　数	367 千字
版 印 次	2011 年 10 月第 1 版　2011 年 10 月第 1 次印刷
书　　号	ISBN 978-7-308-09202-9
定　　价	43.00 元